ACKNOWLEDGMENTS

Special thanks are due to the Hebrew instructors at the University of Michigan and to their students in the intermediate classes. They used Encounters in Modern Hebrew in earlier, experimental versions and gave important feedback to the author. Special thanks to Yaacova Sacerdoti for her contributions which appear in "*Cobi's Corner*" in some of the chapters. Particular appreciation is due to LeAnn Fields, editor at the University of Michigan Press, for her constant support and unending patience.

עברית: מפגשים - שלב ג'
עדנה עמיר-קופין

בסדרה להוראת עברית לדוברי אנגלית "עברית - מפגשים" קיימים ארבעה שלבים. כלול כאן פרק 30, הפרק האחרון ב"*עברית: מפגשים - שלב ג'.*" נמעני שלב ג' הם תלמידי אוניברסיטה בשנה השנייה או השלישית ללימודי העברית.

בכל שלב יש עשרה שיעורים. השיעורים כוללים קטעי קריאה, הסברי מבנים ושימושים לשוניים, תרגילים, והצעות לכתיבה ולפעילויות בכיתה. בסוף כל שיעור יש סיכום של תוכן ענייני השיעור ומילון עברי-אנגלי. המילון כולל את המילים החדשות בשיעור.

- הסברי המבנים החדשים והשימושים הלשוניים ניתנים באנגלית, מתוך הנחה ששפת ההוראה בכיתה היא עברית והתלמידים יכולים לעיין בהסברים הדקדוקיים מחוץ לכיתה. תבניות הלשון, המקדימות את הנושאים הדקדוקיים, ניתנות כדי לכלול את המבנים בתוך הקשרים מתאימים ולהדגים את השימוש במשפטים.

- הנושאים הכלולים בשיעורים הם נושאים לקריאה ולדיון בכיתה. הדגש הוא על ארבע מיומנויות השפה - כך שכל קטע קריאה מהווה נושא לדיון ולשיחה או לכתיבה.

- מומלץ לחלק את אוצר המילים בסוף כל שיעור לאוצר מילים פעיל ואוצר מילים סביל (החלוקה לאוצר מילים פעיל וסביל תיעשה על ידי המורה מתוך שיקולים פדגוגיים התואמים את רמת התלמידים). אוצר מילים עשיר מקנה לתלמידים יכולת התבטאות ואפשרות לכתיבה ברמה בוגרת יותר.

Encounters
in Modern Hebrew:
Level 3

עברית:
מפגשים
שלב ג'

עברית: מפגשים שלב ג'

עדנה עמיר קופין

ENCOUNTERS IN MODERN HEBREW: LEVEL 3

EDNA AMIR COFFIN

Ann Arbor

THE UNIVERSITY OF MICHIGAN PRESS

ENCOUNTERS IN MODERN HEBREW: LEVEL 3

In this series for teaching Hebrew to English speakers there are four levels. Level 3 includes lessons 21–30. The target learners of Level 3 are university students in the second or third year of their Hebrew studies.

Every level has ten lessons. The lessons include reading selections, explanations of grammatical features and language usage, exercises and drills, writing assigments and suggestions for classroom activities. At the end of each lesson there is a summary of the content of the lesson and a Hebrew-English dictionary. This dictionary includes the new words in the lesson.

- The explanations of the new structures and usage are given in English, with the assumption that the instruction in class is carried out in Hebrew and the students can read the explanations outside of class. The language patterns which introduce the grammatical subjects are given in order to present the new structures in appropriate contexts. The examples are given in sentences.

- The subjects which are included in the lessons are subjects for reading and discussion. The emphasis is on the four skills of the language, and thus every reading selection is intended for discussion and conversation in class or for writing assignments outside of class.

- It is recommended that the vocabulary at the end of each lesson be divided into active and passive vocabulary (this should be done by the instructor, taking various pedagogical considerations). The introduction of a rich vocabulary is very important at this stage of learning, as it enables students to express themselves in a more adult fashion.

CONTENTS

LESSON 21 — שיעור מספר 21

READING 1 — קטע קריאה מספר 1

מיומנה של נערה עוֹבדת

ענת עובדת במלון בטבריה. הנה קטעים מהיומן שלה.

כל סוף שבוע אני אוהבת לעשׂות תוֹכניות לשבוּע. אלה התוֹכניוֹת שלי לשבוע הקרוב:

<u>יוֹם ראשוֹן</u>

אני תמיד מאַחרת בחמש או עשׂר דקות לעבוֹדה. ביוֹם ראשוֹן אֵצֵא מהבית מוקדם ואני מקַוָּה להגיע לעבוֹדה בַּזמן. יש הרבה עבוֹדה במלוֹן בְּתקוּפת החגים. תיירים בּאים לישׂראל מכּל העוֹלם. בּערב ייתכן שאצא מהבית ואפגוֹש את חברתי קֶרֶן בּבית קפה בּמרכּז העיר אבל יכוֹל להיוֹת שֶׁאֵשֵׁב בּבית, כי אוּלַי עוֹפר יטַלפֵן.

<u>יוֹם שני</u>

אם יהיה לי מספיק זמן בהפסקת הצהריים אֵלֵךְ ואֶקנֶה כּרטיסים להופעה של להקת "הידידים". אומרים שזאת להקה מוּצלחת. אם יהיוּ הרבּה אורחים במלון, יכוֹל להיוֹת שלא אוּכַל לצאת מהמלון בצהריים. אֶקנֶה שנֵי כּרטיסים. ייתכן שעוֹפר יטַלפֵן בין שתיים לשלוֹש, כּי זאת הפסקת הצהריים שלוֹ. אם הוּא יטַלפֵן, אוּכַל להזמין אותו לבוא איתי, ואם הוא לא יִרצֶה ללכת איתי, אֶמכּוֹר את הכּרטיס שלו לקרן.

<u>יוֹם שלישי</u>

אֶסַּע עם קבוּצה של תיירים ועם המדריך שלה לסיוּר הסטוֹרי בסביבה. נִהיֶה בּדגניה, אֵם הקבוּצוֹת, נִהיֶה גם בּחֲצוֹר העתיקה. נִיסַּע לרֹאש פינה בּגליל וּנסַיֵּים בּסיור בּבתֵּי הכּנסת וּבגלריוֹת של צפת. בּכל מקוֹם יש דברים מעניינים לראוֹת. המנהל בּיקש ממני לנסוֹע כּדֵי לראוֹת אם כּדַאי להמליץ על הטיוּל הזה לתיירים בּמלון. הוּא רוצה שאשים לב אם המדריך יודע מספיק על ההסטוריה של המקוֹם. אם עוֹפר לא יטַלפֵן הערב, אֶתקַשֵּׁר איתוֹ. אולי אַזמִין אותוֹ לארוּחת ערב בּיוֹם ששי.

<u>יום רביעי</u>

יכוֹל להיוֹת שיבוֹאוּ אוֹרחים ממשׂרד התיירוּת. אהיה עסוּקה מאוד במשך היום. בערב אלך עם קרן לבקר את עדי. נֵשֵב ונִראֶה סרטים בווידאו. זאת כּבר מָסוֹרת אֶצלֵנוּ לעשׂוֹת את זה כּל יוֹם רביעי בערב. נקַוֶה שעוֹפר גם יהיה שם. לפעמים הוּא גם בּא .

<u>יום חמישי</u>

אֶעֱבוֹד כָּרגיל. בצהריים אֵלֵך לפגוש את קרן ועדי במסעדה קרוב למשרד. הם רוצים שאֶעֱזור להם למצוא מלון טוֹב ולא יקר בּתל אביב, כּי הם נוסעים לשָם לסוֹף השבוע. בערב אלך למופע של "הידידים" , עם עופר או בּלי עופר. לא אטלפן אֵלָיו. אם הוּא באמת רוֹצה להתקשר אֵלַיי, הוּא יכוֹל להָרִים טלפון. אני יוֹדעת שיש סיכּוּי שהוּא יהיה שם, כּי הוּא אוֹהב את הלהקה הזאת.

<u>יום ששי</u>

אָקוּם מוּקדם. אלך לקנות אוכל לשבת. אני בּטוּחה שעד אז עוֹפר יטלפן. אני בּאמת מקַוָוה שהוּא יָבוֹא לארוּחת ערב. אם הוּא יבוֹא, אחרי ארוּחת הערב נצא לטייל או נשב בגן. אין ספק שיש לנו הרבּה על מה לדבּר.

<u>שבּת</u>

אני אוהבת לישון מאוּחר בּשבּת. שבּת זה יום המנוּחה שלי. אקוּם בּצהריים. אם יהיה לי זמן אוֹ חשק, אלך לִשׂפַת הים. בּערב תהיה מסיבָּה אצל סִיוָן. בּטח גם עוֹפר יהיה בּמסיבּה. אם לא אֶראה אוֹתוֹ השבוּע, בּוודַאי אראה אותו בּשבוּע הבּא.

תרגיל מספר 1 EXERCISE 1

ענה על השאלות:

1. מדוּע ענת תהיה כּל כּך עסוּקה בּיוֹם ראשוֹן?
2. מה התוֹכניוֹת של ענת לקוֹנצרט של להקת "הידידים"? עם מי היא תלך לקוֹנצרט?
3. לאיזה טיוּל תצא ענת? האם זה טיוּל מעניין?
4. מה המסוֹרת של ענת וחבריה כּל יוֹם רביעי בּערב?
5. האם ענת תטלפן לעוֹפר?
6. מה התוֹכניוֹת של ענת לערב שבּת?

7. איך ענת תבַלֶה את יום השבת ואת מוצאי השבת?
8. מה אנחנו יודעים על ענת מהיומן שלה?
9. מה אנחנו יודעים על עופר מהיומן של ענת?
10. יש לכם תוכניות לשבוע הבא? מה הן?
11. יש לכם יומן? מה אתם כותבים ביומן שלכם?

חזרה: בניין פעל - שלמים

SPEECH PATTERNS	תבניות לשון
Did Itamar write you a letter?	איתמר כָּתַב לך מכתב?
Perhaps he will write next week.	אולי הוא יִכתוֹב בשבוע הבא.
Do you write letters every week?	אתם כּוֹתבִים מכתבים כל שבוע?
Do you like writing letters?	אתם אוהבים לִכתוֹב מכתבים?

The Pa'al verbs which are considered "regular" or "whole" שְלֵמים, keep all the radicals (the letters of the root אותיות השורש) in all the conjugated forms.

PAST TENSE **זמן עבר**

In the past tense, the verb forms have a regular sequence of vowels.

	ב		א
katvA	היא כָּתְבָה	katAv+ti	כָּתַבתי
katvU	הם כָּתבוּ	katAv+ta	כָּתַבתָ
		katAv+t	כָּתַבתְ
		katAv+nu	כָּתַבנוּ
		katAv	הוא כָּתַב

The stress in verb forms in Column a is on the second vowel. Third person verb forms of the feminine singular and of the plural lose the second stem vowel - כָּתְבוּ, כָּתְבָה. The stress in pronunciation moves to the last vowel of the verb form.

For plural second person forms, in speech these forms follow the pattern of the singular, while in more formal Hebrew they lose their first stem vowel and the stress shifts to the end of the word.

formal speech ב		**informal speech** א	
ktavtEm	כְּתַבְתֶּם	katAv+tem	כְּתַבְתֶּם
ktavtEn	כְּתַבְתֶּן	katAv+ten	כְּתַבְתֶּן

Use of pronouns in first and second person:

First and second person verb forms have pronoun endings which indicate the subject of the verb and therefore the use of the independent pronoun is not necessary. However, native speakers often add the separate pronouns in daily speech:

אני כָּתַבְתִּי מכתב ליוסי.

A separate pronoun can be added for emphasis:

כָּתַבְתִּי מכתב ליוסי. גם אנחנו כָּתַבְנוּ לו מכתב. גם אתם כתַבְתֶּם לו?

I wrote a letter to Yossi. We too wrote him a letter. Did you also write to him?

All third person forms include gender and number indications but no subject and therefore the subject is usually stated: הוא לא שָׁלַח את המכתב.

If there are more than one verb in the sentence, the pronoun can be dropped before the second and subsequent verbs: דן כָּתַב את המכתב, אבל לא שָׁלַח אותו.

PRESENT TENSE — זמן הווה

Most Pa'al verbs have an /o/ vowel after the first radical.
A number of stative verbs have an /a/ vowel after the first radical of the masculine singular and a *schwa* first vowel in the other forms.

	ב		א
yashEn	דוד יָשֵׁן	lomEd	אני לוֹמֵד
yeshenA	היא יְשֵׁנָה	lomEdet	רינה לוֹמֶדֶת
yeshenIm	כולם יְשֵׁנִים	lomdIm	כולנו לוֹמְדִים
yeshenOt	אתן יְשֵׁנוֹת	lomdOt	אתן לוֹמְדוֹת

FUTURE TENSE זמן עתיד

The future tense divides into two main groups:

- one which has an /o/ stem vowel following the second letter of the root יפגוֹשׁ
- one which has an /a/ stem vowel following the second letter of the root ילמַד.

אֶפגוֹשׁ חברים. גם אתה תִפגוֹשׁ חברים. כּוּלָנוּ נִלמַד חברים. גם אתה תִלמַד כאן?

The stem vowel is omitted in the future forms of את, אתם, אתן, הם, הן. The reason is that all those forms have a final vowel indicating gender and number, and the stress shifts to the end of the word, resulting in the loss of the stem vowel:

אתה תִפגוֹשׁ, אבל את תִפְגְשִׁי. גם אתם תִפְגשׁוּ חברים. האם הם והן יִפְגשׁוּ חברים?

Predictability of the /a/ stem vowel in the future:

The /a/ future stem vowel is predictable in verbs which have ע, ח, א as second or third root letter. There are other verbs, such as ללמוד, where the /a/ vowel is not predictable.

Predictable /a/ vowel:	אֶרחַץ תִרחַץ	אֶרעַד תִרעַד	אֶפתַח תִפתַח	אֶשמַע תִשמַע
	אֶקרָא תִקרָא	אֶמצָא תִמצָא	אֶדאַג תִדאַג	
Unpredictable /a/ vowel:	אֶלמַד תִלמַד	אֶגדַל תִגדַל		

IMPERATIVE ציווי

The imperative mood also has two main groups: one which has an /o/ vowel following the second radical פגוֹשׁ! , and one which has an /a/ stem vowel following the second radical לְמַד!.
The initial vowel of the feminine and plural forms of imperative is /i/
The stem vowel is lost in these forms and the stress shifts to the end of the word:

פְּגוֹשׁ, אבל פִּגְשִׁי ופִגשׁוּ   לְמַד, אבל לִמְדִי ולִמְדוּ

INFINITIVE שם הפועל

The infinitive form is common to both groups: לִפְגוֹשׁ לִלְמוֹד

Some notes on pronunciation
בניין פעל: דגש על הדגושים

1. ב/כ/פ as first letter of the root:

In verbs which have ב/כ/פ as a first letter of the root, in the past, present, and imperative, that letter is realized as בּ/כּ/פּ *(b/k/p)*, but in the future and infinitive it is realized as ב/כ/פ *(v/kh/f)*.

				3	2	1	
Badak	בדק	li**V**dok	לבדוק	ק	ד	ב	פ' הפועל = ב
Katav	כתב	li**KH**tov	לכתוב	ב	ת	כ	פ' הפועל = כ
Patach	פתח	li**F**to'ach	לפתוח	ח	ת	פ	פ' הפועל = פ

/כ.ת.ב./ בבניין פעל - גזרת שלמים   שם הפועל   לִכתוֹב (את)

עבר	הווה	עתיד	ציווי
כָּתַבְתִּי	כּוֹתֵב	אֶכתוֹב	
	כּוֹתֶבֶת		
כָּתַבְתָּ	כּוֹתֵב	תִּכתוֹב	כּתוֹב!
כָּתַבְתְּ	כּוֹתֶבֶת	תִּכתְבִי	כִּתבִי!
כָּתַב	כּוֹתֵב	יִכתוֹב	
כָּתְבָה	כּוֹתֶבֶת	תִּכתוֹב	
כָּתַבְנוּ	כּותבִים	נִכתוֹב	
	כּותבות		
כְּתַבתֶּם (כָּתַבתֶּם)	כּותבים	תִּכתְּבוּ	כִּתבוּ!
כְּתַבתֶן (כָּתַבתֶּן)	כּותבות	תִּכתְּבוּ	
הם כָּתבוּ	כּותבים	יִכתְּבוּ	
הן כָּתבוּ	כּותבות	יִכתְּבוּ	

Related nouns: *orthography* *כְּתִיב (ז)* *act of writing* *כְּתִיבָה (נ)*

handwriting *כְּתַב יד (ז)* *writing/document* *כְּתָב (ז)*

2. ב/כ/פ as second letter of the root:

In verbs which have ב/כ/פ as a second letter of the root, in the past, present, and imperative, they are realized as ב/כ/פ, but in the future and infinitive they are realized as בּ/כּ/פּ.

		3	2	1		
שבר	לִשבּוֹר	ר	ב	ש		ע' הפועל = ב
זכר	לִזכּוֹר	ר	כ	ז		ע' הפועל = כ
ספר	לִספּוֹר	ר	פ	ס		ע' הפועל = פ

יִשבּוֹר	שׁוֹבֵר	שָׁבַר	to break	לִשבּוֹר
יִזכּוֹר	זוֹכֵר	זָכַר	to remember	לִזכּוֹר
יִספּוֹר	סוֹפֵר	סָפַר	to count	לִספּוֹר

EXERCISE 2 — תרגיל מספר 2

to meet/encounter *(somebody)* — פועל 1: לִפגוֹשׁ *(את)*

Fill in the verb forms:

א.

זמן	מי?	פועל	את מי?	איפה?	מתי?
עתיד	1. אתם	________	אותם	אצל דן?	
ציווי	2. (דינה),	________	אותנו	באוניברסיטה!	
הווה	3. הם	________	אנשים מעניינים	בעבודה.	
עתיד	4. דן	________	את אשתו		אחרי העבודה.
עבר	5. אנחנו	________	חברים	בבית הקפה	הערב.

ב.

	Change to past	Change the future
1. מתי אתה פוגש אותם?	מתי פגשת אותם?	מתי תפגוש אותם?
2. אני פוגשת את דליה היום.	________	________
3. הם פוגשים אותה בספריה.	________	________
4. איפה הן פוגשות אתכם?	________	________
5. הם פוגשים אותנו בעיר.	________	________

פועל 2: לזכור (את) **to remember** *(something/somebody)*

זמן	מי?	פועל	את מה?/את מי?/ש
עבר	1. אני	________	לקנות את הכרטיסים.
ציווי	2. ילדים,	________	לבוא בזמן!
עבר	3. דן	________	שלמדנו יחד.
הווה	4. אנחנו	________	מה קרה שם לפני שנתיים.
עתיד	5. מישהו	________	להביא אוכל?
הווה	6. מי	________	את מירה?
עבר	7. הן	לא ________	שאנחנו באים הערב.

ב. השלם את המשפטים הבאים: Complete the sentences:

to check לבדוק, to break לשבור, to count לספור, to rent לשׂכור, to sell למכור

1. אנחנו ________ *(מ.כ.ר - עבר)* להם את כל הרהיטים שלנו.
2. האם הם ________ *(שׂ.כ.ר - עבר)* את הדירה שלכם?
3. מי ________ *(ס.פ.ר - עבר)* כמה אנשים יש כאן?
4. תיזהר! אל ________ *(ש.ב.ר - ציווי)* את הכוסות האלה!
   צילה כבר ________ *(ש.ב.ר - עבר)* כוס אחת.
5. אתן ________ *(פ.ג.ש - עבר)* הרבה אנשים חדשים?
6. אני ________ *(פ.ג.ש - הווה)* חברים בבית קפה.
7. לימור אף פעם לא ________ *(ז.כ.ר - הווה)* להחזיר את הספרים לספריה.
8. חבל שאתן לא ________ *(ב.ד.ק. - עבר)* מי לקח את הספרים שלנו.
9. אתם בטוחים שכולם ________ *(כ.ת.ב. - עתיד)* את השיעורים למחר.
10. אנחנו לא ________ *(כ.ת.ב. - עבר)* לכם עד היום כי לא היה לנו מה ________ *(כ.ת.ב. -שם הפועל)*.

בניין פעל: גזרת פ"נ — נ as first letter of the root:

The verbs which have נ as a first letter of the root, divide into two groups:

(1) the verbs which lose the first letter of the root in the future and in the imperative and keep it in the past, present (The infinitive has a variety of forms).

(2) the verbs which have a second root letter which is א, ה, ח, ע and because the נ cannot be assimilated into the second root letter, it is kept in all forms and all tenses.

1. The root letter נ is omitted in the future and imperative

	ציווי		עתיד	שם פועל	3	2	1	
sa	סַע!	yisa	יִסַּע	לִנסוֹעַ	ע	ס	נ	חסרי פ"נ
ten	תֵּן!	yiten	יִתֵּן	לָתֵת	ן	ת	נ	חסרי פ"נ

2. The root letter נ is kept in the future and imperative

	ציווי		עתיד	שם פועל	3	2	1	
Nehag	נהַג!	yi**N**hag	יִנהַג	לִנהוֹג	ג	ה	נ	שלמים
Ne'am	נאַם!	yi**N**'am	יִנאַם	לִנאוֹם	ם	א	נ	שלמים

לִנסוֹעַ

עתיד	ציווי
אֶסַּע	
תִּסַּע	סַע!
תִּסעִי	סְעִי!
יִסַּע	
תִּסַּע	
נִסַּע	
תִּסעוּ	סְעוּ!
יִסעוּ	

לָגֶשֶׁת

עתיד	ציווי
אֶגַּשׁ	
תִּגַּשׁ	גַּשׁ!
תִּגְּשִׁי	גְּשִׁי!
יִגַּשׁ	
תִּגַּשׁ	
נִגַּשׁ	
תִּגְּשׁוּ	גְּשׁוּ!
יִגְּשׁוּ	

לִנהוֹג

עתיד	ציווי
אֶנְהַג	
תִּנְהַג	נְהַג!
תִּנְהֲגִי	נַהֲגִי!
יִנְהַג	
תִּנְהַג	
נִנְהַג	
תִּנְהֲגוּ	נַהֲגוּ!
יִנְהֲגוּ	

זמן עבר וזמן הווה של הפועל "לגשת" הם בבניין נפעל. זמן עתיד וציווי הם בבניין פעל.

עבר: נִיגַּשְׁתִּי, נִיגַּשְׁתָּ, נִיגַּשְׁתְּ, הוא נִיגַּשׁ, היא נִיגְּשָׁה נִיגַּשְׁנוּ, נִיגַּשְׁתֶּם, נִיגַּשְׁתֶּן, הם/הן נִיגְּשׁוּ.

הווה: נִיגָּשׁ, נִיגֶּשֶׁת, נִיגָּשִׁים, נִיגָּשׁוֹת

In the future forms of the חסרי פ"נ verbs, an extra י is often added in all prefixes which have the vowel /i/ in texts without vowels, in order to clarify the pronunciation.

לִנסוֹעַ	לָגֶשֶׁת
תיסע	תיגש
תיסעי	תיגשי
ייסע	ייגש
תיסע	תיגש
ניסע	ניגש
תיסעו	תיגשו
ייסעו	ייגשו

תרגיל מספר 3

EXERCISE 3

to travel (to)

פועל 1: לִנסוע *(ל/אל)*

א.

Fill in the verb forms:

זמן	מי?	פועל	לאן?	למה?	עם מי?	לכמה זמן?
עתיד	1. אתם	________		לחופשה		לשבוע ימים?
ציווי	2. (דינה),	________	לאילת		איתנו!	
הווה	3. הם	________	לצרפת	לירח דבש		לחודש שלם.
עתיד	4. דן	________	להודו		לבד.	
עתיד	5. אנחנו	________	לשיט		עם חברים	לשלושה ימים.

ב.

	Change to past	Change the future
1. מתי אתה נוסע הביתה?	מתי נסעת הביתה?	מתי תיסע הביתה?
2. אני נוסעת עם יעל לקניות.	________________	________________
3. הם לא נוסעים באוטובוס.	________________	________________
4. לאן הן נוסעות בקיץ?	________________	________________
5. הם לא נוסעים העירה.	________________	________________

to go over/approach (somebody)   פועל 2: לָגֶשֶׁת (אל)

Fill in the verb forms: א.

למה?	לאן?	אל מי?	פועל	מי?	זמן
כדי לדבר איתו.		אל היועץ	_____	1. אני	עתיד
לקנות חלב.	לחנות		_____	2. ילדים,	ציווי
לשאול אתכם מה לעשות.		אליכם	_____	3. הם	עתיד
לגמור את העבודה שלו.	למשרד		_____	4. דן	עתיד
לקנות כרטיסים.	לקופה		_____	5. אנחנו	עתיד

to drive   פועל 3: לִנְהוֹג (ב)

Fill in the verb forms: א.

מתי?	לאן?	במה?	פועל	מי?	זמן
אתמול בלילה.		במכונית שלי	_____	1. אני	עבר
הערב!			אל _____	2. דינה,	ציווי
מוקדם בבוקר.	לעבודה		_____	3. הם	עתיד
כל יום.	למשרד		_____	4. דן	הווה
בעוד שעה.	הביתה		_____	5. הוא	עתיד

Change the future	Change to past	ב.
האם תנהג כל יום?	האם נהגת כל יום?	1. האם אתה נוהג כל יום?
_____	_____	2. אני לא נוהגת בשבת.
_____	_____	3. הם נוהגים באוטובוס.
_____	_____	4. לאן אתן נוהגות?
_____	_____	5. הם לא נוהגים בלילה.

The verb לנהוג has another separate meaning "to behave toward/to treat (people)."

He treated everything lightly.	הוא נהג בכל בקלות ראש.
One must treat others with respect.	צריך לנהוג באחרים בכבוד.

חזרה על משפטי תנאי קיים   REVIEW OF CONDITIONAL SENTENCES

SPEECH PATTERNS	תבניות לשון
If I have time, I'll go to buy tickets.	אִם יהיה לי זמן, אלך לקנות כרטיסים.
If Tomer calls, I'll ask him to come.	אִם תומר יטלפן, אזמין אותו לבוא.
If you don't want to go, don't go!	אִם אתה לא רוצה ללכת, אָז אל תלךְ!

Conditional sentences are composed of two separate clauses: the first states a condition and the second states a possible consequence: "If A exists, then B is possible." or "If I will do A, then you will do B."

These conditions exist in the realm of possibility, and thus are known in Hebrew as משפטי תנאי קיים, "sentences of real/existing conditions" or "valid conditions."

1. Condition תנאי + Result תוצאה (using future tense).

The particle אִם "if" introduces the first clause which states the condition. The statement that follows expresses the possible consequence or result.

In most conditional sentences, both clauses are in the future tense, as they refer to future possibilities. In English, the first clause, the one stating the condition, is most often in the present tense. This <u>is not the case in Hebrew</u>, where future tense is obligatory in both clauses.

If I don't see you tomorrow, I will call you.	אם לא אראה אותך מחר, אטלפן אליך.
If I won't see you tomorrow, I will call you.	

תוצאה:	תנאי:
נקנה לימונדה בקיוסק.	אם נהיה צמאים,
לא נקנה כרטיסים.	אם לא יהיה לנו כסף,

2. Condition תנאי + Instruction/direction הוראה.

When a conditional clause refers to an existing fact or situation, it is stated in the present tense, reflecting real time. The second clause can instruct, direct or advise the person being addressed to do something, and thus the imperative, or the future as imperative is used.

Examples of condition + Instruction/direction:

If you don't have money, go to work! — אם אין לך כסף, לך לעבוד!

If you are so busy, don't go to the movies! — אם אתם כל כך עסוקים, אל תלכו לקולנוע!

3. Condition תנאי + Recommendation/advise המלצה/עצה.

The second clause of a conditional sentence, can be initiated by such expressions as "it is worthwhile" or "it is a good idea", or "it is recommended." Such expressions are followed by infinitive verb forms.

it is/not worthwhile — כדאי/לא כדאי

it is desirable/not desirable — רצוי /לא רצוי

It is a good idea: — **א. ביטויים: כדאי/רצוי ש**

אם יש לכם זמן, כדאי לכם ללכת ברגל לחוף הים.

אם יש לכן שיעורי בית, רצוי שתלמדו הערב ושלא תלכו לסרט.

אם אתם עייפים, לא כדאי לכם לצאת לטיול.

Directions: — **ב. הוראות:**

אם אתה כל כך צמא, גש לקיוסק וקנה לימונדה!

אם אתם עייפים, תלכו הביתה לנוח!

4. Condition תנאי stating facts + statement of options.

When the conditional clause refers to existing facts or situations, they are stated in the present tense, reflecting real time. The second clause can present options by stating what is available, usually beginning with the expression יש.

Facts, suggesting an option: — **ג. עובדות:**

אם אין לכם זמן ללכת ברגל, יש אוטובוסים שנוסעים לים.

אם אתם רוצים לצאת הערב, יש כמה סרטים מעניינים בקולנוע.

אם יש לכם זמן, יש תערוכה יפה במוזיאון.

תרגיל מספר 4   **EXERCISE 4**

א. צרפו את שתי הפסוקיות למשפט תנאי קיים (תנאי + תוצאה):

1. א. דינה תבוא לחיפה בזמן החגים.
   ב. נראה אותה.

   _____

   _____

2. א. עוזי יזמין אותי לארוחת ערב.
   ב. אשמח מאוד.

   _____

   _____

3. א. לא יהיה לכם זמן.
   ב. לא תיסעו לטיול.

   _____

   _____

4. א. תקומו מוקדם.
   ב. נלך לים.

   _____

   _____

ב. צרפו את שתי הפסוקיות למשפט תנאי קיים (תנאי + הוראה):

5. א. אתם רוצים שנבוא.
   ב. אז הזמינו אותנו!

   _____

   _____

6. א. אתן לא מרגישות טוב.
   ב. אל תלכו לים!

   _____

   _____

7. א. אף אחד לא נמצא בבית,
ב. לכו לשכנים!

8. א. ההורים לא יכולים לעזור לכם,
ב. דַברו עם המורה שלכם!

9. א. יש לך בעיות פסיכולוגיות.
ב. לך ליועץ!

ג. צרפו את שתי הפסוקיות למשפט תנאי קיים (תנאי + המלצה):

10. א. אתם עובדים כל יום עד חמש.
ב. כדאי לנו להיפגש אחרי העבודה.

11. א. אתם רוצים לנסוע הביתה לחג,
ב. יש אוטובוסים עד חמש.

12. א. עוזי חולה ולא יכול לבוא,
ב. רצוי לבקר אותו.

13. א. אין מקום בטיסה הזאת.
ב. כדאי לכם לחכות לטיסה הבאה.

POSSIBILITY AND CERTAINTY — אפשרות וודאות

SPEECH PATTERNS	תבניות לשון
It is possible that he will come.	ייתכן שהוא יבוֹא.
There is no doubt that he will phone.	אין ספק שהוא יטלפן.
Maybe they will actually arrive on time.	יכוֹל להיוֹת שהם כן יגיעו בזמן.
Of course we'll come on time.	בוודאי שנגיע בזמן.

A. Expressions of likelihood, possibility, doubt, and certainty

In Hebrew there are two ways to express likelihood, either through "stand alone" expressions consisting of one word or a short phrase, or through sentences which are initiated by fixed expressions.

1. "Stand alone" expressions of likelihood, in reaction to a question:

Certainty

Sure!	תגובה: בֶּטַח! בְּוַדַאי!	תבוֹאוּ בשבּת ?
Of course!	תגובה: כַּמּוּבָן!	
Without a doubt!	תגובה: אֵין סָפֵק!	

Possibility/doubt

Perhaps!	תגובה: אוּלַי!
Maybe!	תגובה: יָכוֹל לִהיוֹת!
It is possible! Could be!	תגובה: יִיתָּכֵן!

2. Sentences expressing certainty

We'll definitely come!	תגובה: בֶּטַח שֶׁנבוא!	תבוֹאוּ בשבּת?
Of course we'll come!	תגובה: כַּמּוּבָן שֶׁנבוֹא!	
No doubt that we'll come!	תגובה: אין ספק שֶׁנבוֹא!	
Without a doubt, we'll come!	תגובה: בּוודאי שֶׁנבוֹא!	

3. Sentences expressing possibility, likelihood, and doubt

תבואו בשבת?	תגובה: אולי נבוא!	Perhaps we'll come!
	תגובה: ייתכן שֶׁנבוֹא!	We may come!
	תגובה: יכול להיות שֶׁנבוֹא!	It's possible that we'll come!

B. Expressions of denial, disbelief, or rejection of possibility or likelihood

1. "Stand alone" expressions:

עופר לא יגיע?	תגובה: זה לא ייתכן!	It is impossible!
	תגובה: זה לא יכול להיות!	It is inconceivable!
	תגובה: זה בלתי אפשרי!	It cannot be!

2. Initiating sentences of denial or disblief by using the following expressions:

עופר לא יגיע?	לא ייתכן שהוא לא יבוא.	It is impossible that he won't come.
	לא יכול להיות שהוא לא יבוא.	It is inconceivable that he won't come.
	קשה להאמין שהוא לא יבוא.	It's hard to believe that he won't come.

EXERCISE 5 — תרגיל מספר 5

Complete the sentences with the following expressions and translate them:

אולי/יכול להיות/ייתכן/לא ייתכן/בּוודאי /בּטח /כּמוּבן/אין ספק

1. דן, ________ שלא נבוא בזמן, אבל אנחנו נבוא!
2. ילדים, ____ ________ שלא תגמרו לעשׂות את השיעוּרים שלכם!
3. ______ נבוֹא אליכם בשבת אחרי הצהריים.
4. ____ ___________ שאף אחד לא נמצא בבית.
5. _________ שיש מישהוּ בּבית. תמיד יש מישהו בּבית בּשעה זו.
6. עוֹפר, האם זה לא מאוחר מדי? _______ הם כבר ישֵׁנים.
7. זה _________ _________ שנהיה בתל־אביב בסוף השבוע. אנחנו חייבים להיות בחיפה.
8. _____ _________ שרק תשעה אנשים בּאוּ לקוֹנצרט הזה.
9. אתם תצאוּ לטייל בּחוּפשה? ___________!
10. זה _____ _________ שהם גרים כּאן. שׂכר הדירה יקר מאוד ואין להם הרבה כּסף.
11. גברת , _______ שאני אעזוֹר לך לסחוֹב את החבילוֹת - זה התפקיד שלי.

12. ____ ____________ שהוא לא אמר לכולם לקום בשש בבּוֹקר, כי הוא בעצמו לא קם עד עשר.
13. _______ שאתה אוהב לקום מוקדם, אבל כל מי שאני מכירה אוהב לקום מאוחר.
14. ____ _________ שהם רוצים ללכת איתכם לים - הם אוהבים מאוד לשחות.
15. את לא אוהבת את האוכל שלי? _______ שאני אוהבת את האוכל שלך, אבל אני בדייטה.
16. מי אמר שהם לא יבוֹאוּ בזמן? הם תמיד בּאים בזמן והם _______ יבוֹאוּ בזמן גם הערב.
17. אני נשארת בבית כי _______ עוֹפר יבוֹא.
18. _____ _______ שעוֹפרה תרצֶה ללכת לקוֹנצרט. היא מאוד אוֹהבת את הלהקה הזאת.
19. זה ____ _________ שאשב כל ערב בבית ואחכה עד שדינה תתקשר.
20. ______ _________שכולם עסוקים הערב? לא! זה ____ _________!

How and when to use אפשר and when to use ייתכן/יכול להיות ?

A. How and when to use אפשר ?

אפשר/אי אפשר are always followed by an infinitive form of the verb.

Is it possible to get to the beach by bus no.6?	אפשר לנסוע לשפת הים באוטובוס מס' 6?
It is possible to study there, but not to eat.	אפשר ללמוד שם, אבל אי אפשר לאכול.

Following a question which begins with אפשר, the answer can be abbreviated to a one-word response of אפשר/אי אפשר with the rest of the information being implied as it is already stated in the question.

- Is it possible to get there on foot?	- אפשר להגיע לשם ברגל?
- Impossible!	- אי אפשר!
- Is it possible to get to the beach by bus?	- אפשר לנסוע לים באוטובוס?
- It is possible! Definitely so!	- אפשר! בהחלט אפשר!

The meanings conveyed by אפשר/אי אפשר are the following:

1. Permission:

Excuse me, *is it possible* to sit here? — סליחה, אפשר לשבת כאן?

OR "*May I* sit here?"/ "*Do I have your permission* to sit here?"

2. Real/actual possibility:

It is possible to go to the beach by bus	אפשר לנסוע לשפת הים באוטובוס
It is impossible to drive there. You have to fly.	אי אפשר לנסוע לשם במכונית. צריך לטוס.

B. How and when to use יכול להיות/ייתכן ?

יכול להיות/ייתכן are used as "stand alone" expressions, or with the addition of the subordinating particle שֶ which initiates sentences. The context in which these expressions are used is as follows:

Likelihood of doing or not doing something:

The "stand alone" expressions to express "It is possible" in answer to a question are either יכול להיות or ייתכן.

1. Stand alone responses: It is possible!

Will you be home this evening? It's possible!	תהיו בבית הערב? יכול להיות!
	תהיו בבית הערב? ייתכן!

2. Initiating sentences with "It is possible that"

It is possible that we'll study this evening.	יכול להיות שנלמד הערב
OR	או
We may study this evening.	ייתכן שנלמד הערב.

Because אפשר/אי אפשר are translated to English as "it is possible/impossible" respectively, there is a tendency for English speakers to use them even when they are not followed by an infinitive. This is not the case in Hebrew.

EXERCISE 6 תרגיל מספר 6

Complete the sentences with the following expressions and translate them:

"אפשר/אי אפשר" "אולי" "יכול להיות/ייתכן/לא ייתכן (+ש)"

1. גברת כהן, _______ שלא תבואי לעבודה היום?
2. ילדים, ___ _______ שלא תעשו שיעורים לפני שאתם הולכים לשחק!
3. בשבת _______ לישון עד הצהריים.
4. ___ _______ לישון, כי אתם עושים הרבה רעש.
5. ___ _______ שאין כאן ספרים - זאת ספריה!
6. עופר, _______ כדאי לנסוע העירה.

7. ______ ________ שנהיה בתל־אביב בסוף השבוע.
8. האם ________ שכל־כך מעט אנשים באו לקונצרט?
9. ________לשׂכּור מכונית בבאר שבע ומשם לנסוע לטייל במדבר.
10. ____ ________ שאין לנו מספיק כסף לשלם עבור הארוחה?
11. גברתי, ______ לעזור לך?
12. ___ ________ לבקש מאנשים לקום בשלוש בבוקר. זה יותר מדי מוקדם.
13. ______ לקום מאוחר מחר בבוקר, כי מחר יום חג ולא עובדים.
14. ________ ללכת לים גם בחורף?
15. הם אף פעם לא באים בזמן, אבל ________ שהם יבואו בזמן הערב.
16. אני חושבת ש ____ ________ להיכנס לבניין, כי הכל סגור.
17. קניתי כרטיסים כי ____ ________ לקנות כרטיסים בקופה בערב של ההצגה.
18. אני לא בטוח אם ________ לקנות כרטיסים בקופה.
19. אנחנו לא ניסע איתכם, כי ________ שלא יהיה לכם מקום במכונית גם בשבילנו.
20. ______ נצא לטיול - אנחנו עדיין לא בטוחים.

פעלי פ"י בבנין פעל - עתיד וציווי — Future & Imperative פ"י verbs

תבניות לשון	SPEECH PATTERNS
איתמר, שֵׁב בבקשה!	Itamar, sit down, please!
אני לא רוצה לָשֶׁבֶת.	I don't want to sit.
הם יֵרדוּ למטה בקרוב.	They will go down soon.

In most verbs with י as first radical, that letter is omitted in the infinitive, in the imperative, and in the future tense. The vowel pattern is different than that of regular verbs of the same conjugation pattern Pa'al.

ע' הפועל = י

1	2	3	
י	ר	ד	לָרֶדֶת
י	ד	ע	לָדַעַת

שלמים

1	2	3	
ל	מ	ד	לִלמוֹד
ג	מ	ר	לִגמוֹר

נטיית השורש /י.ר.ד./ בבניין פעל **שם הפועל: לָרֶדֶת**

עבר	הווה	עתיד	ציווי	ש"פ
יָרַדְתִּי	יוֹרֵד	אֵרֵד		לָרֶדֶת
	יוֹרֶדֶת			
יָרַדְתָּ	יוֹרֵד	תֵּרֵד	רֵד!	
יָרַדְתְּ	יוֹרֶדֶת	תֵּרְדִי	רְדִי!	
יָרַד	יוֹרֵד	יֵרֵד		
יָרְדָה	יוֹרֶדֶת	תֵּרֵד		
יָרַדְנוּ	יוֹרְדִים	נֵרֵד		
	יוֹרְדוֹת			
ירַדְתֶּם	יוֹרְדִים	תֵּרְדוּ	רְדוּ!	
ירַדְתֶּן	יוֹרְדוֹת	תֵּרְדוּ		
הם יָרְדוּ	יוֹרְדִים	יֵרְדוּ		
הן יָרְדוּ	יוֹרְדוֹת	יֵרְדוּ		

Some additional verbs:

1. When the final letter of the root is ע, there is a vowel change in the second stem vowel, from /e/ to /a/. When the final letter of the root is א, the final vowel is omitted in the infinitive form.

2. A verb which behaves like a פ"י verb is "to go" ללכת (ה־ל־כ)

This verb is conjugated like פ"י verbs. Other verbs with an initial ה are conjugated in the **שלמים** pattern which start with the guttural consonants: ה/ע/ח

ה.ל.כ. לָלֶכֶת	ה.ל.כ. - עבר הווה - שלמים	עתיד ציווי - פ"י
	עבר: הָלַךְ	עתי: יֵלֵךְ
	הווה: הוֹלֵךְ	לֵךְ!
ה.פ.כ. לַהֲפוֹךְ	ה.פ.כ. - עבר הווה - שלמים	עתיד ציווי - שלמים
	עבר: הָפַךְ	עתיד: יַהֲפוֹךְ
	הווה: הוֹפֵךְ	ציווי: הֲפוֹךְ!

י.ד.ע.

עתיד	ציווי	ש"פ
אֵדַע		לָדַעַת
תֵּדַע	דַע!	
תֵּדְעִי	דְעִי!	
יֵדַע		
תֵּדַע		
נֵדַע		
תֵּדְעוּ	דְעוּ!	
תֵּדְעוּ		
הם/הן יֵדְעוּ		

ה.ל.כ.

עתיד	ציווי	ש"פ
אֵלֵךְ		לָלֶכֶת
תֵּלֵךְ	לֵךְ!	
תֵּלְכִי	לְכִי!	
יֵלֵךְ		
תֵּלֵךְ		
נֵלֵךְ		
תֵּלְכוּ	לְכוּ!	
תֵּלְכוּ		
הם/הן יֵלְכוּ		

תרגיל מספר 7 EXERCISE 7

The verbs are in the future tense. Change them to past tense.

1. גם אתה תֵּרֵד למטה? ואַת, אַת תֵּרְדִי איתנו?
2. מתי החתול יֵרֵד מהעץ?
3. דינה תֵּרֵד מהאוטובוס בתחנה הבאה.
4. אנחנו נֵלֵךְ העירה בערב. אתם תֵּלְכוּ איתנו?
5. את לא תֵּדְעִי מי יבוא עד הערב.
6. הם לא יֵדְעוּ מה אתם עוֹשִׂים, אם לא תגידו להם.
7. אני אֵשֵׁב בבית ולא אֵצֵא החוּצָה.
8. אני אֵלֵךְ לשׂחק טניס. גם אתה תֵּלֵךְ? ואת, גם את תֵּלְכִי למגרש הטניס?
9. עד מתי דני יֵשֵׁב בספריה? מתי הוא יֵצֵא מהספריה?
10. דינה לא תֵּשֵׁב איתוֹ. היא תֵּצֵא מהספריה ותֵלֵךְ איתנו לבית קפה.

EXERCISE 8 / תרגיל מספר 8

Change the sentences from positive to negative:

רוּת, צְאִי מהבית!

דן, רֵד כבר!

ילדה, לְכִי הביתה!

ילדים, שְׁבוּ בשקט!

דנה ודן, צְאוּ מוקדם ולְכוּ לעבוֹדה!

Change the sentences from negative to positive:

רוּת, אַל תֵּלְכִי הביתה לבד!

דן, אַל תֵּרֵד העירה לבד!

ילדה, אַל תֵּשְׁבִי כאן!

ילדים, אַל תֵּצְאוּ מהבית בלילה!

דנה ודן, חם מאוֹד. אַל תֵּלְכוּ לים!

EXERCISE 9 / תרגיל מספר 9

Complete the sentences in the future tense:

1. מי יֵצֵא מהבית הערב?

האוֹרחת שלנו מבּרזיל _______ הערב.

גם את _______ הערב?

לא, כי החברים שלי לא _______ הערב.

2. מי יֵשֵׁב על יד מיכאל?

אני לא _______ על ידוֹ כי הוא מדבּר כל הזמן.

גם אנחנו לא _______ על ידוֹ.

אוּלי דליה _______ על ידוֹ - גם היא אוֹהבת לדבּר.

3. מי יֵרֵד העירה בּמוֹצאי שבּת?

חנן _______ העירה, כי הוא אוהב לטייל בּעיר.

ענת לא _______ העירה. היא תישאר בּבית עם הילדים.

4. אתם תֵּשבוּ בּבית בּחוּפשה?

חנן ועליזה לא _______ בּבית בּחוּפשה, כי הם אוֹהבים לנסוֹע לטייל.

אנחנוּ דווקא כּן _______ בּבית. יש לנוּ הרבּה מה לעשׂוֹת בּבית.

5. מי יֵדַע איפה תהיו?

ההורים שלנו _______ איפה אנחנו נהיה.

גם רבקה ______ איפה אנחנו נהיה, כי נטלפן אליה.

6. מי יֵלֵך לקנות כרטיסים?

דינה, את _______ לקנות לנו כרטיסים?

אני לא חושבת ש ______ לקנות כרטיסים, כי אין לי זמן ואין לי כסף.

7. אתה תֵשֵב בבית כל הערב?

דינה, את _______ בבית כל הערב?

אנחנו לא יודעים אם ______ בבית כל הערב.

תרגיל מספר 10 EXERCISE 10

Read the diary entries again. Anat writes them in first person. Tell us what information is in the diary by completing the sentences in third person. Don't forget that the diary is written in the future tense. Not all the completions are verb forms, some are changes from first to third person.

ביום ראשון ענת *תצא* מהבית מוקדם. היא ______ להגיע לעבודה בזמן. בערב יכול להיות שהיא____ מהבית ו_____ את חברתה קרן בבית קפה במרכז העיר אבל יכול להיות שהיא _____ בבית, כי אולי עופר יטלפן.

ביום שני אם יהיה ____מספיק זמן בהפסקת הצהריים היא _____ ו_____ כרטיסים להופעה של להקת "הידידים". אם יהיו הרבה אורחים במלון, יכול להיות שהיא לא _____ לצאת מהמלון בצהריים. היא ______ שני כרטיסים. אם עופר יטלפן היא _____להזמין אותו לבוא איתי, ואם הוא לא יוכל, היא ______ את הכרטיס שלה לקרן.

ביום שלישי היא _____ עם קבוצה של תיירים ועם המדריך שלה לסיור הסטורי. המנהל ביקש _____ לנסוע כדי לראות אם כדאי להמליץ על הטיול הזה לתיירים במלון. אם עופר לא יטלפן הערב, ענת ________ איתו. אולי היא _________ אותו לארוחת ערב ביום ששי.

ביום רביעי יהיו ____ אורחים ממשרד התיירות. ענת ______ עסוקה מאוד במשך היום. בערב היא ______ עם קרן לבקר את עדי. הם ______ ו_______ סרטים בוידאו. אולי עופר גם יהיה שם.

ביום חמישי ענת ______ כרגיל. בצהריים היא _______ לפגוש את קרן ועדי במסעדה קרוב למשרד. הם רוצים שהיא ______ להם למצוא מלון טוב בתל אביב, כי הם נוסעים לשם לסוף השבוע. בערב היא _______ להופעה של "הידידים" , עם עופר או בלי עופר.

ביום ששי היא ______מוקדם ו______ לקנות אוכל לשבת. ________ בטוחה שעד
אז עופר יטלפן. ________באמת מקווה שהוא יבוא לארוחת ערב. אם הוא יבוא, אחרי ארוחת
הערב הם ________ לטייל או ________ בגן. יש ________ הרבה על מה לדבר.
____ אוהבת לישון מאוחר בשבת. שבת זה יום המנוחה _____. היא _______ בצהריים. אם יהיה
____ זמן או חשק, היא _____ לשפת הים. בערב תהיה מסיבה אצל סיון. אם ענת לא_______
את עופר במשך השבוע, היא _______ אותו במוצ"ש. כולם יהיו שם - גם היא!

תרגיל מספר 11 EXERCISE 11

חלק א:

Write what your plans are for this coming week

ביום ראשון אלך ____

ביום שני אם יהיה לי מספיק זמן______________________________________

ביום שלישי____

ביום רביעי____

ביום חמישי____

ביום ששי ____

בשבת____

ובמוצאי שבת____

חלק ב:

השלם את העמוד מיומן הפגישות של מנהל המלון. היום הוא יום ראשון.

8:00 בבוקר	________________	3:00 אחה"צ	________________
9:00 בבוקר	________________	4:00 אחה"צ	________________
10:00 בבוקר	________________	5:00 אחה"צ	________________
11:00 בבוקר	________________	6:00 בערב	________________
12:00 בצהריים	________________	7:00 בערב	________________
1:00 בצהריים	________________	8:00 בערב	________________
2:00 בצהריים	________________	9:00 בערב	________________

קטע קריאה מספר 2 READING 2

ערב של בקשות

הינה קטע מיום שני בערב של אותו שבוע:

הזמן: יום שני. ערב

המקום: מלון "נוף כינרת".

ענת פקידה במלון. אורחת מארה"ב באה לשולחן הקבלה של המלון. היא מבקשת עזרה.

ענת : אפשר לעזור לך?

אורחת: אני רוצה להזמין השכמה למחר בבוקר.

ענת : באיזה חדר את?

אורחת: בחדר חמש מאות ועשרים. אני יוצאת לטיול מוקדם בבוקר בשבע בדיוק ואני צריכה לקום בשש. אם לא אקום בזמן, לא אוכל לצאת לטיול.

ענת : אין בעיה! יש שעון מעורר בחדר שלך.

אורחת: אני יודעת, אבל אני רוצה להיות בטוחה שאקום בזמן, אז אני רוצה גם השכמה בטלפון. שש בבוקר בדיוק!

ענת : בסדר. תגידי, את יוצאת לבַד?

אורחת: לא. אני יוצאת עם קבוצה שנוסעת מהמלון לסיור בסביבה.

ענת : אהה...גם אני .

אורחת: מה? גם את תיירת?

ענת : לא. המנַהֵל של המָלון רוצה שאני אבדוק אם זה טיול מעניין.

אורחת: מה באמת? הוא לא יודע? הוא בעַצמו סיפר לי על הטיולים של החברה הזאת.

ענת : נכון, אבל הוא תמיד רוצה לדעת מה בדיוק עושים בטיולים ומה רואים.

אורחת: את תהיי כאן כל הלילה?

ענת: לא. אני לא אהיה כאן כל הלילה. אני עוד מעט הולכת הביתה.

אורחת: ואת מַזמִינָה לי הַשכָּמָה לשש בבוקר!

ענת: כן. בוודאי! אני מַזמִינָה לך הַשכָּמָה לשש בבוקר,
אני אֶראֶה אותָך מחר בבוקר. את יכולה לישון בשקט !
אֲגַב, שמי ענת.

אורחת: שמי סוזן.

ענת: לילה טוב וחלומות נעימים!

אורחת: להתראות מחר בבוקר ותודה על הכל.

BEING BY YOURSELF AND ON YOUR OWN

SPEECH PATTERNS	תבניות לשון
I went on the trip alone.	יצאתי לבד לטיול.
I was all alone - I did not see anybody.	הייתי לבדי - לא ראיתי אף אחד.
Did you write the song by yourself?	את בעצמך כתבת את השיר?
I can prepare everything on my own.	אני יכול להכין את הכל בעצמי.

The adverb "alone" לְבַד means *being by oneself* with no one else present. A personal pronoun suffix can be added to it. לְבַדִּי means "by myself" and לְבַדֵּךְ means "by yourself" etc.

In Hebrew it is possible to say:

הלכתי לקולנוע לבד או הלכתי לקולנוע לבדי.

Both forms, with or without a pronoun suffix, are acceptable.

The adverb "by -self" בעצמ־ means doing something by one's own powers, without anyone's help. It does not imply that no one else is present. It is used only with personal pronoun suffixes: "by myself" בעצמי, "by yourself" בעצמך etc.

While in English the adverbial expressions "alone" or "by oneself" can refer to either "without anyone's presence" or "without anyone's help," in Hebrew the two meanings are indicated by two separate and distinct adverbial expressions.

לְבַדִּי	בְּעַצְמִי
לְבַדְּךָ	בְּעַצְמְךָ
לְבַדֵּךְ	בְּעַצְמֵךְ
לְבַדּוֹ	בְּעַצְמוֹ
לְבַדָּהּ	בְּעַצְמָהּ
לְבַדֵּנוּ	בְּעַצְמֵנוּ
לְבַדְּכֶם	בְּעַצְמְכֶם
לְבַדְּכֶן	בְּעַצְמְכֶן
לְבַדָּם	בְּעַצְמָם
לְבַדָּן	בְּעַצְמָן

EXERCISE 12   תרגיל מספר 12

Make the appropriate choice of adverb

"לבדה" או "בעצמה"	1. היא ישבה _____ והקשיבה למוסיקה.
"לבדנו" או "בעצמנו"	2. נכתוב את הכל _____.
"לבדי" או "בעצמי"	3. אני לא אוהבת ללכת לקולנוע _____.
"לבדך" או "בעצמך"	4. את תיסעי לאילת _____?
"לבדכן" או "בעצמכן"	5. אתן הולכות _____ הביתה?
"לבדך" או "בעצמך"	6. כתבת את הכל _____? בלי עזרה?
"לבד" או "בעצמם"	7. הילדים הולכים _____ לים או עם ההורים?
"לבדך" או "בעצמך"	8. נכון שלא אפית את העוגה הזאת _____?
"לבדכם" או "בעצמכם"	9. בניתם את הבית שלכם _____?
"לבד" או "בעצמו"	10. הוא לא גר _____.
"לבדה" או "בעצמה"	11. אחותי הולכת לקונצרט.
"לבדכם" או "בעצמכם"	12. אתם מכינים את הארוחה _____?
"לבדה" או "בעצמה"	13. נכון שהיא לא הייתה בבית _____?
"לבדכם" או "בעצמכם"	14. יצאתם לחופשה _____?
"לבדו" או "בעצמו"	15. הוא יגמור את העבודה _____.

CONJUGATION OF "BE ABLE TO"   הפועל /י.כ.ל./

SPEECH PATTERNS	תבניות לשון
I could have come yesterday, and tomorrow I will also be able to come, but today I cannot come.	יכולתי לבוא אתמול, ומחר גם אוכל לבוא, אבל היום אני לא יכולה לבוא.

The verb "to be able to" is conjugated in the present, past, and future tenses. It does not have an infinitive or an imperative mood.

In order to express the infinitive "to be able to", in Hebrew it is either paraphrased by such expressions as "to know how to" לדעת איך, or "to have the opportunity/capability for", or omitted altogether and the main verb is used.

Here are some ways to translate "to be able to":

1. "to be able to" omitted

To be able to drive, you need a license. — כדי לנהוג במכונית, צריכים רשיון.

2. "to be able to" = "that I will be able to"

I hope to be able to go. — אני מקווה שאוכל לנסוע.

3. "to be able to" = " to have the opportunity"

I hope to be able to go. — אני מקווה שתהיה לי הזדמנות לנסוע.

4. "to be able to" = "to know how to"

It is important to be able to read. — חשוב מאוד לדעת לקרוא.

Remember: In Hebrew in the future and in the past the verb is conjugated and it is not composed of the verb "to be" and a present form of .י.כ.ל

נטיית השורש /י.כ.ל./ בבניין פעל

עבר	הווה	עתיד
יָכוֹלְתִּי	יָכוֹל יְכוֹלָה	אוּכַל
יָכוֹלְתָּ	יָכוֹל	תּוּכַל
יָכוֹלְתְּ	יְכוֹלָה	תּוּכלי
הוּא יָכוֹל	יָכוֹל	יוּכַל
היא יָכְלָה	יְכוֹלָה	תּוּכַל
יָכוֹלְנוּ	יְכוֹלִים יְכוֹלוֹת	נוּכַל
יְכוֹלְתֶּם/ן	יְכוֹלִים יְכוֹלוֹת	תּוּכלוּ
הם/ן יָכְלוּ	יְכוֹלִים יְכוֹלוֹת	יוּכלוּ

תרגיל מספר 13 EXERCISE 13

שנה את הזמנים במשפטים מהווה לעבר ולעתיד לפי הדוגמה:

הם לא יכולים לצאת לפני הצהריים.
עבר: הם לא יכלו לצאת לפני הצהריים.
עתיד: הם לא יוכלו לצאת לפני הצהריים.

1. אני לא יכולה לבוא בזמן.
עבר: ______________________
עתיד: ______________________

2. אנחנו יכולים למכור לכם את הכרטיסים שלנו.
עבר: ______________________
עתיד: ______________________

3. מי יכול ללכת איתי?
עבר: ______________________
עתיד: ______________________

4. על איזו מסעדה אתם יכולים להמליץ?
עבר: ______________________
עתיד: ______________________

5. חבל שהן לא יכולות לראות את תוכנית הטלויזיה החדשה.
עבר: ______________________
עתיד: ______________________

6. את לא יכולה לעשות תוכניות לשבוע הבא, כי את לא יודעת אם תהיי בעיר.
עבר: ______________________
עתיד: ______________________

7. אתם יכולים לטלפן ולהזמין מקום?

עבר: ______________________________

עתיד: ______________________________

8. מי יכול להתקשר למלון ולהזמין חדרים?

עבר: ______________________________

עתיד: ______________________________

9. אמא שלך לא יכולה לעזור לך?

עבר: ______________________________

עתיד: ______________________________

10. המשפחה שלי יכולה לשלם את שׂכר הדירה שלי, אבל אבא שלי חושב שאני יכול לשלם.

עבר: ______________________________

עתיד: ______________________________

11. מי יכול לעזור לנו לעבור לדירה החדשה שלנו?

עבר: ______________________________

עתיד: ______________________________

12. את לא יכולה לבוא בזמן?

עבר: ______________________________

עתיד: ______________________________

תרגיל מספר 14 EXERCISE 14

כתבו חיבור על אחד מהנושאים הבאים:

1. מיומנו של עופר: איך עבר עלי השבוע.
2. מיומן העבודה שלכם: התוכניות שלי לשבוע הבא.
3. דף מיומן מנהל המלון.

תרגיל מספר 15   EXERCISE 15

Complete the conversation with form of the verb as indicated

סוזן מטלפנת למודיעין. מייק במודיעין עונה לה.

מודיעין:	מודיעין! אני _____ (הווה) לעזור לך?
סוזן:	אני מקווה שאתה _____ (עתיד) לעזור לי. אני מחפשת מספר טלפון.
מודיעין:	ואת לא _____ (עבר) למצוא אותו במדריך?
סוזן:	ניסיתי אבל לא _____ (עבר), אני לא קוראת עברית טוב.
מודיעין:	טוב. אז איך אנחנו _____ (עתיד) לעזור לך?
סוזן:	האם אני _____ (עתיד) לקבל את מספר הטלפון של גברת כהן.
מודיעין:	גברת כהן? יש לנו כמה מאות כהן במדריך. איזו גברת כהן? אביבה כהן , בתיה כהן, כרמית כהן, דליה כהן...
סוזן:	כן. זהו! בתיה כהן.
מודיעין:	אין בתיה כהן. יש דוד ובתיה כהן, ישראל ובתיה כהן, משה ובתיה כהן...
סוזן:	רק רגע!
מודיעין:	אני לא _____ (הווה) לעזור לך אם אין לך כתובת ואין לך את השם של בעלה של בתיה.
סוזן:	אני לא _____ (הווה) למצוא את השם שלו. רק רגע.
מודיעין:	אז אולי _____ (עתיד) למצוא את הכתובת. יש לך כתובת?
סוזן:	אין לי ואני....
מודיעין:	גברתי, אני מאוד עסוק. אני לא _____ (עתיד) לדבר איתך כל היום.
סוזן:	אבל זה התפקיד שלך במודיעין. נכון?
מודיעין:	גברתי, אין לי זמן. אולי תבקשי מהפקידה במלון. אולי היא _____ (עתיד) לעזור לך.
סוזן:	לא. היא ניסתה אבל היא לא _____ (עבר) למצוא את המספר ואמרה לי להתקשר עם מודיעין.
מודיעין:	גם אני לא _____ (הווה) לעזור לך. בהצלחה, גברת ולהתראות.
סוזן:	רק רגע! מצאתי! הכתובת: רחוב הירקון 135 והשם הפרטי של בעלה של בתיה כהן הוא עמוס. עכשיו אתה _____ (עתיד) לעזור לי. נכון?
מודיעין:	המתיני דקה!... המספר הוא 785-963.

SUMMARY OF LESSON 21	סיכום שיעור 21: עובדים ומסתדרים
READING SELECTIONS:	**נושאים לקריאה ודיון:**
From the diary of a working girl.	מיומנה של נערה עובדת.
An evening of requests.	ערב של בקשות.
LANGUAGE TOPICS:	**נושאים לשוניים:**
Review of Pa'al - Regular verbs	חזרה על בניין פעל, גזרת שלמים, ב כ פ
Conditional Sentences	משפטי תנאי קיים
Possibility and Certainty	אפשרות וודאות
Review of Pa'al - פ״י	חזרה על פעלים בבניין פעל, גזרת פ״י
By yourself and on your own	לבדך ובעצמך
The verb "to be able"	הפעל י.כ.ל - עבר, הווה ועתיד

סיכום של גזרות בבניין פעל

פ=ב.כ.פ	ע=ב.כ.פ	פ״י	פ״י		
כ.ת.ב.	ז.כ.ר.	י.ר.ד.	י.ד.ע.	ה.ל.כ.	י.כ.ל.
כָּתַבְתִּי	זָכַרְתִּי	יָרַדְתִּי	יָדַעְתִּי	הָלַכְתִּי	יָכוֹלְתִּי
כְּתַבְתֶּם	זְכַרְתֶּם	יְרַדְתֶּם	יְדַעְתֶּם	הֲלַכְתֶּם	יְכוֹלְתֶּם
כּוֹתֵב	זוֹכֵר	יוֹרֵד	יוֹדֵעַ	הוֹלֵךְ	יָכוֹל
כּוֹתְבִים	זוֹכְרִים	יוֹרְדִים	יוֹדְעִים	הוֹלְכִים	יְכוֹלִים
אֶכְתּוֹב	אֶזְכּוֹר	אֵרֵד	אֵדַע	אֵלֵךְ	אוּכַל
תִּכְתְּבוּ	תִּזְכְּרוּ	תֵּרְדוּ	תֵּדְעוּ	תֵּלְכוּ	תּוּכְלוּ
כְּתוֹב	זְכוֹר	רֵד	דַּע	לֵךְ	
כִּתְבוּ	זִכְרוּ	רְדוּ	דְּעוּ	לְכוּ	
לִכְתּוֹב	לִזְכּוֹר	לָרֶדֶת	לָדַעַת	לָלֶכֶת	

רשימת מילים חדשות
NEW VOCABULARY LIST

שמות / NOUNS

אֶפְשָׁרוּת נ. אֶפְשָׁרוּיוֹת	possibility
הוֹפָעָה נ. הוֹפָעוֹת	appearance
וַדָּאוּת נ.	certainty
חֶבְרָה נ. חברוֹת	business company
יוֹמָן ז. יוֹמנים	diary
מוֹדִיעִין	information
מוֹפָע ז. מוֹפָעים	show, performance
מָסוֹרֶת נ. מָסוֹרוֹת	tradition
נוֹף ז. נוֹפים	landscape, view
רְשִׁימָה נ. רשימוֹת	list
תקוּפָה נ. תקוּפוֹת	period of time, era
סִכּוּי ז. סִכּויים	chance, prospect
סִיוּר ז. סִיוּרִים	tour, excursion

תארים ושמות / ADJECTIVES & NOUNS

מַדרִיךְ־מַדרִיכָה	guide
עַתִּיק ־עַתִּיקָה	ancient, old

פעלים / VERBS

אֵחֵר-לאַחֵר	to be late
בָּדַק-לבדוֹק	to check/examine
הִמלִיץ־להמלִיץ על	to recommend
הִצטָרֵף־להצטָרֵף אל	to join
התקַשֵׁר־להתקַשֵׁר אל	to call, contact
זָכַר־לזכּוֹר	to remember
טִלפֵּן־לטַלפֵּן אל	to get in touch with
יָכֹל-יָכוֹל-יוּכַל	to be able to
מָכַר־למכּוֹר	to sell
נהג־לנהוג	to drive
ניגש־לגשת	to approach/go over
סִיֵּים־לסַיֵּים	to finish
שָׁב־לָשׁוּב מ.. אל	to return, come back
שָׂם לֵב־לָשִׂים לֵב ל	to pay attention

תארי פועל ומילות יחס / ADVERBS & PREPOSITIONS

אַגָּב	by the way
אֵיזֶה מין?	what kind of
אֵין סָפֵק (ש)	there is no doubt (that)
בְּהֶחלֵט אֶפשָׁרִי	it is quite possible
בְּוַודַאי	surely
בֶּטַח	surely
הָמוֹן	lots, multitudes
ייתָּכֵן (ש)	it is possible (that)
יָכוֹל לִהיוֹת	it could be/it is likely
כַּמּוּבָן	of course
מֵאָז	since then

EXPRESSIONS & PHRASES / ביטויים וצירופים

to sleep peacefully	לישון בְּשֶׁקֶט	the mother of the communal settlements	"אֵם הקבוּצוֹת"
phone book	מַדרִיך טלפונים	asking for help	בַּקָשַׁת עֶזרָה נ.
reception desk	שוּלחַן קַבָּלָה ז.	Wait a minute!	הַמתֵן/הַמתִינִי דַקָה
alarm clock	שָׁעוֹן מעוֹרֵר ז.	lunch break	הַפסָקַת צָהֳרַיִים
it is quite likely	קָרוֹב לְוַודאי	called up ("lifted a phone")	הֵרים טלפון
it is difficult to believe	קָשֶׁה לְהַאֲמִין	Have pleasant dreams!	חֲלוֹמוֹת נעימים!
		to order a wake-up call	לְהַזמין הַשׁכָּמָה

Some vocabulary lists are extensive. Vocabulary items can be divided into active and passive vocabulary, according to the needs of students and the instructor's discretion.

LESSON 22 שיעור מספר 22

READING 1 קטע קריאה מספר 1

בחַן/בַּחֲני את עצמך: האם אתה/את כמוֹ כּוּלם אוֹ יוֹצא/ת דוֹפן?

עֲנה/עֲני על השאלות הבּאוֹת לפי מה שאתה/את בּאמת חוֹשב/ת על עצמך ולא כּפי שהיית רוֹצה להיוֹת.

א. האם חשוּב לך מה האחרים חוֹשבים עליך?

1. כּן. מאוד.
2. במידה מסוּיימת.
3. כּלל לא.

ב. כּשאתה/את קוֹנה בּגד חדש. האם אתה/את קוֹנה אוֹתוֹ כּי...?

1. זה עכשיו בּאוֹפנה.
2. זה נראה לי מתאים לאישיוּת שלי.
3. כּוּלם ישימוּ לב למה שאני לוֹבש/ת.

ג. כּשיש לך דעה שוֹנה מזוֹ של רוֹב החברים שלך, מה אתה/את עוֹשׂה?

1. שוֹתק/ת ושוֹמר/ת זאת לעצמי.
2. אוּלי מֵעיר/ה איזוֹ הֶעָרָה שוּלית.
3. מַכריז/ה את דַעתִי בְּקוֹלֵי-קוֹלוֹת.

ד. בּאיזה מקצוֹע אתה/את מעוּניין/מעוּניינת? מה אתה/את רוֹצה להיוֹת?

1. פּקיד/ת-בּנק, מוֹרה, שוֹטר/ת, מהנדס/ת.
2. שוֹפט/ת, עיתוֹנאי/ת, שׂחקן/נית, קריין/נית רדיוֹ.
3. משוֹרר/ת, צוֹללן/נית, ממציא/ה, מדען/מדענית.

ה. בּביקוּר חוֹלים אצל חבר/ה, מה תביא/י איתך?

1. פּרחים אוֹ שוֹקוֹלד.
2. כּתבֵי-עֵת או עיתוֹנים.
3. משׂחקֵי-מחשב.

ו. לו נתנו לך מתנה, נסיעה לחו"ל, לאן היית נוסע/ת?
1. פריס או לונדון.
2. אמסטרדם או טוקיו.
3. קאטמנדו או ניו-זילנד.

ז. איזה סרטים אתה/את אוהב/ת?
1. סִרטֵי-מֶתַח.
2. סרָטים רוֹמַנטיים.
3. סרָטים תֵעוּדִיִים.

ח. אילו היית עובד/ת בטלויזיה, מה היית רוצה להיות?
1. קריין/קריינית חדשות או קריין/קריינית פרסומות.
2. מרַאֲיין/מרַאֲייֶנֶת או עוֹרֵך/עורכת תוכנית תחקיר.
3. זמר/זמרת, נגן/נגנית בלהקה מוסיקלית או מַנחֶה/מנחַת שַׁעֲשוּעוֹנים.

ט. לו היית בוחר/ת בחיית־מחמד כרצונך, מה היית בוחר?
1. כלב או חתול.
2. ציפור או צב.
3. נחש או קוף.

י. האם את/ה רואה את עצמך ביישן/נית?
1. כֵּן. מאוד.
2. קצת.
3. לגמרֵי לא.

Evaluate your answers: Add up the points for your answers

תשובה (1) = נקודה אחת	תשובה (2) = שתי נקודות	תשובה (3) = שלוש נקודות

10 עד 15 נקודות

אתה/את לא אוהב/ת להיות שונה מאחרים ומוכן/נה לוותר על דעתך. נוח לך לחשוב כמו כולם. ייתכן שאין לך מספיק ביטחון עצמי.

16 עד 20 נקודות

יש לך דעות משלך, אבל אתה/את לא אומר/ת אותן לאף אחד. אתה/את שונא/ת לריב עם חברים ומוכן/נה לוותר כדי לשמור על השקט.

21 עד 25 נקודות

אתה/את אוהב/ת לחשוב מחשבות עצמאיות. אתה/את מוכן/נה לשמוע דעות של אחֵרים ואפילו לקבל אותן אבל רק אחרי שאת/ה בטוח/ה שהם צודקים.

26 עד 30 נקודות

אתה/את לא חושב/ת כמו כולם רוב הזמן. לא הדֵעות חשובות לך, אֶלָא הרצון להראות לכולם שאתה/את מקורי/ת ועצמאי/ת.

ארבע צורות - שמות ותארים

SPEECH PATTERNS	תבניות לשון
Ron wants to be a singer but he is shy	רון רוצה להיות זמר אבל הוא ביישן
and it's hard for him to appear in public.	וקשה לו להופיע לפני קהל.
Zohar is a professional TV broadcaster.	זוהר קריינית מקצועית בטלויזיה.
Yaniv has many original ideas.	ליניב יש הרבה רעיונות מקוריים.

Remember! Nouns which refer to living things can come in four forms, indicating number and gender. This is particularly true of nouns of occupation and profession.

1. שמות של מקצועות — Professions

	רבות	רבים	יחידה	יחיד
singer	זַמָרוֹת	זַמָרִים	זַמֶרֶת	זַמָר
scientist	מַדעָנִיוֹת	מַדעָנִים	מַדעָנִית	מַדעָן
inventor	מַמצִיאוֹת	מַמצִיאִים	מַמצִיאָה	מַמצִיא
program host	מַנחוֹת	מַנחִים	מַנחָה	מַנחֶה
interviewer	מרַאֲיינוֹת	מרַאֲיינִים	מרַאֲיֶינֶת	מרַאֲיֵין
poet	משוררות	משוררִים	משוררֶת	משורֵר
musician	נַגָנִיוֹת	נַגָנִים	נַגָנִית	נַגָן
editor	עורכות	עורכים	עורֶכֶת	עוֹרֵך
diver	צוֹללָנִיוֹת	צוֹללָנִים	צוֹללָנִית	צוֹללָן
broadcaster	קַריָינִיוֹת	קַריָינִים	קַריָינִית	קַריָין

EXERCISE 1 תרגיל מספר 1

Translate the following sentences:

1. My brother is a singer, but he wants to be a television broadcaster.
2. She is a poetess and a musician, but also she works as a newspaper editor.
3. What profession is a good profession these days? Maybe scientist, or doctor, or engineer.
4. Dalit is a great inventor - she invents all kinds of computer games and she writes children's books.
5. - Dan, do you really want to be an interviewer on radio? - No. I want to be a diver.

Adjectives 2. תארים ותכונות

	רבות	רבים	יחידה	יחיד
other/not same	אֲחֵרוֹת	אֲחֵרִים	אַחֶרֶת	אַחֵר
shy	בַּיְישָׁנִיּוֹת	בַּיְישָׁנִים	בַּיְישָׁנִית	בַּיְישָׁן/בַּיְישָׁנִי
unusual	יוֹצְאוֹת דוֹפֶן	יוֹצְאֵי דוֹפֶן	יוֹצֵאת דוֹפֶן	יוֹצֵא דוֹפֶן
documentary	תֵּעוּדִיּוֹת	תֵּעוּדִיִּים	תֵּעוּדִית	תֵּעוּדִי
short	קְצָרוֹת	קְצָרִים	קְצָרָה	קָצָר
leading	מוֹבִילוֹת	מוֹבִילִים	מוֹבִילָה	מוֹבִיל
original	מְקוֹרִיּוֹת	מְקוֹרִיִּים	מְקוֹרִית	מְקוֹרִי
independent	עַצְמָאִיּוֹת	עַצְמָאִיִּים	עַצְמָאִית	עַצְמָאִי
marginal	שׁוּלִיּוֹת	שׁוּלִיִּים	שׁוּלִית	שׁוּלִי
different/varied	שׁוֹנוֹת	שׁוֹנִים	שׁוֹנָה	שׁוֹנֶה

EXERCISE 2 — תרגיל מספר 2

Complete the sentences below with adjectives from this list.

שולי, מקורי, מעניינים, קצרה, תעודיים, אחרים, נחמד, טובים, עצמאית, מובילה, ביישנית, יוצא דופן, ביישן

נֶטַע לא בחורה __________ . היא מנחָה בטלוויזיה והיא אוהבת לפגוש אנשים __________. לפני שנה היא הייתה בחופשה __________ של חמישה ימים באיטליה. שם היא פגשה בחור __________ בשֵם יָנִיב והם נִהיוּ חברים ______ . הם טיילו ביחד, שׂחו וצללו בים ורקדו במועדוני לילה. בקיצור, אהבה ממבט ראשון!

אחרי שהם חזרו מהחופשה, נטע לא ראתה את יניב. היא בחורה __________ שלא אוהבת להיות תלויה באנשים __________. היא לא חיפשׂה את יניב והוא לא חיפשׂ אותה. ערב אחד נטע הלכה לפסטיבל של סרטים __________. זה לא היה פסטיבל חשוב, זה היה אירוע __________, אבל נטע הולכת לכל הפסטיבלים - כי היא מעוּניינת במקצוע הזה. הסרט הראשון שהיא ראתה לא כמו כל הסרטים האחרים - זה היה סרט ______ ______. הסרט היה על חופשה באיטליה, ופתאום נטע ראתה את עצמה בסרט. זה היה סרט של יניב! לא עברו שתי דקות והיא גם ראתה את יניב יושב בשורה הראשונה. באותו רגע הוא גם ראה אותה. זאת הייתה הפתעה לשניהם.

יניב בכלל לא ________ , והוא מיד בא לשבת עם נטע והזמין אותה לצאת אתו אחרי הסרט. הוא אמר לה שהוא לא התקשר איתה כי הוא היה עסוק מאוד. הוא עבד יום וָלילה על הסרט שלו. נטע, הקריינית ה__________ של הטלוויזיה הישראלית שׂמחה לראות את יניב והזמינה אותו לארוחת ערב ביום ששי. וכך התחיל הסיפור מחדש.
שניהם ממשיכים להיות חברים טובים והם חברים עד היום הזה.

אתם יוצאי דופן או כמו כולם?

SPEECH PATTERNS	תבניות לשון
Dan is so extraordinary/unusual.	דן כל כך יוצא דופן.
He is different than everybody else.	הוא שונה מכולם.
Dina, his girlfriend, is like everybody else. She is like all of us.	דינה, החברה של דן, היא כמו כולם. היא דומה לכולנו.

To express the notion of "exceptional, extraordinary, out of the ordinary", the adjective יוצא דופן is commonly used. Literally it means "*going beyond the usual boundaries/walls.*"

Adjectives of comparison are "similar (to)" דומה (ל) and its antonym "different (from)" שונה (מ).

exceptional, extraordinary = *not like everybody else*	יוֹצֵא דוֹפֶן, יוֹצֵאת דוֹפֶן, יוֹצְאֵי/ות דוֹפֶן = *לא כמו כולם*
like, similar to similar (to one another)	דוֹמֶה ל, דוֹמָה ל, דוֹמִים ל, דוֹמוֹת ל. דומים, דומות
different from different (from one another)	שוֹנֶה מ, שוֹנָה מ, שוֹנִים מ, שוֹנוֹת מ שונים, שונות

Examples:

- Ron is exceptional. He is 12 years old and he is studying at the university.
- Ron is different from all his friends.
- He is not similar to any of them.

- רון יוצא דופן. הוא בן 12 ולומד באוניברסיטה.
- רון שונה מכל החברים שלו.
- הוא לא דומה לאף אחד מהם.

EXERCISE 3 — תרגיל מספר 3

Choose the appropriate adjectives to complete the sentences below:

שונים	שוֹנֶה	דוֹמוֹת ל	יוצאת דופן	דומות	דוֹמֶה ל
שונות מ	יוצאי דופן	יוצא דופן 2X	שׁוֹנים מ	דומה	דומים

1. האחיות של דן לא ________ __דן בכלל.
2. דינה ורינה כל כך ________ - ממש כמו תאומות.
3. ביקרנו אצל דני. הבית שלו לא רגיל - הוא ממש ______ ________
4. הם לא כמו כולם. הם מאוד ________ __כל האנשים שאנחנו מכירים.
5. ברחוב שלנו כל הבתים ________ - אין אף בית ______ ________
6. זאת עיר חדשה בשבילי - הכל ________. שום דבר לא ______ ___מה שיש בעיר שלי.
7. דן נראה כמו אבא שלו - הוא מאוד ______ לו.
8. אנחנו חברים טובים, אבל אנחנו אוהבים דברים ________.
9. למה הן ______ __כולם? למה הן לא יכולות להיות כמו כולם?
10. מרים בחורה _____ _____. היא לא חושבת כמו כולם. היא אוהבת כל מיני דברים _____ _______. זאת בחורה אינדיבידואליסטית!

מה בין "שונה" ל"אחר"?

SPEECH PATTERNS	תבניות לשון
Dan is so different from his brother.	דן כל כך שוֹנֶה מאחיו.
We spoke about different (*various*) subjects.	דיברנו על נושאים שונים.
This is not good! Give us something else.	זה לא טוב! תן לנו משהו אַחֵר.
This is not our problem. We have other problems.	זאת לא הבעייה שלנו. יש לנו בעיות אחרות.

In Hebrew there is a distinction between שונה "different, not similar" and אַחֵר "different, other than." In English, the adjective "different" can be used with both meanings: different = not similar; other than.

COMPARISON	not similar to/unlike = not like	שוֹנֶה מ = לא דוֹמֶה ל
EXCLUSION	(an)other/not same	אַחֵר, אַחֶרֶת, אֲחֵרִים, אֲחֵרוֹת
VARIETY	various/several	שונים, שונות

1. Comparison:

Dan is so different from (not like) his brother. — דן כל כך שונה מאחיו.

You are not different from other people. — אתם לא שונים מאנשים אחרים.

2. Exclusion:

I don't like pizza. Give me something else. — אני לא אוהב פיצה. תן לי משהו אַחֵר.

We were not at Dan's party. We were at another party. — לא היינו במסיבה של דן. היינו במסיבה אחרת.

3. Indicating Variety:

We spoke about several topics. — דיברנו על נושאים שונים.

There are various opinions about this topic. — יש דעות שונות על הנושא הזה.

EXAMPLES IN SUMMARY

- Did you talk about the political situation? — - דיברתם על המצב הפוליטי?

No. We spoke about **other things**. — לא. דיברנו על דברים אחרים.

- Do you have similar opinions about things? — - יש לכם דעות דומות על המצב?

Different people have **different** opinions. — לאנשים שונים יש דעות שונות.

My opinions are **different than** my Dad's. — הדעות שלי שונות מהדעות של אבא שלי.

EXERCISE 4 — תרגיל מספר 4

Complete the sentences with the correct form of "different."

1. כל התלמידים בכיתה שלנו ________. כל אחד בא מבית ______.
2. אני כבר יודע עברית - אני רוצה ללמוד שפה ________.
3. דן לא בא מעיר גדולה. הוא בא ממקום ________.

4. אני לא חושבת שאני ________ מהתלמידות ה__________.
5. העוגה הזאת לא טעימה. תביא לי עוגה __________.
6. למה אתה תמיד לובש את הבגדים האלה - אין לך בגדים ________?
7. המשפחות שלנו מאוד ________ - המשפחה שלי ממרוקו והמשפחה שלו מרוסיה.
8. אני רוצה להיות ________ מכולם. אני רוצה להיות יוצא דופן.
9. כולם רוצים דברים ________ - אני לא יודע מה לקנות.
10. אני לא רוצה את המעיל הזה. הוא לא יפה. אני רוצה מעיל ________ .

EXERCISE 5 | תרגיל מספר 5

Choose the appropriate adjectives to complete the sentences below:

אֲחרים	שונות מ	שונים מ	שונות	שונים
אֲחרות	דומות ל	דומים ל	דומות	דומים

1. אני לא חברה של רותי ושרה. יש לי חברות __________.
2. תומר ועופר מאוד ________ מרותי ושרה - הם הרבה יותר נחמדים.
3. אנחנו רוצים לבקר במקומות ________ בעולם ולראות הרבה ארצות __________.
4. אני חושבת שאתם בדיוק כמו כולם ובכלל לא ________ __ אנשים __________.
5. בבית הזה גרו אנשים ________ שהכרנו, אבל כולם עזבו ועכשיו גרים כאן אנשים ________.
6. רותי ושרה אחיות אבל הן לא ________ - רותי גבוהה ושרה נמוכה.
7. לכולנו יש סיפורים ________ - גדלנו ביחד ולמדנו ביחד.
8. הבתים כאן ________ __ הבתים שבעיר שלנו - הם ישנים ולא גבוהים.
9. לא אהבתי את הבגדים האלה, אז הלכתי וקנית בגדים ________ .
10. למה אתם חושבים שהבעיות שלכם כל כך ________ __הבעיות של כולם?

Hypothetical conditional sentences

משפטי תנאי בטל

SPEECH PATTERNS	תבניות לשון
Had I been Rothschild, I would have no worries.	לו הייתי רוטשילד, לא היו לי דאגות.
If I could work here, I would want to be a broadcaster.	אם הייתי יכול לעבוד כאן, הייתי רוצה להיות קריין.
I would have been happy, had I the opportunity to work here.	הייתי מאושרת, אילו הייתה לי אפשרות לעבוד כאן.

Real and Hypothetical/Invalid Conditions

Hypothetical and invalid conditions are conditions which cannot be completed. To fully understand their meaning it is helpful to contrast them with valid/real conditions and to observe the differences in meaning and in form.

Real or Valid Condition	**תנאי קיים**
• If we <u>arrive</u> on time, <u>we'll go</u> to the movie that starts at seven.	• אם <u>נגיע בזמן</u>, <u>נלך</u> לסרט שמתחיל בשבע.
Hypothetical Condition	**תנאי בטל**
• <u>Had you come</u> on time, <u>we would have gone</u> to the movie that started at seven.	• לו <u>באת בזמן</u>, <u>היינו הולכים</u> לסרט שהתחיל בשבע.
• If <u>we could choose</u> a profession, we <u>would choose</u> to be actors.	• אילו <u>יכולנו לבחור</u> במקצוע, <u>היינו בוחרים</u> להיות שחקנים.

Invalid/hypothetical conditional sentences are used to express

- conditions that were once possible but are no longer valid or possible.
- conditions that were never possible as they do not fit any known reality.
- wishful thinking and expectations of things that are not possible now.

Invalid Condition: no longer possible	תנאי בטל - א
Had you bought tickets, you would have **come** with us.	לו קנית כרטיסים, היית בא איתנו.
(but you didn't buy tickets, so you cannot come with us.)	(אבל לא קנית כרטיסים, ואתה לא יכול לבוא איתנו.)

Invalid Condition: not within the realm of what is true or real	תנאי בטל - ב
If we had wings, we could have flown there and arrived on time.	אילו היו לנו כנפיים, היינו יכולים לעוף ולהגיע לשם בזמן.
(but we don't have wings and we cannot fly.)	(אבל אין לנו כנפיים, ואנחנו לא יכולים לעוף.)

Using this structure, there is a whimsical saying in Hebrew to express incredulity

לו היו לסבתא שלי גלגלים, אז היא הייתה אוטובוס.
"If my grandmother had wheels, she would have been a bus."
(but my Grandma does not have wheels, and she is definitely not a bus.)

The intention is to make the following comment: "In no way is this possible or true"

Hypothetical Conditions: speculations or wishful thinking	תנאי בטל - ג
If you had a chance to choose the pet of your wishes, what would you choose?	לו היית בוחר בחיית־מחמד כרצונך, מה היית בוחר?
(now you don't have a pet, but maybe in the future you will.)	*(עכשיו אין לך חיית מחמד, אבל אולי בעתיד תהיה לך.)*

How to put together hypothetical or invalid conditional sentences

These sentences are composed of two separate clauses, one stating the condition and the other stating the possible consequence.

CLAUSE 1: the condition.

Clauses of condition with the verb **להיות**:

a. lu/ilu + "to be" in past + predicate: — לו/אילו + היה + נשוא שמני:

"If you had been Einstein", — לו היית איינשטיין,

b. lu/ilu + possession in past tense: — לו/אילו + היה + ל:

"If you had time", — לו היה לך זמן,

Verbal clauses of condition:

a. lu/ilu + verb in past tense: — לו/אילו + פועל בזמן עבר:

"If you had lived in California", — לו גרת בקליפורניה,

if + verb phrase: — אם + היה + פועל בהווה:

"If you had lived in California", — אם היית גר בקליפורניה,

CLAUSE 2: the result/consequence of the condition.

Verbless result clauses

a. possession in past tense — היה + ל:

(if we had gone out early), — *(אילו היינו יוצאים מוקדם),*

"we would have time for everything". — היה לנו זמן לכל.

"to be" in past + predicate

(If you would have been a good musician),

"you would have been in our band".

<u>היה + נשוא שמני:</u>

(לו היית נגן טוב),

היית חבר בלהקה שלנו.

Verbal result clauses

verb in past tense

(If we would have had enough time),

"we would have gone to the museum".

<u>פועל בזמן עבר:</u>

(אילו היה לנו מספיק זמן),

היינו הולכים למוזיאון.

Verb Phrase: היה בא

Here is a full conjugation of the combination verb phrase of להיות in the past tense with the present tense forms (participles) of other verbs:

היה+הווה	עבר		היה+הווה	עבר
היינו באים/ות	*באנו*		*הייתי בא/ה*	*באתי*
הייתם באים	*באתם*		*היית בא*	*באת*
הייתן באות	*באתן*		*היית באה*	*באת*
הם היו באים	*הם באו*		*הוא היה בא*	*הוא בא*
הן היו באות	*הן באו*		*היא הייתה באה*	*היא באה*

This verb phrase is not only used in invalid or hypothetical conditional clauses, but is also used to express habitual or repetitive action and a subjunctive type mood.

There will be more details in further chapters, but here are some examples:

1. Conditional sentence:

If you had invited me, I would have come.

I would have come, had you invited me.

אם הייתם מזמינים אותי, הייתי באה.

הייתי באה אם הייתם מזמינים אותי.

2. Habit:

My parents used to go on a trip every year.

We used to visit him every Friday.

ההורים שלי היו נוסעים לטיול כל שנה.

היינו באים לבקר אותו כל יום ששי.

3. Wish - subjunctive:

What would we do if we could?

What would you like to tell me?

מה היינו עושים לו הייתה לנו אפשרות?

מה הייתם רוצים להגיד לי?

EXERCISE 6 תרגיל מספר 6

Transform the sentences from real conditional sentences to hypothetical ones.
Use לו or אילו .

דוגמה:

אם יהיה לי זמן, אבוא לבקר אותך. *לו היה לי זמן, הייתי בא לבקר אותך.*
אילו היה לי זמן, הייתי בא לבקר אותך

1. אם נבוא העירה, נלך לראות סרט.
2. אם תהיי סטודנטית באוניברסיטה, תגורי במעונות.
3. אם נמצא מסעדה טובה בעיר, נאכל שם.
4. אם תגיעי מוקדם, תלכי לבקר את גלילה.
5. אם יהיו להם כרטיסים, הם ילכו להצגה.
6. אם תהיו בירושלים, תבואו לבקר.
7. אם תלך לחנות, תקנה לנו לחם.
8. אם תגורו במרכז העיר, לא תצטרכו לקנות מכונית.
9. אם הם יהיו נחמדים, נקנה להם גלידה.
10. אם נחזור לפני חצות, נתקשר.
11. אם החברים שלנו יבואו העירה, נלך איתם לטיילת .
12. אם יהיו לכם כרטיסים, תלכו לקונצרט?
13. אם תהיה לי אפשרות, אעבוד בטלויזיה
14. אם תהיי מדענית, תוכלי לעזור לכולם.
15. אם תלמדו פסיכולוגיה, אולי תוכלו להבין את החלומות שלנו.

Negation in a hypothetical/invalid condition אם לא/לוּלֵא/אִילוּלֵא

SPEECH PATTERNS	תבניות לשון
If you had not arrived on time, I would have sold your ticket.	אם לא היית מגיעה בזמן, הייתי מוכרת את הכרטיס שלך.
If you had not come, we would have stayed at home.	לולא באתם, היינו נשארים בבית.
Had he not been so diligent, he would not have finished his work.	אילולא הוא היה חרוץ כל כך, הוא לא היה גומר את העבודה.

Commonly, when you want to state a negative invalid condition, you begin that condition with אם לא or אילו לא, but there are also other expressions that can be used. These expressions are לולא or אילולא. They are a combination of the invalid conditional particles לוa or אילו with the negative particle לא.

If not	לולא = לו לא
	אילולא = אילו לא

The expressions לולא/אילולא are used primarily in formal Hebrew. The verb that follows such expressions is usually in the past tense.

In informal style, which is used by most native speakers, the combination of אם לא or אילו לא/לו לא is used to initiate such a negative hypothetical condition.

Here are different ways in which you can state the following sentence:
"If you had not come on time, you would have missed this concert."

1. Formal style:

לוּלֵא <u>הגעת</u> בזמן, היית מפסיד את הקונצרט הזה.

אילוּלֵא <u>הגעת</u> בזמן, היית מפסיד את הקונצרט הזה.

2. Informal style:

אם לא <u>היית מגיע</u> בזמן, היית מפסיד את הקונצרט הזה.

אילו לא <u>היית מגיע</u> בזמן, היית מפסיד את הקונצרט הזה.

לו לא <u>היית מגיע</u> בזמן, היית מפסיד את הקונצרט הזה.

תרגיל מספר 7   EXERCISE 7

A. Write hypothetical conditional sentences based on these propositions:

<u>דוגמה:</u>

החתול שלי יודע לשיר   הוא ישיר בטלוויזיה.

לו החתול שלי היה יודע לשיר, הוא היה שר בטלוויזיה.

הם דואגים.	1. ההורים שלך יודעים מה את עושה
אני כותב ספר.	2. יש לי מחשב בבית
אין לכם בעיות.	3. אתם עובדים כמו שצריך
יש לך זמן לקרוא.	4. את גומרת את העבודה שלך
אני נוסע.	5. יש לי כסף לנסיעה

B. Change sentences to hypothetical conditional sentences

דוגמה:

החתול שלי לא יודע לשיר   הוא לא ישיר בטלוויזיה.

אילו החתול שלי לא היה יודע לשיר, הוא לא היה שר בטלוויזיה.

1. ההורים שלך יודעים מה את עושה   הם דואגים.

אילו _____ _____ _____ מה את עושה   _____ _____ דואגים.

2. יש לי מחשב בבית   אני כותבת ספר.

לו _____ _____ מחשב בבית   _____ _____ ספר.

3. אתם לא עובדים כמו שצריך   יש לכם בעיות.

אילולא _____ _____ כמו שצריך   _____לכם בעיות.

4. את לא מדברת כל הערב בטלפון   יש לך זמן לקרוא.

אילו _____ _____ _____כל הערב בטלפון   אז _____ _____ לקרוא.

5. יש לי כסף לנסיעה   אני נוסע.

לו_____ _____ לי כסף לנסיעה   _____ נוסע.

C. Translate the following sentences:

1. If I would have gone to bed early, I would not have gotten up so late.
2. If the music had been better, we would not have left so early.
3. Had the movie been more original, it would have been more interesting.
4. If I were a musician, I would play music all over the world.
5. If Dalia had not been so shy, she would have sung for us.

תרגיל מספר 8   EXERCISE 8

השלם את המשפטים הבאים ותרגם אותם לאנגלית

1. אילו הייתי חכם כמו אַיינשטַיין, _____.

2. לו היו כאן יצורים מהחָלָל (creatures from outer space), _____.

3. לו הייתה לנו הזדמנות לנסוע למקום מעניין באפריקה, _____.

4. אילולא הייתם צריכים ללמוד, _____.

5. לולא הייתי ביישנית, _____.

6. _____, לא הייתי בא היום לבית הספר.

7. _____, היינו כבר כוכבי קולנוע.

8. ______________________, הייתם באים איתנו?
9. ______________________, היית עובדת כל כך קשה?
10. ______________________, כבר היית רץ לפגוש אותנו.

תרגיל מספר 9 EXERCISE 9

השלם את המשפטים וכתוב פסקה קצרה על כל אחד מהם (6־5 משפטים):

1. לו היה לי מטוס פרטי, הייתי טס/ה ל______________.
2. אילו יכולתי לחזור אחורה בזמן, הייתי חוזר/ת ל__________.
3. לו הייתי סופר/ת, הייתי כותב/ת ספר על ____________.
4. לו יכולתי להיות איש/ה חשוב/ה בהסטוריה, הייתי בוחר/ת להיות ____________.
5. אילו הייתה לי חופשה של שנה, הייתי ____________.
6. אילו לא היה לי מטוס פרטי, לא הייתי טס/ה ל______________.
7. לו לא יכולתי לחזור הביתה בזמן, לא היינו יכולים __________.
8. אילו הוא לא היה משורר חשוב, לא היינו __________.
9. אילולא היה לו תפקיד חשוב, הוא לא היה __________.
10. אילו לא הייתה לי חופשה החודש, לא הייתי __________.

קטע קריאה מספר 2 READING 2

כל ההתחלות קשות: מה לחפש בחבר/ה?

נִדמֶה שזאת שאלה פשוטה: "כַּאֲשר אֶתאַהֵב במישהו ־ אֶרצֶה שהוא יהיה חבר שלי," "כּאשר אֶתאַהֵב במישהי ־ אֶרצֶה להציע לה חֲברוּת."

כדי למצוא את האדם המתאים צריך לדעת מה מחפשׂים. אנחנו בּוחרים באנשים מסוּיימים לידידים מפני שהם נחמדים, משום שנעים לנו בּחֶברָתָם, משום שהם יְדִידֵי־אֱמֶת ויעזרו לנו אם תהיה לנו בעייה. האנשים שאנחנו בוחרים לחברים, במובן הרוֹמנטי של המילה, אינם שונים מידידים. אנחנו רוצים למצוא תכוּנוֹת אוֹפי של ידידים טובים גם בחבר/ה.

חבר/ה צריך/צריכה להיות, בָּראש וּבָראשוֹנָה, ידיד/ה. וקֶשר החברוּת הרומנטי צריך להתבּסס על: כָּבוֹד, הַעֲרָכָה, הבָנָה, התחַשבוּת ואהבה.

גם אם נִמשָׁכים אֶל אנשים מסוּיימים, לא כל בֵּן/בַּת זוג הם תמיד מתאימים. צריך להִיזָהֵר מִפּנֵי:

- אָדָם שמעֲליב אותך, בִּיחידוּת או בפוּמבִּי.
- אָדָם שמרַכֵל עליך מאֲחוֹרֵי גַבּךָ.
- אָדָם שאינו מפסיק לבַקר את התנהגוּתך.
- אָדָם הפוגע בך, מבחינה נפשית, או מפעיל עליך אלימוּת גוּפנית.

בּנות, איפה אתן יכולות לפגוש ולהכיר בנים, מתוֹכם תִבחרו בּבן אחד?
ובנים, איפה אתם יכולים לפגוש ולהכיר בנות, אשר מתוכן תבחרו באחת?

בכל מקום!
בבית הספר, בכיתה, בחוּג המשפחה, בתוֹר לקולנוע, במסעדה, בשׂפת הים, במסיבה, בהפגנה פוליטית, בספרייה הציבּוּרית, או בטיול.

וכשאתם פוגשים את הבן/הבת המתאים/המתאימה, תנוּ לַזמן לעשׂות את שלו. לא כל אהבה נוֹלֶדֶת מִמַבָּט רִאשוֹן!

לפי סמדר שיר ב"נערה ונער"

חזרה על בניין פעל: גזרת ל"ה

SPEECH PATTERNS	תבניות לשון
- Was Ofer here yesterday?	- עוֹפר הָיָה כּאן אתמול?
- I did not see him.	- לא רָאִיתִי אותו.
- Will Dalia be at the concert?	- דליה תִהְיֶה בקונצרט הערב?
- We'll see! She bought tickets.	- נִרְאֶה! היא קָנתָה כרטיסים.

This class of verb is characterized by having a final radical which is ה and it affects the shape of the verb forms.

	1	2	3		
ל' הפועל = ה	ר	צ	ה	לִרצוֹת	to want
ל' הפועל = ה	ש	ת	ה	לִשתוֹת	to drink

נטיית השורש /ר.צ.ה./ בבניין פעל

עבר	הווה	עתיד	ציווי	שם הפועל
רָצִיתִי	רוֹצֶה	אֶרצֶה		לרצות
	רוֹצָה			
רָצִיתָ	רוֹצֶה	תִרצֶה	רצֵה!	
רָצִית	רוֹצָה	תִּרצִי	רצִי!	
הוּא רָצָה	רוֹצֶה	הוא יִרצֶה		
היא רָצתָה	רוֹצָה	היא תִּרצֶה		
רָצִינוּ	רוֹצִים	נִרצֶה		
	רוֹצוֹת			
רצִיתֶם	רוֹצִים	תִּרצוּ	רצוּ!	
רצִיתֶן	רוֹצוֹת			
הם רָצוּ	רוֹצִים	הם יִרצוּ		
הן רָצוּ	רוֹצוֹת	הן יִרצוּ		

שמות מאותו שורש: רָצוֹן (ז) will, desire

<u>There are two forms of the present tense:</u>

Active Participle "want/s":	רוֹצֶה	רוֹצָה	רוֹצִים	רוֹצות
Passive Participle "is/are wanted"	רָצוּי	רְצוּיָיה	רְצוּיִים	רְצוּיוֹת

This class of verbs is called ל״ה because they have a final root letter which is ה and it changes shape or is totally omitted in conjugated forms.

ה ← י **רציתי רצית רצית רצינו רציתם רציתן**

ה ← ת **היא רצתה**

ה ← Ø ***עבר:*** **הם רצו.**

הווה: **הם רוצים, הן רוצות.**

עתיד: **את תרצי, אתם/אתן תרצו, הם/הן ירצו.**

ציווי: **רצי! רצו!**

EXERCISE 10 — תרגיל מספר 10

Complete the sentences in the tenses indicated in the example below

<u>דוגמה</u>: מי יִקנֶה כרטיסים לתחרות הטניס?

אנחנו נִקנֶה כרטיסים לתחרות הטניס.

גם החברים שלנו יִקנוּ כרטיסים לתחרות הטניס.

1. מי יהיה בבית הערב?

האורחת שלנו מברזיל ________ בבית הערב.

גם את ______ בבית הערב?

לא, כי החברים שלי ______ בבית קפה הערב ואני ______ איתם.

2. מי ראה את מיכאל?

אני לא ________ אותו כי הוא לא היה היום בעבודה.

גם אנחנו לא ________ אותו.

אולי דליה ______ אותו - גם היא לא הייתה בעבודה.

3. מי יקנה בקניון החדש?

חנן לא _____ שם כי הוא אוהב לקנות בעיר.

ענת _____ שם. היא אוהבת ללכת לקניות.

4. אתם רוצים להישאר בבית בחופשה?

אנחנו לא _____להישאר בבית בחופשה, כי אנחנו אוהבים לנסוע לטייל.

אני דווקא כן _____ להישאר בבית. יש לי הרבה מה לעשות בבית.

5. מי יֵדַע מה איפה תהיו?

ההורים שלנו יֵדעו איפה אנחנו _____.

רבקה תדע איפה החברות שלה _____, כי הן יטלפנו אליה.

6. מה קניתם אצל בועז ?

אנחנו לא _____ כלום, כי הכל היה יקר מאוד.

רבקה _____ שמלה חדש ומעיל לחורף.

7. מה תשתו ?

אנחנו לא _____ כלום. כבר שתינו.

אני _____ כוס מים קרים.

רבקה _____ קפה.

8. מה אתם קונים?

אני _____ מעיל חדש.

אתה _____ כרטיסים לקונצרט?

רבקה _____ פרחים לחג.

מה אתה רוצה מעצמך ומאחרים?

תבניות לשון	SPEECH PATTERNS
אני לא רוצה לבשל כל יום.	I don't want to cook every day.
אני לא רוצה את העזרה של דן.	I don't want Dan's help.
אני לא רוצה שהיא תבשל.	I don't want her to cook.

The verb "to want" can be followed by a direct object, by an infinitive, or by a clause (short sentence) which is introduced by the particle שֶ.

Examples:

1.	followed by a noun/noun phrase direct object:	אני רוצה עזרה, אבל אני לא רוצה את העזרה שלך.
2.	followed by an infinitive form:	אני רוצה להיות עצמאית.
3.	followed by a subordinate clause:	אני לא רוצה שתגידו לי מה לעשות.

Want to and wish that

A. The same subject for wish and for proposed action

If you express a wish or desire to do something you express it by a verbal phrase which combines the verb לרצות in present tense and an infinitive of another verb: אני רוצה לרוץ. "I want to run".

Notice that **you** are the one who expresses the wish to do the running. Thus both verbs share the same subject.

	שתי הפסוקיות	המשפט
I want to run six kilometers.	אני רוצה. אני ארוץ.	אני רוצה לרוץ ששה ק"מ.
We want to come back on time.	אנחנו רוצים. אנחנו נחזור.	אנחנו רוצים לחזור בזמן.

B. Different subjects for wish and for proposed action

However, if the second verb does not share the same subject, i.e. you want somebody else to run, then in Hebrew, you express it by two separate sentences. The first one expresses your wish and the second one introduces the subject who will perform/act out the wish. The second sentence is linked to the first with the particle ש.

Two verbs and two subjects:

	שתי הפסוקיות	המשפט
I want you to run.	אני רוצה. אתה תרוץ.	אני רוצה שאתה תרוץ.
We want them to come back.	אנחנו רוצים. הם יחזרו.	אנחנו רוצים שהם יחזרו.

In English the subject of the second sentence becomes a direct object of the first verb: "I want YOU to run." In Hebrew, however, the two sentences are expressed fully and separately, each with their own subjects, and the particle שֶׁ links the two independent sentences.

I want you to run =   **אני רוצה שאתה תרוץ.** *("I want that you will run.")*

Learn the expressions in Hebrew! Do not translate directly from English!

EXERCISE 11   **תרגיל מספר 11**

The subject in both sentences is the same.
Combine the sentences (a) and (b) according to the example:

a. I want	א: אני רוצה.
b. I will drink coffee	ב: אני אשתה קפה.
I want to drink coffee	*אני רוצה לשתות קפה.*

ב: אני אמצא מקום עבודה מעניין.	א: אני רוצה.	.1
ב: אתם תיתנו לזמן לעשות את שלו.	א: אתם תרצו	.2
ב: אני אעליב אותך.	א: אני לא רוצה	.3
ב: אנחנו נרכל על כולם.	א: אנחנו לא רוצות	.4
ב: גליה תחפש חבר מתאים.	א: גליה רוצה	.5
ב: אני אמצא מקום חנייה.	א: אני רוצה	.6
ב: הם ישלמו את החשבון.	א: הם לא רצו	.7
ב: תמר תצא עם אורי.	א: למה תמר לא רוצה?	.8
ב: הקשר הרומנטי יתבסס על כבוד והבנה.	א: אנחנו רצינו	.9
ב: הבנים יעשו מסיבה ויזמינו אותן.	א: הבנות רוצות	.10
ב: אתם תבחרו בגדים חדשים.	א: למה אתם לא רוצים?	.11
ב: אני אבחר בדליה לחברה.	א: אני ארצה	.12
ב: הן ילכו לקניות.	א: החברות שלי רוצות	.13
ב: מי יציע לי חברות?	א: מי ירצה?	.14
ב: אתם תפגשו ותכירו בנות?	א: אתם רוצים	.15

EXERCISE 12

תרגיל מספר 12

The subject in each sentence is different.
Combine the sentences (a) and (b) according to the example:

א: אני רוצה.

a. **I** want

ב: הוא ישתה קפה .

b. **He** will drink coffee

אני רוצה שהוא ישתה קפה.

I want him to drink coffee

.1	א: אני רוצה.	ב: יהיה לי חבר מתאים.
.2	א: רצינו.	ב: תוותרו על הכרטיסים שלכם.
.3	א: אתה רוצה?	ב: רינה לא תעליב אותך.
.4	א: אנחנו לא רוצות	ב: כולם ירכלו עלינו.
.5	א: לא נרצה	ב: תשלמו עבור הכרטיסים שלנו
.6	א: לא רציתי	ב: הם ישחקו ברחוב
.7	א: רצית?	ב: הם ישלמו את החשבון.
.8	א: למה את לא רוצה?	ב: הם יקנו אוכל.
.9	א: אנחנו רצינו	ב: הוא יעבוד אצלנו
.10	א: למה לא רצית?	ב. דליה תשיר הערב.
.11	א: אנחנו לא נרצה	ב: ההורים שלנו יעזרו לנו.
.12	א: למה אתם לא רוצים?	ב. אנחנו נקנה לכם כרטיסים.
.13	א: איפה אתן רוצות?	ב. דוד ישים את המחשב.
.14	א: מתי את רוצה?	ב. אנחנו נפגוש אותך.
.15	א: האם עופר רוצה?	ב. ענת תהיה החברה שלו.

שלילה בהווה בגוף שלישי

SPEECH PATTERNS	<div dir="rtl">**תבניות לשון**</div>
Uri is not suitable for this task.	<div dir="rtl">אורי אינו מתאים לתפקיד הזה.</div>
Dalia is not my friend.	<div dir="rtl">דליה אינה ידידה שלי.</div>
They do not want to come this evening.	<div dir="rtl">הם אינם רוצים לבוא הערב.</div>

In spoken Hebrew, present tense verbs and noun predicates are negated by the
particle לא, however in a more formal style, especially in writing and formal speeches,
the article אין with a personal pronoun ending is used to negate these predicates.

Here are some examples of the use of the third person negation in both formal and
informal styles:

	FORMAL	**INFORMAL**
He is not a good friend.	הוא אינו חבר טוב שלנו.	הוא לא חבר טוב שלנו.
She is not different from us.	היא אינה שונה מאיתנו.	היא לא שונה מאיתנו.
They don't understand us.	הם אינם מבינים אותנו.	הם לא מבינים אותנו.
Beginnings are not easy.	ההתחלות אינן קלות.	ההתחלות לא קלות.

EXERCISE 13

תרגיל מספר 13

Change the following sentences from informal to formal style:

1. דן לא בחור רומנטי.

2. דינה לא בת הזוג המתאימה לך.

3. הם לא מפסיקים לרכל כל היום.

4. הן לא פוגשות בחורים מעניינים.

5. הם לא ידידי־אמת.

6. הזמן לא עושה את שלו.

7. השיעורים לא מעניינים.

8. המסיבה לא משעממת.

9. התורים בקולנוע לא ארוכים הערב.

10. אהבה לא תמיד נולדת ממבט ראשון.

Relative clauses

משפטי זיקה

SPEECH PATTERNS	תבניות לשון
The guest residing in the hotel is our friend.	האורח המתגורר במלון הוא החבר שלנו.
I know the girls who are standing over there.	אני מכיר את הבנות שעומדות שם.
Tourists, who come from the north, love the desert climate.	תיירים, אשר באים מהצפון, אוהבים את אקלים המדבר.

Sentences or clauses can be used to describe or add information to a noun. They are called relative clauses.

Here is an example of the clause "who is sitting here", used to add information to the noun.

1. The man is my uncle.	1. האיש הוא הדוֹד שלי.
2. The man is sitting here.	2. האיש יוֹשב כּאן.
The man **who is sitting here** is my uncle.	האיש שיושב כאן הוא הדוד שלי.

Notice that the two clauses combine into one sentence. They share a subject, but it is not repeated when the clauses are combined into one sentence.

When the sentences are in the present tense, there are three ways to link the clauses to the nouns they describe:

האיש היוֹשב כּאן הוּא הדוֹד שלי.
האיש שיוֹשב כּאן הוּא הדוֹד שלי.
האיש אשר יוֹשב כּאן הוּא הדוֹד שלי.

Of the three particles -ה, אשר ,ש, the one that is most restricted is the definite article -ה. The use of the definite article to introduce a subordinate clause is restricted to present tense verbs and only when they are positive.

The boy who is studying here _____	הילד הלוֹמד כּאן _____.
The boys who are sitting in the room ______	הבנים היוֹשבים בחדר ______.

When the verb in the present tense is preceded by a negative article, the definite article cannot be used, and אשר/ש are used to link the clause to the noun.

The boy who is NOT studying here ____.	הילד שלא לומד כאן ___.
The boys who are NOT sitting in the room ____.	הבנים אשר לא יושבים בחדר ______.

The relative clause performs a similar function to that of an adjective, as it adds information to a noun or a noun phrase in a similar way.

The **nice** man	is my uncle.	הוא הדוד שלי.	האיש הנחמד
The man **who is sitting here**	is my uncle.	הוא הדוד שלי.	האיש היושב כאן

Like adjectives the verbs in the relative clause have the same gender and number as the noun they modify.

The nice woman	is my aunt.	היא הדודה שלי.	האישה הנחמדה
The woman sitting here	is my aunt.	היא הדודה שלי.	האישה היושבת כאן
The mischievous boys	are my friends.	חברים שלי.	הילדים השובבים
The boys playing in the yard	are my friends.	חברים שלי.	הבנים המשחקים בחצר
The new students	are from France.	הן מצרפת.	התלמידות החדשות
The students studying here	are from France.	הן מצרפת.	התלמידות הלומדות פה

The nouns modified by the relative clause need not be the subject of a sentence. They can be a direct or indirect object.

See the following examples:

I saw the student.	ראיתי את התלמיד.
The student is studying Hebrew.	התלמיד לומד עברית.

I saw the student,	ראיתי את התלמיד, הלומד עברית.
who is studying Hebrew.	ראיתי את התלמיד, שלומד עברית .
	ראיתי את התלמיד, אשר לומד עברית .

I met with the teacher.

The teacher teaches music.

נפגשתי עם המורה.

המורה מלמדת מוסיקה.

I met with the teacher,	נפגשתי עם המורה, המלמדת מוסיקה.
who is teaching music.	נפגשתי עם המורה, שמלמדת מוסיקה .
	נפגשתי עם המורה, אשר מלמדת מוסיקה. .

תרגיל מספר 14   EXERCISE 14

Combine the two clauses into one sentence, consisting of a main clause and a relative clause, which follows the noun which it modifies. Use the three possible particles to combine the sentences, as you see in the example below:

פסוקית א:	הילדים הם מארצות הברית	*Clause a:*
פסוקית ב:	הם לומדים בכיתה הזאת.	*Clause b:*
משפטים:	הילדים, הלומדים בכיתה הזאת, הם מארצות הברית.	
	הילדים, שלומדים בכיתה הזאת, הם מארצות הברית.	
	הילדים, אשר לומדים בכיתה הזאת, הם מארצות הברית.	

א. **פסוקית א**   ראיתי את הילדים.

פסוקית ב   הם לומדים בכיתה של אחותי.

משפטים:

1. _____

2. _____

3. _____

ב. **פסוקית א**   הלכתי לספריה.

פסוקית ב: היא נמצאת ברחוב אלנבי.

משפטים:

1. _____

2. _____

3. _____

ג. **פסוקית א**   האורחים רוצים משהו קר לשתות.
   פסוקית ב   הם באים לבקר ביום חם.
   משפטים:
   _____ .1
   _____ .2
   _____ .3

ד. **פסוקית א**   המטיילים הם חברים שלנו.
   פסוקית ב   הם יוצאים לטיולים איתנו.
   משפטים:
   _____ .1
   _____ .2
   _____ .3

ה. **פסוקית א**   ראינו את השכנים.
   פסוקית ב   הם גרים בבניין שלנו.
   משפטים:
   _____ .1
   _____ .2
   _____ .3

ו. **פסוקית א**   שמענו אל השחקנים.
   פסוקית ב: הם משחקים בתיאטרון החדש .
   משפטים:
   _____ .1
   _____ .2
   _____ .3

ז. **פסוקית א**   לא נבחר להיות חברים עם אנשים.
   פסוקית ב   אנשים מרכלים על כולם.
   משפטים:
   _____ .1
   _____ .2
   _____ .3

ח. **פסוקית א** פגשתי את הבנים.

פסוקית ב הבנים רוצים לפגוש אתכן.

משפטים: 1. ______________________

2. ______________________

3. ______________________

EXERCISE 15 — תרגיל מספר 15

Combine the two clauses into one sentence, consisting of a main clause and a relative clause, which follows the noun which it modifies.
Follow this example:

פסוקית א: המכונית היא לא מכונית חדשה. *Clause a:*

פסוקית ב: אני קניתי אותה אתמול. *Clause b:*

משפטים: המכונית, שקניתי אתמול, היא לא מכונית חדשה.

המכונית, אשר קניתי אתמול, היא לא מכונית חדשה.

א. **פסוקית א:** האנשים הם חברים טובים שלנו.

פסוקית ב האנשים באו איתנו.

משפטים: 1. ______________________

2. ______________________

ב. **פסוקית א** נפגוש את התיירים.

פסוקית ב: התיירים יגיעו מאוחר.

משפטים: 1. ______________________

2. ______________________

ג. **פסוקית א** אנחנו נמשכים אל אנשים

פסוקית ב האנשים עוזרים לנו

משפטים: 1. ______________________

2. ______________________

ד. **פסוקית א** אני לא חושב שזאת החברה

פסוקית ב החברה מתאימה לי

משפטים: 1. ______________________

2. ______________________

ה.	פסוקית א	התלמידים עזרו לנו	
	פסוקית ב	הם לומדים בכיתה הזאת	
	משפטים:	1.	________________
		2.	________________

Time clauses — משפטי זמן

SPEECH PATTERNS	תבניות לשון
When we'll meet them, we'll talk.	כאשר אפגוש אותם, נדבר.
When they come, I talk to them.	כאשר הם באים, אני מדברת איתם.
When we go on a trip, we'll take you.	כשנצא לטיול , ניקח אתכם.

There are clauses or short sentences which introduce the element of time to the main sentence. These clauses are introduced by the particle ..כְּשֶׁ or כַּאֲשֶׁר.

Here is an example:

When you come, you'll bring our books.	כאשר תבואו, תביאו את הספרים שלנו.
	כשתבואו, תביאו את הספרים שלנו.
1. You will come.	1. אתם תבואו.
2. You will bring our books.	2. אתם תביאו את הספרים שלנו.

The time clause answers the question "when?" The same question can be answered by a word or phrase that specifies time.

When will you bring our books?	מתי תביאו לנו את הספרים שלנו?
when you come.	כשתבואו.
when you come.	כאשר תבואו.
tomorrow.	מחר.
in a week.	בעוד שבוע.

EXERCISE 16 תרגיל מספר 16

Combine the two clauses into one sentence, consisting of a time clause and a main clause. Use the two possible particles to combine the sentences.

Follow this example:

פסוקית א: אפגוש מישהו מעניין. *Clause a:*

פסוקית ב: אזמין אותו לכוס קפה. *Clause b:*

משפטים: כאשר אפגוש מישהו מעניין, אזמין אותו לכוס קפה.

כשאפגוש מישהו מעניין, אזמין אותו לכוס קפה.

א. **פסוקית א** אכיר את דנה טוב יותר

פסוקית ב אולי אפילו אתאהב בה

משפטים: 1. ____________________

2. ____________________

ב. **פסוקית א** פוגשים ידידים טובים

פסוקית ב אפשר לדבר על הכל ולרכל על כולם

משפטים: 1. ____________________

2. ____________________

ג. **פסוקית א** מישהו מעליב אותי

פסוקית ב אני פשוט מפסיקה לדבר איתו.

משפטים: 1. ____________________

2. ____________________

ד. **פסוקית א** אנחנו הולכים לקונצרטים

פסוקית ב תמיד אנחנו קונים כרטיסים מראש ולא עומדים בתור

משפטים: 1. ____________________

2. ____________________

ה. **פסוקית א** כולם רוצים ללכת לקולנוע
פסוקית ב אתה רוצה ללכת למסעדה
משפטים: 1. ______________
2. ______________

ו. **פסוקית א** אתה נוסע למקומות שאתה לא מכיר
פסוקית ב אתה צריך להיזהר
משפטים: 1. ______________
2. ______________

ז. **פסוקית א** הוא מתחיל לבקר את ההתנהגות שלך
פסוקית ב הוא יכול לפגוע בך
משפטים: 1. ______________
2. ______________

תרגיל מספר 17 EXERCISE 17

חזרה על צירופים וביטויים בקטע קריאה מספר 2.
השלם את המילים החסרות או הצירופים החסרים מתוך הרשימה:

נעים לי מאוד בחברתן, אתאהב בגדעון, אלימות גופנית, קשר חברות, להעליב אותי, מבחינה נפשית, לרכל מאחורי הגב, פוגע מאוד, האדם המתאים, הערכה והתחשבות, אציע לו חברות, נמשכת אל, להיזהר מ, קשר רומנטי, בפומבי, בפרטיות, הבנה, ידידי אמת

1. אני לא יודעת מה אעשה אם __________ __________ - יש לו כבר חברה.
2. אני לא אהיה חבר של אנשים שירצו __________ ________.
3. זה לא יפה ________ __________ ______ של אנשים.
4. זה __________ ________ כשאנשים מבקרים את התנהגותנו.
5. אם אפגוש את __________ __________, אני __________ ______ __________.
6. דנה __________ ________ אנשים מסויימים שדומים לה.
7. אתם צריכים __________ ____ אנשים שלא יודעים להתנהג אליכם בכבוד.
8. __________ ____ ______ __________ של דינה ושוש. אני חושבת לצאת איתן לטיול.

9.   אני רוצה חברים שיהיו _____ _____ שלי.

10.   אין בין דוד ורינה כל _____ _____ , הם סתם ידידים.

11.   אל תגיד עלי דברים מעליבים _____. אם יש לך ביקורת עלי ־ תגיד לי _____.

12.   אני רוצה קצת יותר _____ מההורים שלי על מה שעובר עליי.

13.   _____ _____ _____ זאת התנהגות שאנחנו לא מקבלים.

14.   אני חושבת ש_____ _____ צריך להתבסס על _____ _____.

15.   אנחנו כמו תאומים ־ ממש מתאימים אחד לשני _____ _____.

SUMMARY OF LESSON 22	סיכום שיעור 22
READING SELECTIONS:	**נושאים לקריאה ודיון:**
Test yourself	בחן את עצמך.
All beginnings are difficult	כל ההתחלות קשות
LANGUAGE TOPICS:	**נושאים לשוניים:**
New nouns and adjectives	שמות ותארים חדשים
Different and other	שונה ואחר
Hypothetical conditional sentences	משפטי תנאי בטל
Habitual/repetitious Past Tense	פעולה שגרתית/חוזרת בעבר
Adjectives derived from nouns	תארים גזורים משמות
Review of Pa'al - ל״ה	חזרה על פעלים בבניין פעל, גזרת ל"ה
Borrowed adjectives	רוצה לעשות/ רוצה שמישהו יעשה
Relative clauses	משפטי זיקה
Time clauses	משפטי זמן

פעלים - בפרק 22

צירוף פעלי

הייתי היית הוא היה	בא
הייתי היית היא הייתה	באה
היינו הייתם הם היו	באים
היינו הייתן הן היו הן היו	באות

גזרת ל"ה

ר.צ.ה.

רָצִיתִי
רציתֶם

רוֹצֶה

רוֹצִים

אֶרְצֶה
תִרצוּ

רצֵה
רצוּ

לִרצוֹת

רשימת מילים חדשות
NEW VOCABULARY LIST

שמות
NOUNS

אוֹפִי ז.	character
אוֹפְנָה נ. אופנות	style
אֵירוּעַ ז. אֵירוּעִים	event
אִישִׁיוּת נ.	personality
אַלִימוּת נ.	violence
בַּעֲלֵי חַיִּים ז.	animals
דֵעָה נ. דֵעוֹת	opinion
הֲבָנָה נ.	understanding
תְכוּנָה נ. תְכוּנוֹת	trait, characteristic
הֶעָרָה נ. הֶעָרוֹת	remark
הַעֲרָכָה נ.	esteem
הַפְגָנָה נ. הַפְגָנוֹת	demonstration
הִתְנַהֲגוּת נ.	behavior
הִתְחַשְבוּת נ.	consideration
חַיָּה נ. חַיּוֹת	animal
חָתוּל ז. חֲתוּלִים	cat
כָּבוֹד ז.	respect
כֶּלֶב ז. כְּלָבִים	dog
כְּתַב עֵת ז. כִּתְבֵי עֵת	journal
מוּבָן ז.	meaning
מַעֲרֶכֶת נ. מַעֲרָכוֹת	system
מִשְׂחָק ז. מִשְׂחָקִים	game
מֶתַח ז.	suspense
נָחָש ז. נחָשִׁים	snake
נכוֹנוּת נ.	readiness, willingness
נקוּדָה נ. נקוּדוֹת	point
פִּרסוֹמֶת נ. פִּרסוֹמוֹת	advertisement
צָב ז. צָבִים	turtle
צִיפּוֹר נ. צִיפּוֹרִים	bird
קוֹף ז. קוֹפִים	monkey/ape
קֶשֶׁר ז. קְשָׁרִים	tie, connection
שוּרָה נ. שוּרוֹת	row, line
שַׁעֲשׁוּעוֹן ז.	game show
תוֹצָאה נ. תוֹצָאוֹת	result
תוֹר ז. תוֹרִים	line, queue
תַחבִּיב ז. תַחבִּיבִים	hobby

תארים ושמות
ADJECTIVES & NOUNS

אַחֵר־אַחֶרֶת	different, other (adj.)
בַּיישָׁן־בַּיישָׁנִית	shy
בֵּן־בַּת	boy, girl
בֶּן זוּג־בַּת זוּג	companion
זָהִיר־זהִירָה	cautious (adj.)
יָדִיד־יְדִידָה	friend
יוֹצֵא דוֹפֶן־יוֹצֵאת דוֹפֶן	unusual (adj.)
מַדעָן־מַדעָנית	scientist
מַמצִיא־מַמצִיאה	inventor
מַנחֶה־מַנחָה	group leader, host
משוֹרֵר־משוֹרֶרֶת	poet
מַתאִים־מַתאִימָה	appropriate (adj.)
עיתוֹנַאי־עיתוֹנָאִית	journalist
עַצמָאִי־עַצמָאִית	independent (adj.)
צוֹללָן־צוֹללָנִית	diver
קַרייָן־קַרייָנִית	broadcaster
שוֹנֶה ־שוֹנָה	different (adj.) than
שוֹפֵט־שוֹפֶטֶת	judge
שוּלִי־שוּלִית	marginal (adj.)
נַגָן־נַגָנית	musician

public (adj.)	צִיבּוּרִי־צִיבּוּרִית	certain, specific (adj.)	מסוּיָּים־מסוּיֶּימֶת
plump (adj.)	שמַנמָן־שמַנמוֹנֶת	original (adj.)	מקוֹרִי־מקוֹרִית
documentary (adj.)	תְעוּדִי־תְעוּדִית	leading (adj.)	מוֹבִיל־מוֹבִילָה
		interviewer	מרַאֲיֵין־מרַאֲיֶינֶת

VERBS / פעלים

to make a comment	הֵעִיר־לְהָעִיר ל	to examine	בָּחַן־לִבחוֹן (אֶת)
to insult	הֶעֱלִיב־לְהַעֲלִיב אֶת	to choose	בָּחַר־לִבחוֹר (ב)
to put on, to afflict	הִפְעִיל־לְהַפְעִיל עַל	to criticize	בִּיקֵר־לְבַקֵר (אֶת)
to disturb	הִפְרִיעַ־לְהַפְרִיעַ ל	to grow	גָדַל־לִגדוֹל
to show	הֶרְאָה־לְהַרְאוֹת (אֶת) ל	to demand	דָרַש־לִדרוֹש (אֶת) מ
to renew/renovate	חִידֵש־לְחַדֵש	to look at	הִבִּיט־לְהַבִּיט ב
to stroke/pet	לִיטֵף־לְלַטֵף	to add	הוֹסִיף־לְהוֹסִיף (אֶת)
to hurt (somebody)	פָּגַע־לִפְגוֹעַ ב	to be attracted to	נִמשַך־לְהִימָשֵך אֶל
to be silent, not speak	שָתַק־לִשתוֹק	to acknowledge	הִכִּיר־לְהַכִּיר ב
to hate	שָׂנָא־לִשׂנוֹא (אֶת)	to declare	הִכרִיז־לְהַכרִיז

ADVERBS & PREPOSITIONS / תארי פועל ומילות יחס

no . . . however	לא...אֶלָא	even	אֲפִילוּ
altogether	לְגַמרֵי	very loudly	בְּקוֹלֵי קוֹלוֹת
not at all	לְגַמרֵי לא	regarding	בְּקֶשֶר ל
if only	לוּ/אִילוּ	in order to	כְּדֵי
therefore	לָכֵן	thus	כָּך
because, since	מִפנֵי ש/מִשוּם ש	not at all	כְּלָל לא
		almost	כִּמעַט

EXPRESSIONS & PHRASES / ביטויים וצירופים

add up points	לְסַכֵּם נקוּדוֹת	love at first sight	אַהֲבָה מִמַבָּט רִאשוֹן
to satisfy wish	לְסַפֵּק רצוֹן	in fashion, trendy	בָּאוֹפנָה
to exercise	לַעֲשוֹת הִתעַמלוּת	test yourself	בְּחַן אֶת עַצמְך
to keep to yourself	לִשמוֹר לְעַצמְך	in private	בִּיחִידוּת
to keep the peace	לִשמוֹר עַל הַשֶקֶט	visiting the sick	בִּיקוּר חוֹלִים
to change one's opinion	לְשַנוֹת דֵעָה	to a certain extent	בְּמִידָה מסוּיֶּימֶת
behind the back	מֵאֲחוֹרֵי הַגַב	in public	בְּפוּמבִּי

בקיצוּר	in short, briefly	מִבְּחִינָה נַפְשִׁית	from an emotional aspect
בָּראש וּבָרִאשוֹנָה	first of all	מַכריז את דַעתי	declare my opinion
הֶעָרָה שוּלית נ.	side comment	מִשׂחַק מַחשֵׁב ז.	computer game
חוּג המִשפָּחָה	the family circle	מתוכם/מתוכן	from among them
חוסֶר בִּיטָחון עַצמִי	lack of self confidence	נוֹחַ לי/לך	I feel comfortable
חַיַת מַחמָד נ. חַיוֹת מַחמָד	pet	סֶרֶט מֶתַח ז.	suspense movies
ידִיד אֱמֶת	true friend	סֶרֶט פִּרסוּמֶת ז.	advertisement film
להַצִיעַ חֲבֵרוּת ל	to offer friendship	תנוּ לַזמָן לַעֲשׂות אֶת שֶׁלוֹ	Let time do the healing

Some vocabulary lists are extensive. Vocabulary items can be divided into active and passive vocabulary, according to the needs of students and the instructor's discretion.

LESSON 23 שיעור מספר 23

READING 1 קטע קריאה מספר 1

מדור ההורוסקופ: כוכבים ומזלות

יש אנשים שקוראים את ההורוסקופ שלהם כל יום ששי בעיתון. הנה ההורסקופ של השבוע:

מאזנַיים **LIBRA**

השבוע תִפגשו אנשים מעַניְינִים ואולי אפילו תמצאו חברים וחברות חדשים. הפופולָריות שלכם תִגדַל. שׂימו לב! ייתכן שיהיו לכם בעיות במקום העבודה. אל תיסעו לחופשה השבוע, ואל תאַחֲרו לעבודה.

עַקרָב **SCORPIO**

המצב הכַּספִּי שלכם יהיה טוב. בְּתחום העבודה תהיה התקַדמות חֲשובה ובְתחום הלימודים יהיו לכם תוצאות טובות. ענייְנֵי המשפחה יִדרשו מִכֶּם תשׂוּמֶת לֵב ולא יהיה לכם זמן לנסיעות וטיולים. יהיה לכם גם פחות זמן לחברים.

קֶשֶׁת **SAGITTARIUS**

השבוע תַעַברו מַשבֵּר קשֶׁה והמצב הנפשי שלכם יִגרום לכם בעיות. בסוף השבוע תהיו חֲזָקים יותר. תַעֲשׂו שינויים חֲשובים בהשקפת העולם שלכם. בחַיֵי האהבה שלכם יהיו גם שינויים חשובים. זאת תהיה תקופה רומנטית סוערת.

גדִי **CAPRICORN**

החודש יהיה החודש הראשון בְּתקופה חדשה בחיים שלכם. זה החודש החשוב ביותר בְּתחום הקריירה שלכם, ויִקרו הרבה דברים מעניינים. בַּתחום הרומנטי, הדברים יהיו פחות מעניינים. תהיו יותר ספונטניים ופחות סנטימנטליים.

דְלִי AQUARIUS

תהיה לכם הפתעה החודש. יָבוֹאוּ אוֹרחים ממקוֹמוֹת רחוֹקים. הם יִרצוּ לבלוֹת איתכם את כל שעוֹת הפנַאי שלכם. אין ספק שאם תֵצאוּ איתם כל ערב, לא יהיה לכם זמן וכוֹח לעבוֹדה וללימוּדים, אבל אם תהיוּ חזקים ותַעֲשׂוּ את כל מה שחשוּב לַעֲשׂוֹת, תהיה לכם הצלחה בחיים האישיים וגם בעבוֹדה.

דָגִים PISCES

אם תַעַסקוּ יוֹתר מדי בענייָנֵי עבוֹדה אוֹ לימוּדים, לא יהיה לכם זמן לנוֹשׂאים אישיים, לחברים, לספּוֹרט ולתחביבים. אלה דברים חשוּבים ואסוּר להזניח אוֹתם. תהיה לכם הפתעה לא נעימה, אם לא תמצאוּ פנַאי לעצמכם, למשפּחה, לחברים ולקרוֹבים.

טָלֶה ARIES

השבוּע תהיוּ פּוֹפּוּלריים מאוֹד. הרבה חברים יבוֹאוּ לבקר אתכם ואז לא תמצאוּ זמן לענייני הבית והמשפּחה. יהיה לכם משבר קָשֶה בְּתחוּם היחסים עם חברים וגם בַּתחוּם הרוֹמנטי. אם תשׂימוּ לב לדברים חשוּבים, השבוּע יַעֲבוֹר בשלוֹם, בלי מַשבֵּרים.

שוֹר TAURUS

אתם רוֹצים למצוֹא מקוֹר הכנסה חדש ואתם רוֹצים למצוֹא דרך קלה להוֹסיף לחֶשבּוֹן הבנק שלכם. הסכנה רבה אם לא תהיוּ זהירים ואז המצב הכספּי שלכם יהיה גרוּעַ יוֹתר. אנשים, שאתם חוֹשבים שהם חברים טוֹבים שלכם, יִגרמוּ לכם בעיוֹת אישיוֹת וּבעיוֹת כספּיוֹת. אם תהיוּ זהירים, לא יהיוּ לכם בעיוֹת.

תאוֹמִים GEMINI

בחוֹדש האחרוֹן היתה לכם אכזבה גדוֹלה. החוֹדש תהיה לכם הפתעה נעימה. תִמצאוּ את הדרך הנכוֹנה ותִראוּ שאתם תוּכלוּ לעבוֹר את המשבר בשלוֹם. אתם צריכים לפתוֹר את הבעיוֹת שלכם בעַצמכֶם. שִמרוּ על הבריאוּת שלכם: עֲשׂוּ התעמלוּת, אַל תְעַשנוּ סיגריוֹת ואִכלוּ הרבֵּה ירקוֹת וּפירוֹת.

סַרטָן CANCER

תַעַברוּ משבר בתחוּם הבריאוּת הנפשית, אבל ידידים יַעַזרוּ לכם לעבוֹר את המשבר. אתם תחַדשוּ את היחסים שלכם עם ידידים ותיקים. זה יהיה חוֹדש של בריאוּת נפשית וגוּפנית, שׂמחה, טיוּלים וּבילוּיים. שִמרוּ את הכסף שלכם בבנק ולא בבית!

LEO אַרְיֵה

אחרי תקופה ארוכה של דיכאון ודכדוך, השמחה תחזור אליכם.   יהיה לכם יותר זמן לחברים.
זה יהיה חודש של מפגשים, טיולים ובילויים.   תהיה התקדמות בעבודה שלכם.   יהיו לכם הפתעות
נעימות בעבודה.

VIRGO בְּתוּלָה

השבוע תהיו בקשר עם המשפחה שלכם.   יהיה לכם ביקור מפתיע מבני משפחה שלא ראיתם כבר
מזמן.   אל תקבלו החלטות מהירות בלי לחשוב מספיק על התוצאות ביחוד ביחסים אינטימיים עם
אנשים הקרובים לכם.   אם תקבלו החלטות נבונות, יהיה לכם שבוע נעים ללא דאגות.

תרגיל מספר 1   EXERCISE 1

שאלות לדיון

1. האם אתם קוראים את ההורוסקופ שלכם בעיתון?

2. אתם מאמינים בתחזית ההורוסקופ?

3. האם ההורוסקופ שלכם מתאים לכם השבוע?

4. האם באמת קרו לכם דברים השבוע שהיו כתובים בהורוסקופ שלכם?

5. מי כותב את ההורוסקופים בעיתונים?

חזרה על בניין פעל: פ' גרונית

SPEECH PATTERNS	תבניות לשון
Did you work in the office yesterday?	אתם עֲבַדְתֶּם במשרד אתמול?
Will Tamar be working tonight?	תמר תַעֲבוֹד הערב?
He'll kill us if we don't return on time.	הוא יַהֲרוֹג אותנו אם לא נַחֲזוֹר בזמן.

3	2	1
ד	ב	ע
ר	ז	ח
ג	ר	ה

פ' הפועל = ע

פ' הפועל = ח

פ' הפועל = ה

שלמים	לִפְגוֹשׁ	to meet	יִפְגוֹשׁ	תִּפְגְשִׁי	פְּגוֹשׁ!
פ' הפועל = ע	לַעֲבוֹד	to work	יַעֲבוֹד	תַּעַבְדִי	עֲבוֹד!
פ' הפועל = ח	לַחֲזוֹר	to return	יַחֲזוֹר	תַּחַזְרִי	חֲזוֹר!
פ' הפועל = ה	לַהֲרוֹג	to kill	יַהֲרוֹג	תַּהַרְגִי	הֲרוֹג!

ה ע ח as first letter of the root:
In verbs which have העח as first letter of the root, in future, imperative, and infinitive, the initial vowels are changed to a sequence of /a-a/. See above table, in comparison to גזרת שלמים.

The one exceptional verb with a first radical ה which does not follow these rules is לָלֶכֶת from the root ה.ל.כ. This verb is conjugated in the same way as פ"י verbs (see p. 20).

תרגיל מספר 2 EXERCISE 2

פועל 1: לַעֲזוֹר (ל) to help (someone)

Fill in the verb forms:

זמן	מי?	פועל	למי?	לעשות משהו	איך/איפה
עתיד	1. אתם	______	להם	לבשל צהריים?	
ציווי	2. (דני),	______	לנו	להכין שיעורים.	
הווה	3. הן	לא ______	לאף אחד		בעבודה.
עתיד	4. דינה	______	לילדים		אחרי הלימודים.
עתיד	5. אנחנו	______	לדינה	לסדר ספרים	בספריה.

פועל 2: לַעֲבוֹד to work

	Change to past	Change the future
מתי אתה עובד?	מתי עבדת?	מתי תעבוד?
1. למה אתה לא עובד?	______	______
2. אני עובדת כל יום.	______	______
3. הם עובדים במסעדה.	______	______
4. איפה אתן עובדות?	______	______
5. מי עובד בחנות הספורט?	______	______

א as first letter of the root:

GROUP 1: In several verbs which have א' as first letter of the root, in future the initial vowel is changed to /o/ and the imperative and the infinitive initial vowels are changed to /e/.

	שורש	שם פועל	ציווי	עתיד	עתיד	עתיד
to eat	א.כ.ל.	לֶאֱכוֹל	אֱכוֹל!	יאכַל	תאכלי	אכַל
to love	א.ה.ב.	לֶאֱהוֹב	אֱהוֹב!	יאהַב	תאהֲבִי	אהַב
to say	א.מ.ר.	לוֹמַר(לֶאֱמוֹר)	אֱמוֹר!	יאמַר	תאמרי	אמַר

GROUP 2: Other verbs with an initial א' radical, have a sequence of /e-e/ stem vowels תֶאֱרוֹז, when the verb form ends in a consonant, and a sequence of /a-a/ stem vowels תַאַרְזִי, when the verb ends in a vowel.

	שורש	שם פועל	ציווי	עתיד	עתיד	עתיד
to pack	א.ר.ז.	לֶאֱרוֹז	אֱרוֹז!	תֶאֱרוֹז	תַאַרְזִי	אֶאֱרוֹז
to weave	א.ר.ג.	לֶאֱרוֹג	אֱרוֹג!	תֶאֱרוֹג	תַאַרְגִי	אֶאֱרוֹג
to prohibit	א.ס.ר.	לֶאֱסוֹר	אֱסוֹר!	תֶאֱסוֹר	תַאַסְרִי	אֶאֱסוֹר

Notice the following differences between אכל and יכל:

The future forms of א.כ.ל. and י.כ.ל. sound very much alike. The difference of one vowel makes the difference in meaning:

prefix vowel /o/	*"will eat"*	*תאכַל*	*יאכַל*	*תאכלי*	*תאכַל*	*אכַל*	*א.כ.ל.*
prefix vowel /u/	*"will be able to"*	*תוּכַל*	*יוּכַל*	*תוּכְלִי*	*תוּכַל*	*אוּכַל*	*י.כ.ל.*

דוגמאות:

מתי תאכלו ארוחת ערב? אנחנו נאכַל בשבע.

תוּכלו ללכת איתנו לטייל אחרי ארוחת הערב? אני לא בטוח שנוּכַל ללכת.

תרגיל מספר 3

EXERCISE 3
Fill in the verb forms
to pack (something)

פועל 1: לֶאֱרוֹז (את)

<ins>את מה?</ins>	<ins>פועל</ins>	<ins>מי?</ins>	<ins>זמן</ins>
את הבגדים שקנית לי.	_____	1. אני	*עבר*
את הכל בזמן?	_____	2. אתם	*עתיד*
מעיל או סוודר?	_____	3. דן	*עבר*
את המזוודות.	_____	4. אנחנו	*הווה*
לכם את הדברים שלכם?	_____	5. מישהו	*עתיד*
את התקליטים!	_____	6. דינה,	*ציווי*
את כל הספרים?	_____	7. אתן	*הווה*

Translate the sentences   ב. תרגם את המשפטים לעברית

1. Will you pack everything or do I need to pack it for you?
2. Dan will forbid you to read without a light.
3. Dina will weave a beautiful rug.
4. The children can pack their own clothes by themselves.
5. Dan, I forbid you to eat so much.

to eat (something)   פועל 2: לֶאֱכוֹל (את)

<ins>עם מי? איפה? מתי?</ins>	<ins>את מה?</ins>	<ins>פועל</ins>	<ins>מי?</ins>	<ins>זמן</ins>
עם חברים במסעדה.	ארוחת ערב	_____	1. אנחנו	*עבר*
	את כל הסלט.	_____	2. (אתן)	*עתיד*
הבוקר.	שום דבר	לא _____	3. דינה	*עבר*
כל יום.	ירקות ופרות	_____	4. אנחנו	*הווה*
	את מה שבישלנו?	_____	5. כולם	*עתיד*
לפני הארוחה.	שוקולד	אל _____	6. ילדים,	*ציווי*

Translate the sentences   ב. תרגם את המשפטים לעברית

1. Will you eat at home tonight?
2. Dan will not want to eat anything.
3. Dina will love your book!
4. Children cannot love everything new.
5. Dan, eat ALL the food.

Linking verbs with objects — פעלים והשלמות

SPEECH PATTERNS	תבניות לשון
I met my friends in the street.	פגשתי את החברים שלי ברחוב.
We meet them every Tuesday.	אנחנו פוגשים אותם כל יום שלישי.
We met Ofer in town.	פגשנו את עופר בעיר.
They did not see my sister.	הם לא ראו את אחותי.
We'll meet the theater actors tonight.	נפגוש את שחקני התיאטרון הערב.

חזרה: מתי להשתמש ב"אֶת" ומתי לא?

There are a number of transitive verbs which are followed by direct objects. A direct object comes directly after the verb when it is an INDEFINITE NOUN, however it is preceded by the particle אֶת when it is DEFINITE.

A definite noun is any noun with a definite article. In addition, other nouns such as proper names, place names, nouns with possessive endings, and direct objects with pronoun endings, are also definite.

A. INDEFINITE OBJECT	א. מושא לא מיודע
Indefinite Noun:	שם לא מיודע
I bought **a book**.	קניתי ספר.
We hear **music** in the street.	אנחנו שומעים מוסיקה ברחוב.
B. DEFINITE OBJECT	ב. מושא מיודע
1. Definite Noun/Noun Phrase	1. שם מיודע
I bought **the new book.**	קניתי אֶת הספר החדש.
Do you hear **the music** in the street?	אתם שומעים אֶת המוסיקה ברחוב?
2. Noun--Noun Definite Phrase	2. צירוף סמיכות מיודע
He bought **the bookstore**.	הוא קנה את חנות הספרים.
3. Proper Name/Place Name	3. שם של מישהו או של מקום
We met **Mrs. Sarid** in the store.	פגשנו אֶת גברת שׂריד בחנות.
Do you know **Jerusalem**?	אתם מכירים אֶת ירושלים ?
4. Noun with Possessive Pronoun	4. שם עם סיומת קניין
I don't know **your parents**.	אני לא מכיר אֶת הוֹרֶיךָ.
5. Particle with Pronoun Suffix	5. את + סיומת כינוי גוף
They'll meet **us** at the coffee shop.	הם יפגשו אותָנו בבית הקפה .

תרגיל מספר 4 EXERCISE 4

Indicate whether the sentences should be complete with אֶת or without it.

1. קיבלנו ____ מכתב ממנו.
2. ראיתי ____ רות ויוסי.
3. לא ראינו ____ מר לוי בקונצרט.
4. לא גמרתי להכין ____ שיעורי הבית.
5. בחנתם ____ כל התלמידים?
6. תשתו ____ כוס קפה?
7. הוא לא קיבל ____ המכתב שלכם.
8. אתם תקראו ____ הספר החדש?
9. מתי אתם פוגשים ____ מנהל בית הספר?
10. הוא לא קנה ____ דגים בשוק.
11. לא ראיתי _____ אף אחד היום.
12. מי קרא ____ עיתון הבוקר?

תרגיל מספר 5 EXERCISE 5

Choose an item from the following list to complete the sentences:

אותי, אותך, אותך, אותו, אותה, אותנו, אתכם, אתכן, אותם, אותן

1. העוגה הזאת מצויינת. קניתי _____ בחנות.
2. דוד, למה לא רואים _____? אתה עסוק?
3. שמעון לא היה בבית. דוד סיפר שהוא לא ראה _______ כבר הרבה זמן.
4. בנות! באנו לראות _______.
5. אם אתם רוצים למכור את הרהיטים שלכם, אתם צריכים למכור _____ בזול.
6. אני לא אהיה במסיבה של בתיה, אבל אתם יכולים לפגוש ____ בספריה.
7. דליה, אנחנו לא שומעים _______. דברי בקול!
8. אנחנו נוסעים לבקר בקיבוץ כל שנה, כי תמיד מקבלים _____ יפה.
9. אבא ואמא, למה לא ראינו _______ אצל רבקה?
10. היינו בקונצרט שלהן. שמענו ________ מנגנות.

Prepositions after verbs — מילות יחס אחרי פעלים

SPEECH PATTERNS	תבניות לשון
Dalia took care of our children.	דליה שמרה על הילדים שלנו.
We'll go out with friends.	נצא לבלות עם חברים.
We'll demand of everybody to come.	נדרוש מכולם לבוא.
We'll call him if he does not show up.	נטלפן אליו אם הוא לא יבוא.

Some verbs are linked to their objects with the particle אֶת , as we saw above (p. 81). These objects are direct objects. Others are linked to their verbs with prepositions which are obligatory. These objects are considered indirect objects. The specific prepositions which follow these verbs are not predictable and have to be learned as part of the information of the verbs. For instance, the Hebrew verb "to help (somebody)" is לעזור ל (מישהו) and is linked to its object by the preposition ל. (In English it is followed directly by the object.)

Here are verbs of the two categories described above which appear in this lesson:

Verbs + prepositions	פועל + מילת יחס	Verbs + direct object	פועל + אֶת
to demand of	לִדרוֹשׁ מ	to meet	לִפגוֹשׁ את
to cause	לִגרוֹם ל	to find	לִמצוֹא את
to spend time with	לְבַלוֹת עם	to go through	לַעֲבוֹר את
to engage in	לַעֲסוֹק ב	to do	לַעֲשׂוֹת את
to pay attention to	לשים לב ל	to neglect	להַזנִיחַ את
to help, give help to	לַעֲזוֹר ל	to visit	לבַקֵר את
to take care of	לִשמוֹר על	to solve	לִפתוֹר את
to return to	לַחֲזוֹר אל	to keep	לִשמוֹר את
to phone	לטלפן אל	to renew	לחַדֵשׁ את

The use of direct/indirect objects in English and Hebrew does not necessarily coincide.

English INDIRECT OBJECT	Hebrew: DIRECT OBJECT
I am <u>looking for</u> work.	אני מחפשת עבודה.
English DIRECT OBJECT	**Hebrew: INDIRECT OBJECT**
Do you trust him?	אתם בוטחים בו?

EXERCISE 6 תרגיל מספר 6

Complete the following sentences with prepositions from the following list:

את, עם, על, ב, ל, עד, של, אצל, מ.

1. פגשנו ____ האורחים ____ עומר ___רחוב.
2. הם אמרו לנו שהם עמדו הרבה זמן _תור __אוטובוס.
3. הם סיפרו __ חברה __ עומר שהם לא אוהבים ____ העיר, כי יש הרבה רעש.
4. הזמנו ____ האורחים ____ עומר ___כוס קפה.
5. פתאום עומר נכנס ___בית הקפה וראה ____ האורחים שלו.
6. ישבנו ___בית קפה ____ עומר ו____ האורחים שלו ____ שעה מאוחרת ___לילה.
7. הם סיפרו לנו ___ החופשה שלהם ___גליל.
8. הם שאלו אותנו____ הטיולים שלנו.
9. הם רצו לדעת אם כל יום אנחנו נפגשים ____ חברים.
10. הם יצאו ___העיר.
11. הם נסעו ___שפת הים.
12. תוכלו לפגוש ___ בן דודי מחר. הוא יהיה ____ ההורים שלי.
13. הם אכלו ____ האוכל שבישלנו.
14. הם טיילו ___שפת הים ___ערב.
15. הם היו ___חוץ ___ השעות הקטנות ____ הלילה.
16. ____ מי פגשתם ברחוב?
17. ____ מי אתם אומרים שלום?
18. ____ מה תדברו בפגישה שלכם?
19. ____ מי תשבו לכוס קפה?
20. ____ מי תהיו בחג?
21. אנחנו עובדים ____ דני בעיתון הסטודנטים.
22. ___ מי ישנתם אתמול בלילה?
23. אנחנו לא חוזרים ____העבודה לפני תשע.
24. נשב ביחד ____ החברים שלנו ונדבר ____ כל מה שעשינו בקיץ.
25. הייתם ____ ההורים שלכם או _____ החברים שלכם?
26. מי יגור ___דירה שלכם כשתהיו בחו"ל?
27. הקונצרט יהיה ___שבע בערב ____ תשע.

חזרה על שימושים של הפועל להיות ועל "יש" ו"אין"

SPEECH PATTERNS	תבניות לשון
There are no changes in the schedule.	אין שינויים בלוח הזמנים.
There were changes last year.	היו שינויים בשנה שעברה.
We don't have time to sit in cafes,	אין לנו זמן לשבת בבתי קפה,
like we had last year.	כמו שהיה לנו לפני שנה.
The conditions are good,	התנאים הם תנאים טובים,
but they were not always good.	אבל הם לא היו תמיד טובים.

Remember that the verb .ה.י.ה serves as both the verb "to be" in its primary meaning, but also as a tense marker for sentences without verbs. It also serves as the past and future tense marker for אין - יש.

- אנחנו בבית (היינו בבית - נהיה בבית)
- המצב טוב (המצב היה טוב - המצב יהיה טוב)
- יש שינוי (היה שינוי - יהיה שינוי)
- יש לך זמן (היה לך זמן - יהיה לך זמן)

EXERCISE 7 — תרגיל מספר 7

Change the examples from the text from future tense to present and to past tense.

המצב הכספי היה טוב.	*המצב הכספי (הוא) טוב*	המצב הכספי יהיה טוב.
______________	______________	תהיה חזק.
______________	______________	תהיי חזקה.
______________	______________	יהיו שינויים.
______________	______________	זאת תהיה תקופה רומנטית.
______________	______________	החודש יהיה החודש הראשון.
______________	______________	העסקים יהיו פחות מעניינים.
______________	______________	תהיו יותר ספונטאניים.
______________	______________	תהיה פופולרי.

תהיי פופולרית.	______	______
אתם תהיו זהירים.	______	______
המצב יהיה גרוע.	______	______
זה יהיה חודש של שמחה.	______	______
זה יהיה חודש של מפגשים.	______	______
תהיה התקדמות בעבודה.	______	______
יהיו לכם תוצאות טובות.	______	______
לא יהיה לך זמן?	______	______
תהיה לכם אכזבה.	______	______
יהיה לך משבר.	______	______
תהיה לכם הצלחה.	______	______
הילדים יהיו אצל סבתא.	______	______
תהיה לכם הפתעה.	______	______
לא יהיו להם בעיות.	______	______

עוד שמות תואר גזורים

SPEECH PATTERNS	**תבניות לשון**
Dan has seniority in his job.	לדן יש וֶתֶק בעבוֹדה כּאן.
He is a old-time worker in this plant.	הוא עוֹבד וָתיק במפעל הזה.
We don't have enough money.	אין לנוּ מספיק כּסף.
We have financial problems.	יש לנוּ בעיוֹת כּספיוֹת.

Add new adjectives to your vocabulary. There are several adjectives which are derived from common nouns. For instance, we can derive the adjective יומי "daily" from the noun יום "day."

All such adjectives have four forms, indicating number and gender. (In English one form serves all.)

	רבות	רבים	יחידה	יחיד		שם
financial	כַּספִּיּוֹת	כַּספִּיִּים	כַּספִּית	כַּספִּי	money	כֶּסֶף
stormy	סוֹעֲרוֹת	סוֹעֲרִים	סוֹעֶרֶת	סוֹעֵר	storm	סְעָרָה
cautious, careful	זְהִירוֹת	זְהִירִים	זְהִירָה	זָהִיר	caution	זְהִירוּת
fast	מְהִירוֹת	מְהִירִים	מְהִירָה	מָהִיר	speed	מְהִירוּת
personal	אִישִׁיּוֹת	אִישִׁיִּים	אִישִׁית	אִישִׁי	person	אִישׁ
wise	נְבוֹנוֹת	נְבוֹנִים	נְבוֹנָה	נָבוֹן	wisdom	בִּינָה
surprising	מַפתִּיעוֹת	מַפתִּיעִים	מַפתִּיעָה	מַפתִּיעַ	surprise	הַפתָּעָה
old-time	וָתִיקוֹת	וָתִיקִים	וָתִיקָה	וָתִיק	seniority	וֶתֶק
physical	גוּפָנִיּוֹת	גוּפָנִיִּים	גוּפָנִית	גוּפָנִי	body	גוּף
psychological	נַפשִׁיּוֹת	נַפשִׁיִּים	נַפשִׁית	נַפשִׁי	soul/psyche	נֶפֶשׁ

Psychological -- which one נפשי או פסיכולוגי ?

The translation of the adjective **נפשי** is somewhat problematical. It is best understood in the context of its antonym (opposite) **גופני.** It stems from the perception of the division of man into body **גוף** and soul **נפש** .

(1) psychological/emotional/mental = נפשי

He is mentally ill. He has psychological problems.	הוא חולה נפש. יש לו בעיות נפשיות.
He is in good physical shape, but his emotional/mental state is not so good.	המצב הגופני שלו טוב, אבל המצב הנפשי שלו לא כל כך טוב.
He suffers from psychological disorders.	הוא סובל מהפרעות נפשיות.

(2) psychological/pertaining to the discipline of psychology = פסיכולוגי

He gave the story a psychological interpretation.	הוא פירש את הסיפור פירוש פסיכולוגי.
These are psychological symbols.	אלה סמלים פסיכולוגיים.
This is a "psychological" movie (i.e., a genre that is based on a state of mind).	זה סרט "פסיכולוגי".

The two adjectives are not exact equivalents. They have related but different meanings and they are used in different contexts.

תרגיל מספר 8 — EXERCISE 8

Complete the sentences with the appropriate adjectives from this list:

נבון	נפשי	נבונה	זהירים	מפתיע	ותיקים
מהיר	ותיקה	כספיות	אישי	גופני	סוערת

1. יש לנוּ הוֹצאוֹת _________ גדוֹלוֹת ואין לנוּ הרבּה כּסף.
2. המצב ה_____ שלה לא טוֹב, כי יש לה כּאב ראש, אבל המצב ה_____ שלה הוּא טוֹב.
3. זה בּחוּר _____! הוּא אינטליגנטי וחכם - הוּא לא מדבּר הרבּה.
4. זה סיפוּר מאוֹד _______! אני לא יכוֹלה לספּר את זה לכוּלם.
5. אנחנוּ חברים _______. אנחנוּ מכּירים כּבר הרבּה שנים.
6. זאת מוּסיקה _______! אי אפשר לשבת בּשקט כּששוֹמעים אוֹתה.
7. יש הרבּה תאוּנוֹת בּדרכים. לא כּוּלם נוֹהגים בּזהירוּת. לא כּוּלם נהגים _______.
8. זה כּביש _______. לא נוֹסעים לאט בּכּביש הזה.
9. זה היה סרט _______ מאוֹד. לא ידעתי מה יהיה הסוֹף שלוֹ.
10. צביה היא לא אישה _______. לפעמים היא לא חוֹשבת הרבּה ועוֹשׂה דברים טפּשיים.
11. המנהלת היא עוֹבדת _______ בּמשׂרד שלנוּ.

שמות-תואר שאולים מלועזית

There are several adjectives which are loan words from other languages, and their meaning can be easily recognized.

שם	יחיד	יחידה	רבים	רבות	
אִינְטֶלִיגֶנְטִיּוּת	אִינְטֶלִיגֶנְטִי	אִינְטֶלִיגֶנְטִית	אִינְטֶלִיגֶנְטִיִּים	אִינְטֶלִיגֶנְטִיּוֹת	intelligent
אִינְטִימִיּוּת	אִינְטִימִי	אִינְטִימִית	אִינְטִימִיִּים	אִינְטִימִיּוֹת	intimate
סֶנְטִימֶנְטָלִיּוּת	סֶנְטִימֶנְטָלִי	סֶנְטִימֶנְטָלִית	סֶנְטִימֶנְטָלִיִּים	סֶנְטִימֶנְטָלִיּוֹת	sentimental
סְפּוֹנְטָנִיּוּת	סְפּוֹנְטָנִי	סְפּוֹנְטָנִית	סְפּוֹנְטָנִיִּים	סְפּוֹנְטָנִיּוֹת	spontaneous
נוֹרְמָלִיּוּת	נוֹרְמָלִי	נוֹרְמָלִית	נוֹרְמָלִיִּים	נוֹרְמָלִיּוֹת	normal
אִינְטֶלֶקְט	אִינְטֶלֶקְטוּאָלִי	אִינְטֶלֶקְטוּאָלִית	אִינְטֶלֶקְטוּאָלִיִּים	אִינְטֶלֶקְטוּאָלִיּוֹת	intellectual
מוֹדֶרְנִיזְם	מוֹדֶרְנִי	מוֹדֶרְנִית	מוֹדֶרְנִיִּים	מוֹדֶרְנִיּוֹת	modern
אֶלֶגַנְטִיּוּת	אֶלֶגַנְטִי	אֶלֶגַנְטִית	אֶלֶגַנְטִיִּים	אֶלֶגַנְטִיּוֹת	elegant
סִימְפָּטְיָה	סִימְפָּטִי	סִימְפָּטִית	סִימְפָּטִיִּים	סִימְפָּטִיּוֹת	pleasant
רוֹמַנְטִיקָה	רוֹמַנְטִי	רוֹמַנְטִית	רוֹמַנְטִיִּים	רוֹמַנְטִיּוֹת	romantic
פּוֹפּוּלָרִיּוּת	פּוֹפּוּלָרִי	פּוֹפּוּלָרִית	פּוֹפּוּלָרִיִּים	פּוֹפּוּלָרִיּוֹת	popular

In your readings, you will come across many more adjectives which are loan words: אידאלי, פוליטי, הסטורי, ביולוגי, אינדיבידואליסטי, אינדיבידואלי, סוציולוגי, פסיכולוגי, אינטלקטואלי and more.

Some slang uses of loan adjectives and professions:

Expression of surprise: It is out of the ordinary!	(זה) לא נורמלי!
Expression of either disapproval or admiration: You are out of your mind!	אתה לא נורמלי!
Exclamation of approval: Fantastic!	(זה) פַנטַסטי!
Disapproval: He is truly spaced out! an astronaut!	הוא אסטרונוט אמיתי!
Derogatory comment: She is crazy!	היא פסִיכִית!

EXERCISE 9 תרגיל מספר 9

Complete the sentences with the appropriate adjectives from this list:

רומנטית	אלגנטיות	אינטלקטואלי	סימפטי	נורמליים	מודרנית	אינטליגנטי
סנטימנטלי	פופולרית	ספונטני	פופולרי	מודרניים	רומנטי	אינטימית

1. זאת הילדה הכי __________ בכיתה שלנו. היא "מלכת הכיתה".
2. תל־אביב היא עיר __________. זאת לא עיר עתיקה.
3. זאת מסעדה נחמדה וגם __________. אין הרבה אנשים ומרגישים כמו בבית.
4. הם ילדים __________ - הם אוהבים לשחק ולא רק ללמוד.
5. דניאלה מחפשׂת חבר שהוא אדם __________ וגם __________.
6. דינה מצאה חנויות בגדים __________ בעיר.
7. אני לא אוהבת את הבניינים ה__________ בעיר. אני אוהבת את הבניינים הישנים.
8. אני חושבת שאילת זה מקום __________ לירח דבש.
9. הוא בחור כל כך __________! הוא יושב וקורא פילוסופיה כל היום וכל הלילה!
10. זה היה סרט __________ מאוד - סיפור עצוב. בכיתי כל הזמן.
11. ד"ר שומרון הוא לא אדם __________. הוא תמיד עושה תוכניות ולא אוהב לעשות מה שלא בתוכניות שלו.
12. פאריז היא עיר __________ - ביחוד באביב.
13. ה"פאב" החדש הוא המקום הכי __________ בעיר. כולם באים לשם.

נראה כמו, נראה לי (ש)

SPEECH PATTERNS	תבניות לשון
It seems to me that it is already late.	נראה לי שכבר מאוחר.
He looks just like a movie star.	הוא נראה ממש כמו כוכב קולנוע.
How do you see yourself?	איך את רואה את עצמך?
As a progressive or conservative person?	כפרוגרסיבית או כקונסרבטיבית?

A. IT SEEMS (TO ME) THAT　　　　　　　נראה (לי) ש

The expression נראה , literally "is seen," is used to mean "seems, looks like." If we want to add the person who makes the observation, we use the preposition ל with a pronoun ending. The same is done in English:

The expression can be used without a pronoun:

It seems that all is well here.　　　　　　　　　נראה שהכל בסדר כאן.

The expression can be used with a pronoun:

It seems <u>to me</u> that all is well here.　　　　　　נראה לי שהכל בסדר כאן.

The expression can be followed by a sentence (introduced by ש):

It does not seem to me that there is progress.　　לא נראה לי שיש התקדמות.

It does not seem that everybody will come.　　　לא נראה שכולם יבואו.

The expression can be followed by an adjective:

It does not seem spontaneous.　　　　　　　　זה לא נראה ספונטני.

Does this place seem romantic to you?　　המקום הזה נראה לך רומנטי?

B. I SEE MYSELF AS . . .   . . . רואה עצמי כ

The reflexive expression רואה את עצמי is used to describe your own self image. The expression for "self" can have different pronoun endings which agree with the speaker describing him/herself or with the person being described.

Say, how do you see yourself?	תגיד, איך אתה רואה את עצמך?
I see myself normal for all practical purposes.	אני רואה את עצמי נורמלי לכל דבר.

Both "it seems" and "sees oneself" can be followed by "like" כמו and "as" -כ .

Seems like   נראה כמו

He s<u>eems/looks like</u> a movie star.   הוא <u>נראה כמו כוכב</u> קולנוע.

Sees self as   רואה את עצמו כ

He <u>sees himself as</u> a normal human being.   <u>הוא רואה את עצמו כאדם נורמלי.</u>

In spoken Hebrew, the particles כמו "like" and -כ "as" do not have the same function. כמו "like" is used to describe similarities, and -כ "as" is used mostly to describe the role or function.

LIKE

I am not <u>like everybody else</u> - I am unique.	אני לא <u>כמו כולם</u> ⁻ אני יוצאת דופן.
She behaves <u>like an only child.</u>	<u>היא מתנהגת כמו בת יחידה.</u>
He gives orders <u>like an army commander</u>.	<u>הוא נותן הוראות כמו מפקד בצבא.</u>

AS

He works here <u>as an engineer</u>.	<u>הוא עובד כאן כמהנדס.</u>
He is in the hospital <u>as a patient </u>and not <u>as a doctor</u>.	הוא בבית חולים <u>כחולה</u> ולא <u>כרופא.</u>

To introduce sentences, כמו ש/כפי ש is used for "like, as", while כאילו ש for "as if."

EXERCISE 10 — תרגיל מספר 10

השלימו ב:

like/as if + clause כפי ש/כמו ש/כאילו ש	like + noun phrase כמו	as כ

1. הוא נראה בדיוק _____ אבא שלו.
2. _____ __שמענו מרינה - המסיבה תהיה אצלה.
3. הם עובדים _____ קרייני חדשות ברדיו.
4. אתה צריך לחשוב על עצמך __ על אדם מקצועי.
5. צריך להיזהר, _____ __אמא שלי תמיד אומרת.
6. את מדברת עברית ממש _____ ישראלית!
7. הם אכלו ואכלו _____ __לא אכלו כבר עשרה ימים.
8. אתם חיים _____ __אין מחר.
9. ההורים שלי דואגים לי _____ __ אני ילדה קטנה - אבל אני כבר בת 21.
10. איך את חושבת על עצמך - __שחקנית או __זמרת?

EXERCISE 11 — תרגיל מספר 11

Translate the following sentences:

1. Do you see yourself as a journalist or as a poet?
2. The new house seems to us very small and intimate.
3. It does not seem to me that there will be big changes here.
4. Does it seem to you that Dan can be cautious and spontaneous at the same time?
5. Michael is very intelligent, but he is not very wise.
6. We have not yet found an ideal place for an intimate vacation.
7. We don't see ourselves as unique. We are just normal people.
8. Dina is very popular, but she is not very pleasant.
9. This is not an intellectual exercise - it is real life!

EXERCISE 12   **תרגיל מספר 12**

You are given sentences which begin a descriptive passage. Continue the stories.

פסקה מספר 1.   דן כותב:

קשה להפתיע את סנונית! היא בחורה אלגנטית ורואה את עצמה כאינטלקטואלית. אני יודע
שאני צריך לעשות משהו לא רגיל ליום ההולדת שלה, אבל מה?...

פסקה מספר 2. סנונית כותבת:

הזמן היה ערב קיץ רומנטי. המקום היה מסעדה אינטימית מחוץ לעיר...

פסקה מספר 3. אנחנו כותבים:

אורי בטוח שהוא בחור פופולרי ושכולם אוהבים אותו.   הוא נראה נורמלי לכל דבר וגם
מאוד סימפטי, אבל...

פסקה מספר 4. אפרת כותבת:

זה היה ערב כמו בסרטים. דן הביא לי זר פרחים ענק. הוא התנהג אלי כאילו הייתי נסיכה...

קטע קריאה מספר 2 READING 2

כללים להרגשה טובה יותר בחיים

באחד העיתונים של העיר הופיעה רשימה של כללים שאחד הקוראים ששלח לעיתון. הכללים האלה הם כדי לעזור לאנשים שתהיה להם הרגשה טובה יותר בחיים. שלחנו את הרשימה לענת, פקידת הקבלה במלון, כי חשבנו שזה יעזור לה גם בעבודה וגם בחיים האישיים שלה.

1. אֱמוֹר מילה טובה כל יום על משהו או על מישהו לשלושה אנשים שונים.
2. קום מוקדם בבוקר כְּדֵי לראות את זריחת השמש.
3. כַּאשר אתה פוגש אנשים, לְחַץ את ידם בְּהֶחלטיות.
4. כתוב מכתבים לחברים שלך. אל תחַכֶּה שיכתבו לך קוֹדֶם.
5. אֱמוֹר "תודה רבה" לעתים קרובות.
6. אֱמוֹר "בבקשה" לעתים קרובות.
7. לְמַד לנגן ונַגֵּן לפחות פעם בשבוע.
8. קנֵה מכונית פשוטה, אבל גור בבית יפה ונוח.
9. צחַק הרבה. זה לא עולה כלום, וזה טוב לבריאות.
10. כל יום לֵך בָּרֶגֶל 30 דקות בהליכה מהירה.
11. מצָא זמן לשַׂחֵק עם הכלב שלך או עם הכלב של השכן שלך.
12. מצָא זמן בכל יום להריח שושנים.
13. שכַב על הגב והַבֵּט בַּכּוֹכָבים.
14. אַל תָשִׂים לֵב לאנשים לא נעימים.
15. תֵּן תמיד לאנשים הזדמנות שנייה, אבל אף פעם לא הזדמנות שלישית.
16. עֲזוֹר לאחרים, כפי שאתה רוצה שיַעַזרו לך.
17. אַל תַעֲשׂה לאחרים מה שאתה לא רוצה שיעֲשׂו לך.
18. שמוֹר על הסוֹדות של אנשים אחרים והם יִשמרו על הסודות שלך.
19. דַע שגם אתה עוֹשׂה שגיאוֹת ולמַד מהשגיאוֹת שלך.
20. חֲיֵה את חַיֶּיךָ כסימן קריאה, ולא כסימן שאלה.

חזרה על בניין פעל: גזרת ע"ו/ע"י

SPEECH PATTERNS	תבניות לשון
When did you get up this morning?	מתי קַמְתֶּם הבוקר?
Sharon, when will you return this evening?	שרון, מתי תָשׁוּבִי הערב?
Pay attention! It is important!	שִׂימוּ לבו! זה חשוב!

When the verb root has a median radical ו/י , that radical is omitted in the past and present tenses. In the future tense, imperative, and infinitive the median radical is realized as a vowel.

See the following examples:

	1	2	3		
ע' הפועל = ו	ר	ו	צ	לָרוּץ	רָץ
ע' הפועל = ו	ב	ו	א	לָבוֹא	בָּא
ע' הפועל = י	ש	י	ר	לָשִׁיר	שָׁר
ע' הפועל = י	ר	י	ב	לָרִיב	רָב

ק.ו.מ.	לָקוּם	to get up	קָם	יָקוּם
ב.ו.א.	לָבוֹא	to come	בָּא	יָבוֹא
שׂ.י.מ.	לָשִׂים	to put	שָׂם	יָשִׂים

EXERCISE 13 — תרגיל מספר 13

to return (from/to) — פועל 1: לָשׁוּב (מ/ל)

Complete the verb forms:

זמן	מי?	פועל	לאן?/אל מי?	מאיפה?/מאין?	מתי?
עתיד	1. הם	______	הביתה		בקרוב.
עתיד	2. אמא	______		מהחנות	בעוד חצי שעה.
עבר	3. הוא	לא ____	לשם		אף פעם.
עתיד	4. דן	______	למקומו		אחרי ההפסקה.
הווה	5. אנחנו	______		מטיול בגליל.	

פועל 2: לָבוא (ל/אל) — to come (to)

	Change tense to past	Change tense to future
1. מתי את באה למשרד?	מתי באת למשרד?	מתי תבואי למשרד?
2. אני באה אליכם עם דליה .	___________	___________
3. הם לא באים.	___________	___________
4. הן תמיד באוֹת בזמן.	___________	___________
5. אתה בא למסיבה?	___________	___________

פועל 3: לָרִיב (עם) — to quarrel/argue (with)

זמן	מי?	זמן	פועל	עם מי?
עבר	1. אני	*עבר*	___________	עם החברה הכי טובה שלי.
עתיד	2. אתם	*עתיד*	___________	כל הזמן?
עבר	3. דן	*עבר*	לא___________	עם אף אחד.
הווה	4. הם	*הווה*	___________	עם ההורים שלהם.
עתיד	5. אף אחד	*עתיד*	לא___________	איתכם!

פועל 4: לָשִׂים לֵב (ל) — to pay attention *(to)*

Translate the sentences:

1. Did you pay attention to what is happening here?
2. Dan is not paying attention - he is thinking about something.
3. Dina, will you please pay attention to what I am telling you?
4. The children did not pay attention to their parents.
5. I usually do not pay attention to the bills till the end of the month.

EXERCISE 14 — תרגיל מספר 14

שנה את הזמן במשפטים מעבר לעתיד:

1. בשבוע שעבר פגשנו אנשים מעַנְיְינִים, אבל לא מצאנו את החברים הותיקים שלנו.
2. רפי לא שׂם לב לאף אחד. היו לו בעיות במקום העבודה.
3. בתחום האישי הייתה לי התקדמות חֲשובה.
4. ענייני הלימודים דרשו מִמךָ הרבה תשׂוּמֶת לֵב?
5. בשנה שעברה דליה עברה מַשבֵּר קשֶה. היא רבה עם החבר שלה.
6. כתוצאה מהמשבר שלה דליה עשׂתה שינויים חֲשובים בחיים שלה.
7. השנה לא היו לי אכזבות גדולות אבל גם לא היו לי הפתעות רבות.
8. לא עסקנו יותר מדי בלימודים והיה לנו מספיק פנאי לדברים אחרים.
9. הם מצאו עוד מקור הכנסה.
10. באנו אליהם הביתה ואחרי ארוחת הערב הלכנו איתם להצגה.

Review of the Imperative Mood — חזרה על הציווי

Remember that there are three forms of imperative and they address the second person "you" (אתה,את,אתם/אתן), instructing or recommending a course of action to those being addressed.

In this passage the singular masculine form is used when general recommendations are made, and they address not only a particular "you", but address "you" in general.

צורות הציווי בבניין פעל הכלולות בקטעים:

	אתם/אתן	את	אתה	שם הפועל	שורש	גזרה
finish!	גִמרו	גִמרִי	גמוֹר	לגמור	ג.מ.ר.	שלמים
laugh!	צַחֲקו	צַחֲקִי	צחַק	לצחוק	צ.ח.ק	ע' גרונית
know!	דְעו	דְעִי	דַע	לדעת	י.ד.ע.	פ"י
give!/let!	תְנו	תְנִי	תֵן	לתת	נ.ת.נ	פ"נ
say!	אִמרו	אִמרִי	אֱמוֹר	לומר	א.מ.ר.	פ"א
get up!/stand up!	קומו	קומי	קום	לקום	ק.ו.מ.	ע"ו
buy!	קְנו	קְנִי	קְנֵה	לקנות	ק.נ.ה.	ל"ה
live!	חֲיו	חֲיִי	חֲיֵה	לחיות	ח.י.ה.	ל"ה/פ"ח
answer!	עֲנו	עֲני	עֲנֵה	לענות	ע.נ.ה.	ל"ה/פ"ע

Don't forget that in order to use a negative imperative, you have to use the negative particle אַל with the future form of the verb:

קום! אבל "אַל תָקוּם!" קנִי! אבל "אַל תִקנִי!" עֲנוּ! אבל "אַל תַעֲנוּ!"

EXERCISE 15 תרגיל מספר 15

ענת שׂמחה מאוד לקבל את הרשימה, אבל שאלה אותנו למה כּתבנו את הרשימה בּזכר, יחיד. היא טוענת שאם הרשימה מיועדת לה, היא צריכה להיות בנקבה. עזרו לנו וכתבו את הרשימה בציווי בּנקבה.

EXERCISE 16 תרגיל מספר 16

איך נכתוב שיר בעברית?

Poems hide in things that you and others say and write. You can find poems hidden in a text; you can take pieces of language and shift them around to create new readings, shaped like a poem. We call such a poem a "found" poem. You are challenged here to find that language and create your own found poem in Hebrew.

Our experiment in writing:
We wrote a found poem, based on a given text, taken from the horoscope in Reading Selection 1. We chose GEMINI. We wanted it to be a poem that focused on giving directions for a better life.

GEMINI **תאוֹמִים**

בּחוֹדש האחרון היתה לכם אכזבה גדוֹלה. החוֹדש תהיה לכם הפתעה נעימה. תמצאוּ את הדרך הנכוֹנה ותִראוּ שאתם תוּכלוּ לעבוֹר את המשבּר בּשלוֹם. אתם צריכים לפתוֹר את הבּעיוֹת שלכם בּעַצמכֶם. שִמרוּ על הבּריאוּת שלכם: עֲשׂוּ התעמלוּת, אַל תְעַשנוּ סיגריוֹת ואִכלוּ הרבֵּה ירקוֹת וּפירוֹת.

The process:

1. We kept the title תאומים "twins".
2. We paid attention to the various verbs that gave directions and predicted things to come.
3. We noticed the contrast between אכזבה גדולה and הפתעה נעימה and thought it would be nice to include it in some way.
4. We chose words directly from the text and added a few of our own. We addressed the twins in the plural in our first and last stanzas, and changed the form of address to singular in the second and third stanzas.
5. We organized the words on the page in short lines and distinct stanzas. It looks like a poem - not good enough to be published, but fun to make.

תאומים

אתם שְנַיים לכל החיים,
תאומים בְּמַרְאָה.
מְצאוּ דרך נכוֹנה
ולכל אחד מִכֶּם הפתעה נעימה.

לְפעָמים
האכזבה כה גדולה,
אבל
גם אתה וגם אתה -
מצָא לעצמך את דרכּךָ,
עֲבוֹר מַשבֵּר
וּפתוֹר את בּעיָתךָ !

לְפעָמים
זה כה פּשוּט,
כּך אומרים:
אם לא תעַשֵן בּערָבים
ותֹאכַל כּל מה שטוב וטָעים
ותַעֲשֶה הִתעמלוּת בַּבּקָרים
הכֹּל יַעֲבוֹר בּשָלוֹם.

אַף כּי אתם שנַיים לכל החיים,
תאומים בְּמַרְאָה,
לכל אחד מִכֶּם
תהיה הפתעה נעימָה.
ואתם תִמצאוּ את הדרך הנכונָה !

Directions: How to Write Your Own Hebrew Poem.

Choose five to ten sentences from rules for a better life, or choose a segment from the horoscope.

1. Carefully read the text that you selected, paying attention to each word and combination of words, and choose the words and combinations that interest you .

2. Write down the words and combinations that you selected.

3. Arrange them in meaningful combinations.

4. Add more words as you need them.

5. Organize the words into meaningful utterances.

6. Arrange the words in short lines on the page.

7. Divide your lines into stanzas.

8. Choose a title for your poem.

9. Rewrite your poem, paying attention to sound, look, and message.

10. Bring your poem to class and share it with others.

השיר שלי:

"כותרת"

_____

_____

_____

_____

_____

_____

_____

_____

תאריך: _____

המשורר/ת: _____

READING 3

קטע קריאה מספר 3

קרא להנאתך

אוֹרִית וְעִדִית

בַּאֲפֵקָה - לְיַד תֵּל־אָבִיב גָּרוֹת תְּאוֹמוֹת
אֲבָל הֵן בִּכְלָל־בִּכְלָל לֹא דוֹמוֹת.
לְאוֹרִית יֵשׁ שְׂעָרוֹת שְׁחוֹרוֹת
וּלְעִדִית שְׂעָרוֹת שֶׁל זָהָב,
לְאוֹרִית יֵשׁ אַף שֶׁסּוֹלֵד מְאֹד -
וּלְעִדִית, כִּמְעַט אֵין אַף,
לְאוֹרִית יֵשׁ עֵינַיִם גְּדוֹלוֹת וְחוּמוֹת
וּלְעִדִית יֵשׁ דַּוְקָא עֵינַיִם כְּחֻלּוֹת.
אוֹרִית אוֹהֶבֶת לַחֲלֹם חֲלוֹמוֹת
ועִדִית אוֹהֶבֶת לִרְקֹד.

וְאִמָּא שֶׁלָּהּ שׁוֹאֶלֶת חִידָה:
מִי יוֹתֵר יָפָה וְנֶחְמָדָה?
וַאֲנַחְנוּ עוֹנִים: כָּל אַחַת נֶחְמָדָה,
כָּל אַחַת בְּצוּרָה אַחֶרֶת.

אוֹרִית ועִדִית הן אֲחָיוֹת תְּאוֹמוֹת
אֲבָל הֵן בִּכְלָל־בִּכְלָל לֹא דוֹמוֹת.

רַק הַצְּחוֹק שֶׁלָּהֶן הוּא דּוֹמֶה
וְשׁוֹטֵף
וְרוֹעֵם
וְאֵין אִישׁ יוֹדֵעַ מִי צוֹחֶקֶת מֵהֶן:
עִדִית
אוֹ
אוֹרִית
אוֹ שְׁתֵּיהֶן.

מתוך ספר השירים של יהונתן גפן "שִׁירִים שֶׁעֲנָת אוֹהֶבֶת בִּמְיֻחָד"

not at all	*בכלל-בכלל לא*
gold	*זהב*
turned up nose	*אף סולד*
riddle	*חידה*
in a different way	*בצורה אחרת*
laughter	*צחוק*
rolling	*שוטף*
thunderous	*רועם*
nobody	*אין איש*

SUMMARY OF LESSON 23

סיכום שיעור 23

READING SELECTIONS:

Horoscope

Rules for life

For your reading pleasure: Idit and Orit

LANGUAGE TOPICS:

New nouns and adjectives

Review of direct and indirect objects

Adjectives derived from nouns

Review of Pa'al - ע׳ גרונית

Pa'al - פ״א

Borrowed adjectives

Review of Pa'al - ע״ו

Writing a poem in Hebrew

נושאים לקריאה ודיון:

הורוסקופ.

כללים לחיים.

קרא להנאתך: עדית ואורית.

נושאים לשוניים:

שמות ותארים חדשים

חזרה על מושא ישיר ועקיף

תארים גזורים משמות

חזרה על פעלים בבניין פעל, ע׳ גרונית

פעלים בבניין פעל - פ״א

תארים שואלים משפות אחרות

חזרה על פעלים בבניין פעל, גזרת ע״ו

כותבים שיר בעברית

סיכום של גזרות בבניין פעל - בפרק 23

ל״ה	ל״א	ע׳ גרונית	פ״א 1	פ״א 2	ע״י	ע״ו
ר.צ.ה.	ק.ר.א.	ח.ש.ב.	א.כ.ל.	א.ר.ז.	ש.י.ר.	ק.ו.מ.
רָצִיתִי	קָרָאתִי	חָשַׁבְתִּי	אָכַלְתִּי	אָרַזְתִּי	שַׁרְתִּי	קַמְתִּי
רְצִיתֶם	קְרָאתֶם	חֲשַׁבְתֶּם	אֲכַלְתֶּם	אֲרַזְתֶּם	שַׁרְתֶּם	קַמְתֶּם
רוֹצֶה	קוֹרא	חוֹשֵׁב	אוֹכֵל	אוֹרֵז	שָׁר	קָם
רוֹצִים	קוֹרְאִים	חוֹשְׁבִים	אוֹכְלִים	אוֹרְזִים	שָׁרִים	קָמִים
אֶרְצֶה	אֶקְרָא	אֶחְשׁוֹב	אֹכַל	אֶאֱרוֹז	אָשִׁיר	אָקוּם
תִרְצוּ	תִקְרְאוּ	תַחְשְׁבוּ	תֹאכְלוּ	תַאַרְזוּ	תָשִׁירוּ	תָקוּמוּ
רְצֵה	קְרָא	חֲשׁוֹב	אֱכוֹל	אֱרוֹז	שִׁיר	קוּם
רְצוּ	קִרְאוּ	חִשְׁבוּ	אִכְלוּ	אִרְזוּ	שִׁירוּ	קוּמוּ
לִרְצוֹת	לִקְרוֹא	לַחְשׁוֹב	לֶאֱכוֹל	לֶאֱרוֹז	לָשִׁיר	לָקוּם

NEW VOCABULARY LIST — רשימת מילים חדשות

NOUNS — שמות

source	מָקוֹר ז. מקורות	relationship	יְחָסִים ז.ר.
mirror	מַרְאָה נ מַראוֹת	disappointment	אַכְזָבָה נ.
crisis	מַשְׁבֵּר ז. מַשְׁבֵּרִים	good times	בִּילוּי ז. בִּילוּיים
secret	סוֹד ז. סוֹדוֹת	wisdom	בִּינָה נ.
exclamation mark	סִימַן קְרִיאָה ז.	health	בְּרִיאוּת נ.
question mark	סִימַן שְׁאֵלָה ז.	back	גַּב ז.
danger	סַכָּנָה נ. סַכָּנוֹת	income	הַכְנָסָה נ.
storm	סְעָרָה נ. סְעָרוֹת	worry	דְאָגָה נ. דאָגוֹת
confrontation	עִימוּת ז. עִימוּתִים	depression	דִּיכָּאוֹן ז. דִכאוֹנוֹת
list	רְשִׁימָה נ. רְשִׁימוֹת	despair/low spirits	דִכְדוּךְ ז. דִכְדוּכִים
rose	שׁוֹשַׁנָּה נ. שׁוֹשַׁנִּים	decision	הַחְלָטָה נ. הַחְלָטוֹת
change	שִׁינוּי ז. שִׁינוּיִים	walk	הֲלִיכָה נ.
joy	שִׂמְחָה נ.	surprise	הַפְתָּעָה נ. הַפְתָּעוֹת
twin	תְּאוֹם ז. תְּאוֹמִים	progress	הִתְקַדְּמוּת נ.
domain	תְּחוּם ז. תְּחוּמִים	long-term experience	וֶתֶק ז.
forecast	תַּחֲזִית נ. תַּחֲזִיוֹת	caution	זְהִירוּת נ.
era, time period	תְּקוּפָה נ. תְּקוּפוֹת	rule, regulation	כְּלָל ז. כְּלָלִים

ADJECTIVES & NOUNS — תארים ושמות

quick	מָהִיר־מְהִירָה	personal	אִישִׁי־אִישִׁית
astonishing/surprising	מַפְתִּיעַ־מַפְתִּיעָה	physical/bodily	גוּפָנִי־גוּפָנִית
appropriate/suitable	מְיוֹעָד־מְיוֹעֶדֶת	bad (quality)	גָרוּעַ־גְרוּעָה
stormy/volatile	סוֹעֵר־סוֹעֶרֶת	old timer/experienced	וָתִיק־וְתִיקָה
psychological, emotional	נַפְשִׁי־נַפְשִׁית	cautious	זָהִיר ־זְהִירָה
wise	נָבוֹן־נְבוֹנָה	financial	כַּסְפִּי־כַּסְפִּית

VERBS — פעלים

to show	הֶרְאָה־לְהַרְאוֹת ל/את	to be late	אֵחֵר־לְאַחֵר
to smell the scent of	הֵרִיחַ־ לְהָרִיחַ	to have a good time	בִּלָּה־לְבַלּוֹת
to renew/renovate	חִידֵּשׁ־לְחַדֵּשׁ	to pack	אָרַז־לֶאֱרוֹז

גָּדַל־לגדול	to grow/increase
גָּרַם־לגרום ל	to cause, bring about
דָּרַשׁ־לדרוש מ /את	to demand
הִבִּיט־להבִּיט ב	to look at
הִזְנִיחַ־להזנִיחַ	to neglect
טָעַן־לטעון ש	to claim that
פָּתַר־לפתור	to solve
צָחַק־לצחוק	to laugh
שָׁב־לָשׁוּב	to return
שָׁכַב־לשכַּב	to lie down

תארי פועל
ADVERBS

אַף כִּי	even though
בְּהֶחְלֵטִיּוּת	decisively
בִּיחוּד	especially
כְּאִילוּ (שֶׁ)	as if
כֹּה	so
כְּפִי שֶׁ/כְּמוֹ שֶׁ	as (+sentence)
לְפָחוֹת	at least
מִזְּמַן	since/for quite a while
מַמָּשׁ	really, truly (emphasis)

ביטויים וצירופים
EXPRESSIONS & PHRASES

בָּאוֹפְנָה	in fashion, in style
הַכֹּל יַעֲבוֹר בְּשָׁלוֹם	everything will be OK
הַשְׁקָפַת עוֹלָם נ.	world philosophy
זְרִיחַת הַשֶּׁמֶשׁ נ.	sunrise
כּוֹכָבִים וּמַזָּלוֹת ז.ר.	stars and fortunes
לִהְיוֹת בְּקֶשֶׁר עִם	to be in touch with
לִלְחוֹץ יָד	to shake hands
לַעֲבוֹר מַשְׁבֵּר	to undergo a crisis
לַעֲשׂוֹת הִתְעַמְּלוּת	to exercise
לְקַבֵּל החלטות	to make decisions
לִשְׁמוֹר עַל הַשֶּׁקֶט	to keep the peace
לְשַׁנּוֹת דֵּעָה	to change an opinion
עִנְיְינֵי מִשְׁפָּחָה ז.ר.	family matters
שְׁעוֹת פְּנַאי	leisure time
תְּשׂוּמֶת לֵב נ.	attention

Some vocabulary lists are extensive. Vocabulary items can be divided into active and passive vocabulary, according to the needs of students and the instructor's discretion.

LESSON 24

שיעור מספר 24

READING 1

קטע קריאה מספר 1

עיסוקים בעונות השנה

בסתיו מקַדמים את פְּנֵי השנה החדשה. חַגֵי ראש השנה, יום הכִּיפּוּרים וסוּכּוֹת מבשרים את בּוֹא השנה החדשה. כּוּלם חוֹזרים לעבוֹדה וללימוּדים אחרי חופשת הקיץ. הרבה אנשים מקַבּלים החלטוֹת על התחלוֹת חדשוֹת. לקראת תחילת שנת הלימוּדים הוֹרים קוֹנים לילדים תיקים חדשים, ספרֵי לימוּד, בּגדים חדשים, מעילי חוֹרף ונעליים. ברחובות, בחנויות ובבתי הקפה פּוֹגשים חברים שלא היו בּעיר כּל הקיץ. הם אוהבים לספר על חופשת הקיץ שלהם, איפה היו ומה עשו. הלֵילוֹת קרירים ולפעמים יוֹרדים גשמים.

בּחוֹרף קר בַּחוּץ. כּוּלם עוֹבדים ולוֹמדים יוֹתר. בּערבים אפשר ללכת לקוֹנצרטים, לסרטים בקוֹלנוֹע או להצגוֹת בּתיאטרוֹן. נפגשים עם חברים ומבקרים במוּזיאוֹנים וּבתערוּכוֹת. החוֹרף הוּא גם זמן אינטימי יוֹתר - זמן נעים לשבת בַּבַּית, לקרוֹא ספר טוֹב, להאזין למוּסיקה. אוֹהֲבֵי שמש נוֹסעים לאילת לצלוֹל או לַיָם־המֶלַח להשתזף, ואוֹהֲבֵי השלג נוֹסעים לאתרֵי סקי בּחוּ"ל.

האביב הוּא עֵת הפריחה: העצים פּוֹרחים, ההרים מכוּסים בּשטיחֵי פִּרְחֵי-בָּר מרהיבים, והכּל ירוֹק. נעים לשבת בַּחוּץ, לנגן בּגיטרה, לתַכנֵן פּיקניק ולטייל. פּוֹגשים חברים ועוֹשׂים תוֹכניוֹת רבּוֹת לַקיץ. האביב קצר. רק התחיל וּכבר נגמר.

בּקיץ חם. בּגלל החוֹם, אנשים, העוֹמדים בּתוֹר לאוֹטוֹבּוּס בּצהרי היוֹם, חסרֵי סבלנוּת. נהגים, הנתקעים בּפקקֵי תנוּעה, צוֹפרים וצוֹעֲקים: "נוּ, זוּז כּבר!". אנשים ממַהֲרים הבּיתה להִימָלֵט מהחוֹם וּמהרעש. בּימי הקיץ צעירים רבּים "שוֹרצים" על שׂפת הים: מתרַחֲצים בּים, משתַזפִּים, מטיילים בּחוֹף, גוֹלשים בּגַלשנֵי ים ואוֹכלים אבטיחים וּגלידה. בּעַרבֵי הקיץ מבַשלים בּחוּץ, שוֹתים משקאוֹת קרים בּבתֵי קפה קטנים בּטיילת עד השעוֹת הקטנוֹת של הלילה.

EXERCISE 1
תרגיל מספר 1

ענו על שאלות התוכן:

1. איך מקדמים את פְּנֵי השנה החדשה?

2. מה אתם אוהֲבים לעשות בחורף?

3. אילו חגים וחופשות יש בחורף?

4. מה אתם אוהֲבים לעשות בחודשֵי הקיץ?

5. למה נחשב האביב לעוֹנה רוֹמנטית?

6. האם מזג האוויר משפיע עליך ולמה?

7. מה העוֹנה האהוּבה עליך? למה?

8. האם עוֹנת הקיץ היא עוֹנת נסיעוֹת וטיולים או עוֹנת עבוֹדה ולימוּדים?

9. איפה הייתָ בחוּפשת הקיץ האחרוֹנה שלך?

10. האם את/ה אוהב/ת את עוֹנת הסתיו?

חזרה על משפטים סתמיים

SPEECH PATTERNS	תבניות לשון
During vacation one gets up late.	בחופשה קמים מאוחר.
One returns to work and school.	חוזרים לעבודה וללימודים.
People walk around outdoors.	מטיילים בחוץ.
You return to your work and studies.	חוזרים לעבודה וללימודים.

The core of a verbal sentence consists of a verb form and its subject (noun, pronoun, proper name, etc.). In the example אנחנו פוגשים חברים בבית קפה, the subject is "we" and the verb is "meet".

When one wants to make a generalization and express it through an impersonal subject, one does it by omitting the subject and by stating the verb in masculine plural form, פוגשים חברים בבית קפה. These sentences without an overt subject are known in Hebrew as משפטים סתמיים.

In English the impersonal subject is expressed by the pronouns "you", "they", or the nouns "one", "people".

Examples of sentences with impersonal subjects:

- **One goes** to the mall and meets friends.
- **You go** to the mall and meet friends.
- **Everybody goes** to the mall to meet friends.
- **People go** to the mall and meet friends.

הולכים לקניון ופוגשים חברים.

EXERCISE 2 — תרגיל מספר 2

Translate the following sentences:

1. In Israel one eats dinner between 1:30–2:30 on Saturday.
2. In the summer one often goes to the beach.
3. When in Rome you do as(what) the Romans do.
4. In the morning one runs to work.
5. In the evening one hurries home.
6. People do not yell in a restaurant.
7. In most countries you cannot buy clothes at the supermarket.
8. You buy food in the supermarket.
9. When do they open the bank here?
10. In Israel do they bathe in the sea during the winter?

EXERCISE 3 — תרגיל מספר 3

Complete the sentences with the following vocabulary items from Reading Selection 1.

חסרי סבלנוּת, אתר הסקי, לספר, משתזפים, בגדי חוֹרף ומעיל, לעמוד בתוֹר, מאזינים למוסיקה, צוֹעקים, ממהרים, לקבל החלטוֹת, שוֹרצים, עוֹשים תוכניוֹת, לקראת שנת הלימודים, מכוּסֶה, להימלט, מתרחצים, אוהב שמש, מתכננת פיקניק

1. אני לא רוֹצה _______ _______ על תוֹכנית לחוּפשה בלי אשתי - היא גם מתכננת לנסוֹע.
2. אתם רוֹצים לבוֹא אלינו הערב ו_________לנו על מה שעשׂיתם בחוּפשת הקיץ?
3. כל הקיץ אנחנו_________ על שפת הים: אנחנו _________ בים ו _________ בשמש.

4. היה קר ב_____ _______, אז קנינו _________ ________ _______ .
5. המחשב שלי _______ בכיסוי מפלסטיק כדי לשמור עליו .
6. זאת הצגה מאוד פופולרית. צריך _________ __________ כדי לקנות כרטיסים.
7. האנשים האלה ממש ______ ________ ־ הם כל הזמן_________. אין להם סבלנות!
8. בערב אנשים _________הביתה כדי _________מרעש העיר.
9. אנחנו כבר ________ ________ לחופשת הקיץ הבאה.
10. הכיתה _______ ________. כולם רוצים לצאת לפארק, לבשל על "האש" ולשחק כדור־בסיס.
11. בערב אנחנו ________ ________ ברדיו או הולכים לקונצרט לשמוע מוסיקה.
12. אני לא רוצה לגור באלסקה כי יורד גשם כל הזמן, ואני איש ________ ________.
13. כבר ספטמבר. מתי תִקנו ספרים ________ ________ ________?

חזרה על בניין פיעל

SPEECH PATTERNS	תבניות לשון
We welcomed the new year.	קידַמנו את פני השנה החדשה.
They told us about their trip.	הם סיפרו לנו על הטיול שלהם.
One walks around outdoors.	מטַיילים בחוץ.

In the past tense forms of Pi'el גזרת שלמים the initial vowel of the first radical is /i/ הוא סִפֵּר. When the text is without vowels, the letter י is inserted after the first radical to indicate the /i/ vowel.

Adults read and write without vowels, therefore it is recommended that you use כתיב מלא, i.e. insert the ִי following the first radical in all the past tense forms. This will help the reader identify the form as a Pi'el verb, and make a clear distinction between the Pi'el and Pa'al past tense verbs.

PI'EL VERBS IN THE PAST:

with vowels:	דָּנָה סִפְּרָה לָנוּ אֶת הַסִּפּוּר הַזֶּה.	**עם ניקוד:**
without vowels:	דנה סיפרה לנו את הסיפור הזה.	**בלי ניקוד:**

COMPARE Pi'el and Pa'al verbs in past tense with vowels:

We counted the students in class.	סָפַרנוּ את כל התלמידים בכיתה.	פעל:
We told them what happened.	סִפַּרנוּ להם מה קרה.	פיעל:

COMPARE Pi'el and Pa'al verbs in past tense without vowels:

We counted the students in class.	ספרנו את כל התלמידים בכיתה.	פעל:
We told them what happened.	סיפרנו להם מה קרה.	פיעל:

<u>**We are going to insert the י in past tense forms even when the verb has vowel signs.**</u>

The stem of the Pi'el verb in the present tense, future tense, imperative, and infinitive is סַפֵּר while past tense has a different stem סִיפֵּר in third person, and סִיפַּר־ in first and second person. The second vowel is omitted in third person feminine, and third person plural.

Present tense forms have a מ־ prefix — הווה: מְסַפֵּר, מְסַפֶּרֶת, מְסַפְּרִים, מְסַפְּרוֹת

עבר:	הוא סִיפֵּר	היא סִיפְּרָה	עתיד:	אתה תְּסַפֵּר	את תְּסַפְּרִי
הווה:	הוא מְסַפֵּר	היא מְסַפֶּרֶת	ציווי:	(אתה) סַפֵּר!	(את) סַפְּרִי!

בניין פיעל: דגש על הדגושים

1. First radical of the root - בּ/כּ/פּ:

3	2	1
ר	ק	ב
ס	ב	כ
ח	ת	פ

פ' הפועל = בּ

פ' הפועל = כּ

פ' הפועל = פּ

In the initial position of the word, i.e. in the past tense and imperative, בּ/כּ/פּ, are pronounced /b/ /k/ /p/: בִּיקֵּר, בַּקֵּר. In the present, future, or infinitive, when they follow the prefix letters of the tense or mood, they are pronounced /v/ /kh/ /f/ ב/כ/פ .

לְבַקֵּר	1. to visit 2. to critique	בִּיקֵּר	מְבַקֵּר	יְבַקֵּר	בַּקֵּר!
לְכַבֵּד	1. to respect 2. to offer refreshment	כִּיבֵּד	מְכַבֵּד	יְכַבֵּד	כַּבֵּד!
לְפַטֵּר	to fire (from job)	פִּיטֵּר	מְפַטֵּר	יְפַטֵּר	פַּטֵּר!

נטיית השורש /ב.ק.ר./ בבניין פיעל - גזרת שלמים

עבר	הווה	עתיד	ציווי	שם הפועל
בִּיקַרְתִּי	מבַקֵר	אֲבַקֵר		לְבַקֵר (את)
	מְבַקֶרֶת			
בִּיקַרְתָּ	מבַקֵר	תְּבַקֵר	בַּקֵר!	
בִּיקַרְתְּ	מְבַקֶרֶת	תְּבַקְרִי	בַּקְרִי!	
בִּיקֵר	מבַקֵר	יְבַקֵר		
בִּיקְרָה	מְבַקֶרֶת	תְּבַקֵר		
בִּיקַרְנוּ	מְבַקְרים	נְבַקֵר		
	מְבַקְרוֹת			
בִּיקַרְתֶּם	מְבַקְרים	תְּבַקְרוּ	בַּקְרוּ!	
בִּיקַרְתֶּן	מְבַקְרוֹת			
הם בִּיקרוּ	מְבַקְרים	יְבַקְרוּ		
הן בִּיקרוּ	מְבַקְרוֹת	יְבַקְרוּ		

Related Nouns:

ביקוּר visit
ביקוֹרֶת criticism

EXERCISE 4 — תרגיל מספר 4

to cook — **פועל 1: לְבַשֵׁל (את)**

א. Fill in the verb forms:

זמן	מי?	פועל	למי?	את מה?	למתי? מתי?
עתיד	1. אתם	________	לנו	ארוחת צהריים.	
ציווי	2. (דינה),	________		את הכל	למחר.
עתיד	3. הם	________	לעצמם	שום דבר.	
עבר	4. דן	________		דגים	אתמול בערב.
הווה	5. אנחנו	________		בשׂר	אף פעם.

	Change to past	Change the future
ב.		
1. למה את לא מבשלת הערב?	למה לא בישלת בערב?	למה לא תבשלי הערב?
2. אני אף פעם לא מבשל.	______	______
3. הם מבשלים לנו אוכל סיני.	______	______
4. מה הן מבשלות?	______	______
5. אתה מבשל כל יום?	______	______

פועל 2: לכַבֵּד (את) — **to respect/have respect for**

Fill in the verb forms:

זמן	מי?	פועל	את מי?	מתי?
עבר	1. אתן	______	אותו.	
ציווי	2. טל ודן,	______	את המורים שלכם	בזמן השיעור.
עתיד	3. הן	לא ______	אתכם	אם לא תעבדו.
הווה	4. דן	______	את דעתך.	
הווה	5. אנחנו	לא ______	את כל מה שהם עשו.	

פועל 3: לכַבֵּס (את) — **to wash clothes**

	Change to past	Change the future
1. את לא מכבסת את הבגדים?	למה לא כיבסת?	למה לא תכבסי את הבגדים?
2. הוא מכבס, מבשל ואופה.	______	______
3. אמא מכבסת לנו את הכל.	______	______
4. מה פתאום הן מכבסות?	______	______
5. מה אתם מכבסים?	______	______

2. ב/כ/פ as second letter of the root:

As second radicals, these letters are always realized as b/k/p בּ/כּ/פּ. It is part of the obligatory pattern of Pi'el.

	3	2	1
ע' הפועל = ב	ר	בּ	ד
ע' הפועל = כ	ן	כּ	ס
ע' הפועל = פ	ר	פּ	ס

לְדַבֵּר	to speak	דיבֵּר	מְדַבֵּר	יְדַבֵּר
לְסַכֵּן	to endanger	סיכֵּן	מְסַכֵּן	יְסַכֵּן
לְסַפֵּר	to tell	סיפֵּר	מְסַפֵּר	יְסַפֵּר

תרגיל מספר 5 — EXERCISE 5

פועל 1: לְסַפֵּר (את/ל) — to tell, to narrate

א. Fill in the verb forms:

זמן	מי?	פועל	את מה?	למי?	על מי/על מה?
עתיד	1. אתם	_______	מה קרה	לכולם?	
ציווי	2. (דינה),	_______		לי	על הלימודים.
עתיד	3. הם	לא _____	את הכל	להורים.	
עבר	4. דן	_______		לנו	עליכם.
הווה	5. אנחנו	_______	סיפור ארוך	לדן	על דפנה.

ב.

	Change to past	Change the future
1. למה אתה לא מספר הכל?	למה לא סיפרת לו הכל?	למה לא תספר לו הכל?
2. אני מספר לדליה מה שקורה.	____________________	____________________
3. הם מספרים לנו בדיחות.	____________________	____________________
4. מה הן מספרות על הטיול?	____________________	____________________
5. הם מספרים לנו על העיר.	____________________	____________________

פועל 2: לְדַבֵּר (עם/על) — to speak (with/about)

א. Fill in the verb forms:

זמן	מי?	פועל	מה?	עם מי?	על מה?
עבר	1. אני	_______	עברית	עם דן.	
ציווי	2. אתם	אל_____		עם אנשים זרים	על המשפחה שלכם.
הווה	3. דן	_______		איתנו	על הבעיות שלו.
עתיד	4. אורלי	_______		עם החברים שלה	על התוכניות שלה.
הווה	5. אנחנו	_______	יידיש	עם הסבתא שלנו.	

ב.

	Change to past	Change the future
1. דליה מדברת כל הזמן.	למה לא סיפרת לו הכל?	למה לא תספר לו הכל?
2. אני מדבר עם טל בטלפון.	__________	__________
3. למה הם לא מדברים איתנו?	__________	__________
4. היא מדברת רוסית איתי.	__________	__________
5. למה את מדברת בשקט?	__________	__________

3. א/ע/ח/ר as second letter of the root:

In verbs with א/ע/ר/ח as the second consonant of the root, the vowel which precedes it changes in the past tense from /i/ to /e/. See examples below:

זמן עבר:			
	אֵרַח	לְאָרֵחַ	to host
	אֵחַר	לְאַחֵר	to be late
	שֵׁעֵר	לְשַׁעֵר	to estimate
	תֵּאֵר	לְתָאֵר	to describe

4. א/ע/ח/ה as second letter of the root:

When forms where the second radical has no vowel, in verbs with א/ע/ח/ה as second radical, an /a/ vowel is inserted:

גזרה	1	2	3	זמן עבר היא	הם והן
שלמים	ש	ל	מ	שִׁילְמָה	שִׁילְמוּ
ע׳ הפועל = א	ת	א	ר	תֵּאֲרָה	תֵּאֲרוּ
ע׳ הפועל = ה	מ	ה	ר	מִיהֲרָה	מִיהֲרוּ
ע׳ הפועל = ח	שׂ	ח	ק	שִׂיחֲקָה	שִׂיחֲקוּ
ע׳ הפועל = ע	ש	ע	ר	שֵׁעֲרָה	שֵׁעֲרוּ

Forms where the zero vowel is replaced by /a/:

	עבר	הווה	עתיד	ציווי
ע=אֲ	היא תֵּאֲרָה			(את) תָּאֲרִי!
ע=אֲ	הם תֵּאֲרוּ	מְתָאֲרִים	תְּתָאֲרוּ	(אתם/ן) תָּאֲרוּ!
ע=אֲ	הן תֵּאֲרוּ	מְתָאֲרוֹת	יְתָאֲרוּ	
ע=הֲ	היא מִיהֲרָה			(את) מַהֲרִי!
ע=הֲ	הם מִיהֲרוּ	מְמַהֲרִים	תְּמַהֲרוּ	(אתם/ן) מַהֲרוּ!
ע=הֲ	הן מִיהֲרוּ	מְמַהֲרוֹת	יְמַהֲרוּ	
ע=חֲ	היא שִׂיחֲקָה			(את) שַׂחֲקִי!
ע=חֲ	הם שִׂיחֲקוּ	מְשַׂחֲקִים	תְּשַׂחֲקוּ	(אתם/ן) שַׂחֲקוּ!
ע=חֲ	הן שִׂיחֲקוּ	מְשַׂחֲקוֹת	יְשַׂחֲקוּ	
ע=עֲ	היא שֵׁעֲרה			(את) שַׁעֲרִי!
ע=עֲ	הם שֵׁעֲרוּ	מְשַׁעֲרִים	תְּשַׁעֲרוּ	(אתם/ן) שַׁעֲרוּ!
ע=עֲ	הן שֵׁעֲרוּ	מְשַׁעֲרוֹת	יְשַׁעֲרוּ	

EXERCISE 6

תרגיל מספר 6

to describe as...

פועל 1: לְתָאֵר (כ..את/ל)

Fill in the verb forms:

א.

זמן	מי?	פועל	את מה?	למי?	כְּמי/כְּמה?
עבר	1. אני	________	את הספר החדש	לדנה.	
עתיד	2. דן	________	את ההצגה.		
עבר	3. הם	________	את אורי	לכולם	כּבחור חרוץ.
הווה	4. יניב	________	אותך	לנו	כחבר הכי טוב שלו.
עבר	5. אנחנו	________	מה קרה	לדניאל.	

ב.

	Change to past	Change the future
1. הם מתאֲרים את אורי למשטרה.	למה לא תיארת לו את הכל?	למה לא תתאר לו את הכל?
2. הוא מתאר את העיר החדשה.	____________________	____________________

3. את מתארת אותה כאשה שקטה. ____________ ____________

4. אנחנו מתאֲרים לכם את הדירה. ____________ ____________

5. הוא מתאר את השכנים שלו. ____________ ____________

פועל 2: לְמַהֵר *(ל/מ)* — **to hurry/be in a hurry** *(to/from)*

Fill in verb forms:

זמן	**מי?**	**פועל**	**לאן?**	**מאין?**
עבר	1. אני	______	להרצאה כי כבר מאוחר.	
עתיד	2. אתם	______		מהשיעור שלכם?
עבר	3. דן	______	הביתה	מהמשׂרד שלו.
עבר	4. אנחנו	______	לפגישה עם רינה.	
הווה	5. אנחנו	______	לעבודה.	

ב. תרגם את המשפטים לעברית

1. Don't hurry! There is plenty of time.
2. Dan will hurry to your concert right after work.
3. Dina, do you have to hurry?
4. The teachers were in a hurry to learn all about the new computers.
5. I usually do not like to hurry in the morning.

בניין פיעל -- פעלים מרובעים

SPEECH PATTERNS	**תבניות לשון**
We planned the New Year's party.	**תִכְנַנּוּ את מסיבת השנה החדשה.**
They always translate everything to English.	**הם תמיד מתרגמים את הכל לאנגלית.**
Did you phone us yesterday?	**טלפנת אלינו אתמול?**

There are verbs which have four root letters. They are conjugated in בניין פיעל, and in בניין פועל and בניין התפעל. In the Pi'el conjugation, the second letter of the root has a zero vowel, but otherwise the vowel pattern is that of any other verb of that conjugation.

1	2	3	4	שם פועל	Infinitive	שם פעולה	Verbal Noun
ט	ל	פ	נ	לטַלפֵּן	to telephone		
ת	ר	ג	מ	לתַרגֵם	to translate	תִרגום	Translation
ת	ר	ג	ל	לתַרגֵל	to drill	תִרגול	Drilling/exercise
ת	כ	נ	נ	לתַכנֵן	to plan	תִכנון	Planning
ת	כ	נ	ת	לתַכנֵת	to program	תִכנות	Programming

Nouns associated with the verbs above:

תַרגיל ז.	Drill/exercise
תוכנית נ.	Plan, program
תוכנייה נ.	concert/play bill/program
תוכנה נ.	Computer program

נטיית השורש /ת.כ.נ.נ./ בבניין פיעל - גזרת שלמים

עבר	הווה	עתיד	ציווי	שם הפועל
תִכנַנתִּי	מתַכנֵן/נֶנֶת	אֲתַכנֵן		לְתַכנֵן (את)
תִכנַנתָּ	מְתַכנֵן	תְּתַכנֵן	תַכנֵן!	
תִכנַנתְּ	מְתַכנֶנֶת	תְּתַכנְנִי	תַכנְנִי!	
הוא תִכנֵן	מְתַכנֵן	יְתַכנֵן		
היא תִכנְנָה	מְתַכנֶנֶת	תְּתַכנֵן		
תִכנַנּוּ	מְתַכנְנִים	נְתַכנֵן		
	מְתַכנְנוֹת			
תִכנַנתֶּם/ן	מְתַכנְנִים/וֹת	תְּתַכנְנוּ	תַכנְנוּ!	
הם/הן	מְתַכנְנִים/וֹת	יְתַכנְנוּ		
תִכנְנוּ				

שם פעולה : *תִכנון (ז)* *planning*

Roots with three consonants   **פעלים בפי**

יְדַבֵּר	מְדַבֵּר	דִּיבֵּר	to talk	לְדַבֵּר

Roots with four consonants   **פעלים מרובעים**

יְתַכְנֵן	מְתַכְנֵן	תִּכְנֵן	to plan	לְתַכְנֵן
יְתַרְגֵּם	מְתַרְגֵּם	תִּרְגֵּם	to translate	לְתַרְגֵּם
יְטַלְפֵּן	מְטַלְפֵּן	טִלְפֵּן	to phone	לְטַלְפֵּן

EXERCISE 7   **תרגיל מספר 7**

שנו את זמני הפעלים:

Change the future	Change to past	
_____	_____	1. דליה מתרגמת שירים.
_____	_____	2. אנחנו מתרגלים פעלים.
_____	_____	3. אני מתרגם את שֵׁייקספיר.
_____	_____	4. מה הם מתרגמים כל הזמן?
_____	_____	5. היא מתרגמת מרוסית.
_____	_____	6. את מתרגמת לעברית?
_____	_____	7. הן מטלפנות אלינו הערב.
_____	_____	8. אני לא מטלפן בזמן האוכל.
_____	_____	9. אתן מתרגלות את המילים?
_____	_____	10. אתה מטלפן לעתים קרובות?

EXERCISE 8   **תרגיל מספר 8**

כתוב פסקאות המתחילות במשפטים הבאים:

א. בסתיו חזרתי לעבודה אחרי חופשה ארוכה והדבר הראשון שעשיתי היה _____

_____

ב. בחורף קר מאוד כאן והרבה אנשים לא אוהבים את הקור, ואז הם _____
גם אנחנו _____

ג. בקיץ לא הולכים לים כאן, כי אין ים, אבל _____
_____

ד. אני מאוד אוהבת את האביב. באביב תמיד אני_____
אבל השנה קרה משהו ולא_____

READING 2 קטע קריאה מספר 2

מה כדַאי לעשות בימי החום? -- אֵרוּחַ בִּימֵי הַחוֹם

בימי הקיץ באים הרבה אורחים לבקר. יש אורחים שבאים לביקור קצר אחר הצהריים ויש אורחים שבאים לביקור ארוך של שבוע או שבועיים. בכל מקרה, צריך לְאָרֵחַ! אפילו אם האורחים באים לביקור קצר, הם מצַפים לכיבוד כלשהו.

בגלל החום כדַאי להגיש דברים קלים וקרים. קשה לַעֲמוד במטבח ולבשל ולעמוד ליד התנור במטבח ולאפות, כי החום של הבישול ושל התנור מַעֲלים את מַעֲלות החום בבית. אבל למרות החום אפשר בכל זאת גם לְאָרֵחַ וגם להנות מחֶברָתָם של האורחים, אם מכינים הכל מֵראש.

רצוי לקנות דברים קלים להגשה. אפשר להגיש מגש עם פירות העונה. אפשר לסדר את הפירות בצורה יפה מאוד. אפשר להגיש ענבים ירוקים ואדומים, תאנים טריות בעונה, ריבועים של מלון, מנגו או דובדבנים. כמו כן כדאי להוסיף למגש עוגיות. הכל בליווי משקאות קרים: לימונדה טריה, תה קר עם לימון או מיצֵי פֵירות.

יש לך עֵצות מה להָכין לארוחת ערב לאורחים שהזמנת?

EXERCISE 9 תרגיל מספר 9

ענה על שאלות התוכן:

1. לכמה זמן באים האורחים?
2. למה הם מצפים?
3. מה כדאי להגיש לאורחים בימי הקיץ החמים?
4. למה לא כדאי לעמוד ולבשל ולאפות?
5. מה כדאי להגיש לאכול ומה כדאי להגיש לשתות?
6. מה אתם אוהבים להכין לאורחים בימי הקיץ?
7. יש לכם הרבה אורחים בקיץ?
8. האורחים שלכם מחוץ לעיר?
9. אתם מצפים לכיבוד כשאתם באים לבקר אצל חברים?
10. מה עושה מארח טוב/מארחת טובה כדי שהאורחים ירגישו כמו בבית?

<table>
<tr><td>

SPEECH PATTERNS

Because of the cold, I am staying home.

Because of the good climate, it is good to

live here.

In spite of the rain, we'll work outside.

</td><td>

תבניות לשון

בגלל הקור, אני נשארת בבית.

בגלל האקלים הנוח, טוב לגור

כאן.

למרות הגשם, אנחנו נעבוד בחוץ.

</td></tr>
</table>

Because and in spite of   **בִּגְלַל וְלַמְרוֹת**

1. בגלל = Because of

The expression בגלל "because of" introduces nouns or noun phrases, which provide a
cause or a reason for whatever follows that explanation.

דוגמאות: בגלל+שם/צירוף שמני:

Because of his problems, he is not working.   בגלל הבעיות שלו, הוא לא עובד.

Because of the climate, people like to live here.   בגלל האקלים, אוהבים לגור פה.

2. בגלל ומפני ש = Because

While בגלל "because of " introduces a noun or a noun phrase, מְפְנֵי שֶ "because"
initiates a clause or a sentence.

דוגמאות: בגלל+שם/צירוף שמני ומפני ש+משפט:

מפני שיש בצורת, לא יהיה יבול גדול.   בגלל הבצורת, לא יהיה יבול גדול.

מפני שהיא עבדה אצלכם, יש לה נסיון.   בגלל העבודה שלה אצלכם, יש לה ניסיון.

מפני שיש לה בעיות, היא לא עובדת.   בגלל הבעיות שלה, היא לא עובדת.

The expression מפני ש is one of several expressions with the same meaning and their
function is to introduce sentences which bring explanations:

because + sentence	מִפְּנֵי ש
	מִשׁוּם ש
	מִכֵּיוָן ש
	בִּגְלַל ש
	הֱיוֹת ש/הֱיוֹת ו
	*כִּי

* כי cannot initiate a sentence. It can only follow a consequence/result תוצאה clause, and then introduce the second sentence which explains the reason סיבה.

סיבה: כי היא לא עובדת.   תוצאה: אין לה מספיק כסף

תוצאה: אין לה מספיק כסף.   סיבה: מפני שהיא לא עובדת

3. לַמְרוֹת = In spite of

When the expression למרות "in spite of" introduces a noun or a noun phrase.

למרות+שם/צירוף שמני:

In spite of his qualifications, he has no job.   למרות הכישורים שלו, אין לו עבודה.

In spite of the drought, there won't be damages.   למרות הבצורת, לא יהיו נזקים.

While למרות "in spite of " introduces a noun or a noun phrase, למרות שֶ "in spite" initiates a clause or a sentence.

See the following examples:

למרות שיש לו כישורים, אין לו עבודה.   למרות הכישורים שלו, אין לו עבודה.

למרות שאני מקבלת משכורת, אין לי כסף.   למרות המשכורת, אין לי כסף.

תרגיל מספר 10   EXERCISE 10

השלם את המשפטים הבאים לפי הדוגמה:

> בגלל המחירים הגבוהים, לא נסענו לטייל באירופה.
>
> למרות המחירים הגבוהים, נסענו לטייל באירופה.

1.   בגלל הקור_____ ,

למרות הקור_____ ,

2.   בגלל הלימודים_____ ,

למרות הלימודים_____ ,

3.   בגלל הגשם_____ ,

למרות הגשם_____ ,

4. בגלל הרוח_______________,
למרות הרוח_______________,
5. בגלל העבודה_______________,
למרות העבודה_______________,
6. בגלל המסיבה במוֹצאי שבּת_______________,
למרות המסיבה במוֹצאי שבּת_______________,
7. בגלל הנהיגה הפראית שלך_______________,
למרות הנהיגה הפראית שלך_______________,
8. בגלל הבּעיוֹת של הילדים בּבּית_______________,
למרות הבּעיוֹת של הילדים בּבּית_______________,
9. בגלל הסערה בים _______________,
למרות הסערה בים _______________,
10. בגלל המצב הכספי בבית הספר _______________,
למרות המצב הכספי בבית הספר _______________,

תרגיל מספר 11 EXERCISE 11

Complete the following sentences with "בגלל" ו"למרות"

הם לא הגיעו בזמן ,בגלל התנועה הכבדה בכבישים. הם הגיעו בזמן, למרות התנועה הכבדה בכבישים.

1. לא נסענו לטייל בגליל_______________,
נסענו לטייל בגליל_______________,
2. לא למדנו ביום חמישי_______________,
למדנו ביום חמישי_______________,
3. לא נבקר במוזיאון_______________,
נבקר במוזיאון_______________,
4. אנחנו הולכים לישון מאוחר_______________,
אנחנו הולכים לישון מאוחר_______________,
5. לא באתי בזמן_______________,
באתי בזמן_______________,

ב.   השלם את השפטים במשפטים עם   "מפני ש.." או "למרות ש..", לפי הדוגמה:

> הם לא הגיעו בזמן, *מפני שהיתה תנועה כבדה בכבישים* .
> הם הגיעו בזמן, *למרות שהיתה תנועה כבדה בכבישים* .

6.   לא ניסע לחופשה באילת, מפני ש_____
      ניסע לחופשה באילת, למרות ש_____

7.   כּולם לא לומדים השבוע, מפני ש_____
      כּולם לומדים השבוע, למרות ש_____

8.   לא נגיע בזמן, מפני ש_____
      הגענו בזמן, למרות ש_____

9.   אנחנו לא שומעים את מה שאומר , מפני ש_____
      אנחנו שומעות את מה שאומר, למרות ש_____

10.   אתם לא מתכוננים לבוא, מפני ש_____
      אנחנו כן מתכוננים לבוא, למרות ש_____

שיר לילדים בכל הגילים
הָעוֹלָם בִּזְכוּתוֹ שֶׁל מִי קַיָם ?

בזכותו של מי thanks	"הָעוֹלָם
to whom	בִּזְכוּתוֹ שֶׁל מִי קַיָם ?"
קים does it exist	- בִּזְכוּתָם שֶׁל נִצָּנִים
נצנים buds	בַּשָׂדוֹת וּבַגַּנִּים,
שדות fields	בִּיעָרוֹת וְעַל שְׂפַת אֲגַם -
יערות woods	בִּזְכוּתָם קַיָם !
שפת אגם lake shore	
	"הָעוֹלָם
	בִּזְכוּתוֹ שֶׁל מִי קַיָם ?"
	בִּזְכוּתָם שֶׁל פַּרְפָּרִים
פרפרים butterflies	בַּשָׂדוֹת וּבַכָּרִים,
כרים meadows	בָּאָבִיב וּבְקַיִץ חָם, -
	בִּזְכוּתָם קַיָם !

שאול טשרניחובסקי

קטע קריאה מספר 3 READING 3

קרא להנאתך

אבטיח על הסכין ותַפוּז בתיק

הישׂראלים הם עַם שאוהב לאכול טוב והרבה! לכל עונה יש מַאֲכָל המיוחד לה, ולא אוכלים אוֹכֶל קֵייצי בחורף ולא אוכל חורפי בקיץ. אז כָּכָה: הקיץ הוא לא קיץ אם לא אוכלים אֲבטיח. הרבה אנשים קונים אבטיח בשוק או בדוּכָנים שבצידי הכביש. אפשר לזַהות אֶת דוּכָנֵי האבטיחים לפִי הצעָקות: "אבטיח על הסַכִּין".

אבטיח לא קונים סתָם. צריך ניסיון של שנים כּדי לדעת שזה אבטיח טוב באמת. לוקחים אותו בַּידַיִים, דופקים עליו, מקָרבים את האוֹזֶן כְּדֵי לשמוע טוב את הצלִיל, חותכים פרוסה ואם לא שומעים פססססס... קונים אותו, אֲבָל לא לפְנֵי שמתוַוכּחים על המחִיר.

איך אוכלים אבטיח? זה תָלוי! יש אנשים שלוקחים פרוסה גדולה של אבטיח, מחֲזיקים ביד אחת (עם היד השנייה צריך לנַגב את הפֶּה). לוקחים "ביס" גדול, נותנים למיץ האדום והעֲסיסי ליזול לכל הכיוונים, יורקים את הגרעינים ואומרים: "משהו, משהו! *(מַשׁוּמַשׁוּ)*" ויש כמובן גם אנשים ששומרים על מנהגי שולחן: הם פורסים את האבטיח לפרוסות קטנות יותר, שָׂמים על צלחת, יושבים ליד שולחן, ובסכין חדה חותכים לחֲתיכות קטנות ואוכלים בעזרת מַזלֵג. כל אחד לפי טַעֲמו.

עונת החורף מתחילה עם רֵיחַ תפוזים משַׁכֵּר. החַמסִינים, רֵיחות האָבָק הקֵיצִי והזֵיעה מתחלפים בּרֵיחות משַׁגעים של תפוזים וגשם ראשון. והתפוז הוא הפרי המלַוֶוה את הישׂראלי לאורך החורָפים של חַיָיו: האימהות שולחות את הילדים לגן ולבית הספר עם תפוז כּתום בתיק האוכל. בּנֵי העֶשׂרֵה, בין מבחן בַּגרות ראשון וקונצרטים הֲמוֹניים בפארק הירקון, מבקשים "תביא חֲתיכת תפוז", וכשצופים בטלוויזיה וקָשֶה לקום מהספה, אז זה "יש תפוז בבית?"

כמו לאבטיח, כך גם לתפוז כּלְלֵי אכילה משלו: לוקחים את התפוז, מריחים אותו, נושמים עמוק ונֶאֱנָחים אָהההה...... בסכין מטבח חדה חותכים את התפוז לארבע חתיכות (בשום פנים לא לקלֵף!), מכופפים את הפֶּלַח בּשנֵי הצדָדים בצורַת קֶשֶת ונוגסים. זה טעים. טעם גן־עדן!

קטע מעובד מפינתה של קובי

EXERCISE 12 — תרגיל מספר 12

ענה על שאלות התוכן:

1. מה לא אוכלים בחורף ומה לא אוכלים בקיץ?
2. איזה פרי מאוד פופולרי בקיץ בישראל?
3. איפה קונים אבטיחים?
4. איך בודקים אם האבטיח הוא טוב?
5. מה עושים לפני שמשלמים עבור האבטיח?
6. איך אוכלים אבטיח ומה אומרים בזמן האכילה?
7. איזה פרי מאוד פופולרי בחורף בישראל?
8. מה הם כללי האכילה של תפוז?
9. מה הם פירות העונות השונות שאתם אוהבים?
10. האם יש כללי אכילה לפירות האלה?

New adjectives — תארים חדשים

Included is a list of adjectives which appear in Reading Selection 3. Some of the adjectives are derived from nouns.

This was a difficult winter.	זה היה חוֹרֶף קשה.
There is wintery weather today!	יש מזג אוויר חוֹרפִּי היום!

Some adjectives are taken from present tense forms of verbs.

One glass of wine cannot intoxicate anyone.	כוס יין אחת לא יכולה לשַׁכֵּר אף אחד.
In the spring there is an intoxicating scent of flowers.	באביב יש ריח פרחים משַׁכֵּר.
He can drive everybody crazy.	הוא יכול לשַׁגֵּעַ את כולם.
This is a fabulous place! ("drives one crazy")	זה מקום משַׁגֵּעַ!

שמות	תארים				
קַיִץ	קֵייצִי	קֵייצִית	קֵייצִיִּים	קֵייצִיּוֹת	summery
חוֹרֶף	חוֹרפִּי	חוֹרפִּית	חוֹרפִּיִּים	חוֹרפִּיּוֹת	wintry
הָמוֹן	הֲמוֹנִי	הֲמוֹנִית	הֲמוֹנִיִּים	הֲמוֹנִיּוֹת	mass
	מְשַׁכֵּר	מְשַׁכֶּרֶת	מְשַׁכְּרִים	מְשַׁכְּרוֹת	intoxicating
	מְיוּחָד	מְיוּחֶדֶת	מְיוּחָדִים	מְיוּחָדוֹת	special
	מְשַׁגֵּעַ	מְשַׁגַּעַת	מְשַׁגְּעִים	מְשַׁגְּעוֹת	fantastic
	חַד	חַדָּה	חַדִּים	חַדּוֹת	sharp
עָסִיס	עֲסִיסִי	עֲסִיסִית	עֲסִיסִיִּים	עֲסִיסִיּוֹת	juicy

תרגיל מספר 13 EXERCISE 13

Complete the sentences with the adjectives in the box. Choose according to the appropriate form and meaning.

עסיסי	חורפי	המוני	חדה	משגע	המונית	קייצי
עסיסיים	משכר	מיוחדים	קייציים	המונית	אחרת	

1. אכלנו תפוז ________ והמיץ נזל לכל הכיוונים.
2. היינו בקונצרט ________ בפארק הירקון. היו שם כמאה אלף איש.
3. זה היה קונצרט ________. כולם קמו ורקדו ושרו.
4. ריח הפרחים הוא ריח ________.
5. היתה פגישה ________. היו מאות אנשים.
6. הסכין הזאת לא מספיק ________. אנחנו צריכים סכין ________.
7. קניתי בגדים ________ לנסיעה שלי להוואי. שם תמיד חם.
8. אין לי מעיל ________ ויהיה קר מאוד.
9. אני לא מכירה אנשים נחמדים כמו דן ודינה. הם באמת אנשים ________.
10. האבטיחים הם פירות ________ - הם מתוקים ו________ וטוב להגיש אותם כשחם בחוץ.

Finding verbs in the dictionary

איך למצוא פעלים במילון

Verbs are usually listed in the dictionary under their third person masculine singular form of the past tense. So, if you want to find out the meaning of a verb, you have to know its conjugation, and you have to know how to conjugate the past tense form of הוא. Here are some examples from the text of different verb forms and their past tense singular form.

Past tense verb form:

אבטיח לא קונים סתָם.	קנה
עונת החורף מתחילה עם רֵיחַ תפוּזים משַׁכֵּר.	התחיל
אימהות שולחות את הילדים לגן.	שלח

EXERCISE 14

תרגיל מספר 14

Find the verbs in a dictionary (some can be found in the dictionary at the end of the lesson, and others should be looked up in a Hebrew-English dictionary):

צורת העבר	שם הפועל	תרגום לאנגלית של שם הפועל
נגס	לִנגוֹס	____________________
קילף	לקַלֵף	____________________
כופף	לכוֹפֵף	____________________
נשם	לִנשוֹם	____________________
הריח	להָרִיחַ	____________________
ליווה	ללַווֹת	____________________
התחלף	להִתחַלֵף	____________________
ירק	לִירוֹק	____________________
נזל	לִיזוֹל	____________________
ניגב	לנַגֵב	____________________
החזיק	להַחֲזִיק	____________________
התווכח	להִתוַוכֵּחַ	____________________
חתך	לַחתוֹך	____________________
קירב	לקָרֵב	____________________
זיהה	לזַהוֹת	____________________

Considerations of style and language registers

Something else!	משהו! משהו!
One tastes/takes a bite	לוקחים "ביס".

Reading Selection 3 is written in a spoken and conversational style. It is not a formal or high register of Hebrew, but rather a more popular speaking level. This is partially expressed by the selection of words and of idioms and by the construction of sentences. These are used to create an informal style, closer to the way in which the language is spoken.

Some examples of expressions and their approximate equivalents in English:

You don't buy just like that!	לא קונים סתם!
So, that's how	אז ככה
Watermelon ripeness test (literally "watermelon on the knife")	אבטיח על הסכין
If one doesn't hear pssss......	אם לא שומעים פססס...
You take a bite	לוקחים "בִּיס"
You say: "That's something else!"	אומרים: "משהו! משהו!"
The teenagers	בְּנֵי העֶשׂרֵה
One sighs Ahhhh.....	נֶאֱנָחִים אהההה...
You should never peel it!	בשום פנים לא לקלף!
No way! Never!	בשום פָּנים + לא/אַל/אין
It depends!	זה תָלוּי!
It's tasty! Out of this world! (literally "the taste of Paradise")	זה טעים! טעם גן עדן!

Word Order

The usual word order in a Hebrew sentence is **Subject+Verb+Object** and other complements. However, a sentence can start with whatever item one wishes to emphasize. Here are examples of sentences that start, not with the subject, but with the items that are being emphasized:

<u>בקטע הקריאה</u>	<u>בדרך כלל</u>
אבטיח לא קונים סתם.	לא קונים אבטיח סתם.
אבטיח אפשר לאכול רק בצורה אחת.	אפשר לאכול אבטיח רק בצורה אחת.

In sentences 1 and 2 the emphasis is on watermelon. Watermelon is the kind of fruit you don't just buy like you would any other fruit, and watermelon must be eaten in one and only one way. Even though watermelon in both cases is an object and not a subject it is moved to the head of the sentence.

בסכין מטבח חדה חותכים תפוז.	חותכים תפוז בסכין מטבח חדה.

In sentence 3 the emphasis is on a sharp knife. *"Only with a sharp knife can one do a decent job of cutting an orange."*

תרגיל מספר 15 — EXERCISE 15

1. כתוב על העונה האהובה עליך ומה אתה אוהב לעשות.
2. תאר יום קיץ על חוף הים - השתמש בתארים ובביטויים החדשים.

SUMMARY OF LESSON 24	סיכום שיעור 24: עונות השנה
READING SELECTIONS:	**נושאים לקריאה ודיון:**
Seasonal Activities	עיסוקים בעונות השנה
What to do on hot days?	מה כדאי לעשות בימי החום?
A watermelon "on the knife" and an orange in your bag	אבטיח על הסכין ותפוז בתיק
LANGUAGE TOPICS:	**נושאים לשוניים:**
Review of subjectless sentences	חזרה על משפטים סתמיים
Review of Pi'el Verbs - regular, and (ב.כ.פ), פ' גרונית	חזרה על פעלים בבניין פיעל, גזרת שלמים (ב.כ.פ), פ' גרונית
Because and in spite of	בגלל ולמרות
New adjectives	תארים חדשים
Style and language registers	סגנון ומשלבים

פעלים בבניין פיעל בשיעור מספר 24

פ=ב.כ.פ	ע=ב.כ.פ	ע' גרונית	מרובעים
ב.ק.ר.	ד.ב.ר.	ת.א.ר.	ת.ר.ג.מ.
בִּיקַרְתִּי	דִּיבַּרְתִּי	תֵּאַרְתִּי	תִּרְגַמְתִּי
בִּיקַרְתֶּם	דִּיבַּרְתֶּם	תֵּאַרְתֶּם	תִּרְגַמְתֶּם
מְבַקֵּר	מְדַבֵּר	מְתָאֵר	מְתַרְגֵּם
מְבַקְּרִים	מְדַבְּרִים	מְתָאֲרִים	מְתַרְגְּמִים
אֲבַקֵּר	אֲדַבֵּר	אֲתָאֵר	אֲתַרְגֵּם
תְּבַקְּרוּ	תְּדַבְּרוּ	תְּתָאֲרוּ	תְּתַרְגְּמוּ
בַּקֵּר	דַּבֵּר	תָּאֵר	תַּרְגֵּם
בַּקְּרוּ	דַּבְּרוּ	תָּאֲרוּ	תַּרְגְּמוּ
לְבַקֵּר	לְדַבֵּר	לְתָאֵר	לְתַרְגֵּם

NEW VOCABULARY LIST

רשימת מילים חדשות

NOUNS

שמות

knife	סַכִּין ז. סַכִּינִים	watermelon	אֲבַטִּיחַ ז. אֲבַטִּיחִים
cookie	עוּגִיָה נ. עוּגִיוֹת	dust	אָבָק ז.
season of the year	עוֹנָה נ. עוֹנוֹת	entertaining, hosting	אֵרוּחַ ז.
occupation, interest	עִיסוּק ז. עִיסוּקִים	event	אֵרוּעַ ז. ארועים
nation	עַם ז. עַמִים	coming	בּוֹא ז.
grape	עֵנָב ז. עֲנָבִים	cooking	בישול ז.
advice	עֵצָה נ. עֵצוֹת	wind surfer	גַלשַׁן יָם ז. גַלשָׁנֵי יָם
time, season	עֵת נ. עַתִים	cherry	דוּבדְבָן ז. דוּבדְבָנִים
section (of a fruit)	פֶּלַח ז. פּלָחִים	counter	דוּכָן ז. דוכנים
slice	פרוּסָה נ. פרוסות	serving	הַגָשָׁה נ.
blooming, flowering	פּרִיחָה נ. פּרִיחוֹת	decision	הַחלָטָה נ. הַחלָטוֹת
shape, form	צוּרָה נ. צוּרוֹת	sweat	זֵיעָה נ.
sound	צלִיל ז. צלִילִים	hot spell	חַמסִין ז. חַמסִינִים
shout, scream	צעָקָה נ. צעָקוֹת	light food for guests	כִּיבּוּד ז.
arch, bow, rainbow	קֶשֶׁת נ. קשָׁתוֹת	piece	חֲתִיכָה נ. חֲתִיכוֹת
a square	רִיבּוּעַ ז. רִיבּוּעִים	dish, food	מַאֲכָל ז. מַאֲכָלִים
smell, odor	רֵיחַ ז. רֵיחוֹת	tray	מַגָשׁ ז. מַגָשִׁים
fig	תּאֵנָה נ. תּאֵנִים	fork	מַזלֵג ז. מַזלֵגוֹת
handbag, school bag	תִּיק ז. תִּיקִים	melon	מֶלוֹן ז. מֶלוֹנִים
oven, stove	תַּנוּר ז. תַּנוּרִים	degree (heat)	מַעֲלָה נ. מַעֲלוֹת

ADJECTIVES & NOUNS

תארים ושמות

covered with	מכוּסֶה ב-מכוּסָה ב	mass	הֲמוֹנִי-הֲמוֹנִית
splendid	מַרהִיב-מַרהִיבָה	sharp	חַד-חַדָה
fantastic	משַׁגֵעַ-משַׁגַעַת	wintry	חוֹרפִּי-חוֹרפִּית
intoxicating	משַׁכֵּר-משַׁכֶּרֶת	impatient	חֲסַר/חַסרַת סַבלָנוּת
loaded with	עָמוּס-עֲמוּסָה	orange colored	כָּתוֹם-כתוּמָה
summery	קַייצִי-קַייצִית	enjoyable	מהַנֶה-מהַנָה
short, brief	קָצָר-קצָרָה	special	מיוּחָד-מיוּחֶדֶת

פעלים — VERBS

אֵרַח־לְאָרֵחַ (אֶת)	to host, entertain
בִּישֵׂר־לְבַשֵּׂר(אֶת) ל	to announce
גָּלַשׁ־לִגלוֹשׁ	to glide
דָּפַק־לִדפּוֹק עַל	to knock on
הֶאֱזִין־לְהַאֲזִין ל	to listen to
הִגִּישׁ־לְהַגִּישׁ (אֶת) ל	to offer, serve
הֶחֱזִיק־לְהַחֲזִיק (אֶת)	to hold
הֶעֱלָה־לְהַעֲלוֹת	to raise, bring up
הֵרִיחַ־לְהָרִיחַ (אֶת)	to smell
הִשתַּזֵּף־לְהִשתַּזֵּף	to get tanned
הִתווַכֵּחַ־לְהִתווַכֵּחַ	to argue
התחַלֵּף־לְהִתחַלֵּף	to change/alter
זִיהָה־לְזַהוֹת (אֶת)	to identify
חָתַךְ־לַחֲתוֹךְ (אֶת)	to cut, slice
יָרַק־לִירוֹק	to spit
כּוֹפֵף־לְכוֹפֵף (אֶת)	to bend
לִיוָּה־לְלַוּוֹת (אֶת)	to accompany
נֶאֱנַח־לְהֵיאָנַח	to sigh
נָגַס־לִנגּוֹס (אֶת)	to take a bite
נֶהֱנָה־לֵהָנוֹת מ	to enjoy
נָזַל־לִנזוֹל	to drip
נִיגֵּב־לְנַגֵּב (אֶת)	to wipe
נִמלַט־לְהִימָּלֵט מ	to escape
נָשַׁם־לִנשׁוֹם	to breathe
נִתקַע־לְהִיתָּקַע	to be stuck
פָּרַח־לִפרוֹחַ	to bloom
צִיפָּה־לְצַפּוֹת ל	to expect
צָלַל־לִצלוֹל	to dive
צָעַק־לִצעוֹק עַל	to yell
צָפָה־לִצפּוֹת ב	to watch
צָפַר־לִצפּוֹר	to honk horn
קִידֵּם־לְקַדֵּם (אֶת)	to greet
קִילֵּף־לְקַלֵּף (אֶת)	to peel
קֵרֵב־לְקָרֵב (את)	to bring closer
תֵּאֵר־לְתָאֵר (אֶת)	to describe
תִּכנֵן־לְתַכנֵן (אֶת)	to plan, make plans
תִּרגֵּם־לְתַרגֵּם (אֶת)	to translate

תארי פועל — ADVERBS

אָז כָּכָה	so that's how
אֲפִילוּ אִם	even if
בִּגלָל	because of
בְּכָל מִקרֶה	in any case
בְּלִיווּי	accompanied by
בְּשׁוּם פָּנִים לֹא	no way
כּמוֹ ..כָּךְ גם	just like...thus also
כּמוֹ כֵן	also, too, moreover
לַמרוֹת	in spite of
לִקרָאת	toward
מֵראש	ahead of time
סתָם	just/for no reason

ביטויים וצירופים — EXPRESSIONS & PHRASES

אֲבַטִּיחַ עַל הַסַּכִּין	melon "test"
בכל מִקרֶה	in any case
בְּנֵי הָעֶשׂרֵה	teenagers
לָקַחַת "בִּיס"	to take a bite
לְקָרֵב את האוֹזֶן	to listen closely
מבחַן בַּגרוּת ז.	graduation examination

table manners	מנהגֵי שולחן ז.ר.	no way!	בשום פנים לא
something else!	מַשֶהוּ, מַשֶהוּ!	at the beginning of	בִּתחִילַת־
one breathes deep	נוֹשמים עָמוק	light things	דבָרים קַלים
let somebody	נותנים ל	taste out of this world	טַעַם גן עֵדֶן
the height of summer	עיצומו של קַיִץ	any kind of refreshment	כִּיבּוד כָּלשֶהוּ
traffic jam, bottleneck	פקָקֵי תנועה	rules of eating	כּלָלֵי אֲכילָה
wild flower	פֶּרַח בָּר ז. פִּרחֵי בָּר	throughout life	לאורֶך החיים
the sides of the road	צידֵי הכּביש	to stand in line	לַעֲמוד בַּתור
hanging around	שוֹרצים	to greet	לקַדֵם את פנֵי

Some vocabulary lists are extensive. Vocabulary items can be divided into active and passive vocabulary, according to the needs of students and the instructor's discretion.

LESSON 25 — שיעור מספר 25

READING 1 — קטע קריאה 1

חגים ומועדים

הערכים היסודיים של היהדות תופסים מקום חשוב בחיי התרבות בישראל. הקשר לדת הוא אחד הגורמים החשובים הקובעים איך הישראלי מבלה את ימי החג, ומה ההשקפה שלו על החגים. יש חגים שהם חגים לרוב העם, ויש חגים שהם ימי מנוחה רגילים והזדמנות לבילויים וטיולים.

יום השבת הוא יום חשוב בחיי המשפחה בישראל. רוב האנשים החילוניים מבלים יום זה בטיולים, בביקורים או באירועים משפחתיים. יום השבת אצל הדתיים הוא יום תפילה ומנוחה. ראש השנה ויום כיפור, הם חגים דתיים מובהקים עבור כל האוכלוסיה.

לחג הפסח ולחג החנוכה יש קשר הסטורי חזק לעבר וגם אספקט משפחתי. משפחות מתכנסות בחגים האלה לארוחות חגיגיות. בחנוכה מדליקים נרות בבתים ובמבנים ציבוריים, נותנים ומקבלים מתנות. בחג הפסח נהוג לערוך סדרים משפחתיים וגם סדרים ציבוריים. חג הפורים גם הוא חג הסטורי שהיום הפך בעיקר ל"הזדמנות לשמוח". את חג הפורים חוגגים גם בבית וגם ברחוב. הילדים מתלבשים בתחפושות גם בבית הספר וגם ברחוב. המבוגרים יוצאים למסיבות, לנשפים ולארועים ציבוריים. חג הסוכות, חג השבועות וט"ו בשבט הם גם חגים דתיים-הסטוריים וגם חגי טבע, והם קשורים למחזור החקלאי של השנה.

יש חגים לאומיים והסטוריים שבחלקם הם חגים שהם הזדמנות לשמחה ולחגיגות וחלקם הם ימים שנועדו לשמר את ההסטוריה ולזכור מאורעות הסטוריים חשובים. יום הזיכרון ויום השואה מנציחים את זכרם של אלו שנפלו במלחמות ישראל ואלו שנספו בשואה. יום העצמאות, הנופל בה' באייר כל שנה, הוא יום לשמחה לכל העם. יש טקסים חגיגיים, ארועים ציבוריים, והעם יוצא לרחוב לחגוג את החג.

בזמן החגים הדתיים המובהקים בתי הספר ומקומות העבודה סגורים. הרבה ישראלים מנצלים את החגים הארוכים יותר לחופשות ולנסיעות לחו"ל. בנוסף לחופשה השנתית שלו, הישראלי הממוצע אוהב לצאת לנופש גם בזמן החגים.

תרגיל מספר 1   EXERCISE 1

ענו על שאלות התוכן:

1. מה הוא גורם חשוב הקובע איך מבלה הישראלי את החגים?
2. מה הוא אופי החגים בישראל?
3. איך מבלים רוב הישראלים את יום השבת?
4. אילו חגים הם חד־משמעיים?
5. לאילו חגים יש קשר הסטורי?
6. מה הם החגים שיש להם קשר עם הטבע?
7. מה הם החגים שבהם יש הזדמנות לשמוח?
8. באילו חגים אתה/את יוצא/ת לטיולים?
9. אילו חגים חילוניים מובהקים יש בארה"ב?
10. אילו חגים דתיים מובהקים יש בארה"ב?
11. אילו חגים אתה/את אוהב/אוהבת ולמה?

תרגיל מספר 2   EXERCISE 2

Translate the phrases from the reading selection:

Phrases in the reading selection   **צירופי מילים בקטע הקריאה**

Translation		Translation	
_____	מדליקים נרות	_____	ערכים יסודיים
_____	מבנים ציבוריים	_____	חיי תרבות
_____	הזדמנות לשמוח	_____	ימי החג
_____	חגי טבע	_____	רוב העם
_____	מחזור חקלאי	_____	חיי משפחה
_____	נועדו לשמר	_____	ימי מנוחה
_____	מאורעות הסטוריים	_____	אנשים חילוניים
_____	יום הזיכרון	_____	חגים לאומיים
_____	יום השואה	_____	אנשים דתיים

____________	נפלו במלחמה	____________	קשר הסטורי
____________	נספו בשואה	____________	אספקט משפחתי
____________	להתלבש בתחפושות	____________	ארוחות חגיגיות
____________	להנציח את זכר	____________	אירועים ציבוריים
____________	הישראלי הממוצע	____________	חופשה שנתית
____________	טקסים חגיגיים	____________	לשמר הסטוריה

New and old adjectives — תארים חדשים וישנים

SPEECH PATTERNS	תבניות לשון
This is a fundamental value in our life.	זה ערך יסודי בחַיֵינוּ.
This is a family gathering.	זאת פגישה משפחתית.
The meeting is a historical meeting.	הפגישה היא פגישה הסטורית.

Here are some of the new adjectives included in this reading selection:

	רבות	רבים	יחידה	יחיד
religious	דָתִיוֹת	דָתִיִים	דָתִית	דָתִי
unambiguous	חַד־מַשמָעִיוֹת	חַד־מַשמָעִיִים	חַד־מַשמָעִית	חַד־מַשמָעִי
secular	חִילוֹנִיוֹת	חִילוֹנִיִים	חִילוֹנִית	חִילוֹנִי
average	ממוּצָעוֹת	ממוּצָעִים	ממוּצַעַת	ממוּצָע
fundamental	יסוֹדִיוֹת	יסוֹדִיִים	יסוֹדִית	יסוֹדִי
clear, definite	מוּבהָקוֹת	מוּבהָקִים	מוּבהֶקֶת	מוּבהָק
ordinary	רְגִילוֹת	רְגִילִים	רְגִילָה	רָגִיל
familial	מִשפַּחתִיוֹת	מִשפַּחתִיִים	מִשפַּחתִית	מִשפַּחתִי
national	לאוּמִיוֹת	לאוּמִיִים	לאוּמִית	לאוּמִי

Remember that in noun phrases, adjectives follow nouns, and have the same gender, number, and state of definition as the noun.

This is an ordinary vacation.	זאת חופשה רגילה.
You are the important guests!	אתם האורחים החשובים!

When adjectives function as predicates they do not have a definite article. Past and future of such predicates are conjugated with the verb להיות in the appropriate tense.

The vacation is short.	החופשה קצרה.
The vacation was short.	החופשה הייתה קצרה.

Review of the Link/copula in a nominal sentence — חזרה: האוגד

An alternative way to express the sentence החופשה קצרה is to use the third person pronoun as a link between subject and predicate. In this function the pronoun is known as the אוגד. The pronoun in this function as אוגד is used only when there is no verb.

The vacation **is** a short vacation.	החופשה היא חופשה קצרה.
The holiday **is** a historical holiday.	החג הוא חג הסטורי.
These holidays **are** national holidays.	החגים האלה הם חגים לאומיים.
The presents we got **are** expensive presents.	המתנות שקיבלנו הן מתנות יקרות.

In the past and in the future the אוגד is the past and future tenses of the verb להיות.

The vacation **was** a short vacation.	החופשה הייתה חופשה קצרה.
The holiday **was** a historical holiday.	החג היה חג הסטורי.
The vacation **will be** a short vacation.	החופשה תהיה חופשה קצרה.
The presents **will be** expensive presents.	המתנות יהיו מתנות יקרות.

EXERCISE 3 — תרגיל מספר 3

Translate the following sentences:

1. In the United States there are millions of religious people.
2. There are many national holidays in the United States.
3. A number of (several) holidays that were religious are now secular holidays.
4. Rosh Hashana is a clearly defined religious holiday.
5. We celebrate family (familial) events, such as birthdays.
6. One of the fundamental values in a democratic society is freedom of religion.

7. He is not the average student and he is not an ordinary student. He is quite unique.
8. This holiday is unambiguous--it is a national holiday.
9. This is a historical date--the day of the end of the war.
10. Passover is a family holiday. The whole family celebrates it together.

Pi'el Verb - Root Pattern ל״ה — בניין פיעל ־ פעלי ל״ה

SPEECH PATTERNS	תבניות לשון
Yaniv spent the holidays at his parents.	יניב בִּילָה את החג אצל ההורים שלו.
Do you hope to get work for the summer?	אתם מקַווים לקבל עבודה לקיץ?
Have a good trip and have a good time!	נסיעה טובה ותבַלו בנעימים!

1. Last radical of the root - ה:

3	2	1
ה	ס	נ

ל' הפועל = ה

When ה is the third radical, it undergoes changes which are common to all ל״ה verbs.
Here are some of the changes:

Forms in which the ה final radical changes shape or is totally omitted.

ה ← יִ   *עבר:* אני נִיסיתי   אתה נִיסיתָ   את נִיסית   אתם נִיסיתֶם   אתן נִיסיתֶן

ה ← ת   *עבר:* היא נִיסתה

ה ← Ø   *עבר:* הם והן נִיסוּ

הווה: אנחנו/אתם/הם מנַסים, אנחנו/אתן/הן מנַסות.

עתיד: את תנַסי, אתם/אתן תנַסו, הם/הן ינַסוּ.

ה ← וֹת   *שם פועל:* לנַסוֹת

Notice that the stem vowel of the first radical of **פיעל** is the same as it is for the regular verbs.

סִיפּר ־ נִיסה, מְסַפּר ־ מְנַסה , יְסַפּר ־ יְנַסה, סַפּר ־ נַסה, לְסַפּר ־ לְנַסוֹת

נטיית השורש /ב.ל.ה./ בבניין פיעל - ל"ה

The verb לבלות has two meanings, one of them is "to spend time", and the other is "to go out and have a good time."

Two meanings of the verb: — שתי משמעויות:

We went out (to have a good time). — יצאנו לבַלות.

We spent two weeks in Eilat. — בִּילִינו שבועיים באילת.

ש"פ	ציווי	עתיד	הווה	עבר
לבַלות		אֲבַלֶה	מְבַלֶה	בִּילִיתִי
			מְבַלָה	
	בַּלֵה!	תְּבַלֶה	מְבַלֶה	בִּילִיתָ
	בַּלִי!	תְּבַלִי	מְבַלָה	בִּילִית
		יבַלֶה	מְבַלֶה	בִּילָה
		תּבַלֶה	מְבַלָה	בִּילתָה
		נבַלֶה	מְבַלִים	בִּילִינוּ
			מבַלוֹת	
	בַּלוּ!	תְבַלוּ	מְבַלִים	בִּילִיתֶם
		תְבַלוּ	מבַלוֹת	בִּילִיתֶן
		יבַלוּ	מְבַלִים	הם בִּילוּ
		יבַלוּ	מבַלוֹת	הן בִּילוּ

Noun: good times/going out — שם: בִּילוּי (ז) בִּילוּיִים

Expression: "Have a good time!" — ביטוי: תבַלוּ בַּנעִימִים!

פעלים בבניין פיעל, גזרת ל"ה

to have a good time, spend time	לבַלות
to clean	לנַקות את
to try, attempt	לנַסות את
to wait for	לחַכּות ל
to hope for/that	לקַוות ל/ש
to clear (a space)	לפַנות את
to expect	לצַפּות ל
to change, alter	לשַנות את

EXERCISE 4 — תרגיל מספר 4

1. הפועל לְנַסּוֹת — **to try, to attempt**

א. השלם את הפעלים — *Fill in the verb forms*

השלמות	פועל	מי?	זמן
לעשׂות את כל מה שאמרו לי.	______	1. אני	*עבר*
לדבּר עם דן.	______	2. אורלי	*עתיד*
לשלם את החשבּון.	______	3. יניב	*עבר*
להגיע הביתה בזמן?	______	4. את	*עתיד*
פעם לרוץ קילומטר בארבע דקות	______	5. אתם	*עבר*
לעלות להר לבדכם	______	6. בנות,	*ציווי*
להגיד לך מה קרה.	______	7. אנחנו	*הווה*

ב. *שנה את הזמן במשפט מהווה לעבר ולעתיד* — *Change the tense to past and future:*

	עבר	עתיד
1. דליה מְנַסָּה לדבּר בּטלפון עם ההורים שלה.	*ניסתה*	*תנסה*
2. אני מְנַסֶּה להתקשר עם טל בטלפון.	______	______
3. למה אתם לא מְנַסִּים דברים חדשים?	______	______
4. היא מְנַסָּה לדבּר צרפתית וספרדית .	______	______
5. אתם בכלל מְנַסִּים להשתתף בשיעור?	______	______
6. אני מְנַסָּה תרוּפוֹת *(medications)* חדשות.	______	______
7. אנחנו מנסות לשמור על אווירה נעימה!	______	______

2. הפועל לְשַׁנּוֹת — **to change, alter**

א. שנה את נושא המשפט — Change the subject of the sentence

שנה נושא		השלמה	פועל	מא' לב'
____________	*אנחנו*	את דעתי.	אני לא אֲשַׁנֶּה	אני ← אנחנו
____________	*הוא*	את הכתובת שלה.	היא תְּשַׁנֶּה	היא ← הוּא
____________	*אורלי*	את שעות הקבלה.	הן מְשַׁנּוֹת	הן ← אוֹרלי
____________	*הן*	את התספּוֹרת שלך?	שִׁינִית	את ← הן
____________	*דן*	את מה שכתבת.	הם שִׁינּוּ	הם ← דן
____________	*(אתם)*	שום דבר!	אל תְּשַׁנִּי	את ← אתם

תרגיל מספר 5

EXERCISE 5

שנה את הזמן במשפט להווה

Change the tense to present tense

זמן עבר	זמן הווה
אף פעם לא דיברת אנגלית?	*את אף פעם לא מדברת אנגלית?*

1. מתי ביליתם בירושלים?
2. תבקרו במועדון הספורט שלנו?
3. הן לא שילמו את החשבון ולכן סגרו להן את החשמל.
4. מי ינסה למצוא את הספר שלי?
5. רון לא שינה שום דבר בסדר היום שלו.
6. רות קיוותה לקַבל עבודה בחנות של עוזי.
7. קיוויתי למצוא דירה בתל אביב.
8. ציפיתי שתשַלמי לדן את הכסף שאת חייבת לו.
9. אֲחַכֶּה לכם על יד הקולנוע.
10. הם ציפו שתבואו לבקר אותם.
11. הם יְנַסו להתקשר אליכם עוד הערב.
12. גידַלנו כלבים וחתולים.
13. החקלאים יעַבדו את האדמה.
14. סידַרנו את הבית וחִיכִּינו לאורחים.
15. הם תֵיאֲרו לנו את הנוף היפה בגליל.
16. חיכינו לכם שעתיים!
17. הם לא ישַנו שום דבר.
18. מתי ניקיתם את הבית?

תאריכים

הלוח העברי	הלוח הכללי/הגרגוריאני
תִּשְׁרֵי	אוקטוֹבֶּר
חֶשְׁוָן	נוֹבֶמְבֶּר
כִּסְלֵו	דֶּצֶמְבֶּר

טֵבֵת		יָנוּאָר
שְׁבָט		פֶבְּרוּאָר
אֲדָר	*(אדר א׳ ואדר ב׳)*	מֶרְץ
נִיסָן		אַפְּרִיל
אִיָּר		מַאי
סִיוָן		יוּנִי
תַּמּוּז		יוּלִי
אָב		אוֹגוּסְט
אֱלוּל		סֶפְּטֶמְבֶּר

In Israel dates are kept according to both the Jewish and the Gregorian calendars. The Jewish year starts in the fall, whereas the common year starts in January, in the winter.

The Gregorian calendar is basically a sun-oriented calendar with 365 days a year, whereas the Jewish calendar is a lunar one, with about 354 days a year (28–29 days in a month). The Jewish calendar is adjusted to the seasons of the year by adding an extra month, Adar Bet, every two or three years, in a cycle of 19 years. A year which has 13 months is known as a "Leap Year" or **שנה מעוברת**.

ציון תאריכי השנה

The dates are written in Israel with the day preceding the month and the year in a last position, unlike in the U.S. where the month precedes the day:

נסעתי לדרום־אמריקה באחד במאי 1994.

נסעתי לדרום־אמריקה ב־ 1/5/1994. — I went to South America on 5/1/1994.

תאריכים

1994 = אלף תשע מאות תשעים וארבע.

2001 = אלפיים ואחת.

200 לפה"ס = 200 לפני הספירה. — 200 B.C.E.

תשנ"ו = 5056

EXERCISE 6 תרגיל מספר 6

Write the different dates according to convention:

In the United States באַרצות הבּרית	**In Israel** בישׂראל
October 4, 1995 = 10/4/1995	4 באוקטובר, 1995 = 4/10/1995
May 1, 1917 = ___________	1 במאי, 1917 = ___________
February 2, 2003 = ___________	2 בפברואר, 2003 = ___________
November 30, 1996 = ___________	30 בנובמבר, 1996 = ___________
September 3, 1995 = ___________	3 בספטמבר, 1995 = ___________
January 14, 2002 = ___________	14 בינואר, 2002 = ___________

כמה מהחגים והמועדים בישראל	חגים פופולריים בארצות הבּרית
בּחודש תשרי - ראש השנה, יום הכּיפּוּרים וסוּכּוֹת	חג ההודייה בסוף נובמבר
בּחודש טבת - חנוּכּה	יום העבודה - בתחילת ספטמבר
בחודש שבט - ט"ו בּשבט: ראש השנה לאילנוֹת	יום הזיכרון - בסוף מאי
בחודש אדר - חג פּוּרים	חג העצמאות - ב4 ביולי
בחודש אייר - יום העצמאות	יום האם - בתחילת מאי
בחודש ניסן - חג הפסח	יום האב - באמצע יוני
בּחוֹדש סיון - ל"ג בעוֹמר ושבוּעוֹת	הלואין - בסוף אוקטובר
בּחוֹדש אב - תשעה בּאב	

READING 2 — קטע קריאה 2

כתבה בעיתון

צָפוּף בנתב״ג (נתִיבֵי בֶּן־גוּריוֹן): כּוּלם חוֹזרים מחוּ״ל

תמונוֹת הלַחַץ, הצפיפוּת והדחיפוֹת חזרוּ לנמל-התעוּפה בּן-גוּריוֹן, אבל בּימים האחרוֹנים עיקר הלחץ הוּא בּכּניסה לישׂראל

לפי לוּח הטיסוֹת, מצפּים ליוֹתר מ־160 אלף נוֹסעים שיגיעוּ לנתב״ג בּשבוּע הקרוֹב. אלה הם ימי תנוּעת שׂיא של נוֹסעים החוֹזרים ארצה, לקראת פּתיחת שנת הלימוּדים. לשבים אחרי הנוֹפש בחוּ״ל כּבר אין סבלנוּת. רבּים גוֹררים את חבילוֹתיהם מבּלי להמתין לעגלוֹת. בּחוּץ מחכּה קהל גדוֹל של קרוֹבים וחברים שבּאים לפגוֹש את הבּאים.

יש גם קהל לא קטן שיוֹצא את הארץ כּדי לבלוֹת את החגים בּחוּ״ל. הם מקדימים את טיסוֹתיהם כּדי להימנע מקהל הנוֹסעים הגדוֹל בּערב החגים.

EXERCISE 7 — תרגיל מספר 7

Look up the new words for the news item in the dictionary at the end of the lesson. Here are suggested steps for reading the main headline, the secondary headline, and the article itself.

The Main Headline: — הכּוֹתרת הראשית

First step: *Find the main verb in the headline.*

The verb is: _____________.

צפוף בנתב"ג (נתיבי בן־גוריון): כולם חוזרים מחו"ל.

Second step: *After finding the verb, answer the following questions:*

מי חוזר? ____________

מאיפה הם חוזרים? ____________

לאן הם חוזרים? ____________

מה התנאים בשדה התעופה? ____________

The Secondary Headline: הכּותרת המשנית

First step: *There are two separate sentences which make up the secondary headline. Divide the complex sentence into simpler sentences.*

תמונות הלַחַץ, הצפיפות והדחיפות חזרו לנמל-התעופה בן-גוריון, אבל בימים האחרונים עיקר הלחץ הוא בכּניסה לישׂראל

משפט א: ______________________________

משפט ב: ______________________________

The Main Text: גוף הידיעה

First step: *Guiding questions to help you read paragraph 1 of the news item*

לפי לוח הטיסות, מצפים ליותר מ־160 אלף נוסעים שיגיעו לנתב"ג בשבוע הקרוב. אלה הם ימי תנועת שׂיא של נוסעים החוזרים ארצה, לקראת פתיחת שנת הלימודים. לשבים אחרי הנופש בחו"ל כּבר אין סבלנות. רבים גוררים את חבילותיהם מבלי להמתין לעגלות. בּחוץ מחכה קהל גדול של קרובים וחברים שבאים לפגוש את הבאים.

משפט 1

1. מה מספר הנוסעים שיגיעו לנתב"ג? מתי הם יגיעו?
2. לפי מה אנחנו יודעים על מספר הנוסעים?
3. לא בטוחים מה בדיוק המספר, אבל מצפים למספר הנוסעים הזה.

לפי ההֶקשֵׁר (הקונטֶקסט) מה זה "מצפים ל.."?

משפט 2

1. למה כל כך הרבה נוסעים חוזרים בתקופה הזאת? איזו תקופה היא זאת?
2. איך קוראים לתקופה שיש בה מקסימום של תנועה ומספר גדול מאוד של מטוסים מגיע?

משפט 3

1. למי אין סבלנות?
2. מה הם עשו בחו"ל?

משפט 4

1. מה עושים הנוסעים שאין להם סבלנות.
2. למה הם לא מחכים?

משפט 5

1. האם הרבה אנשים באו לנמל התעופה?
2. למה הם באו לשם ומה הם עושים שם?

Second step: *Guiding questions to help you read paragraph 2 of the news item*

יש גם קהל לא קטן שיוצא את הארץ כדי לבלות את החגים בחו"ל. הם מקדימים את נסיעותיהם כדי להימנע מקהל הנוסעים הגדול בערב החגים.

משפט 1

1. אם חלק לא קטן של נוסעים יוצא לחו"ל, אפשר לומר ש_____ נוסעים יוצאים לחו"ל.
2. הם יוצאים לשם כדי _________שם __________.

משפט 2

1. למה הם נוסעים מוקדם, לפני החגים?
2. מה קורה בערב החגים שהנוסעים האלה לא אוהבים?

EXERCISE 8 תרגיל מספר 8

אתה עיתונאי/את עיתונאית שכותב/כותבת על טיולים ונסיעות. כתוב/כתבי ידיעה לעיתון על טיול מאורגן לתורכיה. הטיול לא היה מה שציפית לו. המדריך לא היה טוב והמלונות היו גרועים והאוטובוס היה בלי מיזוג אוויר. כולם שילמו הרבה כסף, הבטיחו להם הרבה והם קיבלו מעט. כתוב כותרת ראשית, כותבת משנית ואת גוף הידיעה.

בגוף הידיעה:

כתוב/כתבי על הקבוצה שאיתה נסעת לטייל, על המדריך ועל כל המקומות שהייתם בהם.

כתוב/כתבי על האתרים שביקרתם בהם.

כתוב/כתבי על בתי המלון והמסעדות שהייתם בהם.

כתוב/כתבי על מקרה דרמטי שקרה בטיול.

קטע קריאה 3 READING 3

שנת שמיטה

לפי התוֹרה, כֹּל שנה שביעית היא שְנַת שְמִיטָה. שנת שמיטה היא שנה חשובה לכל האנשים הדתיים העוֹסקים בחקלאוּת, מפני שבִּשנת השמיטה אסור לַעֲבֵד את האדמה, אסוּר לגַדֵּל גידולים חקלאיים ואסור לְמכּוֹר את היבול. בעבר, זאת הייתה הדרך לשמוֹר על איכוּת האדמה ולתת לה לנוּחַ כֹּל שבע שנים. היוֹם יש דרכים חדשוֹת לִשמוֹר על אֵיכוּת האדמה, אבל האיסוּר עדיין קיים לפי התוֹרה.

איך אפשר לקַיֵּים את האיסור המקראי ובאוֹתוֹ זמן לא לפגוֹעַ בּפרנסה של חקלאים שהם שוֹמרֵי־מָסוֹרֶת דתיים? איך אפשר לעשוֹת זאת? אפשר למכּוֹר את הסחוֹרה בחוּץ־לארץ, מפני שאין איסור על מכירת התוֹצרת החקלאית ללא־יהוּדים. כמוֹ כן, אפשר למכּוֹר את האדמה ואת יבוּלה ללא־יהוּדים במחיר סמלי. כשנגמרת שנת השמיטה, קוֹנים את האדמה בחזרה באוֹתוֹ המחיר הסִמלי. בשנים האחרוֹנוֹת מנצלים את הטכנוֹלוֹגיה כדי לאַפשֵר גם לשמוֹר על החוֹק הדתי וגם לשמוֹר על הפרנסה. לדוּגמא, יש ניסוּיים לגדל ירקוֹת על מצע המנוּתק מן האדמה. בּרגע שאין הירקוֹת נוֹגעים בּאדמה, מוּתר לגדל ולמכּוֹר אוֹתם גם בשנת השמיטה.

תרגיל מספר 9 EXERCISE 9

ענה על שאלות התוכן:

1. כל כמה שנים יש שנת שמיטה?
2. מה אסור לעשׂות בשנת השמיטה?
3. מה הייתה הסיבה לשנת השמיטה?
4. מה היא הסיבה היום?

5. מה אפשר לעשׂות כּדי גם לשמוֹר על שנת השמיטה וגם לשמוֹר על הפרנסה?
6. למי מוּתר למכּוֹר את התוֹצרת החקלאית בּשנת השמיטה?
7. איך מנצלים את הטכנוֹלוֹגיה המוֹדרנית כּדי לשמוֹר על החוּקים הדתיים?
8. האם יש קשר בּין הרעיוֹן של שנת השמיטה וּשמירת איכוּת הסביבה בּימים אלה?
9. איך שוֹמרים היוֹם על איכוּת האדמה?
10. שׂימוּ לב למספר שבע. איפה עוד אתם מוֹצאים את המספר הזה בּהקשרים דוֹמים?

"כּל" במשמעויות שונות

each/every/all/everybody

SPEECH PATTERNS	תבניות לשון
Every seven years there is a *Shmita* year.	כּל שבע שנים יש שנת שמיטה.
All year long we did not farm.	כּל השנה לא עבדנוּ בּחקלאוּת.
Not everybody observes all the laws.	לא כּוּלם שוֹמרים על כּל החוּקים.

The adverbial quantifier כּל precedes and combines with a variety of nouns to constitute phrases. The exact meaning varies, and depends on whether the noun which follows it is a singular or plural noun and whether it is definite or indefinite.

Here are some examples of the use of כּל with a variety of nouns.

GENERALIZATION ABOUT INDIVIDUAL UNITS: EACH AND EVERY ONE

<u>Each/every + singular form of an indefinite noun</u>	<u>כּל + צוּרת יחיד של שם</u>
I have **every book** that Amichai wrote.	יש לי כּל ספר שעמיחי כּתב.
In **each apartment** there is furniture.	בּכל דירה יש רהיטים.

INCLUSION OF ALL OF THE INDIVIDUAL UNITS: EACH ONE OF THEM

<u>All + plural form of a definite noun</u>	<u>כּל ה+צוּרת רבּים של שם</u>
All my books are at home.	כּל הספרים שלי הם בּבית.
We don't know **all of the songs**.	אנחנוּ לא מכּירים את כּל השירים.
Not **all of his problems** are serious.	לא כּל הבּעיוֹת שלוֹ הן רציניוֹת.

THE ENTIRE UNIT: THE WHOLE THING, ALL OF IT

All/the entire + singular form of a definite noun	**כל ה+צורת יחיד של השם**
We were very busy **all week long.**	כל השבוע היינו עסוקים מאוד.
Did you eat **the whole cake**?	אכלתם את כל העוגה?
He wants to travel **all over the world**.	הוא רוצה לטייל בכל העולם.

GENERALIZATIONS ABOUT EVERYBODY AND EVERYTHING

All/every/everybody/everything	**הכל/כולם/כל אחד/כל דבר**
Nobody knows everything!	אף אחד לא יודע את הכל.
Everybody must bring something.	כל אחד חייב להביא משהו.
Everything upsets him.	כל דבר מרגיז אותו.
Everybody agreed to bring something.	כולם הסכימו להביא משהו.

IMPERSONAL

Whoever and whatever	**מי ש../מה ש..**
Whoever wants to travel, has to register.	מי שרוצה לנסוע, צריך להירשם .
Bring **whatever** you wrote	תביאו את מה שכתבתם.

All those who/all that . . .	**כל מי ש../כל מה ש..**
All those who want, can come	כל מי שרוצה, יכול לבוא.
All that we heard was interesting.	כל מה ששמענו היה מעניין.

EXERCISE 10 — תרגיל מספר 10

השלם ב: "כל" "כל־" "כל ה־" "כולם" "כל אחד" "כל דבר ש" "הכל" "כל מה ש.."כל מי ש.."

1. לא ____ ______ יודע מה הוא רוצה לעשות בחיים.
2. ______ __בתים ברחוב הזה דומים.
3. האם הייתם ב____ __מוזיאונים בעיר וראיתם את _______?
4. לא ________ רוצים לבוא איתנו למסעדה הסינית.
5. _____ מצא חן בעיניו - הוא היה מוכן לעשות את ____ ____ __ביקשנו ממנו לעשות.
6. _____ יום היא מגיעה לכאן בדיוק בעשר.
7. _____ ______ __עובד כאן, חושב שהעבודה קשה מאוד.
8. האם ______ כבר הגיעו?
9. אנחנו רוצים לתת הזדמנות ל____ ______ לקרוא את הספר הזה.

10. זה לא טוב שנותנים לילדים לעשות את _____ ____ __הם רוצים לעשות.
11. ____ ____ __בא ללמוד כאן, חייב לעשות את ____ ____ __אומרים לו.
12. לא _____האנשים רוצים אותו דבר בחיים.
13. קניתי כמעט ____ תקליט של להקת "סקנדל".
14. אף אחד לא יכול לדעת את ______ ____ __הוא צריך לדעת.
15. ____ __שבוע חכינו לטלפון ממנו - ואנחנו עדיין מחכים.

חזרה על מספרים יסוֹדיים וסידוּריים

SPEECH PATTERNS	תבניות לשון
We work six days,	במשך שישה ימים אנחנו עובדים,
but on the seventh we rest.	אבל ביום השביעי אנחנו נחים.
It was difficult the first time,	בפעם הראשוֹנה היה קשה, אבל
but on the tenth time we had no problem.	בפעם העשׂירית לא הייתה לנו בעיה.

There are two sets of numbers: cardinal numbers מספרים יסוֹדיים, which are the numbers to count quantity, and ordinal numbers מספרים סידוריים, which are the numerical adjectives to designate the order of objects.

Cardinal numbers precede plural nouns (with the exception of number one), and ordinal numbers, which are adjectives, follow singular nouns and reflect the gender and number of the preceding noun. The ordinal number "first" and "last" function as regular adjectives and have plural forms.

There is a set of cardinal numbers used to count masculine nouns and there is a set of numbers used to count feminine nouns.

מספרים יסודיים וסידוריים - זכר

Ordinal Numbers	מספרים סידוריים	Cardinal Numbers	מספרים יסודיים
the first brother	האח הרִאשון	one brother	אָח אֶחָד
the second brother	האח השֵׁנִי	two brothers	שְׁנֵי אחים
the third brother	האח השְׁלִישִׁי	three brothers	שלוֹשָׁה אחים
the fourth brother	האח הרְבִיעִי	four brothers	אַרְבָּעָה אחים
the fifth brother	האח החֲמִישִׁי	five brothers	חֲמִישָׁה אחים
the sixth brother	האח השִׁשִּׁי	six brothers	שִׁשָּׁה אחים

the seventh brother	האח השביעי		seven brothers	שִׁבעָה אחים
the eighth brother	האח השמִיני		eight brothers	שמוֹנָה אחים
the ninth brother	האח התשִיעי		nine brothers	תִשעָה אחים
the tenth brother	האח העֲשִירי		ten brothers	עֲשָׂרָה אחים
the last brother	האח האַחֲרון			

Last but not least! אחרון, אחרון חביב !

מספרים יסודיים וסידוריים - נקבה

Ordinal Numbers	מספרים סידוריים		Cardinal Numbers	מספרים יסודיים
the first sister	האחות הרִאשוֹנָה		one sister	אָחוֹת אַחַת
the second sister	האחות השנִיָה		two sisters	שְתֵי אֲחָיוֹת
the third sister	האחות השְלִישִית		three sisters	שָלוֹש אחיות
the fourth sister	האחות הרביִעית		four sisters	אַרבַע אחיות
the fifth sister	האחות החֲמִישִית		five sisters	חָמֵש אחיות
the sixth sister	האחות השִשִית		six sisters	שֵש אחיות
the seventh sister	האחות השבִיעִית		seven sisters	שֶבַע אחיות
the eighth sister	האחות השמִינִית		eight sisters	שְמוֹנֶה אחיות
the ninth sister	האחות התשִיעִית		nine sisters	תֵשַע אחיות
the tenth sister	האחות העֲשִירִית		ten sisters	עֶשֶׂר אחיות
the last sister	האחות האַחֲרוֹנָה			

Distinctions between first, last and past. הבדלים בין שעבר, ראשון ואחרון.

This is the first student who registered.	זאת התלמידה הראשונה שנרשמה.
These are the last days of the month.	אלה הימים האחרונים של החודש.
Last month we went abroad.	בחודש שעבר נסענו לחו"ל.
Last week was the last week in school.	השבוע שעבר היה השבוע האחרון של הלימודים.

The adjective "first" ראשון, ראשונה, ראשונים, ראשונות refers to the first item in a list. As an adjective, it is conjugated in all four forms, reflecting number and gender. The same is true of "last" אחרון, אחרונה, אחרונים, אחרונות.

In English the phrase "last year" can refer to either the last year in a series of particular years, or simply to the year that just passed.

- In my last year of school, we went on a trip. — בשנה האחרונה שלי בבית הספר, יצאנו לטיול.
- Last year we hardly went traveling. — בשנה האחרונה כמעט לא יצאנו לטייל.
- Last year we went to Jordan to see Petra. — בשנה שעברה נסענו לירדן לראות את פטרה.

The adjective "previous" קוֹדֵם - קוֹדֶמֶת - קוֹדְמִים - קוֹדְמוֹת also refers to past time. It is used with an almost identical meaning as the time modifier "past" שעבר - שעברה- שעברו.

Here are some examples:

- Last year, we lived in the dormitories. — בשנה שעברה גרנו במעונות.
- In the previous year we did not have a lot of work, but this year there's plenty. — בשנה הקודמת לא הייתה לנו הרבה עבודה, אבל בשנה הזאת יש הרבה.

EXERCISE 11 — תרגיל מספר 11

Translate the sentences:

1. The first students came at eight and the last students came at nine.
2. This is the first time that they invited us to their home.
3. I have three sisters and one brother.
4. In the last three weeks we saw four movies.
5. The previous month was a very good month for our company.
6. We work only five days a week. We go shopping on the sixth day and we rest on the seventh day.
7. When was the last time that you saw your family?
8. -Is this your first job? -No. -What was your previous job?
9. The first person has to open the door, and the last person has to close the door.
10. On the third day of every month, I go to the bank.

EXERCISE 12 תרגיל מספר 12

Change the ordinal numbers to cardinal numbers, following the example of the first sentence:

1. בתו השלישית הייתה תלמידה טובה.	היו לו	שלוש בנות.
2. הבן העשירי שלהם נולד בשנת 1939.	יש להם	________
3. העיר החמישית הגדולה היא בצפון.	יש בצפון	________
4. הבית השמיני ברחוב שלנו נבנה השנה.	יש ברחוב	________
5. דיירים חדשים גרים בקומה העשירית .	יש בבניין	________
6. הסימפוניה השביעית לא הייתה גמורה.	הוא כתב	________
7. היא גמרה לכתוב את הספר העשירי שלה.	היא כתבה	________
8. הגיטרה השלישית שלי, היא גיטרה חדשה.	יש לי	________
9. הבית הראשון שלנו בעיר, והשני בגליל.	יש לנו	________
10. הם נתנו את המכונית השנייה שלהם לרות.	יש להם	________

READING 4 קטע קריאה 4

קרא להנאתך

מפינתה של קוּבּי: על ילדים וחגים

כמוֹ בכל מדינה בעוֹלם גם בישׂראל החגים הם הזדמנוּת לִמִפגש משפחתי. ראש השנה ופסח הם החגים שבּהם אנשים נפגשים עם קרוֹבים. כּל המשפחה יוֹשבת סביב שוּלחן עמוּס בּמאכלים מסוֹרתיים. המפגשים החגיגיים האלה הם הזדמנוּת בּשביל המבוּגרים לראוֹת את כּל הקרוֹבים שלא פגשוּ כל השנה. הם אפילוּ כּמעט שכחוּ את שמם. בּרוֹב המקרים זה גם בּילוּי חֶבְרָתי מהַנֶה וגם הזדמנוּת לטעום ממאכלי החג.

אבל מה חוֹשבים על כּךְ הילדים? האם הם נֶהֱנִים מכּל הַפֶסטיבָל הזה? לא בּטוּחַ. כמה ילדים נשאלוּ והנה בּיקוּר כּזה מנקוּדת ראוּת של ילד אחד:

אחד הדברים שאני הֲכִי שׂוֹנא בָּעוֹלם, זה ללכת עם ההוֹרים שלי לבקר את המשפּחה בּחגים. מִיָד כּשאנחנוּ מגיעים, הדוֹדוֹת נוֹתנוֹת לי נשיקוֹת על הפנים, והדוֹדים צוֹבטים לי בּלְחָיַיִים. ואחרי שכולם אוכלים ושותים, הם יוֹשבים בעיגול ואמא אומרת לי: "למה שלא תדקלם שיר?" ולקרובים היא אומרת: "הוא ילד מוכשר. המורה בחרה אותו לתפקיד הראשי בהצגה". ודודה יפה אומרת: "תנגן, חמודי. אמא סיפרה לנו שהמורה לפסנתר אמרה שאתה מנגן ממש כמו ארתור רובינשטיין." אני לא יודע מי זה ארתור ולמה אין לו שם עברי ובן כמה הוא. ואני בכלל לא מכיר אותו. כש"לא בא לי" ואין לי חֵשֶק, אז אני אומר: "יש לי כאב בטן. אני יכול ללכת הביתה?"

אבּא מכּיר כבר את "ההצגות" שלי ועוֹשֶׂה פָּנים כּוֹעסוֹת ואמא רצה אלַי...

"אוּלי הילד חוֹלה? מה קרה, חמוּד שלי?"

ואני צוֹחק ואוֹמר לעַצמִי: "כַּמָה שהמבוּגרים יכוֹלים להיוֹת טִפּשים! הם עדיין לא מבינים"!

ונקוּדת ראוּת אחרת של ילדה:

אחד החגים שאני מאוד אוהבת, זה סדר פסח אצל סבא וסבתא שלי. כל המשפחה מתכנסת: הדודים והדודות וגם כל בני הדודים ובני הדודות. השולחן ערוך יפה וסבא מנהל את הסדר. כולם משתתפים - קוראים ושרים וסבא מספר סיפורים והדוד חיים מספר בדיחות. ואנחנו הילדים שותים יין מתוק ואדום. הדלת לבית נשארת פתוחה וכולנו מחכים לאליהו הנביא, שכל שנה מגיע אבל אף פעם עוד לא הצלחתי לראות אותו. כל שנה אני מנסה לא להסיר את העיניים מכוס היין של אליהו, וכל שנה ברגע שאני לא מסתכלת בכוס, אליהו מתגנב, נכנס ושותה יין ואני אף פעם לא מצליחה לראות אותו. אבל ברור שהוא היה, כי הכוס שלו חצי ריקה.

סבא תמיד מחביא מספיק אפיקומנים לכל הילדים וכל ילד שמוצא אפיקומן מקבל מתנה
יפה מסבא. השנה קיבלתי משחק מחשב, אבל אני לא אוהבת משחקי מחשב והתחלפתי עם בן דודי
יאיר שקיבל תקליטור חדש של שירים.

מעובד מחומר שכתבה קובי ס.

This word list is primarily for reading comprehension (not as active vocabulary):

to feign	לעשות הצגות	I don't feel like	אין לי חשק
to pinch cheeks	לצבוט בלחיים	in most cases	ברוב המקרים
to sit in a circle	לשבת בעיגול	it is clear that	ברור ש
to give kisses	לתת נשיקות	recite a poem	דקלם שיר ‑ לדקלם
state	מדינה	to hide, conceal	החביא ‑ להחביא
talented	מוכשר‑מוכשרת	to sneak in	התגנב ‑ להתגנב
right away	מיד	to exchange	התחלף ‑ להתחלף עם
enjoy	נהנה	to gather	התכנס ‑ להתכנס
point of view	נקודת ראות	Cutie!	חמודי!
an angry face	פנים כועסות	stupid	טיפש ‑ טיפשה
laden with	עמוס ב	how much	כמה ש
is set	ערוך	I don't feel like it	לא בא לי
main role	תפקיד ראשי	remove eyes from	להסיר עיניים מ
a music CD	תקליטור ז.	to tell jokes	לספר בדיחות

EXERCISE 13

תרגיל מספר 13

שאלות על הקטע

1. מי מתכנס בחגים ומה הם עושים?

2. מי נהנה מהמפגשים עם הקרובים?

3. למה הילד לא אוהב את החגים?

4. מה הן "ההצגות" שהילד עושה? ומתי הוא עושה אותן?

5. מה החג האהוב על הילדה שמספרת על חגים?

6. מה הם עושים בחג הפסח?

7. מה היא לא הצליחה לראות? למה?

8. מה היא קיבלה מסבא שלה השנה?

There are several ways to express readiness or lack of readiness to do something ("feel like/not feel like").
Here are some:

בא לי ללכת לים היום.	לא בא לי ללכת לים היום.
מתחשק לי לרקוד.	לא מתחשק לי לרקוד.
יש לך חשק לבקר את מרים?	אין לי חשק לבקר את מרים

EXERCISE 14 — תרגיל מספר 14

Rewrite the main sentences using the three following options:

1. הוא לא רוצה לאכול.
   1. לא בא לו לאכול.
   2. לא מתחשק לו לאכול.
   3. אין לו חשק לאכול.
2. את רוצה לאכול פלאפל?
   1. ________________
   2. ________________
   3. ________________
3. אנחנו לא רוצים לקום מוקדם.
   1. ________________
   2. ________________
   3. ________________
4. היא לא רוצה לשבת בעיגול ולדבר עם כולם.
   1. ________________
   2. ________________
   3. ________________
5. אתן מוכנות לספר בדיחות?
   1. ________________
   2. ________________
   3. ________________

6. אתם רוצים לראות את הסרט החדש?

1. _____

2. _____

3. _____

7. אתן רוצות לשחק משחקי מחשב?

1. _____

2. _____

3. _____

8. דן לא רוצה להתחלף איתי במתנה.

1. _____

2. _____

3. _____

9. את מוכנה לדקלם שיר?

1. _____

2. _____

3. _____

10. רמי לא רוצה לשחק תפקיד ראשי בהצגה.

1. _____

2. _____

3. _____

11. רונית לא רוצה לתת לרמי את התקליטור החדש שלה.

1. _____

2. _____

3. _____

תרגיל מספר 15   EXERCISE 15

Here are sentences which begin a story. Choose one and write about 8–10 sentences.

פסקה מספר 1.   אני כותב/ת:

החג שהיה הכי אהוב עלי כשהייתי ילד/ה היה חג _____, כי בזמן החג _____

_____

פסקה מספר 2. אני כותב/ת:

יש חגים שאני מבלה מחוץ לעיר. בחג __________ אני אוהב/ת ____________

____

פסקה מספר 3. לימור כותבת:

כשהייתי ילדה קטנה, אמא ואבא היו תמיד אומרים לי: לימורי, למה שלא
______________________ואני הייתי עונה להם ואומרת שפשוט
לא בא לי כי ______________________________

פסקה מספר 4. עומר קציר כותב ביומנו:

כל שנה אנחנו מזמינים את כל קרובי המשפחה שלנו עם הילדים שלהם לליל הסדר אצלנו.
באים אלינו בין שלושים לארבעים איש. ____________________ואני ואשתי
תמירה עושים ניקיון של פסח, קונים אוכל ומבשלים שבוע לפני החג. אבל השנה לא בא לי לעשות
את זה. מה שבא לי לעשות זה ______________________________
למה שלא ניסע ל____________________ושם מלך למלון לערב הסדר .
____
יש שם גם חוף נפלא. זה לא יהיה רק חג, זאת תהיה חופשה אמיתית!

נהנים ומבלים. — Enjoying oneself and having a good time.

תבניות לשון	SPEECH PATTERNS
היינו במסיבה ונהנינו מאוד.	We were at a party and really enjoyed it.
בערב יצאנו לבלות.	We went out.

The verb "to enjoy/have a good time" לֵהָנוֹת מ.. has ה as its first and last radical. This affects the nature of the vowels. The initial vowel of the past and present tense is /e/ rather than the /i/ associated with the Nif'al conjugation. The final radical determines the shape of the verb stem in the same way as all other ל"ה verbs.

In order to describe the intensity of the feeling of enjoyment, the adverb used with the verb is מאוד, which is an adverb of intensity, rather than הרבה which is an adverb of quantity. Because of the English "to enjoy a lot", there is some confusion about the choice of adverb.

The verb "to pass the time/have a good time" לְבַלוֹת has two meanings, as already discussed. Usually an adverb is added to connote "having a good time" לְבַלוֹת יָפֶה. It is a Pi'el verb and is conjugated in full earlier in the lesson.

נטיית השורש /ה.נ.ה./ בבניין נפעל - פ"ה ול"ה

ש"פ	ציווי	עתיד	הווה	עבר
לֵהָנוֹת		אֵהָנֶה	נֶהֱנֵית	נֶהֱנֵיתִי
	הֵהָנֶה!	תֵּהָנֶה	נֶהֱנֶה	נֶהֱנֵיתָ
	הֵהָנִי!	תֵּהָנִי	נֶהֱנֵית	נֶהֱנֵית
		יֵהָנֶה	נֶהֱנֶה	נֶהֱנָה
		תֵּהָנֶה	נֶהֱנֵית	נֶהֱנְתָה
		נֵהָנֶה	נֶהֱנִים/נֶהֱנוֹת	נֶהֱנֵינוּ
	הֵהָנוּ!	תֵּהָנוּ	נֶהֱנִים/נֶהֱנוֹת	נֶהֱנֵיתֶם/תֶן
		יֵהָנוּ	נֶהֱנִים/נֶהֱנוֹת	הם/הן נֶהֱנוּ

Related Noun: enjoyment   הֲנָאָה נ. הֲנָאוֹת

In the verb ליהנות, the imperative form is rarely used. Usually the future form is used to perform the same function.

EXERCISE 16   תרגיל מספר 16

to enjoy/derive pleasure from   1. הפועל ליהנות מ

Fill in the verb forms: א.

השלמה	לעשות מה?	ממה?	פועל	מי?	זמן
אתמול בערב.		מהקונצרט	לא _____	1. אני	עבר
		מהטיול שלכם?	_____	2. אתם	עתיד
כל יום וכל רגע.		מהעבודה שלו	_____	3. יניב	הווה
אֵי פעם? *ever*		ממשהו	_____	4. הם	עבר
בערב.	לטייל כאן		_____	5. אנחנו	הווה

ב. בחר בפועל המתאים

Choose the appropriate verb to complete the sentence:

	פועל א׳	פועל ב׳
1. דנה ________ שבוע נפלא בפריס.	נהנתה	בילתה
2. אני לא ________ מכל השיעורים שלי.	נהנה	מבלה
3. למה שלא ________ איתנו שבוע באילת?	תהנו	תבלו
4. היא ________ מאוד מהביקור במוזיאון .	נהנית	מבלה
5. את תמיד ________ את זמנך הפנוי כאן?	נהנית	בילית
6. אין ספק ש________ במסיבה שלכם.	אהנה	אבלה
7. אנחנו ________ לשמור על הילדים שלכם.	נהנות	מבלות
8. הוא נסע ________ את חופשתו בחופי הרִבְיֶירָה.	ליהנות	לבלות

ג. השלם את המשפטים

Complete the sentences

1. כל יום אני נהנה ________________________________.
2. אנחנו בכלל לא נהנים מ ______________________________.
3. אנשים יוצאים לבלות בחיק הטבע כי ________________________.
4. בילינו שלושה ימים בצפון אבל לא נהנינו כי ____________________.
5. כשאני יוצא לבלות אני רוצה ליהנות מ ____________ ואני לא רוצה ____________.
6. אפשר לבלות ימים רבים במוזיאון, כי ________________________.
7. ממה אתה הכי נהנה? אני ____________________________.
8. התוכנית שלי לבילויים בקיץ היא____________________________.

SUMMARY OF LESSON 25	סיכום שיעור 25
READING SELECTIONS:	**נושאים לקריאה ודיון:**
Holidays	חגים ומועדים
Crowds at the airport	בנתיבי בן־גוריון ־ צפיפות בנמל התעופה
Leap year	שנת שמיטה
Children and holidays	על ילדים וחגים
LANGUAGE TOPICS:	**נושאים לשוניים:**
Old and new adjectives	תארים חדשים וישנים
Review of Pi'el verbs: ל״ה	חזרה על פעלים בבניין פיעל ־ ל״ה
Dates: calendars	תאריכים: הלוח העברי והלוח הכללי
כל in several functions	״כל״ בשמעויות שונות
Review of cardinal & ordinal numbers	חזרה על מספרים יסודיים וסידוריים
The last/previous/past year	השנה האחרונה/הקודמת/שעבר
I don't feel like it	לא בא לי/אין לי חשק/לא מתחשק לי
Verb for having a good time	הפעלים: ליהנות ולבלות

סיכום של פעלים בשיעור 25

הפועל ״לבלות״ בבנין פיעל

ל״ה	עבר	הווה	עתיד	ציווי
לְבַלּוֹת	בִּלִּיתִי	מְבַלֶּה	אֲבַלֶּה	בַּלֵּה
ב.ל.ה.	בִּלִּיתֶם	מְבַלִּים	תְּבַלּוּ	בַּלּוּ

הפועל ״להנות״ בבנין נפעל

פ״ה/ל״ה	עבר	הווה	עתיד	ציווי
לֵהָנוֹת	נֶהֱנָה	נֶהֱנֶה	יֵהָנֶה	
ה.נ.ה.	נֶהֱנֵיתֶם	נֶהֱנִים	תֵּהָנוּ	הֵהָנוּ

NEW VOCABULARY LIST — רשימת מילים חדשות

NOUNS & PHRASES — שמות וצירופים

אֲדָמָה נ.	earth/soil
אוֹכלוּסִיָה נ.	population
אוֹפִי ז.	character
אֵיכוּת נ. איכוּיוֹת	quality
אִיסוּר ז. אִיסוּרים	prohibition
אֵרוּעַ ז. אֵרוּעִים	event
בְּרָכָה נ. בְּרָכוֹת	greeting, blessing
גוֹרֵם ז. גוֹרמים	factor
גידוּל ז. גידוּלים	growth
דחִיפָה נ.	push/pushing
הֲנָאָה נ. הֲנָאוֹת	enjoyment
הַשקָפָה נ. הַשקָפוֹת	outlook, view
זֵכֶר ז.	memory, trace
חֲבִילָה נ. חֲבִילוֹת	package
חֲגִיגָה נ. חֲגִיגוֹת	celebration, party
חַגים ומוֹעדים ז.ר.	holidays
חוֹק ז. חוּקים	law
חַקלָאוּת נ.	agriculture
טֶבַע ז.	nature
טֶקֶס ז. טקָסִים	ceremony, rite
יבוּל ז.	harvest
יַהֲדוּת נ.	Judaism
כּוֹתֶרֶת נ. כּוֹתָרוֹת	headline
לַהֲקַת מָחוֹל נ.	dance troupe
לוּחַ ז. לוּחוֹת	calendar, timetable
לוּחַ טִיסוֹת ז.	flight schedule
לוּחַ שָׁנָה ז.	calendar
לַחַץ ז. לחָצים	pressure
מאוֹרָע ז. מאוֹרָעוֹת	event
מוֹדָעָה נ. מוֹדָעוֹת	advertisement
מַחֲזוֹר ז. מַחזוֹרים	cycle
מנוּחָה נ.	rest
מַצָּע ז. מַצָּעִים	platform
נְיָיר ז. נְיָירוֹת	paper
ניסוּי ז. ניסוּיים	experiment
נקוּדַת ראוּת נ.	point of view
נֵר ז. נֵרוֹת	candle
נֶשֶׁף ז. נשָׁפִים	dance, party
סחוֹרָה נ. סחוֹרוֹת	merchandise
עֲגָלָה נ. עֲגָלוֹת	ball, evening party
עִיגוּל ז. עִיגוּלים	cart
עֵרֶך ז. עֲרָכִים	value
פַּרנָסָה נ. פַּרנָסוֹת	livelihood
צפִיפוּת נ.	crowded conditions
קָהָל ז.	audience
קֶשֶׁר ז. קשָׁרִים	connection
תַּאֲרִיך ז. תַּאֲרִיכים	date
תוֹצֶרֶת נ. תוֹצָרוֹת	product, produce
תַחפּוֹשֶׂת נ. תחפּוֹשׂוֹת	costume, mask
תפִילָה נ. תפִילוֹת	prayer
תַרבּוּת נ. תַרבּוּיוֹת	culture

VERBS — פעלים

אִפשֵׁר־לאַפשֵׁר	to enable
גידֵל־לגַדֵל (אֶת)	to grow, raise
נִיקָה־לנַקוֹת (אֶת)	to clean
נִמנַע־להִימָנַע מ	to avoid

to perish	נִסְפָּה-לְהִיסָּפוֹת	to light up	הִדְלִיק-לְהַדְלִיק (אֶת)
to determine	קָבַע-לִקְבּוֹעַ (אֶת)	to preserve for eternity	הִנְצִיחַ-לְהַנְצִיחַ (אֶת)
to uphold, keep	קִייֵם-לְקַייֵם (אֶת)	to become/turn to	הָפַך-לַהֲפוֹך ל
to cultivate	עִיבֵּד-לְעַבֵּד (אֶת)	to anticipate/be early	הִקְדִּים-לְהַקְדִּים
to engage in	עָסַק-לַעֲסוֹק ב	to lift, raise	הֵרִים-לְהָרִים
to hurt	פָּגַע-לִפְגּוֹעַ ב	to be embarrassed	הִתְבַּייֵש-לְהִתְבַּייֵש
to preserve	שִׁימֵר-לְשַׁמֵּר (אֶת)	to exploit	נִיצֵל-לְנַצֵּל (אֶת)

ADJECTIVES & NOUNS — תארים ושמות

preferred	מוּעֲדָף-מוּעֲדֶפֶת	religious	דָתִי-דָתִית
average	מְמוּצָע-מְמוּצַעַת	reversed, upside down	הָפוּך-הֲפוּכָה
detached	מְנוּתָק-מְנוּתֶקֶת	festive	חֲגִיגִי-חֲגִיגִית
biblical	מִקְרָאִי-מִקְרָאִית	unambiguous, clear	חַד מַשְׁמָעִי/עִית
strange	מְשׁוּנֶה-מְשׁוּנָה	secular	חִילוֹנִי-חִילוֹנִית
secondary	מִשְׁנִי-מִשְׁנִית	agricultural	חַקְלָאִי-חַקְלָאִית
symbolic	סְמָלִי-סְמָלִית	basic	יְסוֹדִי-יְסוֹדִית
public	צִיבּוּרִי-צִיבּוּרִית	national	לְאוּמִי-לְאוּמִית
crowded	צָפוּף-צְפוּפָה	such	כָּזֶה-כָּזאת
regular/ordinary	רָגִיל-רְגִילָה	enjoyable	מְהַנֶה-מְהַנָה
traditional	שׁוֹמֵר-שׁוֹמֶרֶת מָסוֹרֶת	clear, well defined	מוּבְהָק-מוּבְהֶקֶת

ADVERBS — תארי פועל

from the outside	מִבַּחוּץ	in return	בַּחֲזָרָה
from the inside	מִבִּפְנִים	mainly	בְּעִיקָר
		amongst	בְּקֶרֶב

EXPRESSIONS & PHRASES — ביטויים וצירופים

commemorate	מַנְצִיחִים את זכרָם	abroad	חו״ל (חוּץ לָאָרֶץ)
were meant to keep	נוֹעֲדו לשַׁמֵר	Memorial Day	יום הזיכָּרוֹן ז.
falls on (a day)	נוֹפל ב	Independence Day	יום העצמָאות ז.
fell in the war	נָפלו בַּמלחָמה	Holocaust Day	יום השואה נ.
perished in the Holocaust	נספּוּ בַּשואה	to dress in costumes	להתלבֵּש בתחפושות
Arbor Day	ראש השנה לָאִילָנות ז.	to teal/cultivate the land	לעבֵּד אֲדָמָה

majority of the people	רוֹב הָעַם	to stand in line	לַעֲמוֹד בּתוֹר
the height of traffic	תנוּעַת שִׂיא נ.	to engage in agriculture	לַעֲסוֹק בּחַקלאוּת
a leap year	שנַת שמִיטָה נ.	to take a place/occupy	לִתפּוֹס מָקוֹם
		public structures	מִבנִים צִיבּוּרִיִים ז.ר.

Some vocabulary lists are extensive. Vocabulary items can be divided into active and passive vocabulary, according to the needs of students and the instructor's discretion.

LESSON 26

שיעור מספר 26

READING 1

קטע קריאה מספר 1

אֵזוֹרים גֵאוגרָפיים ואַקלִימיים

ארץ ישׂראל משׂתָרַעַת על שֶטַח קטן שבּוֹ יש מִגוָון מעַניֵין של אקלימים. הארץ מתחַלקת לאֵזוֹרים גאוגרפיים שׁוֹנים הנִקבָּעים לפִי הטוֹפוֹגרפיה שלהם וגם לפִי האקלים המצַיֵין אוֹתם: בִּקעַת היַרדֵן - אזוֹר של אקלים טרוֹפִּי; ים־המֶלַח, הרֵי יהוּדה, מִדבַּר הנֶגב ואזוֹר אֵילַת - אזוֹר של אקלים מִדבָּרי; אזוֹר השפֵלָה ואזוֹר החוֹף בּמערב - אזוֹר של אקלים ים־תִיכוֹני; ואזוֹר הגליל־העֶליוֹן - אזוֹר של הרים וּבחֲלָקים ממנוּ, אקלים צפוֹני.

האקלים

יש שתי עוֹנוֹת עיקריוֹת בשנה בישׂראל: הקיץ - יְמֵי השמש והחוֹם, והחוֹרף - ימֵי הגשָמים והקוֹר.

א. אקלים הקיץ

עוֹנת הקיץ מתחילה רִשמִית בּמַחֲצִית מַאי ונִמשֶכֶת עד מחצית סֶפּטֶמבּר. עוֹנת הקיץ היא עוֹנה יבֵשָה ולא יוֹרדים גשָמים. השמַיִם בּהירים בּקיץ . בּאוֹגוּסט נוֹשבוֹת רוּחוֹת שָרָב חמוֹת מהמדבּר בּמזרח, הידוּעוֹת גם בּשם הערבי שלהן "חַמסִין".

בּמֶשך הקיץ החוֹם כָּבֵד מאוֹד בּנגב, בּאילת וּבבקעת הירדן. בּאזוֹר החוֹף בּמערב חַם ולַח אבל בּערבים נוֹשבוֹת רוּחוֹת קלוֹת מֵהַיָם והן ממַתנוֹת את הטֶמפֶּרָטוּרה. בּבקעת הירדן גם הטמפּרטוּרה וגם הלַחוּת גבוֹהוֹת בּמשך היוֹם וּבמשך הלילה. בּאזוֹר ים המלח וּבאילת מזג האוויר חם מאוֹד ויבש. בּירוּשלים יש הֶבדל ניכּר בּטמפּרטוּרה בּין יוֹם וּבין לילה.

ב. אקלים החוֹרף

עוֹנת החוֹרף מתחילה רשמית בּמחצית ספּטמבּר ונמשכת עד מחצית מאי, אבל רוֹב הזמן מזג האוויר של הקיץ נמשך עד סוֹף אוֹקטוֹבּר. בּעוֹנת החוֹרף לא יוֹרדים גשמים רבּים והטמפּרטוּרה אינה יוֹרדת בּדרך ניכֶּרֶת עד חוֹדשי ינוּאר וּפבּרוּאר. הטמפּרטוּרה מגיעה לַמינימוּם השנתי בּחוֹדש פבּרוּאר בּהרֵי הגליל וּבירוּשלים. לפעמים יוֹרדים שלגים בּהרים.

האזור הגשום ביותר בחורף הוא אזור הגליל-העליון בַּצפון והאזור היבש ביותר הוא אזור מדבר הנגב, יָם-המלח ואילת בדרום. גם בעונת החורף ניכרת השפעת המדבר הקרוב ובשנים רבות קרבת המדבר גורמת לצמצום גשמים ולבצורת.

תרגיל מספר 1   EXERCISE 1

ענה על שאלות התוכן:

1. מה הן עונות השנה העיקריות בישראל?
2. כמה זמן נמשכת עונת הקיץ?
3. האם יורדים גשמים בקיץ?
4. באילו אזורים חם מאוד בקיץ?
5. מאיזה חודש עד איזה חודש נמשכת עונת החורף בישראל?
6. מתי מתחילה עונת החורף?
7. איפה נמצא האזור היבש בחורף?
8. מה היא ההשפעה של המדבר?

חזרה על צרופים שמניים   Review of Noun Phrases

תבניות לשון	SPEECH PATTERNS
בישׂראל יש אקלימים שוֹנים.	In Israel there are many climates.
האקלים היבש הוא באזוֹרי המדבר.	The dry climate is in the desert regions.
עונת הקיץ היא עונה יבשה.	The summer season is a dry season.

שמות ותארים   Nouns and Adjectives

There are noun phrases which combine nouns and adjectives. The noun precedes the adjective and determines the gender and number features of the adjective. When the noun is definite, so is the adjective.

ה־שם + ה־תואר	שם + תואר
הבית החדש. הדירה החדשה.	בית חדש. דירה חדשה.

An adjective can also function as **the predicate** of a sentence. When it functions as the predicate of a sentence, it is always INDEFINITE.

TABLE A

Subject+ Predicate	Subject+ Predicate
Our house is new.	הבית שלנו חדש.
Is your apartment new?	הדירה שלכם חדשה?
All the neighbors are new.	כל השכנים חדשים.

A third person independent pronoun, which has the same gender and number features of the subject, can function as a link between the subject and the predicate. In English the verb "is/are" is used, but in Hebrew הוא, היא, הם, הן are used to fill the same function. The syntactic function of the pronoun is called האוגד "the copula" as it serves to link both parts of the sentence. Following such a link, a complete noun+adjective phrase is used.

TABLE B

Subject+ Predicate	Subject+linking pronoun+Predicate
Our house is a new house.	הבית שלנו הוא בית חדש.
Is your apartment a new apartment?	הדירה שלכם היא דירה חדשה?
All the neighbors are new neighbors.	כל השכנים הם שכנים חדשים.

Notice that there are no real differences in meaning between sentences which use the pronoun in the function of האוגד (Table B) and those which do not use it (Table A). When a sentence has a long subject and a long predicate, it is a good idea to use the copula as it clearly separates the two parts of the sentence.
In spoken informal Hebrew, people often resort to the shorter, simpler form of the sentence without the use of the copula.

In the past and future tenses, the pronoun of the אוגד is substituted by appropriate forms of the verb להיות.

TABLE C

Past and Future Tenses	Present Tense
הבית שלנו היה בית חדש.	הבית שלנו הוא בית חדש.
הדירה שלכם הייתה דירה חדשה?	הדירה שלכם היא דירה חדשה?
כל השכנים יהיו שכנים חדשים?	כל השכנים הם שכנים חדשים.

EXERCISE 2   תרגיל מספר 2

Find noun phrases in the passage, following the equivalents given here:

	משפט	השם+התואר	שם+תואר
far desert	המדבר <u>הוא</u> רחוק.	המדבר הרחוק	מדבר רחוק.
rainy region	_____	_____	_____
dry season	_____	_____	_____
main seasons	_____	_____	_____
yearly minimum	_____	_____	_____
a northern climate	_____	_____	_____
European climate	_____	_____	_____
Mediterranean climate	_____	_____	_____
desert climate	_____	_____	_____
tropical climate	_____	_____	_____
various regions	_____	_____	_____
light winds	_____	_____	_____
hot winds	_____	_____	_____
many rains	_____	_____	_____
Arabic name	_____	_____	_____
meaningful way	_____	_____	_____
many years	_____	_____	_____
climatic regions	_____	_____	_____

חזרה על צירופי סמיכות

תבניות לשון	SPEECH PATTERNS
השפעת המדבר ניכרת בדרום.	The desert influence is felt in the south.
האקלים היבש הוא באזורי המדבר.	The dry climate is in the desert regions.
יש הרבה גשמים בהרֵי הגליל.	It is very rainy in the Galilee Mountains.

There are many noun phrases which are composed of two or more nouns: the first noun is the head noun of the phrase, while the second one (and in some cases even a third one) adds information or expands it in some meaningful way. The noun-noun combinations are called **צירופי סמיכות**.

1. The nouns in this combination have the opposite word order of its English counterpart.

noun + noun	a desert region	אֵזוֹר מדבר	***שם + שם***

2. The nouns in this combination sometimes may have an English counterpart which is a noun+adjective phrase, rather than noun+noun phrase.

adjective + noun	a coastal region	אֵזוֹר חוף	***שם + שם***

3. In the definite noun+noun phrase the definite article comes after the second noun, and not before the entire phrase, as it does in English.

the +noun+ noun	**the** desert region	אֵזוֹר המדבר	***שם +ה+ שם***

4. When the first noun in such a combination is feminine singular with a final ָה ending, this ending changes to -ת. **בקעה -- בקעת**

the +noun+ noun	**The** Jordan Valley	בִּקְעַת הירדן	***שם +ה+ שם***

5. When the first noun in such a combination is a plural noun with a final -ים ending, this ending changes to ֵי . **יָמִים -- יְמֵי   חַיִּים -- חַיֵּי**

the +noun+ noun	Sunny days	יְמֵי שֶׁמֶשׁ	***רבים+ שם***
	cultural life	חַיֵּי תַרְבּוּת	

6. When the second noun is a name of a place, the phrase is definite, whether the second noun actually includes a definite article or not.

See the examples:

The Jezreel Valley	עמק יזרעאל
The Negev desert	מדבר הנגב

EXERCISE 3   תרגיל מספר 3

Find noun phrases in the reading passage, following the equivalents given here:

The Dead Sea	ים המלח
The proximity of the desert	_____
Most of the time	_____
The months of Jan and Feb	_____
Mid-September (half of)	_____
Mid-May (half of)	_____
The winter season	_____
The summer climate	_____
The days of rain (rainy days)	_____
The days of cold (cold days)	_____
The days of heat (hot days)	_____
The Upper Galilee Region	_____
The Elat region	_____
Scarcity of rains	_____
The Judean Hills	_____

Find the combined phrases which include noun+noun and adjectives:

Hot desert winds	_____
Major differences of temperature	_____
The influence of the near desert	_____

EXERCISE 4   תרגיל מספר 4

Translate the following sentences:

1. The cold winds from the north bring winter rains.

2. In Elat there are no major differences in temperature between summer and fall.

3. In the region of the Dead Sea, the desert's influence is felt--the climate is dry and there are many sunny days.

4. In the Jordan Valley, there is a tropical climate. The humidity is high and it is very hot during the summer months.

5. I like to live in a place with various seasons. I like the hot days of summer and the cold days of winter and the cool days of spring and autumn.

DIRECTIONS: POINTS OF THE COMPASS   כיוונים

SPEECH PATTERNS	תבניות לשון
It's cold in the northern countries of Europe.	בארצות הצפוניות של אירופה קר.
Elat is the most southern city in Israel.	אילת היא העיר הדרומית ביותר בישראל.
The State of Washington is in the northwestern region of the U.S.	מדינת וושינגטון נמצאת באזור הצפוני-מערבי של ארה"ב.

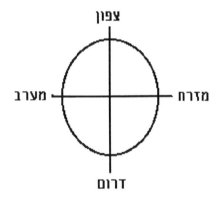

כיוונים וצירופים של כיוונים:

There are four nouns for the geographical directions.

א. כיוונים

south	דָּרוֹם	north	צָפוֹן
west	מַעֲרָב	east	מִזְרָח

There are also four combinations of nouns for the geographical directions. These are צירופי סמיכות and notice that when in such combinations, צפון and דרום lose their first vowel in this combined form. The stress shifts from the last syllable of these nouns, to the last syllable of the second noun.
"tsaFON" but "tsfon-mizRACH".

ב. צירופי כיוונים

צְפוֹן-מִזְרָח	northeast	דְרוֹם-מִזְרָח	southeast
צְפוֹן-מַעֲרָב	northwest	דְרוֹם-מַעֲרָב	southwest

תארים גזורים משמות הכיוונים

יחיד	יחידה	רבים	רבות	
דְרוֹמִי	דְרוֹמִית	דְרוֹמִיִּים	דְרוֹמִיּוֹת	southern
מִזְרָחִי	מִזְרָחִית	מִזְרָחִיִּים	מִזְרָחִיּוֹת	eastern
מַעֲרָבִי	מַעֲרָבִית	מַעֲרָבִיִּים	מַעֲרָבִיּוֹת	western
צְפוֹנִי	צְפוֹנִית	צְפוֹנִיִּים	צְפוֹנִיּוֹת	northern

Directions in Prepositional Phrases:

1. Functioning as the indication of location in the sentence, the directional nouns are preceded by the prepositions ב, ל, מה.

בַּצָּפוֹן	in the north	בַּדָּרוֹם	in the south
בַּמִּזְרָח	in the east	בַּמַּעֲרָב	in the west
לַצָּפוֹן	to the north	לַדָּרוֹם	to the south
לַמִּזְרָח	to the east	לַמַּעֲרָב	to the west
מֵהַצָּפוֹן	from the north	מֵהַדָּרוֹם	from the south
מֵהַמִּזְרָח	from the east	מֵהַמַּעֲרָב	from the west

דוגמאות:

באר שבע נמצאת בַּדָּרוֹם.

באר שבע נמצאת בִּדְרוֹם הארץ.

השמש שוֹקעת בַּמערב.

השמש עוֹלה בַּמזרח.

הם מֵהַמזרח?

קרית־שמונה נמצאת בַּצָּפוֹן.

קרית-שמונה נמצאת בִּצְפוֹן הארץ.

נסענו לִדְרוֹם הארץ.

אנחנו פונים לַצָּפוֹן.

באנו מִצְּפוֹן הארץ.

תרגיל מספר 5

EXERCISE 5

השלם את המשפטים לפי המפה

Complete the following sentences with the appropriate prepositional phrases containing nouns of direction. You'll find the information in the map on the previous page.

איפה האזורים הבאים?	איפה נמצאות הערים הבאות?
הנגב _____.	חיפה נמצאת _____ הארץ.
הגליל _____.	ירושלים נמצאת _____.
בקעת הירדן _____.	אילת נמצאת _____ הארץ.
הים התיכון _____.	תל אביב נמצאת במרכז הארץ -- לא
	_____ ולא _____.

Functioning as the indication of relational location, the nouns are preceded by the preposition "from" and followed by the preposition "to."

to the south of	מִדָּרוֹם ל	to the north of	מִצָּפוֹן ל
to the west of	מִמַּעֲרָב ל	to the east of	מִמִזְרָח ל

דוגמאות:

הכפר שלנו הוא ממזרח לעיר.

לבנון נמצאת מצפון לישראל.

תרגיל מספר 6

EXERCISE 6

השלם במילת היחס המתאימה:

1. נסענו ___צפון הארץ.

2. הם הגיעו ___דרום.

3. איפה אתם גרים ? ___מזרח העיר או ___ מערב?

4. חיפה נמצאת ___צפון ___לתל־אביב.

5. הכינרת נמצאת ___צפון־מזרח הארץ.

6. ___צפון תל־אביב יש הרבה בתים יפים.

7. חיפה נמצאת ___דרום ___עכו.

8. הים התיכון נמצא ___מערב.

9. ירושלים נמצאת ___מזרח ___תל־אביב.

10. הגליל הוא ___צפון הארץ.

EXERCISE 7   **תרגיל מספר 7**

איפה נמצאים המקומות הבאים?

Look at the map below. In the exercise, you will be given a name of a place
mentioned in the map. Describe its location relative to other places, and the location
of other places relative to the place mentioned. Write sentences describing the
different places, according to the example given to you below.

מפה של אזור הים התיכון

(מפה הסטורית - שינויים במפה קורים כל יום)

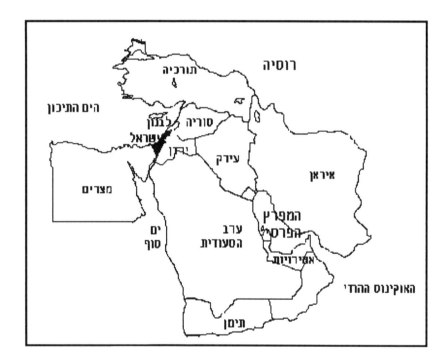

דוגמה: ישראל

1. הים התיכון   א. ישראל נמצאת ממזרח לים התיכון.

                                  ב. הים התיכון נמצא ממערב לישראל.

2. לבנון   א. ישראל נמצאת מדרום ללבנון.

                                  ב. לבנון נמצאת מצפון לישראל.

3. סוריה   א. ישראל נמצאת מדרום-מערב לסוריה.

                                  ב. סוריה נמצאת מצפון-מזרח לישראל.

4. ירדן	א. ישראל נמצאת ממערב לירדן.
	ב. ירדן נמצאת ממזרח לישראל.
5. מצרים	א. ישראל נמצאת מצפון למצרים.
	ב. מצרים נמצאת מדרום לישראל.

איראן

1. רוסיה   א. _____
                 ב. _____
2. עיראק   א. _____
                 ב. _____
3. המפרץ הפרסי   א. _____
                 ב. _____
4. תורכיה   א. _____
                 ב. _____

תורכיה

1. רוסיה   א. _____
                 ב. _____
2. איראן   א. _____
                 ב. _____
3. הים התיכון   א. _____
                 ב. _____
4. הים השחור   א. _____
                 ב. _____

ירדן

1. ערב הסעודית   א. _____
                 ב. _____
2. סוריה   א. _____
                 ב. _____
3. עיראק   א. _____
                 ב. _____
4. ים סוף   א. _____
                 ב. _____

עיראק

1. ערב הסעודית   א. _____
                 ב. _____

2. ירדן   א_____.
            ב_____.

3. המפרץ הפרסי   א_____.
                  ב_____.

4. רוסיה   א_____.
            ב_____.

ערב הסעודית

1. האוקיינוס ההודי   א._____
                      ב._____

2. ירדן   א._____
           ב._____

3. המפרץ הפרסי   א._____
                  ב._____

4. ים סוף   א._____
             ב._____

DIRECTIONAL ENDINGS

In biblical Hebrew, the directional suffix /-ah/ is added to directional nouns and is used in an adverbial function. "we traveled **to the east**" נסענו מזרחָה.   It is similar to a directional case ending in some European languages. In Modern Hebrew the use of the directional preposition ־ל tends to replace the use of this suffix in most cases.

to the east/toward the east	מִזְרָחָה - בכיוון מזרח
to the west/toward the west	מַעֲרָבָה - בכיוון מערב
to the north/toward the north	צָפוֹנָה - בכיוון צפון
to the south/toward the south	דָּרוֹמָה - בכיוון דרום

These forms can also be used instead of prepositional phrases, such as "to the east of" מזרחה ל/ממזרח ל. In speech there is preference for the use of prepositional phrases. The ־ה endings are used in higher language registers, in more formal Hebrew.

See the following examples for use of both forms:

with "case" ending ־ה	**Prepositional phrase**
הם גרים דרומה לתל־אביב.	הם גרים מדרום לתל־אביב.
הכפר שלנו נמצא מזרחה לאשקלון.	הכפר שלנו נמצא ממזרח לאשקלון.

Similar directional endings are found in other nouns, such as in the following examples

ילד, לך הביתה!	הַבַּיְתָה to home	
בואו ניסע העירה!	הָעִירָה to town	
צאו החוצה!	הַחוּצָה (to) outside	
היכנסו פנימה!	פְּנִימָה (to) inside	

מונחים גאוגרפיים — Some Geographical Terms

lake	אֲגָם ז. אֲגַמִּים	valley	עֵמֶק ז. עֲמָקִים	
desert	מִדְבָּר ז. מִדְבָּרִיּוֹת	mountain	הַר ז. הָרִים	
island	אִי ז. אִיִּים	flat lands	שְׁפֵלָה נ. שְׁפֵלוֹת	
river	נָהָר ז. נְהָרוֹת	deep valley	בִּקְעָה נ. בְּקָעוֹת	
small river/stream	נַחַל ז. נְחָלִים	shore	חוֹף ז. חוֹפִים	
		sea	יָם ז. יַמִּים	

תרגיל מספר 8 — EXERCISE 8

Complete the following sentences. If you don't know enough facts, look them up in your maps or your atlas and find the information you need.

__החוף המזרחי__ (חוף האוקיינוס האטלנטי)

הערים הגדולות בחוף המזרחי של ארצות הברית הן: _____

__החוף המערבי__ (חוף האוקיינוס השקט)

בחוף המערבי נמצאות המדינות הבאות: _____

__המערב התיכון__

המערב התיכון הוא אזור האגמים הגדולים והם: _____

__דרום ארצות הברית__

בדרום ארצות הברית יש ערים בחוף האוקיינוס האטלנטי ומפרץ מקסיקו והן: _____

__דרום־מזרח ארצות הברית__

בדרום־מזרח ארצות הברית יש אתרי טבע יפים. יש הרבה פארקים. בין הפארקים האלה הפארקים הידועים הבאים: _____

__צפון־מערב ארצות הברית__

בצפון־מערב ארצות הברית יש הרים גדולים ונהרות גדולים. שם כמה מההרים והנהרות: _____

EXERCISE 9 — תרגיל מספר 9

Describe the weather in the United States. Complete the following paragraphs.

האקלים בארצות הברית

בצפון ארה"ב יש ארבע עונות בשנה: ____________ - עונות קצרות,
ו____________ - העונות העיקריות. ואילו בדרום ארצות הברית יש רק
____________ והן ____________.

אקלים הקיץ

בחוף המזרחי של ארה"ב ובמערב התיכון עונת הקיץ מתחילה ב ____________ ונמשכת עד
________. עונת הקיץ היא עונה של ימי שמש אבל גם עונה של ____________
בצפון מערב ארה"ב, בייחוד בוושינגטון ואורגון ____________ וקריר, ואילו בדרום־מערב ארה"ב
לא ____________, זאת עונה יבשה. במדינות החוף בדרום־מזרח ארה"ב יש סערות
הבאות מן הים והן ידועות בשם ____________.

אקלים החורף

בחוף המזרחי של ארה"ב ובמערב התיכון עונת החורף מתחילה ב ____________ ונמשכת
עד________. בעונת החורף יורדים ____________ וגם יורד ____________. בצפון־מערב
ארה"ב, בייחוד בוושינגטון ואוֹרֶגוֹן, הזרם היפני מהאוקיינוס השקט ממתן את הקוֹר. בהרים יורד
הרבּה ________ אבל בערים על יד החוף לא ____________ ויורדים הרבה ____________.
בדרום־מערב ארה"ב ____________ גשמים והשמש ________ בימי החורף. במדינות החוף
בדרום־מזרח ארה"ב, פלוֹרידה, דרוֹם וצפוֹן קרוֹליינה, יש מזג אוויר ________ ולכן אנשים שלא
אוֹהבים את ________ עוֹברים לגור בהן.

EXERCISE 10 — תרגיל מספר 10

Describe the climate of the region in which you live.

1. איפה האזוֹר שאתה גר בּוֹ?/שאת גרה בּוֹ?
2. מה הן הערים הגדוֹלוֹת בּאזוֹר?
3. האם האקלים הוּא אקלים דרוֹמי אוֹ צפוֹני?
4. תאר/תארי את הנוֹף והטוֹפּוֹגרפיה של האזוֹר.
5. האם זה אזוֹר אידיאלי לחיוֹת בּוֹ?

Describe places which you visited and ones you plan to visit.

תאר מקוֹמוֹת שהיית בּהם או שאת/אתה מקווה להיוֹת בּהם.

6. מה המקוֹם הטוֹב בּיוֹתר שאתה/את מקווה לגוּר בּוֹ?
7. בּאיזה מקוֹם היית בּחוּפשת הקיץ? תאר/תארי את המקוֹם.
8. לאן את/אתה רוֹצה לנסוֹע לחוּפשת הקיץ הבּאה? תאר/תארי את המקוֹם.
9. בּאיזה מקוֹם היית בּחוּפשת החוֹרף? תאר/תארי את המקוֹם.
10. לאן את/אתה רוֹצה לנסוֹע לחוּפשת החוֹרף הבּאה? תאר/תארי את המקוֹם.

READING 2 קטע קריאה 2

הבנת הנקרא: בעיות אקלימיות בארצות־הברית

יש שנים שיש בהן בעיות אקלימיות רבות. אזורים שונים בארצות הברית נפגעים בשִטפונות וסערות הוריקיין מהים. בעיקר במרכז ודרום ארה"ב יש סופות טורנדו, ובצפון יש סופות שלגים. בדרום ובמערב ארה"ב יש שנים של חוסר גשמים.

בשנות השלושים הייתה בצורת חמורה במדינות קנזס ואוקלהומה. באותה תקופה היה אזור זה ידוע כ"קערת האבק" . מפני שבמשך תקופה ארוכה הייתה בצורת ולא הייתה פרנסה באזור, אנשים רבים עזבו את האזור. הרבה סיפורים ושירים נכתבו על התקופה הזאת. ביחוד ידועים ספרו של ג'והן סטיינבק "עִנבֵי הזַעַם" ושירָיו של המשורר־הזמר וודי גַאטרִי.

בקיץ 1992 גרם הוריקיין "אַנדרו" לנזקים עצומים בדרום פלורידה. נזק גדול נגרם לבתים ומאות אנשים נשארו ללא קורת גג. הממשלה עזרה, אבל תהליך השיקום היה איטי והסֵבֶל היה רב. קיץ 1993 יהיה ידוע במשך שנים רבות כקיץ השטפונות במערב התיכון של ארצות הברית, הקיץ שבו עלו נהרות המיסיסיפי והמיזורי על גדותיהם וגרמו נזק רב לערים ולישובים החקלאיים שבסביבותיהם. בדרום קליפורניה אנשים רבים יזכרו את סתיו 1993. זה היה סתיו שהיו בו שׂריפות רבות שהרסו שכונות שלמות. לא ידוע אם השׂריפות האלה היו כולן אסונות טבע. חלק מהן היה תוצאה של מקרים של הצתה בזדון. בקיץ 1995 היו רוחות הוריקיין חזקות מאוד שגרמו נזק רב לערים סביב הים הקריבי.

אַף כִּי יש בעיות אקלימיות במקומות האלה, אנשים ממשיכים לגור ולִחיות בהם. אסונות הטבע חוזרים , ואחרי שהם עוברים, האנשים חוזרים ובונים שנית.

EXERCISE 11 תרגיל מספר 11

ענה על שאלות התוכן:

1. איזה מין אסונות טבע יש בארה"ב?
2. למה קראו לאזור קנזס ואוקלהומה "קערת האבק"?
3. איפה היו שטפונות בשנת 1993 ומה היו התוצאות?

4. למה אתם חושבים שאנשים ממשיכים לגור במקומות שנהרסו אחרי אסונות טבע?
5. האם אתם הייתם חוזרים לביתכם אחרי אסון טבע כמו שיטפון, שריפה או סופה חזקה?
6. מאז 1995 היו כבר סופות אחרות ואסונות טבע אחרים - תארו מקרה כזה.

Review of the Nif'al Conjugation — חזרה על בניין נפעל

SPEECH PATTERNS	תבניות לשון
You don't take enough precautions.	אתם לא נִזְהָרים מספיק.
Who will go in with us to the office?	מי יִיכָּנֵס איתנו למשׂרד?
Be careful! The roads are very wet.	הִיזָּהֲרוּ הכּבישים מאוד רטובים.
The floods are caused by the many rains.	השטפונות נִגְרָמים עַל יְדֵי הגשמים הרבּים.

NIF'AL IN PAST AND PRESENT

One of the features which is typical to בניין נפעל is the letter -נִ that begins all verb forms in past and present tenses. The name of the conjugation נפעל reflects that feature.

נפעל - עבר	נִ + כ.נ.ס.	נִכנסתי, הוא נִכנס נִכנסנו, הם נִכנסו
נפעל - הווה	נִ + כ.נ.ס.	הוא נִכנס, היא נִכנסת

NIF'AL IN FUTURE

All future forms, with the exception of אני, have an /i/ vowel as part of the pronoun prefix of the future tense *(tikanes, tikansi, yikanes)*. When the verb forms are written without vowels, an extra י is inserted after the future prefix formative letter to reflect the /i/ vowel: תיכנס, תיכנס. In the first singular אֶכָּנֵס, which has an אֶ prefix with the vowel /e/, no such insertion of י occurs.

נפעל - עתיד	ת־/י־/נ־ + כָּנֵס	אֶכָּנֵס , הוא יִכָּנֵס נִכָּנֵס, הם יִכָּנְסוּ	**with vowels:**
נפעל - עתיד	ת־/י־/נ־ + כנס	אֶכָּנֵס , הוא ייכנס ניכנס, הם ייכנסו	**without vowels:**

NIF'AL IMPERATIVE AND INFINITIVE

In the imperative and infinitive forms, there is an initial -ה which precedes the root letters.

נפעל ־ ציווי	ה־ + כָּנֵס	הִכָּנֵס!	הִכָּנסִי!	הִכָּנסוּ!	**with vowels:**
נפעל ־ ציווי	הי־ + כנס	היכנס!	היכנסי!	היכנסו!	**without vowels:**
נפעל ־ שם פועל	ל + הִכָּנֵס	לְהִכָּנֵס			**with vowels:**
נפעל ־ שם פועל	ל + היכנס	להיכנס			**without vowels:**

נטיית השורש /כ.נ.ס./ בבניין נפעל ־ שלמים

עבר	הווה	עתיד	ציווי	שם הפועל
נִכְנַסְתִּי	נִכְנָס	אֶכָּנֵס		לְהִיכָּנֵס
נִכְנַסְתִּי	נִכְנֶסֶת	אֶכָּנֵס		
נִכְנַסְתָּ	נִכְנָס	תִּיכָּנֵס	הִיכָּנֵס!	
נִכְנַסְתְּ	נִכְנֶסֶת	תִּיכָּנְסִי	הִיכָּנְסִי!	
הוּא נִכְנַס	נִכְנָס	הוּא יִיכָּנֵס		
הִיא נִכְנְסָה	נִכְנֶסֶת	הִיא תִּיכָּנֵס		
נִכְנַסְנוּ	נִכְנָסִים	נִיכָּנֵס		
נִכְנַסְנוּ	נִכְנָסוֹת	נִיכָּנֵס		
נִכְנַסְתֶּם	נִכְנָסִים	תִּיכָּנְסוּ	הִיכָּנְסוּ!	
נִכְנַסְתֶּן	נִכְנָסוֹת	תִּיכָּנְסוּ	הִיכָּנְסוּ!	
הֵם נִכְנְסוּ	נִכְנָסִים	הֵם יִיכָּנְסוּ		
הֵן נִכְנְסוּ	נִכְנָסוֹת	הֵן יִיכָּנְסוּ		

Notice that the verbs in the table which are in the future, imperative, and infinitive have an extra י inserted after the first letter of the prefix of forms with the vowel /i/. Even though there are vowels included in this table, the insertion of the י is to remind you to include it in your writing.

VARIATIONS IN PRONUNCIATION

1. ב/כ/פ as first letter of the root

In verbs which have ב/כ/פ as a first radical, in the past and present they are pronounced ב/כ/פ /v/ /kh/ /f/, but in the future, imperative, and infinitive they are pronounced בּ/כּ/פּ /b/ /k/ /p/.

עבר	ש"פ	3	2	1	
נִבחַר	להיבָּחֵר	ר	ח	ב	פ' הפועל = ב
נִכתַב	להיכָּתֵב	ב	ת	כ	פ' הפועל = כ
נִפרַד	להיפָּרֵד	ד	ר	פ	פ' הפועל = פ

ייבָּחֵר	נִבחָר	נִבחַר	to be elected	להיבָּחֵר
ייכָּתֵב	נִכתָב	נִכתַב	to be written	להיכָּתֵב
ייפָּרֵד	נִפרָד	נִפרַד	to take leave	להיפָּרֵד

2. ב/כ/פ as second letter of the root

In verbs which have ב/כ/פ as a second radical, in the past and present, they are pronounced as בּ/כּ/פּ /b/ /k/ /p/, but in the future, imperative, and infinitive they are pronounced as ב/כ/פ /v/ /kh/ /f/.

עבר	ש"פ	3	2	1	
נִשבַּר	להישָבֵר	ר	ב	ש	ע' הפועל = ב
נִזכַּר	להיזָכֵר	ר	כ	ז	ע' הפועל = כ

יישָבֵר	נִשבָּר	נִשבַּר	to be elected	להישָבֵר
ייזָכֵר	נִזכָּר	נִזכַּר	to be elected	להיזָכֵר

3. Nif'al verbs with first radical א, ע, ה, ח

In verbs which have א/ע/ה/ח as a first radical, the vowel of the prefix letter is changed. The /i/ vowel associated as the vowel of Nif'al is changed to /e/.

	1	2	3	ש"פ		עבר
פ' הפועל = א	א	ס	ר	לְהֵאָסֵר	(להיאסר)	נֶאֱסַר
פ' הפועל = ה	ה	ר	ס	לְהֵהָרֵס	(להיהרס)	נֶהֱרַס
פ' הפועל = ח	ח	ב	א	לְהֵחָבֵא	(להיחבא)	נֶחְבָּא
פ' הפועל = ע	ע	ל	ם	לְהֵעָלֵם	(להיעלם)	נֶעֱלַם

לְהֵאָמֵר	to be said	נֶאֱמַר	נֶאֱמָר	יֵיאָמֵר
לְהֵהָרֵס	to be ruined	נֶהֱרַס	נֶהֱרָס	יֵיהָרֵס
לְהֵחָתֵךְ	to be cut	נֶחְתַּךְ	נֶחְתָּךְ	יֵיחָתֵךְ
לְהֵעָצֵר	to be detained	נֶעֱצַר	נֶעֱצָר	יֵיעָצֵר

נטיית השורש /ע.ל.מ/ בבניין נפעל - פ' גרונית

עבר	הווה	עתיד	ציווי	שם הפועל
נֶעֱלַמְתִּי	נֶעֱלָם	אֵעָלֵם		לְהֵיעָלֵם
נֶעֱלַמְתִּי	נֶעֱלֶמֶת	אֵעָלֵם		
נֶעֱלַמְתָּ	נֶעֱלָם	תֵּיעָלֵם	הֵיעָלֵם!	
נֶעֱלַמְתְּ	נֶעֱלֶמֶת	תֵּיעָלְמִי	הֵיעָלְמִי!	
הוא נֶעֱלַם	נֶעֱלָם	הוא יֵיעָלֵם		
היא נֶעֶלְמָה	נֶעֱלֶמֶת	היא תֵּיעָלֵם		
נֶעֱלַמְנוּ	נֶעֱלָמִים	נֵיעָלֵם		
נֶעֱלַמְנוּ	נֶעֱלָמוֹת	נֵיעָלֵם		
נֶעֱלַמְתֶּם	נֶעֱלָמִים	תֵּיעָלְמוּ	הֵיעָלְמוּ!	
נֶעֱלַמְתֶּן	נֶעֱלָמוֹת	תֵּיעָלְמוּ	הֵיעָלְמוּ!	
הם נֶעֶלְמוּ	נֶעֱלָמִים	הם יֵיעָלְמוּ		
הן נֶעֶלְמוּ	נֶעֱלָמוֹת	הן יֵיעָלְמוּ		

A verb which belongs to this classification: לֵיהָנוֹת "to enjoy" (root ה.נ.ה.) is conjugated in Lesson 24.

4. Nif'al verbs with second radical א, ע, ה, ח — בניין נפעל: ע׳ גרונית

In verbs which have א/ע/ה/ח as a second radical, in forms where the second radical was supposed to have a zero vowel, there is a "helping" vowel /a/ so that these letters can be sounded:

	1	2	3	עבר	עתיד	ציווי
ע׳ הפועל = א	ש	א	ל	נִשאֲלָה, נִשְׁאֲלוּ	תִּישָּׁאֲלִי, תִּישָּׁאֲלוּ, יִישָּׁאֲלוּ	הִישָּׁאֲלִי! הִישָּׁאֲלוּ!
ע׳ הפועל = ה	ז	ה	ר	נִזְהֲרָה, נִזְהֲרוּ	תִּיזָּהֲרִי, תִּיזָּהֲרוּ, יִיזָּהֲרוּ	הִיזָּהֲרִי! הִיזָּהֲרוּ!
ע׳ הפועל = ח	ש	ח	ק	נִשְׁחֲקָה, נִשְׁחֲקוּ	תִּישָּׁחֲקִי, תִּישָּׁחֲקוּ, יִישָּׁחֲקוּ	הִישָּׁחֲקִי! הִישָּׁחֲקוּ!
ע׳ הפועל = ע	ס	ע	ר	נִסְעֲרָה, נִסְעֲרוּ	תִּיסָּעֲרִי, תִּיסָּעֲרוּ, יִיסָּעֲרוּ	הִיסָּעֲרִי! הִיסָּעֲרוּ!

ON MEANINGS IN NIF'AL

Active and Passive Verbs of בניין נפעל

Verbs in the Nif'al conjugation can be divided by meaning into two separate groups: active verbs and passive verbs which have an active counterpart in the פעל conjugation.

Active Verbs in the Nif'al Conjugation

Active נפעל verbs, such as להיזהר מ "to beware of" and the verb להיכנס ל/אל "to enter", are conjugated in all persons. These active verbs are often followed by prepositions which link them with their objects

- We registered for classes. — נרשמנו לקורסים.
- Beware of these dogs. — תיזהר מהכלבים האלה.
- We entered his office to search for the book. — נכנסנו למשרד שלו לחפש את הספר.

There is a group of Nif'al verbs which have passive meanings, and have an active counterpart in the פעל conjugation. In English this contrast is expressed by using an active and a passive voice: *"he asked a question" = "the question was asked."*
In Hebrew, this relationship is expressed by using two different בניינים:

הוא שאל את השאלה = השאלה נשאלה.

Here are some more examples:	בניין נפעל	בניין פעל
He tore the picture = the picture **was torn.**	התמונה נקרעה.	הוא קרע את התמונה.
She opened the bag = the bag **was opened.**	התיק נפתח.	היא פתחה את התיק.
They inflicted damages = damages **were inflicted**.	נגרמו נזקים.	הם גרמו לנזקים.

Two ways to express passive meaning:

The passive meaning can be expressed in two ways: (a) by using נפעל verbs which have a passive meaning, or (b) by using פעל counterpart verbs in subjectless sentences משפטים סתמיים.

In everyday spoken language the active impersonal form of the verb is preferred to the Nif'al passive form. They have an identical meaning.

The store opened/**was opened** at 8:00.	1. החנות נִפתחָה בשמונה.
	2. פָּתחוּ את החנות בשמונה.
Schools **are closed** during vacation.	1. בתי הספר נִסגָרים בזמן החוּפשה
	2. סוֹגרים אֶת בתי הספר בּזמן החוּפשה.
The book **is sold** in all the stores.	1. הספר נִמכָּר בכל החנויות.
	2. מוֹכרים את הספר בכל החנויות.
The tickets **will be sold** at the box office.	1. הכרטיסים יִימָכְרוּ בקופה
	2. יִמְכְּרוּ את הכרטיסים בקופה.

If there is an agent/actor (one who performs the act) it is linked to the verb by the preposition עַל ידֵי. In English, the preposition "by" is used to indicate an agent in a passive sentence: If **A** sells **B**, then **B** is sold by **A**.

The book was sold by Dan = Dan sold the book. הספר נִמכַּר על ידֵי דן = דן מָכַר את הספר.

Here are some more examples:

בניין נפעל	בניין פעל
נזקים נִגרָמים על ידי אנשים.	אנשים גוֹרמים נזקים.
המפגינים יֵיעָצרו על ידי המשטרה.	המשטרה תַעצור את המפגינים.
הדברים האלה נֶאֱמרו על ידי הילד.	הילד אָמַר את הדברים האלה.

נטייה בגוף שלישי בלבד

Many נפעל verbs with passive meanings are conjugated in the third person only, as they do not apply to human beings.

The tickets were sold at a reasonable price.	הכרטיסים נמכרו במחיר סביר.
My suitcase was opened.	המזוודה שלי נפתחה.
The foundations were dug for the houses.	היסודות נחפרו לבתים.
The letter was written and sent to you.	המכתב נכתב ונשלח אליך.

נטיית השורש /ג.ר.מ./ בבניין נפעל בגוף שלישי

Damages can be caused to an individual, but an individual cannot be caused to another person. It makes no logical sense. Formally, all the forms of the verb can be conjugated, but since it makes no sense to use first or second person, the verb is only conjugated in the third person.

	שם הפועל	עתיד	הווה	עבר
to be caused	לְהִגָּרֵם (להיגרם)	יִגָּרֵם (ייגרם)	נִגרָם	נִגרַם
		תִּגָּרֵם (תיגרם)	נִגרֶמֶת	נִגְרְמָה
		יִגָּרְמוּ (ייגרמו)	נִגרָמִים	
			נִגרָמוֹת	נִגְרְמוּ

EXERCISE 12 — תרגיל מספר 12

חלק א. השלם את צורות הפעלים

פועל 1: לְהִיכָּנֵס

זמן	מי?	פועל	לאן?	השלמות
עבר	1. אורית	________	לחדר	אִתִּי.
עתיד	2. הילדים	לא ______	הַבַּיְתָה	אם לא יהיה להם מפתח.
ציווי	3. ילדים,	אל ______	הֵנָּה	עכשיו!
הווה	4. אנחנו	________	לַבניין	כי קר בחוץ.
עבר	5. אתם	________	לָאוּלָם	באמצע הקונצרט?

חלק ב. שנה את הזמנים של הפעלים הבאים:

להיפָּגַע	להיזהר	להיפגש	להיפרד	להיכנס

1. הנוסעים נפרדים בשׂדה התעופה. עתיד:
2. אנשים ייפגעו בדרכים. עבר:
3. הם לא ייפרדו. הווה:
4. אני נזהרת לא ללכת לבד בלילה. עבר:
5. נפרדנו בתחנת הרכבת. עתיד:
6. הם נפגשו בשיעור. עתיד:
7. את לא נזהרת מספיק. עבר:
8. למה אתם לא נפגשים בבית קפה? עתיד:
9. הוא ייכנס לשיעור שלנו. הווה:
10. דליה נזהרת כשהיא נוהגת. עבר:

חלק ג. שנה את הזמנים

Change the tenses:

הפעלים הסבילים בגוף שלישי:

1. הבעיות נגרמו על ידי המשטרה. הווה:
2. עונת הקיץ נמשכת עד סוף אוגוסט. עבר:
3. הדלתות נסגרות בשמונה. עתיד:
4. הסרט ייגמר בשש. עבר:
5. הבנק נפתח רק בעשׂר. עתיד:
6. התאונות נגרמות בגלל התנאים הגרועים. עתיד:
7. הלימודים נמשכים עד יוני. עבר:
8. למה בתי הקפה נסגרים בעשׂר? עתיד:
9. ההרצאה שלנו נגמרה בשש . הווה:
10. החנות תיפתח בחודש הבא. עבר:

חלק ד. שנה מפועל בנפעל למשפט סתמי עם פועל בבניין פעל.

Change the sentences to impersonal sentences. Change verbs from Nif'al to Pa'al. Subject of Nif'al becomes object of Pa'al verb.

1. החנות לא נִפתְּחָה עד עשר. סתמי: *לא פתחו את החנות עד עשר.*
2. הדלתות נסגרו בשבע בדיוק. סתמי: ____________

3. השיעור נגמר כל ערב בשש. סתמי: ____________________
4. הבריכה תיפתח מחר בבוקר. סתמי: ____________________
5. אין ספק שיימצא מקום למסיבה.. סתמי: ____________________
6. זמני השיעורים נִקבעו לפני שנה. סתמי: ____________________
7. העוגות כבר נֶאֱפוּ. סתמי: ____________________
8. בתי קפה חדשים ייפתחו בעיר. סתמי: ____________________
9. חמישה אנשים נעצרו היום. סתמי: ____________________
10. הילדים נמצאו . סתמי: ____________________

READING 3 — קטע קריאה מספר 3

1. תחזית מזג אוויר בעיתון

מזג אוויר נעים בחג
מזג־אוויר נוח ונעים ישׂרור מהיום ועד יום ראשון

העלייות והירידות במידות החום יהיו קלות ולא משמעותיות. לדִברֵי החַזַאי יהיה מזג-אוויר נוחַ בכל חלקי הארץ, אידֵאלי לטיולֵי החג.

מחר ומחרתיים יגיעו מידות החום במישור החוף ל־28 מעלות, בכינרת ל־33 מעלות ובאילת ל־35 מעלות. ביום ששי ובשבת תהיה ירידה מסויימת בטמפרטורות בכל הארץ. הים יהיה נוח עד גלי.

2. בישראל הטמפרטורות נמדדות לפי סולם צלזיוס

טמפרטורות בצלזיוס	מזג אוויר	טמפרטורות בפרנהייט
0 מעלות	קר	32 מעלות
10 מעלות	קריר	50 מעלות
20 מעלות	נעים	68 מעלות
35 מעלות	חם	95 מעלות

Verbal Nouns — שמות פעולה

SPEECH PATTERNS — תבניות לשון

הטמפרטורה תֵרֵד = תהיה יְרִידָה.
The temperature will fall = there will be a fall.

הטמפרטורה תַעֲלֶה = תהיה עֲלִיָּה.
The temperature will rise = there will be a rise.

יהיו עֲלִיּוֹת וִירִידוֹת בְּמְנָיוֹת בבורסָה.
There will be rises and falls in the stocks in the market.

It is possible to derive nouns from verbs. Many such nouns are known as verbal nouns שמות פעולה. Each *conjugation pattern* בניין has several forms of verbal nouns associated with it. Verbal nouns function as any other nouns and they have a gender, masculine or feminine, and a number, singular and plural.

Here is a form of verbal nouns for the conjugation Pa'al:

Verbal Nouns	שמות פעולה	Infinitive	שם הפועל	שורש
fall (of temperature)	יְרִידָה (נ) יְרִידוֹת	to go down/to fall	לָרֶדֶת	י.ר.ד.
rise (of temperature)	עֲלִיָּיה (נ) עֲלִיּוֹת	to go up/to rise	לַעֲלוֹת	ע.ל.ה.

Here is another meaning to these two verbs in another context:

Verbal Nouns	שמות פעולה	Infinitive	שם הפועל	שורש
emigration from Israel	יְרִידָה (נ)	migrate	לָרֶדֶת	י.ר.ד.
immigration to Israel	עֲלִיָּיה (נ)	immigrate	לַעֲלוֹת	ע.ל.ה.

Not all Pa'al verbs have derived verbal nouns. It is not possible to predict whether a particular verb will have a verbal noun. Some verbs have several verbal nouns which are derived from their root and are related to a particular conjugation pattern.

Here is an example:

Verbal Nouns	שמות פעולה	Infinitive	שם הפועל	שורש
item of news	יְדִיעָה (נ) יְדִיעוֹת	to know	לָדַעַת	י.ד.ע.
information	מֵידָע (ז)			
knowledge	יֶדַע (ז)			

EXERCISE 13 — תרגיל מספר 13

Write the form of the verbal nouns derived from the verbs and translate.

Verbal Nouns	שמות פעולה	Infinitive	שם הפועל	שורש
______	______	______	לִקְרוֹא	ק.ר.א.
______	______	______	לִקְנוֹת	ק.נ.ה.
______	______	______	לִכְתּוֹב	כ.ת.ב.
______	______	______	לִשְׁמוֹעַ	ש.מ.ע.
______	______	______	לִרְאוֹת	ר.א.ה.
______	______	______	לִשְׁתּוֹת	ש.ת.ה.

תארים חדשים

SPEECH PATTERNS	תבניות לשון
The weather will be nice.	מזג האוויר יהיה נוֹח.
There will be a slight rise in temperature.	העלייה בטמפרטורה תהיה קַלָּה.
In the mountains there were strong winds.	בהרים היו רוחות חזקות.

The above adjectives, like all adjectives, are used as predicates of sentences or as adjectives which follow nouns. Some have a special meaning in the weather domain and are translated to an equivalent usage in English in the same domain. These adjectives can be translated differently when they are used with other types of nouns.

	רבים/רבות	יחיד/ה
perfect, ideal	אִידֵאָלִיִּים/אִידֵאָלִיּוֹת	אִידֵאָלִי/אִידֵאָלִית
some, certain	מְסוּיָּמִים/מְסוּיָּמוֹת	מְסוּיָּם/מְסוּיֶּמֶת
considerable, meaningful	מַשְׁמָעוּתִיִּים/מַשְׁמָעוּתִיּוֹת	מַשְׁמָעוּתִי/מַשְׁמָעוּתִית
nice, comfortable	נוֹחִים/נוֹחוֹת	נוֹחַ/נוֹחָה
notable, significant, conspicuous	נִיכָּרִים/נִיכָּרוֹת	נִיכָּר/נִיכֶּרֶת
slight, light; easy	קַלִּים/קַלּוֹת	קַל/קַלָּה
strong, heavy	חֲזָקִים/חֲזָקוֹת	חָזָק/חֲזָקָה

EXERCISE 14 — תרגיל מספר 14

Translate the sentences

1. He wrote meaningful things about the book.
2. There is a considerable rise in the temperature.
3. It is an ideal place to build a house.
4. This is an ideal weather.
5. This is not the ideal family.
6. There are certain things that are important.
7. There will be certain rises in the degrees of heat.
8. There was a notable rise in temperature.
9. There are considerable changes in the weather.
10. We heard meaningful information about this country.

EXERCISE 15 — תרגיל מספר 15

השלם את המשפטים עם התארים:

קלים/חזקות/אידאלי/קלה /מסויימת/ניכרת /משמעותיות/אידאלית/נוחים/נוח/מסויימים

1. היו גשמים _________ הערב והחלטנו שאפשר לצאת לטיול.
2. הייתה עלייה ________ במידות החום, לא משמעותית - אבל היה מספיק חם כדי ללכת לשפת הים.
3. היו ירידות _________ בטמפרטורה ואז החלטנו לא לנסוע לחוף הים.
4. זה מזג אוויר ממש ______ לטיולים.
5. כאן יש מידת גשמים __________ - יורדים הרבה מאוד גשמים.
6. בהוואי יש אקלים ________ - לא קר וגם לא חם מאוד ואין הפרשי טמפרטורות גדולים בין יום ולילה.
7. יש אנשים ________ שלא אוהבים את הקור, אבל אנחנו נהנים מימי הקור.
8. בהרים הטמפרטורה _________ לאנשים שאוהבים לעסוק בספורט חורף.
9. אתמול היו רוחות ________ - כמעט רוחות הורקיין, אבל לא היה קר.
10. בים היו תנאים ________ - לא היה ים סוער אבל הייתה רוח ______ - אז יצאנו לשיט.

EXERCISE 16 — תרגיל מספר 16

A. Write a weather forecast for a rainy and cold winter day.

מחר תהיה ירידה _______________ במשך היום
_______________ והטמפרטורה _______
_______________. בערב _______________
ובשעות הלילה המאוחרות _______________.
בהרים _______________ ובאזור החוף _______________.

B. Write a weather forecast for a gentle fall day.

מחר יהיו רוחות _____ ו_____.
במשך היום יהיו עננים _____ , והטמפרטורה תהיה _____ מעלות.
הים יהיה _____. כדאי ללכת לים, כי עדיין חם ונעים.
שקיעת השמש בשעה _____.
בשעות הערב יהיו גשמים _____בהרים.
בשעות הלילה המאוחרות יהיה _____.

C. Write a weather forecast for a hot and stifling summer day.

מחר תהיה עלייה _____
במשך היום _____ , הטמפרטורה _____
והים _____ בשעות הערב תהיה רוח _____
_____ ובשעות הלילה המאוחרות.
מחרתיים _____.

D. Write a weather forecast for a nice spring day.

מחר תהיה עלייה _____ . במשך היום
_____ , הטמפרטורה _____ והים
_____. שקיעת השמש בשעה _____.
בשעות הערב תהיה רוח _____בהרים ובשעות הלילה המאוחרות
_____ . מחרתיים _____.
כדאי לתכנן טיול!

READING 4 — קטע קריאה מספר 4

קרא להנאתך

חופים הם לפעמים

חוֹפִים הֵם לִפְעָמִים גַּעֲגוּעִים לְנַחַל
רָאִיתִי פַּעַם חוֹף
שֶׁנַּחַל עֲזָבוֹ
עִם לֵב שָׁבוּר שֶׁל חוֹל וָאֶבֶן
וְהָאָדָם הוּא לִפְעָמִים גַּם כֵּן יָכוֹל
לְהִשָּׁאֵר נָטוּשׁ וּבְלִי כּוֹחוֹת
מַמָּשׁ כְּמוֹ חוֹף.

גַּם הַצְּדָפִים
כְּמוֹ חוֹפִים, כְּמוֹ הרוּחַ,
גַּם הַצְּדָפִים הֵם לִפְעָמִים גַּעֲגוּעִים
לְבַיִת שֶׁתָּמִיד אֲהֵבוּ
אֲשֶׁר הָיָה שָׁם
וְרַק הַיָּם
שָׁר לְבַדּוֹ אֶת שִׁירָיו
כַּךְ בֵּין צִדְפֵּי לִבּוֹ שֶׁל הָאָדָם שָׁרִים לוֹ נְעוּרָיו.

געגועים	*yearnings*
עזבו	*left him*
לב שבור	*broken heart*
חול ואבן	*sand & stone*
נטוש	*envelope*
צדפים	*sea shells*
נעוריו	*his youth*

שיר של נתן יונתן

נחום היימן כתב לחן לשיר

יש ביצוע מומלץ של חוה אלברסטיין בתקיטה "כמו צמח בר"

SUMMARY OF LESSON 26	שיעור 26: גאוגרפיה ואקלים
READING SELECTIONS:	**נושאים לקריאה ודיון:**
Geographic and climatic zones	אזורים גיאוגרפיים ואקלימיים
Weather broadcast	תחזית מזג אוויר בעיתון
Climatic problems in the U.S.	בעיות אקלימיות בארצות הברית
A poem by Natan Yonatan	חופים הם לפעמים
LANGUAGE TOPICS:	**נושאים לשוניים:**
Noun phrases: nouns & adjectives	צרופים שמניים: שמות ותארים
Noun-noun phrases	צרופי סמיכות
South, north, east, and west	כיוונים: דרום, צפון, מזרח ומערב
Geographic terms	מונחים גיאוגרפיים
Review of Nif'al conjugation	חזרה על בניין נפעל
Verbal nouns	שמות פעולה
New adjectives	תארים חדשים

סיכום של בניין נפעל בשיעור 26

	שלמים	שלמים	פ׳ גרונית	ע׳ גרונית
	כ.נ.ס.	ש.ב.ר.	ע.צ.ר.	ז.ה.ר.
עבר	נִכנַס	נִשבַּר	נֶעֱצַר	נִזהַר
עבר	נִכנַסתֶם	נִשבַּרתֶם	נֶעֱצַרתֶם	נִזהַרתֶם
הווה	נִכנָס	נִשבָּר	נֶעֱצָר	נִזהָר
הווה	נִכנָסִים	נִשבָּרים	נֶעֱצָרים	נִזהָרים
עתיד	אֶכָּנֵס	אֶשָּׁבֵר	אֶעָצֵר	אֶזָהֵר
עתיד	תִיכָּנסוּ	תִישָּׁבְרוּ	תֵיעָצֵרוּ	תִיזָהֲרוּ
ציווי	הִיכָּנֵס	הִישָּׁבֵר	הֵיעָצֵר	הִיזָהֵר
ציווי	הִיכָּנסוּ	הִישָּׁבְרוּ	הֵיעָצֵרוּ	הִיזָהֲרוּ
שם פועל	להִיכָּנֵס	להישָּׁבֵר	להֵיעָצֵר	להִיזָהֵר

רשימת מילים חדשות

NEW VOCABULARY LIST

שמות

NOUNS

אוֹקְיָנוֹס ז. אוֹקְיָנוֹסִים	ocean
אֵזוֹר ז. אֲזוֹרִים	region
אָסוֹן ז. אֲסוֹנוֹת	disaster
אַקְלִים ז. אקלימים	climate
בַּצּוֹרֶת נ.	drought
בִּקְעָה נ. בְּקָעוֹת	deep valley, depression
דָּרוֹם ז.	south
הֶבדֵל ז. הֶבדֵלִים	difference
הָר ז. הָרִים	mountain
חוֹבָה נ. חוֹבוֹת	obligation
חוֹזֶק ז.	strength, intensity
חוֹסֶר ז.	lack of
חוֹף ז. חוֹפִים	shore, beach
יְרִידָה נ. ירידוֹת	fall
כִּיווּן ז. כִּיווּנִים	geographic direction
מִגוָן ז. מִגוָנִים	variety
מִדבָּר ז. מִדבָּרִיוֹת	desert
מְדִינָה נ. מְדִינוֹת	state
מִזרָח ז.	east
מַחֲצִית נ.	mid- /half
מַעֲרָב ז.	west

מִפרָץ ז. מִפרָצִים	gulf, bay
נָהָר ז. נהָרוֹת	river
נֵזֶק ז. נזָקִים	damage
נַחַל ז. נחלים	stream, river
סֵבֶל ז.	suffering
סוּפָה נ. סוּפוֹת	storm
סעָרָה נ. סעָרוֹת	storm
צִמצוּם ז. צִמצוּמִים	decrease
עֵמֶק ז. עֲמָקִים	valley
צָפוֹן ז.	north
קִרבָה נ.	proximity
שֶׁטַח ז. שטָחִים	area
שִׁיטָפוֹן ז. שיטפוֹנוֹת	flood
עֲלִיה נ. עֲליוֹת	rise
שִׁיקוּם ז.	rehabilitation
שפֵלָה נ. שפלוֹת	lowlands
שׂרֵפָה נ. שׂרֵפוֹת	fire
תַהֲלִיך ז. תַהֲלִיכִים	process
תַחֲזִית נ. תַחֲזִיוֹת	forecast
אֲגָם ז. אֲגָמִים	lake

תארים ושמות

ADJECTIVES & NOUNS

אִיטִי־אִיטִית	slow (adj.)
בָּהִיר־בְּהִירה	clear (adj.)
גַלִי־גלִית	wavy (adj.)
גָשׁוּם־גשׁוּמה	rainy (adj.)
דְרוֹמִי־דְרוֹמִית	southern (adj.)
חֲזַאי־חֲזָאִית	forecaster
חָמוּר־חֲמוּרה	serious, grave (adj.)

כָּבֵד־כּבֵדה	heavy (adj.)
לַח־לַחָה	humid (adj.)
מוּמלָץ־מוּמלֶצֶת	recommended (adj.)
מִזרָחִי־מִזרָחִית	eastern (adj.)
מסוּיָים־מסוּיֶימֶת	certain (adj.)
מַעֲרָבִי־מַעֲרָבִית	western (adj.)
נוֹחַ־נוֹחָה	pleasant (adj.)

immense (adj.)	עָצוּם־עֲצוּמָה	tropical (adj.)	טרוֹפִּי־טרוֹפִּית
northern (adj.)	צְפוֹנִי־צְפוֹנִית	dry , arid (adj.)	יָבֵשׁ־יְבֵשָׁה
slight (adj.)	קַל־קַלָּה	known as (adj.)	יָדוּעַ בְּשֵׁם־ידוּעָה בְּשֵׁם
		stifling (adj.)	מַחֲנִיק־מַחֲנִיקָה

VERBS — פעלים

to be detained	נֶעֱצַר־לְהֵיעָצֵר	to ruin, wreck	הָרַס־לַהֲרוֹס
to be hurt	נִפגַע-לְהִיפָּגַע	to be spread out	הִשְׂתָּרֵעַ-להִשׂתָּרֵעַ
to be determined	נִקבַּע־לְהִיקָּבַע	temper, modify	מִיתֵן־לְמַתֵּן
to pass over/pass by	עָבַר־לַעֲבוֹר	to be caused by	נִגרַם־לְהִיגָּרֵם
to halt, stop	עָצַר־לַעֲצוֹר	to be wrecked, ruined	נֶהֱרַס־לֵהָרֵס
to go down, set	שָׁקַע-לִשקוֹעַ	be careful, take care	נִזהַר-להִיזָּהֵר
to signify, mark	צִיֵּין-לְצַיֵּין	to disappear	נֶעֱלַם־לְהֵיעָלֵם

ADVERBS — תארי פועל

underneath	מִתַּחַת ל	even though	אַף כִּי
by	עַל יְדֵי	more powerfully	בְּיֶתֶר חוזקָה
officially	רִשמִית	as a result of this	כתוֹצָאָה מִכָּך
again, once more	שֵׁנִית	through the length of	לְאוֹרֶך
		totally, altogether	לְגַמרֵי

EXPRESSIONS & PHRASES — ביטויים וצירופים

B.C.E.	לִפנֵי הספירה	natural disaster	אֲסוֹן טֶבַע ז.
the Dust Bowl	עָלוּ על גדוֹתֵיהֶם	an agricultural settlement	יִישּׁוּב חַקלָאִי ז.
hot desert wind	עִנבֵי הַזַּעַם	will remain in memory	יישָׁמֵר בְּזִכרוֹנָם
ran over their banks	קַעֲרַת הָאָבָק	high rise building	בִּניָין רַב קוֹמוֹת ז.
The Grapes of Wrath	רוּחַ שָׁרָב ז. רוּחוֹת שָׁרָב	arson	הַצָּתָה בְּזָדוֹן ז.
		without a roof, homeless	לְלֹא קוֹרַת גג

Some vocabulary lists are extensive. Vocabulary items can be divided into active and passive vocabulary, according to the needs of students and the instructor's discretion.

LESSON 27 | שיעור מספר 27

READING 1 | קטע קריאה מספר 1

הֵי דָרוֹמָה!

אילת היא העיר הדרומית ביותר בישראל. בחורף היא מושכת הרבה מבקרים מהארץ ומחוץ לארץ. הם באים לבקר באילת כי יש בה חוף ים יפה ואקלים מצויין. לאילת באים גם תיירים ומבקרים בקיץ, כי האוויר באילת הוא יָבֵש ונעים. אילת היא מקום יפה לנופש. חוף ים סוף מושך אליו צוללנים מכל העולם בגלל האקלים הנוח בחודשֵי החורף ובגלל הנוף התַת־מֵימִי של דגים ואלמוגים.

אילת נזכרת במקרא בספר דברים: "וַנַעֲבֹר...מִדֶרֶךְ הָעֲרָבָה, מֵאֵילַת וּמֵעֶצְיוֹן גָּבֶר." (דברים ב, ח). היא הייתה תחנה במסעות בני־ישראל. כמו כן הייתה אילת תחנה לעוֹלֵי הָרֶגֶל המוסלמים ממצריים ומצפון אפריקה בדרכם למֶכָּה. את העיר החדשה אילת התחילו לבנות בשנת 1952.

יש חופים יפים באילת ויש בהם שירותים רבים למבקרים. אחד הדברים המעניינים ביותר באילת הוא סיור במוזאון התת־ימי ושיט בסירות זכוכית. אפשר לראות את העולם התת־מימי העשיר של שמורת האלמוגים של האזור. אתר תיירות מעניין הוא אי האלמוגים שנמצא כיום במצריים, כִּשְׁנֵים־עשר קילומטרים דרומה לאילת. על האי נמצאת מצודת צלבנים ואפשר להגיע אליו מהחוף בסירות או בשחייה..

אילת מושכת תיירים רבים, ביחוד בעונת החורף. לאילת באים זוגות צעירים, משפחות עם ילדים, צעירים אוֹהֲבֵי שמש, ואַנשֵי עֲסָקים המחַפשים שמש, מנוחה ונוֹפֶש. יש באילת מלונות רבים, אבל כדַאי למבַקֵר להזמין חדר מֵראש, או להביא איתו ציוד מחנאות, במִקרֶה שלא ימצא חדר במלון או ירצה לישון על החוף.

(לפי מדריך "בזק")

EXERCISE 1 — תרגיל מספר 1

ענו על השאלות הבאות

1. למה אילת מושכת מבקרים רבים?
2. האם כדאי לנסוע לאילת רק בחורף או גם בקיץ?
3. מה חשיבותה של אילת בהיסטוריה?
4. איזה דברים מעניינים יש באילת ובסביבה?
5. איזה אנשים באים לאילת?
6. מה מצב המלונות באילת?

FINDING YOUR WAY — הִתמַצאוּת

1. From the perspective of the relations of one object to another

SPEECH PATTERNS	תבניות לשון
The hotel is inside the city, not outside.	המלון בתוך העיר לא מחוץ לעיר.
The hotel is at the edge of town.	המלון בקצה העיר.
The hotel is behind the gas station.	המלון נמצא מאחורֵי תחנת הדלק .
The hotel is across from the theater.	המלון נמצא ממול לקולנוע.

Many prepositions link objects to one another in terms of their placement:

outside of	מִחוּץ ל	inside of	בְּתוֹך
to the left of	מִשְּׂמֹאל ל	to the right of	מִיָּמִין ל
at the edge of	בְּקצה	in the middle of	בְּאֶמצַע
next to	עַל יָד/ליד	opposite of	ממול ל
in back of	מֵאֲחוֹרֵי	in front of	מִלִּפְנֵי
above	מֵעַל ל	underneath	מִתַּחַת ל
between	בֵּין	around	מִסָּבִיב ל
far from	רָחוֹק מ	close to	קָרוֹב ל

EXERCISE 2   **תרגיל מספר 2**

צייר את הבית שלנו והסביבה לפי ההוראות מתחת לתמונה.

הבית שלנו והסביבה

```
┌─────────────────────────────────────┐
│                                     │
│                                     │
│                                     │
│                                     │
│                                     │
│                                     │
│                                     │
│                                     │
│                                     │
│                                     │
└─────────────────────────────────────┘
```


אתה עומד ליד הבית שלנו. זה מה שאתה רואה:

הבית נמצא ברחוב קטן.

מסביב לבית יש דשא ועצים.

ממול לבית שלנו יש חנות בגדים קטנה.

על יד החנות יש בית־קפה.

בית הקפה מימין לחנות הבגדים.

משמאל לחנות הבגדים יש פיצריה.

מאחורי הבית שלנו יש גינה גדולה.

מלפני הבית יש מדרכה.

בין הבית שלנו ובין הבית הסמוך יש מגרש ריק.

קרוב לבית יש תחנת אוטובוסים.

זה חשוב, כי הבית שלנו רחוק ממרכז העיר.

תרגיל מספר 3 EXERCISE 3

מרפסת המטבח

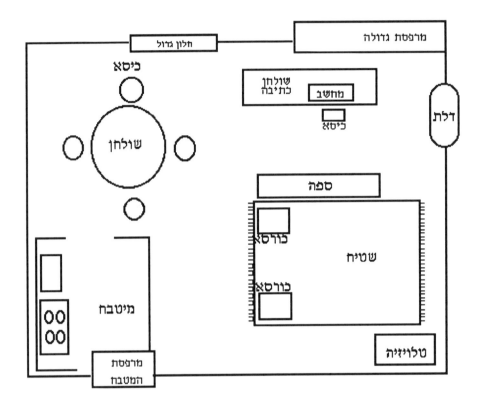

השלם את תיאור הדירה לפי הדוגמא הבאה:

דוגמא: שתי הכורסאות הן על השטיח מאחורי הספה.

החלון הגדול נמצא ____________

הספה נמצאת ____________

המטבח נמצא ____________

הטלויזיה נמצאת ____________

מרפסת המטבח ____________

הדלת נמצאת ____________

השטיח נמצא ____________

המחשב נמצא ____________

שולחן הכתיבה ____________

המרפסת הגדולה ____________

החלון הגדול נמצא ____________

השולחן ו4 הכיסאות ____________

EXERCISE 4 תרגיל מספר 4

Describe each place on the map in relation to other given places. There may be more than one way to state the relational location.

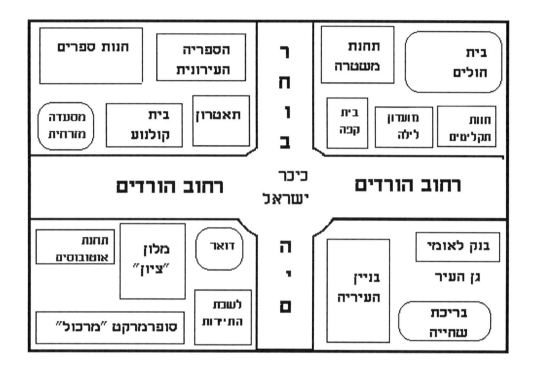

דוגמה:

איפה נמצא בניין העירייה?

1. בריכת השחייה   בניין העירייה נמצא על יד בריכת השחייה.

                                     בניין העירייה נמצא משמאל לבריכת השחייה

2. הדואר ולשכת התיירות   בניין העירייה נמצא ממול לדואר וללשכת התיירות.

3. תאטרון   בניין העירייה נמצא לא רחוק מהתאטרון.

4. כיכר ישראל   בניין העירייה נמצא קרוב לכיכר ישראל.

5. רחוב הים   בניין העירייה נמצא ברחוב הים.

איפה נמצאים המקומות הבאים ־ הבנק, המוזאון, בריכת השחייה, המסעדה המזרחית,

תחנת האוטובוסים, מלון ציון, מועדון הלילה, הדואר, הסופרמרקט, התאטרון, בית הקפה,

חנות הספרים, בית החולים, חנות התקליטים, לשכת התיירות, הספרייה וגן העירייה?

2. From the speaker's perspective:

We are now inside, not outside.	אנחנו נמצאים עכשיו בפנים - לא בחוץ.
In the back are the mountains and in the front is the sea.	מאחור ההרים ומלפנים הים.
To the left is my house and to the right is the park.	משׂמאל הבית שלי ומימין הגן.
On the side there is a sofa and in the middle there is a table.	בצד יש ספה באמצע יש שולחן.

When the speaker relates an object to his/her own orientation, the relationship between the speaker and the object is implied and does not need to be expressed.

Note the change of the relational expressions from the ones which link with other objects.

below	מִתַּחַת
far	רָחוֹק
close	קָרוֹב
in front	מִלְפָנִים
in back	מֵאֲחוֹר
to the side	בַּצָּד
in the center	בָּאֶמְצַע
outside	בַּחוּץ
inside	בִּפְנִים
around	מִסָּבִיב
above	מֵעַל/לְמַעְלָה

Speaker's Orientation			In relation to another object	
inside	בִּפְנִים	BUT	in(side) the box	בְּתוֹךְ הַקּוּפְסָה
outside	בַּחוּץ	BUT	outside of class	מחוּץ לַכִּיתָּה
in front	מִלְפָנִים	BUT	in front of the house	מִלִּפְנֵי הבית
in the middle	בָּאֶמְצַע	BUT	in the middle of the row	בְּאֶמְצַע השוּרָה

EXERCISE 5 / תרגיל מספר 5

איפה נמצאים המקוֹמוֹת הבאים בקמפּוּס?

1. התאטרוֹן, 2. בניין הכימיה, 3. מעוֹנוֹת הסטוּדנטים, 4. בניין הספּוֹרט, 5. הקפיטריה,
6. המעבדה לשׂפוֹת, 7. הספרייה, 8. מגרשי טניס, 9. המנהלה

הקמפּוּס שלנו

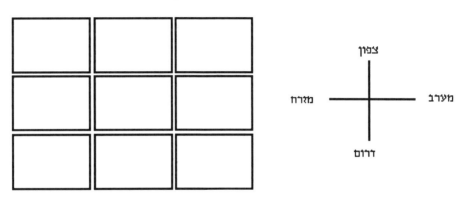

אתה/את

1. הספרייה נמצאת בדיוּק באמצע.
2. מימין לספרייה נמצאים מעוֹנוֹת הסטוּדנטים.
3. בצפוֹן הקמפּוּס, מאחוֹרי מעוֹנוֹת הסטוּדנטים, נמצא בניין הכימיה.
4. התאטרוֹן נמצא בצפוֹן הקמפּוּס משׂמאל למנהלה.
5. המנהלה נמצאת מאחוֹרי הספרייה.
6. מלפני הספרייה וּמשׂמאל לבניין הספּוֹרט יש מגרשי טניס.
7. בניין הספּוֹרט נמצא בפּינה הדרוֹמית־מזרחית של הקמפּוּס.
8. משׂמאל לספרייה נמצאת הקפיטריה.
9. המעבדה לשׂפוֹת נמצאת משׂמאל למגרשי הטניס וּמלפני הספריה.

קטע קריאה מספר 2 READING 2

על חוף אילת: מסיפורה של משתזפת

קיץ זאת לא העונה הכי חזקה שלי, אבל בוקר בהיר אחד אמרתי לעצמי: "קובי, מספיק עם הצבע הלבן הזה. קצת שיזוף לא יזיק". אתם חושבים שפשוט היה הדבר? הייתי צריכה להתכונן שבוע מֵראש לִקרָאת הפגישה עם השמש.

זרקתי את המודעות של האגודה למלחמה בסרטן לפח. הכנסתי לתיק מַגֶבֶת, קרֶם שיזוף (הכי חזק שיש בשוק), משקפֵי שמש, "מלחמה ושלום" של טולסטוי (לא שהתכוננתי לקרוא בו, אבל זה היה אמצעי נהדר נגד טרדנים), שתִיָיה קרה וסנדוויץ', שחַס וחָלִילָה לא אהיה רעֵבה, וירדתי לים.

הגעתי לחוף, כמו כל הישראלים הטובים, בשתים-עשׂרה בצהריים, בשעות הכי חמות. פרשׂתי מגבת ופתחתי את טולסטוי וקדימה לדרך. לא עברה דקה וצעיר שזוף, חשׂוף חזה עצר בדרכו והודיע לי בקול "רשמי": "אני המציל כאן. אם תהיי זקוקה לעזרה - את יודעת למי לפנות." הסברתי לו שאני יודעת לשחות ואני לא חושבת שאני צריכה עזרה. זה לא הפריע לו והוא הוסיף: "יש לי הפסקה עוד חצי שעה. נשתה לימונדה ביחד?" ובלי לחכות לתשובה המשיך בדרכו. אחרי דקה הופיע עוד גברבר, מודעה מהלכת של שרירים וכושר גופני, ופנה אלי בקול "רומנטי": "היי מותק! פעם ראשונה בים?" ולפני שהספקתי לומר מילה, כבר היה לו אובייקט התעניינות חדש: "תראו, תראו מה שמסתובב פה". לא. זה לא היה סביבון, היו אלה שתי בחורות צעירות שהתקרבו לגיבור הרומנטי שלנו: "אהלן, חיים! מה העניינים?"

לפני שהספקתי לשמוע אפילו מילה אחת מהשׂיחה של השלושה, הגיעה משפחה גדולה של אמא ושבעה ילדים והתיישבה מולי. המשפחה באה לפיקניק על שׂפת הים. לא הספיקו החבר"ה להתיישב, פתחו ציידנית, ומה לא היה שם? מכל טוב! אז בין הצעקות של: "אמא! הוא לקח לי את הפיתה", ר"יוסי, אל תיכנס למים", קיבלתי כדור על הפנים וכמה קליפות גרעינים בין העיניים. כשראיתי שאני הופכת לפח אשפה ומשׂחק לילדים, החלטתי להתקפל. לים לא נכנסתי. לָמָה? כי מים אני אוהבת רק באמבטיה. מזיעה, שׂרופה מהשמש ועצבנית חזרתי הביתה.

אתם חושבים שבזה נגמר סיפור הים? הצחקתם אותי. במשך כל השבוע קניתי את כל היוגורט מהסופרמרקט ומרחתי על הגב. התקלפתי בכל מקום אפשרי. תגידו, מה בסך הכל רציתי? לתפוס קצת צבע.

(מעובד מפינתה של קובי)

EXERCISE 6   תרגיל מספר 6

שאלות על תוכן הקטע:

1. מה היא העונה הפחות חזקה של קובי?
2. מה היא עשתה כדי להתכונן לפגישה עם השמש?
3. מה היא לקחה איתה לים?
4. האם כדאי ללכת לים בשעות הכי חמות?
5. מי הציע המציל לקובי?
6. מי עניין את "הגיבור הרומנטי" של שפת הים?
7. למה המשפחה שבאה לים הפריעה לקובי?
8. האם קובי הלכה לשחות בים?
9. אתם חושבים שמחר היא תחזור לשפת הים לתפוס קצת שמש?
10. יש לכם עצות לקובי?

What you won't find in the dictionary   ביטויים שלא תמצאו במילון

There are many common idioms that are best learned where Hebrew is spoken. While you won't find them in most dictionaries, you also will not be able to be at ease in the language without them.

Here are a few that are included in this passage:

Meaning	Literal translation	ביטויים
Look what's here!	*Look what's wandering around here.*	תראו מה שמסתובב פה
A ball hit my face	*I got a ball in the face*	קיבלתי כדור על הפנים
I decided to split	*I decided to fold*	החלטתי להתקפל
Don't make me laugh!	*you made me laugh*	הצחקתם אותי
Hi, Chayim!	*SAME*	אהלן, חיים!
What's up?	*How are matters?*	מה העניינים?
To catch some color	*SAME*	לתפוס קצת צבע
And I am on my way!	*Forward on the way!*	קדימה לדרך!

EXERCISE 7   **תרגיל מספר 7**

Look at the expressions in the above list and fill in the appropriate ones in
these short dialogues.

־ את לא רוצה לבוא ולשבת איתנו בשמש?

־ יוסי וחיים, חם מדי בשמש.

־ השמש לא מזיקה!

־ _____ ! זה ממש לא נכון!

־ בואי כבר! מאוחר!

־ אני כבר מוכנה.

־ טוב, אז _____ !

־ היי, מה שלומך?

־ בסדר. _____ ?

־ _____, יוסי. למה לא רואים אותך?

־ אני עובד הרבה.

־ אז מה אתה עושה כאן בצהריים על שפת הים?

־ באתי _____.

־ מה?? את כבר הולכת?

־ כן. _____

־ דני, תראה _____.

־ באמת כדאי לראות!

־ יש בעיות?

־ כן. _____ ועכשיו כואב לי הראש.

־ אתה נוסע לחופשה?

־ _____ ! אין לי זמן אפילו ללכת לים.

חזרה על בניין הפעיל - גזרות: שלמים/פ"י/פ"נ

SPEECH PATTERNS	תבניות לשון
They warned us.	הם הזהירו אותנו.
I did not manage to talk to them.	לא הספקתי לדבר איתם.
He lets everybody know everything.	הוא מודיע את הכל לכולם.
Stop talking! Whoever adds- detracts!	תפסיק לדבר! כל המוסיף - גורע!

The Hif'il conjugation has a distinct pattern. In the past tense all verb forms are initiated by the letter ה which is one of the distinguishing features of this conjugation. Another distinguishing feature of הִפְעִיל forms is the presence of an /i/ vowel with the letter י after the second consonant. This is true of all forms except for past tense first and second persons (הִזְהַרתי, הִזהַרת, הִזהַרנו, הִזהַרתם) and the imperative masculine singular (הַזמֵן!).

נטיית השורש /ז.ה.ר./ בבניין הפעיל - גזרת שלמים

עבר	הווה	עתיד	ציווי	שם הפועל
הִזְהַרְתִּי	מַזְהִיר	אַזְהִיר		to warn לְהַזְהִיר
	מַזְהִירָה			
הִזְהַרְתָּ	מַזְהִיר	תַּזְהִיר	הַזְהֵר!	
הִזְהַרְתְּ	מַזְהִירָה	תַּזְהִירִי	הַזְהִירִי!	
הוא הִזְהִיר	מַזְהִיר	יַזְהִיר		
היא הִזְהִירָה	מַזְהִירָה	תַּזְהִיר		
הִזְהַרְנוּ	מַזְהִירִים	נַזְהִיר		
	מַזְהִירוֹת			
הִזְהַרְתֶּם	מַזְהִירִים	תַּזְהִירוּ	הַזְהִירוּ!	
הִזְהַרְתֶּן	מַזְהִירוֹת			
הם הִזְהִירוּ	מַזְהִירִים	יַזְהִירוּ		
הן הִזְהִירוּ	מַזְהִירוֹת			

על האותיות ב, כ, פ. מתי הן דגוּשׁוֹת ומתי הן לא דגוּשׁוֹת?

When the first letter of the root is ב כ פ in the Hif'il conjugation, it does not have a dagesh in the הפעיל: conjugation. לְהַבְדִּיל לְהַכְנִיס לְהַפְסִיק

When the second letter of the root is ב כ פ in the הפעיל conjugation, it always includes a dagesh. לְהַזְכִּיר לְהַסְבִּיר לְהַסְפִּיק.

EXERCISE 8 — תרגיל מספר 8

פועל 1: לְהַזְכִּיר (ל...את) — to remind (somebody of something)

א. Fill in the verb forms:

זמן	מי?	פועל	למי?	השלמות
עבר	1. אני	______	לכם	שיש מסיבה הערב.
עבר	2. דן	______	לי	שאין לימודים היום
עתיד	3. הם	לא ______	לך	לקחת מפתח?
ציווי	4. ילדים!	______	להם	לבוא בזמן!
הווה	5. אנחנו	______	לכם	לקחת מעיל כי קר בחוץ.

חלק ב — שנה את הזמנים ואת הדרכים של הפועל

הפעלים:

להזהיר	להזכיר	להרגיש	להספיק	להפסיק	להמשיך	להתחיל	להפריע	להצחיק
warn	remind	feel	manage	cease	continue	begin	disturb	make laugh

1. דליה מתחילה ללמוד. — עבר: ______________
2. אתם לא מפריעים לכולם! — ציווי: ______________
3. הם הצחיקו אותי כל הזמן. — הווה: ______________
4. מה מצחיק אותך? — עבר: ______________
5. מתי המציל מתחיל לעבוד? — עתיד: ______________
6. אתם הפסקתם ללמוד? — עתיד: ______________
7. את מספיקה לעשות הכל בזמן? — עבר: ______________
8. למה אתם מרגישים לא טוב? — עבר: ______________
9. תמשיכי להיות מלצרית? — ציווי: ______________
10. הם הזהירו אותי לא להיכנס למים. — הווה: ______________
11. הם מזכירים לי את ההורים שלי. — עבר: ______________

12. הזכרת לי מתי לבוא. עתיד: ______________

13. אנחנו לא נפריע לך לגמור את העבודה. עבר: ______________

נטיית השורש /י.ס.פ./ בבניין הפעיל - גזרת פ"י

When the first letter of the root is י it always changes to the vowel וֹ and it follows the ה of the Hif'il or the initial letter of the present or future tenses

עבר	הווה	עתיד	ציווי	שם הפועל
הוֹסַפְתִּי	מוֹסִיף	אוֹסִיף		to add לְהוֹסִיף
	מוֹסִיפָה			
הוֹסַפְתָּ	מוֹסִיף	תּוֹסִיף	הוֹסֵף!	
הוֹסַפְתְּ	מוֹסִיפָה	תּוֹסִיפִי	הוֹסִיפִי!	
הוּא הוֹסִיף	מוֹסִיף	יוֹסִיף		
הִיא הוֹסִיפָה	מוֹסִיפָה	תּוֹסִיף		
הוֹסַפְנוּ	מוֹסִיפִים	נוֹסִיף		
	מוֹסִיפוֹת			
הוֹסַפְתֶּם	מוֹסִיפִים	תּוֹסִיפוּ	הוֹסִיפוּ!	
הוֹסַפְתֶּן	מוֹסִיפוֹת			
הֵם הוֹסִיפוּ	מוֹסִיפִים	יוֹסִיפוּ		
הֵן הוֹסִיפוּ	מוֹסִיפוֹת			

EXERCISE 9 — תרגיל מספר 9

to let (somebody) know (about/that)

פועל 1: לְהוֹדִיעַ (ל/על,ש)

Fill in the verb forms:

א.

זמן	מי?	פועל	למי?	השלמות
עבר	1. אני	________	להם	שיש מבחן השבוע.
עבר	2. דן	________	לרינה	על הקונצרט.
עתיד	3. דליה,	לא ______	לי	מתי את מתכוננת להגיע.
ציווי	4. איריס,	אל ______		אף מילה!
הווה	5. אנחנו	________	לכולם	שאין פגישה היום.

חלק ב שנה את הזמנים ואת הדרכים של הפועל

להוֹסִיף (מהשורש י.ס.פ.)	to add
להוֹדִיעַ ל (מהשורש י.ד.ע.)	to let know
להוֹצִיא (מהשורש י.צ.א.)	to take out
להוֹשִׁיב (מהשורש י.ש.ב.)	to seat

1. המורה מוסיפה עוד שיעורי בית. עבר: ____________
2. אתם מודיעים לכולם! ציווי: ____________
3. הם הושיבו אותנו על יד החלון. הווה: ____________
4. מה הם הודיעו לכם? הווה: ____________
5. הוא הוסיף ואמר שאין מספיק זמן לטיול. הווה: ____________
6. אתם מוציאים את השולחן מהחדר? עתיד: ____________
7. את מוסיפה סוכר לקפה? עבר: ____________
8. למה אתם לא מודיעים לנו בזמן? עבר: ____________
9. תוציאי את הכלב מהבית. עבר: ____________
10. איפה אתם מושיבים את כולם? עתיד: ____________

נטיית הפועל "לְהַכִּיר" (שורש נ.כ.ר) בבניין הפעיל - גזרת פ"נ

When the first letter of the root is נ that letter of the root is always omitted and in texts with vowels there is a דגש in the second root letter.

עבר	הווה	עתיד	ציווי	שם הפועל
הִכַּרְתִּי	מַכִּיר	אַכִּיר		לְהַכִּיר
	מַכִּירָה			
הִכַּרְתָּ	מַכִּיר	תַּכִּיר	הַכֵּר!	
הִכַּרְת	מַכִּירָה	תַּכִּירִי	הַכִּירִי!	
הוּא הִכִּיר	מַכִּיר	יַכִּיר		
הִיא הִכִּירָה	מַכִּירָה	תַּכִּיר		
הִכַּרְנוּ	מַכִּירִים/וֹת	נַכִּיר		
הִכַּרְתֶּם/ן	מַכִּירִים/וֹת	תַּכִּירוּ	הַכִּירוּ!	
הֵם/ן הִכִּירוּ	מַכִּירִים/וֹת	יַכִּירוּ		

EXERCISE 10

תרגיל מספר 10

to save

פועל 1: לְהַצִיל (את)

Fill in the verb forms:

א.

זמן	מי?	פועל	את מי?	ממי? ממה?
עבר	1. אני	________	אותם	ממקום העבודה המשעמם.
עבר	2. דן	________	שלושה ילדים	מהים הסוער.
עתיד	3. גלית,	________	אותנו	מהנודניק הזה!
עתיד	4. שום דבר	לא ______	אותי	מהמבחן הזה.
ציווי	5. דן טול,	________	אותן	מהמסיבה המשעממת!

חלק ב שנה את הזמנים ואת הדרכים של הפועל

פועל	שורש	
לְהַכִּיר	נ.כ.ר.	to meet/recognize
לְהַזִיק ל	נ.ז.ק.	to cause damage
לְהַבִּיט ב	נ.ב.ט.	to look at
לְהַסִיעַ את	נ.ס.ע.	to give a ride
לְהַגִיעַ ל/אל	נ.ג.ע.	to get to/arrive at

1. הִכַּרנו את דן באוניברסיטה. עתיד: ________________
2. אתם מַכִּירים את כולם? עבר: ________________
3. הם מַזיקים לנו כי הם לא באים בזמן. עבר: ________________
4. במה הִבַּטתם כל הזמן? הווה: ________________
5. הוא הִסִיעַ את כולם למקום המפגש. הווה: ________________
6. מדוע אתם לא מַגיעים בזמן? עתיד: ________________
7. את לא מַזיקה לאף אחד. עבר: ________________
8. אנחנו מַסיעים את הקבוצה הביתה. עבר: ________________
9. תַבִּיט בתמונה הזאת. ציווי: ________________
10. הם לא הִכִּירו אותי. עתיד: ________________

קטע קריאה מספר 3 READING 3

טיולים עם החברה להגנת הטבע

הַחֶבְרָה לְהֲגָנַת הַטֶבַע מַצִיעָה טיולים רבּים בּכל רַחֲבֵי הארץ. יש טיולים של יום אחד ויש טיולים של מספר ימים. הטיולים מדוֹרָגים לפי קוֹשי : יש טיולים הַמתאימים לכל המשפחה ולאנשים שהם חַסרֵי נסיון בהליכה ממוּשֶכֶת. יש גם טיולים המומלָצים לְמֵיטִיבֵי לֶכֶת. מֵיטִיבֵי לֶכֶת הם אנשים בּעלֵי נסיון רב בּטיולים בּמַסלולים קשים. החברה מַצִיעָה מסלולים רבים ושונים, היוֹצאים ממקוֹמוֹת שוֹנים בּארץ שבּהם קַיָימים משׂרדים של הגנת הטבע.

בּכל עוֹנוֹת השנה נֶעֱרָכים טיולים לאֱזורים שונים בּארץ שכּדַאי לבקר בָּהֶם: בּעֵת הפּריחה בּאביב בּשמוּרַת הכַּרמֶל ובגליל, וגם בּעֵת הפריחה בַּסתָיו לִפנֵי עוֹנַת הגשָמים . כּשֵיֵש עוֹנה גשוּמה כּדַאי להצטָרֵף לטיול של הגנת הטבע במדבר פּוֹרֵחַ, כּי הפריחה מיוחדת מאוֹד. בעונת החורף יש טיולים רבים באזור ים המלח ובאזור אילת.

הטיולים של החֶבְרָה לְהֲגָנַת הטֶבַע כּוֹללים גם סיורים בֶּעָרים וּבִמְקוֹמוֹת הסטוֹריים. יש הַסָעָה מאורגנת מנקודת מפגש לַמקוֹמוֹת שֶבָּהֶם מתחילים מסלוּלֵי הטיולים והטיולים עַצמָם נֶעֱרָכים בָּרֶגֶל. יש לחברה מדריכים מנוּסים והם בַּעֲלֵי יֶדַע רב בּתחוּמים שוֹנים. התחוּמים הכּלוּלים בּמסלול הטיוּל: גאוֹלוֹגיה, פוֹלקלוֹר, הסטוֹריה, בּוֹטניקה וזוֹאוֹלוֹגיה. הַדרָכַת הטיוּלים היא בּדֶרֶך כְּלָל בּעברית, אבל יש גם טיולים שההֶסבֵּרים וההַדרָכָה הם בּאנגלית ולאחרוֹנה אַף בּרוּסית.

מפוּעל פּעיל לתוֹאר סביל

דֵרַגנו את הטיולים לפי הקושי.	We graded the trips by level of difficulty.
הטיוּלים מדוֹרָגים לפי כּוֹשר ההליכה.	The trips are graded according to the walking ability.
הם כָּלְלו את ההסעה במחיר.	They included transportation in the price.
ההסעה כּלוּלה בּמחיר הטיוּל.	Transportation is included in the price of the excursion.

ACTIVE and PASSIVE PARTICIPLES

There are many adjectives which are participles or present tense forms of verbs. In English, the passive participle takes a past tense form "recommen**ded**" whereas the active participle is a gerund "recommen**ding**". In Hebrew the same function is carried out through the use of active and passive conjugations. In the examples here there are פּוּעַל and הוּפעל passive present tense verb forms and פיעל and הפעילactive forms.

More information on the two passive conjugations Pu'al and Hof'al in subsequent chapters.

PASSIVE VERB	**סביל**	בניין	**ACTIVE VERB**	**פעיל**	בניין
graded	מדורָג	פּוּעַל	grading	מדָרֵג	פיעל
experienced/tried	מנוּסֶה	פּוּעַל	trying	מנַסֶה	פיעל
organized	מאורגָן	פּוּעַל	organizing	מאַרגֵן	פיעל
recommended	מוּמלָץ	הוּפעל	recommending	מַמלִיץ	הפעיל

The conjugation בניין פעל is unique in that it has two present tense forms: active participles and passive participles. The active participle is known as בינוני פּוֹעֵל and the passive participle is known as בינוני פָּעוּל .

Here is an example of both active and passive participles of בניין פעל :

פּועל: כּוֹלֵל includ<u>ing</u>   פּעוּל: כָּלוּל includ<u>ed</u>

<u>תארים</u>

כָּלוּל	כְּלוּלָה	כְּלוּלִים	כְּלוּלוֹת	included
מְאוּרגָן	מְאוּרגֶנֶת	מְאוּרגָנִים	מְאוּרגָנוֹת	organized
מְדוּרָג	מְדוּרֶגֶת	מְדוּרָגִים	מְדוּרָגוֹת	graded
מוּמלָץ	מוּמלֶצֶת	מוּמלָצִים	מוּמלָצוֹת	recommended
מְנוּסֶה	מְנוּסָה	מְנוּסִים	מְנוּסוֹת	experienced

EXERCISE 11 — תרגיל מספר 11

תרגם את המשפטים הבאים:

1. We wanted to go on an organized tour, because we don't know the way.
2. Are you an experienced guide?
3. Is this a recommended trip? Who recommended it?
4. Is everything included in the price of this trip?
5. This trip is classified as a trip for experienced hikers.

6. What is not included in this trip? Is the food included? What about transportation? Is it included?

7. You are not organized today. In order to be organized, you need somebody to organize you. You need me!

תארים: צירופים עם בעל־ וחסר־

SPEECH PATTERNS	תבניות לשון
They are very experienced in trips.	הן בַּעֲלוֹת נִיסָיוֹן רַב בנוֹשׂא טיוּלים.
David has a lot of knowledge of the history of the region.	דוד בַּעַל יֶדַע רַב בהסטוֹריה של האֱזוֹר.
He is ignorant of the history of the region.	הוא חֲסַר יֶדַע בהסטוֹריה של האזוֹר.

Adjectival Phrases: Possession of Quality and Lack of Quality

Special noun phrases also can constitute adjectives.

1. בעל־

One of the more common phrases are combinations of the noun, בעל־ which has the meaning of "with/endowed with the quality of/has", with a second noun. Together they constitute a *construct phrase* סמיכות.

Example: "David is <u>experienced</u> with computers." דוד <u>בעל ניסיון</u> במחשבים.
Literally: "David is <u>endowed with experience</u> in computers."

The noun בעל has the four following forms, reflecting gender and number:

בַּעַל־, בַּעֲלַת־, בַּעֲלֵי־, בַּעֲלוֹת־

David is an experienced computer user.	דוד בַּעַל ניסיון במחשבים.
Dina too is an experienced computer user.	גם רינה בַּעֲלַת ניסיון במחשבים.
All of the student have experience in computers.	כל התלמידים בַּעֲלֵי ניסיון במחשבים.
Does everybody here have experience in computers?	כולן כאן בַּעֲלוֹת ניסיון במחשבים?

There are several ways to express the meaning of "experienced" in Hebrew:

הוא בעל נסיון רב=הוא איש עם נסיון רב =יש לוֹ נסיון רב =הוא מנוּסה.

2. חֲסַר־

To express the meaning that somebody lack a particular quality, the combination of חסר with a noun is used. The phrase is a construct phrase, and is constructed in the same way as the בעל־ phrase.

Example: "David is not experienced with computers." — דוד חסר ניסיון במחשבים.

The noun חסר־ has the four following forms, reflecting gender and number:

חֲסַר־ חֲסֶרֶת־, חַסְרֵי־, חַסְרוֹת־

David is an inexperienced computer user.	דוד חֲסַר ניסיון במחשבים.
Rina too has no experience in computers.	גם רינה חֲסֶרֶת ניסיון במחשבים.
All of the students are inexperienced computer users.	כל התלמידים חַסְרֵי ניסיון במחשבים.
Is everybody here inexperienced in computers?	כולן כאן חַסְרוֹת ניסיון במחשבים?

There are several ways to express the meaning of "inexperienced" in Hebrew, and here are some of them:

הוא חסר נסיון =הוא איש בלי נסיון =אין לו נסיון =הוא לא מנוסה.

with-	בַּעֲלוֹת־	בַּעֲלֵי־	בַּעֲלַת־	בַּעַל־	עִם
without-	חַסְרוֹת־	חַסְרֵי־	חַסְרַת־	חֲסַר־	בְּלִי

EXERCISE 12 — תרגיל מספר 12

Complete every other sentence with the noun phrase from the sentence above:

1. זה חסר כל היגיון. — This lacks any logic/it is senseless.
2. הבדיחה שלך היא באמת ______ ______.
3. אתם מדריכים בעלי ניסיון? — Are you experienced guides?
4. הן מדריכות ______ _________?
5. את בעלת ידע במחשבים? — Are you knowledgeable in computers?
6. אנחנו לא ______ __ במחשבים, אבל דן הוא ______ ____ בדבר.

7. יש הרבה אנשים חסרי בית.	There are many homeless people.
8. הן לא ______ ____. יש להן דירה גדולה ויפה.	
9. האיש הזה בעל השׂכלה גבוהה.	This man is highly educated.
10. הם לא ______ השׂכלה פורמלית, אבל הם בעלי ידע רב.	
11. זה לא שהוא חסר השׂכלה, אבל אין לו הרבה שׂכל.	It is not that he is uneducated, it is just that he has little sense.
12. אין כאן אף אחת שהיא ______ השׂכלה.	

EXERCISE 13 / תרגיל מספר 13

כותבים עוד שיר בעברית

1. We found a news article that interested us and based our poem on it:

חיילים הרגו נמֵרה במדבר יהודה

כמה חיילים שהיו בטיול במדבר יהודה, הרגו את הנמֵרָה חומניבָּבָּה. החיילים אמרו שהם ירו בנמרה כי הם פחדו שהיא תפגע בהם. חומניבבה הייתה בת 18 והיא הייתה אחת ממשפחה של חמישה נמרים החיים במדבר יהודה. ארגוני הטבע בישׂראל עשׂו בשנים האחרונות מאמצים גדולים לשמור על חיֵי הנמֵרים במדבר יהודה.

מה נעשה לשמור על חיי הנמרים?

מה נעשה
לשמור על חיֵי הנמֵרים?
נשארו ארבעה.
בטיול במדבר יהודה
ירו בחומניבָּבָּה
שהייתה אחת
מחמישה.
והחיילים
פחדו שתפגע בהם

והארגונים
עשו מאמצים,
אבל
מה נעשה
לשמוֹר על חיֵי הנמֵרים?
נשארוּ רק ארבּעה.

To write our poem we followed this process:

1. We read the text with close attention and selected words and sequences that seemed interesting to us.
2. We arranged the words in new sequences.
3. We organized them in lines.
4. We arranged them in stanzas on the page.
5. We chose a title for the poem-like text.

A challenge for you:

Step 1. Choose a text from this book or any other text. It should be about 100–200 words.

Step 2. Read the text very carefully. Pay attention to all the words.

Step 3. Out of the words in the text find 40–50 words or phrases that you like and that may interest you.

Step 4. Copy the language you found in the sequence that you found it.

Step 5. Study the words you found. Cut out the ones that don't interest you.

Step 6. Arrange the words you found in lines so they are poem-like. You can add a couple of words to meet the needs of your emerging poem.

Step 7. Arrange the words so that they make a rhythm you like. Arrange them to read the way you like. You may want to put key words in lines by themselves.

השיר שלי:

"כותרת"

_____

_____

_____

_____

_____

_____

_____

תאריך: _____

המשורר/ת: _____

SUMMARY OF LESSON 27	סיכום שיעור 27
READING SELECTIONS:	**נושאים לקריאה ודיון:**
About the city of Elat.	על העיר אילת: הי דרומה!
On the Elat Beach.	על חוף אילת: מסיפורה של משתזפת.
Trips with NPS.	טיולים עם החברה להגנת הטבע.
A Leopard in the Judean Desert.	נמרה במדבר יהודה.
LANGUAGE TOPICS:	**נושאים לשוניים:**
Relational Adverbs	תארי פועל: בין א' לב'
Adverbs: from the speaker's view.	תארי פעול: מנקודת מבט של הדובר.
Expressions not found in the dictionary	ביטויים שלא תמצאו במילון
Review of Hif'il	חזרה על בניין הפעיל: שלמים, פ"י, פ"נ
Adjectives: from active to passive.	תארים: מפעיל לסביל.
Phrases of possession & qualities	צירופים: בעל־ וחסר־

סיכום של פעלים בשיעור 27

	שלמים	פ=ב.כ.פ	ע=ב.כ.פ	פ"י	פ"נ
	ז.ה.ר.	פ.ס.ק	ס.ב.ר.	י.ס.פ.	נ.ז.ק.
עבר	הִזְהַרְתִּי	הִפְסַקְתִּי	הִסְבַּרְתִּי	הוֹסַפְתִּי	הִזַּקְתִּי
	הִזְהַרְתֶּם	הִפְסַקְתֶּם	הִסְבַּרְתֶּם	הוֹסַפְתֶּם	הִזַּקְתֶּם
הווה	מַזְהִיר	מַפְסִיק	מַסְבִּיר	מוֹסִיף	מַזִּיק
	מַזְהִירִים	מַפְסִיקִים	מַסְבִּירִים	מוֹסִיפִים	מַזִּיקִים
עתיד	אַזְהִיר	אַפְסִיק	אַסְבִּיר	אוֹסִיף	אַזִּיק
	תַּזְהִירוּ	תַּפְסִיקוּ	תַּסְבִּירוּ	תּוֹסִיפוּ	תַּזִּיקוּ
ציווי	הַזְהֵר	הַפְסֵק	הַסְבֵּר	הוֹסֵף	הַזֵּק
	הַזְהִירוּ	הַפְסִיקוּ	הַסְבִּירוּ	הוֹסִיפוּ	הַזִּיקוּ
שם פועל	לְהַזְהִיר	לְהַפְסִיק	לְהַסְבִּיר	לְהוֹסִיף	לְהַזִּיק

רשימת מילים חדשות — NEW VOCABULARY LIST

שמות — NOUNS

coral	אַלְמוֹג ז. אַלְמוֹגִים
bath tub	אַמְבַּטְיָה נ.
means	אֶמְצָעִי ז. אֶמְצָעִים
organization	אִרְגּוּן ז. אִרְגּוּנִים
animal, living being	בַּעַל חַיִּים ז.
guidance, leading	הַדְרָכָה נ.
explanation	הֶסְבֵּר ז. הֶסְבֵּרִים
ball	כַּדּוּר ז. כַּדּוּרִים
effort	מַאֲמָץ ז. מַאֲמָצִים
lot, court	מִגְרָשׁ ז. מִגְרָשִׁים
sidewalk	מִדְרָכָה נ. מִדְרָכוֹת
administration	מִנְהָלָה נ.
path	מַסְלוּל ז. מַסְלוּל יָם
trip, excursion	מַסָּע ז. מַסָּעוֹת
recreation, vacation	נוֹפֶשׁ ז.
turning top	סְבִיבוֹן ז. סְבִיבוֹנִים
tour	סִיּוּר ז. סִיּוּרִים
wastebasket	פַּח ז. פַּחִים
peal	קְלִיפָּה נ. קְלִיפּוֹת
area	שֶׁטַח ז.
suntan	שִׁיזוּף ז.
sailing	שַׁיִט ז.
reservation, preserve	שְׁמוּרָה נ. שְׁמוּרוֹת
muscle	שְׁרִיר ז. שְׁרִירִים

תארים ושמות — ADJECTIVES & NOUNS

knowledgeable	בַּעַל-בַּעֲלַת יֶדַע
experienced	בַּעַל-בַּעֲלַת נִסָּיוֹן
sweaty	מֵזִיעַ-מַזִיעָה
soldier	חַיָּיל-חַיֶּילֶת
inexperienced	חֲסַר-חֲסָרַת נִסָּיוֹן
nuisance, annoying	טַרְדָן-טַרְדָנִית
included	כָּלוּל-כְּלוּלָה
organized	מְאוּרְגָּן-מְאוּרְגֶּנֶת
graded	מְדוֹרָג-מְדוֹרֶגֶת
(is/are) presented	מוּגָשׁ-מוּגֶשֶׁת
experienced	מְנוּסֶה-מְנוּסָה
lifeguard	מַצִּיל-מַצִּילָה
tiger	נָמֵר-נְמֵרָה
adjacent	סָמוּךְ-סְמוּכָה
pilgrim	עוֹלֶה/עוֹלַת רֶגֶל
nervous	עַצְבָּנִי-עַצְבָּנִית
active	פָּעִיל-פְּעִילָה
tanned	שָׁזוּף-שְׁזוּפָה
sunburned	שָׂרוּף-שְׂרוּפָה
underwater	תַּת מֵימִי-תַּת מֵימִית

פעלים — VERBS

to announce/ let know	הוֹדִיעַ-לְהוֹדִיעַ ל
to add	הוֹסִיף-לְהוֹסִיף
to warn	הִזְהִיר-לְהַזְהִיר
to cause damage	הִזִּיק-לְהַזִּיק ל
to watch/care for	הִשְׁגִּיחַ-לְהַשְׁגִּיחַ עַל
to settle down	הִתְיַישֵׁב-לְהִתְיַישֵׁב ב
to peel	הִתְקַלֵּף-לְהִתְקַלֵּף
to fold/leave	הִתְקַפֵּל-לְהִתְקַפֵּל

to throw	זָרַק־לִזרוֹק	to give a ride	הִסִיעַ־לְהַסִיעַ
to shoot	יָרָה־לִירוֹת על	to wander around	הִסתּוֹבֵב-לְהִסתּוֹבֵב
to include	כָּלַל-לִכלוֹל	to bother	הִפרִיעַ־לְהַפרִיעַ ל
to spread	מָרַח־לִמרוֹחַ	to make someone laugh	הִצחִיק־לְהַצחִיק
to take place	נֶעֱרַך-לְהֵעָרֵך	to join	הִצטָרֵף-לְהִצטָרֵף אל
to watch	צָפָה־לִצפּוֹת	to save someone's life	הִצִּיל-לְהַצִּיל
to catch	תָּפַס־לִתפּוֹס	to suggest	הִצִּיעַ-לְהַצִּיעַ ל

ADVERBS & PREPOSITIONS

תארי פועל ומילות יחס

outside of	מחוּץ ל	in the middle	בָּאֶמצַע
on the right to	מִיָמִין ל	in case of	בְּמִקרֶה ש
in front of	מִלִפנֵי	in the end, finally	בַּסוֹף
across, facing	מִמוּל	on the side	בַּצָד
around	מִסָבִיב ל	inside	בְּתוֹך
above	מֵעַל ל	lately	לָאַחרוֹנָה
to begin with	מֵרֹאש	next to	לְיַד
		behind	מֵאחוֹרֵי

EXPRESSIONS & PHRASES

ביטויים וצירופים

Honey!	מוֹתֶק!	all over the country	בְּכל רַחבֵי הָאָרֶץ
good hikers	מֵיטִיבֵי לֶכֶת	young man (diminutive)	גְבַרבָר ז.
crusaders fort	מצוּדַת צלבָּנִים	the "Gang"	הַ"חֶבר'ה"
meeting place	נקוּדַת מִפגָש	Nature Protection Society	הַחֶברָה לְהֲגָנַת הַטֶבַע
glass bottom boats	סירוֹת זכוּכית	lengthy walk	הֲלִיכָה ממוּשֶכת
Deuteronomy	סֵפֶר דבָרִים	God forbid!	חַס וְחָלִילָה
resort town	עִיר נוֹפֶש	bare chested	חֲשׂוּף חָזֶה
stopped on his way	עָצַר בדַרכּוֹ	to reserve a room	לְהַזמִין חֶדֶר מֵרֹאש
garbage can	פַּח אַשפָּה	according to difficulty	לְפִי הקוֹשִי
suntan lotion	קרֶם שיזוּף	to protect the life	לִשמוֹר עַל הַחַיִים של
nature preserve	שמוּרַת טֶבַע	a walking advertisement	מוֹדָעָה מהַלֶכֶת

Some vocabulary lists are extensive. Vocabulary items can be divided into active and passive vocabulary, according to the needs of students and the instructor's discretion.

LESSON 28 שיעור מספר 28

READING 1 קטע קריאה מספר 1

א. הקדמה: מדור התלונות

מדברֵי עורך מדור התלונות:

בעיתון שלנו קיים מדור שנקרא "מדור התלונות". אני עורך מדור זה. קוראֵי העיתון יכולים לפנות אֵלַי ולכתוב לי על נושאים שמעַניינים אותם או מַטרידים אותם. אני עונֶה להם ומנסה לעזור להם כמֵיטַב יכולתי. אנחנו מביאים לכם מבחר מכתבים שהגיעו למערכת העיתון שלנו בחודשים האחרונים.

ב. מכתב למדור התלונות:

עורֵך יקר,

ביום ששי שעבר נסעתי העירה לקניות ולסידורים. חיפשׂתי מקום חנייה ולא מצאתי. פשוט לא היה מקום. אחרֵי חצי שעה, סוף סוף מצאתי מקום חנייה. לא היה לי כסף קטן או אסימון לשים במדחן. השארתי את המכונית במקום החנייה והלכתי לבנק. בבנק היה תור וחיכיתי 20 דקות ואז רצתי חזרה להזיז את המכונית. ומה אתה חושב שמצאתי? על יד המכונית עמד שוטר ורשם לי דו"ח. הסברתי לו שלא הייתה לי בְּרֵירה כי לא היה לי כסף קטן. הוא שמע את הסיפור שלי, אבל לא ענה לי והמשיך לכתוב. או שלא מבין עברית או שהוא לא רצה להבין. הוא לא היה מוכן להקשיב לי. אני לא חושבת שזה צודֵק ואני לא מוכנה לשלם את הקנס. לא נשארתי לקניות וחזרתי הביתה גם עיֵיפה וגם לא מרוּצָה.

אם אנשים יחַפשׂו מקומות חנייה ולא ימצאו, הם לא יִיסעו העירה. הם ייסעו לקניוֹנים החדשים. שם יש מספיק חנייה ויש גם הרבה חנויות. אם תמשיכו לתת קנסות בלי סיבה טובה, אנשים יפסיקו לשלם אותם. האם זה מה שאתם רוצים? אין למשטרה משהו יותר טוב לעשות חוץ מִלָּתֵת דו"חות?

זה לא מגיע לי! אני אישית לא מוכנה לשלם את הקנס.

חֲתוּמה:

"זה לא מגיע לי"

תרגיל מספר 1 EXERCISE 1

ענו על השאלות:

1. למה כוֹתבת המכתב נסעה העירה?
2. מה הייתה הבעייה שלה?
3. האם השוֹטר עזר לה לפתוֹר את הבעייה שלה?
4. האם היא מוּכנה לחזוֹר העירה לקניוֹת?
5. מה דעתכם? היא צוֹדקת?

תרגיל מספר 2 EXERCISE 2

1. קראו את הקטע הבא:

אתמול היה יום ההולדת של בת אחותי רותי - היא הייתה בת 8. רצינו לקחת אותה לארוחת צוהריים. היא רצתה ללכת למסעדה סינית. "בטח!" אמרנו לה. אנחנו לא מכירים מסעדות סיניות בעיר אז חיפשנו מסעדה במדריך הטלפונים וסוף סוף מצאנו. רשמנו את הכתובת של המסעדה - וקדימה לדרך!

נסענו ונסענו ופתאום ראינו שלא נשאר לנו מספיק דֶלֶק. השארנו את המכונית שלנו ורצנו לתחנת דלק בפינת רחוב הרצל ורחוב בלפור. הבאנו את הדלק חזרה למכונית שלנו והמשכנו בדרכנו למסעדה הסינית.

ומה אתם חושבים שקרה? המסעדה הייתה סגורה.

רותי היה מאוד עצובה - זה ממש לא הגיע לה שהמסעדה תהיה סגורה ביום ההולדת שלה! אז אמרנו לה שאנחנו נזמין אותה הערב אלינו הביתה, נכין לה אוכל סיני בבית, ואנחנו נאפה את עוגת השוקולד שהיא כל כך אוהבת ונקנה לה מתנות ליום ההולדת. רותי שמחה מאוד ואמרה: "תודה! תודה! אם אתם מוכנים לעשות לי מסיבה מחר, אני מוכנה לבוא!"

2. מה לא נכון? *ציינו את התשובה שאינה נכונה.*

א.
1. רותי רצתה ללכת לאכול אוכל סיני.
2. אנחנו הסכמנו לקחת אותה לארוחת ערב.
3. רותי רצתה לקחת אותנו למסעדה סינית.

ב.
1. מצאנו את הכתובת של המסעדה.
2. נסענו באוטובוס למסעדה, כי לא רצינו ללכת ברגל.
3. כתבנו את הכתובת של המסעדה.

ג. 1. מצאנו את המכונית שלנו במקום שהשארנו אותה.
2. הייתה לנו בעייה עם הדלק.
3. אחרי חצי שעה הגענו למסעדה.

ד. 1. לא ידענו שהמסעדה לא פתוחה.
2. האוכל הסיני במסעדה היה טוב מאוד.
3. לא יכולנו לאכול במסעדה.

ה. 1. אנחנו נקנה לרותי את עוגת השוקולד שהוא אוהבת.
2. אנחנו מוכנים לבשל ארוחה בשביל רותי.
3. רותי תהיה שמחה, כי אנחנו מתכוננים לחגוג את יום ההולדת שלה הערב.

בניין הפעיל - גזרת ע"ו

SPEECH PATTERNS	תבניות לשון
Did you understand what he said?	הֲבַנְתֶּם מה שהוא אמר?
We don't understand what you want.	אנחנו לא מְבִינִים מה אתה רוצה.
Move the television and put it there!	הָזִיזוּ את הטלוויזיה ושימו אותה שם!
Will you bring them a present?	אתה תָּבִיא להם מתנה?

		3	2	1	
to understand	לְהָבִין	נ	ו	ב	ע' הפועל = ו
to prepare	לְהָכִין	נ	ו	כ	ע' הפועל = ו
to bring	לְהָבִיא	א	ו	ב	ע' הפועל = ו
to move something	לְהָזִיז	ז	ו	ז	ע' הפועל = ו

Forms in which the ה final radical changes shape or is totally omitted.

ו ⇐ ִי עבר: הֵבִין, הֵבִינָה, הֵבִינוּ
הווה: מֵבִין , מבינה
עתיד: אָבִין, יָבִין
ש"פ: להָבין
ו ⇐ Ø עבר: הֵבַנְתִּי , הֵבַנְתְּ, הֵבַנּוּ, הֵבַנְתֶּם

נטיית השורש /כ.ו.נ./ גזרת ע"ו בניין הפעיל

עבר	הווה	עתיד	ציווי	שם הפועל
הֵכַנְתִּי	מֵכִין	אָכִין		לְהָכִין
	מְכִינָה			
הֵכַנְתָּ	מֵכִין	תָּכִין	הָכֵן!	
הֵכַנְתְּ	מְכִינָה	תָּכִינִי	הָכִינִי!	
הוּא הֵכִין	מֵכִין	יָכִין		
הִיא הֵכִינָה	מְכִינָה	תָּכִין		
הֵכַנּוּ	מְכִינִים	נָכִין		
	מְכִינוֹת			
הֵכַנְתֶּם	מְכִינִים	תָּכִינוּ	הָכִינוּ!	
הֵכַנְתֶּן	מְכִינוֹת			
הם הֵכִינוּ	מְכִינִים	יָכִינוּ		
הן הֵכִינוּ	מְכִינוֹת			

The verb להביא "to bring" is from the root ב.ו.א. and belongs to both root classifications: ע״ו and ל״א. The final radical א changes the second vowel of the past tense.

להביא: ע"ו + ל"א	להבין ע"ו
הֵבֵאתִי	הֵבַנְתִּי
הֵבֵאתָ	הֵבַנְתָּ
הֵבֵאת	הֵבַנְת
הֵבֵאנוּ	הֵבַנּוּ
הֵבֵאתֶם	הֵבַנְתֶּם
הֵבֵאתֶן	הֵבַנְתֶּן

The differences and similarities between ע"ו verbs and פ"נ verbs in בניין הפעיל

Because both ע'ו verbs in Hif'il, such as לְהָבִין, and פ"נ verbs in Hif'il, such as לְהַכִּיר, have only two consonants, there is a tendency to pronounce them as if they belonged to the same classification.

Let's look at the differences between two verbs:

3	2	1
נ	ו	כ

ע' הפועל = ו — לְהָכִין to prepare

3	2	1
ר	כ	נ

פ' הפועל = נ — לְהַכִּיר to know, recognize

Here are some forms where both the similarities and differences are noticeable:

עבר: הֵכַנתי את השיעורים. הווה: אני מֵכִין שיעורים עכשיו. עתיד: אני אָכִין שיעורים.

עבר: לא הִכַּרתי אותו בכלל . הווה: אני לא מַכִּיר אותו בכלל. עתיד: אולי אַכִּיר אותו.

Comparing Verbs: שלמים, גזרת ע"ו, גזרת פ"נ

The group of verbs which are classified as ע"ו (second radical is ו) are conjugated in the Hif'il without the medial letter. The initial vowel of the past tense verb forms is changed from /i⇒e/ . Compare ע"ו verbs with שלמים and פ"נ:

פעלי פ"נ	שלמים	פעלי ע"ו
הִכִּיר	הִסְכִּים	הֵבִין
הִבַּטנו	הִסְכַּמנו	הֱזַנּו

The initial vowel of the present tense verb forms is changed from /a⇒e/.

When the first root letter is one of the following: בּ, כּ, פּ , it is pronounced as ב, כ, פ. Compare ע"ו verbs with שלמים and פ"נ:

פעלי פ"נ	שלמים	פעלי ע"ו
מַבִּיט	מַסְבִּיר	מֵבִין
מַכִּיר	מַסְכִּים	מְכִינִים

EXERCISE 3 תרגיל מספר 3

Change the forms of the הפעיל - ע"ו verbs as is indicated in the example (the tense is kept but the subject changes):

דוגמה: מי יָכִין לכם את הארוחות?
אנחנו נָכִין את הארוחות בעצמנו.
גם החברים שלנו יָכִינוּ את האוכל בבית.

1. אורית תביא לנו פרחים.
האורחים שלנו _______ את כל האוכל למסיבה.
גם את ______ משהו למסיבה?
החברים שלי ______ שתייה ואני ______ עוגת שוקולד.
2. מי הבין את מה שמיכאל אמר?
אני לא _______ שום דבר.
גם אנחנו לא _______ אותו.
אולי דליה ______ אותו - היא חברה טובה שלו.
3. מי מכין את השלטים *placards* להפגנה *demonstration* ?
חנן לא _____ את השלטים, כי אין לו זמן.
ענת ______ אותן. היא אוהבת הפגנות ושלטים.
4. אתם הזזתם את כל הרהיטים בחדר.
אנחנו לא ______את כל הרהיטים - רק את הספה.
אני ______ את הטלוויזיה.
5. למה הם לא השיבו לכם תשובה על השאלה שלכם?
היא לא _______ תשובה, כי הוא לא ידעה מה לומר.
הוא דווקא ______ לנו תשובה, אבל זה לא עזר לנו.
רבקה _______ תשובה מעניינת, אבל לא בדיוק מה שרצינו לשמוע.
6. למה שלא תכינו את התוכנית לערב?
אנחנו לא _______ את התוכנית לערב, כי אין לנו זמן.
הילדים ______ את התוכנית לערב, כי יש להם זמן.
רבקה לא _______ את התוכנית לערב, כי אין לה חשק ונמאס לה להכין את התוכניות.
7. הם בכלל מבינים מה שאומרים להם?
אני לא _______ מה שאתה אומר לי. מה בדיוק אתה רוצה?
אנחנו תמיד ______ אותך - אבל הפעם לא הצלחנו להבין שום דבר.
מה? אתן לא _______ שמעכשיו הכל יהיה שונה?

EXERCISE 4 תרגיל מספר 4

Identify the root and the infinitive of these verbs.
You have to distinguish between **ע״ו** verbs in **הפעיל** and **פ״נ** verbs in **הפעיל**:

אני לא מֵבִין אנגלית.	שורש ________	שם פועל: ________
אנחנו מַכִּירִים אותם.	שורש ________	שם פועל: ________
אתה הֵזַזְתָּ את הטלוויזיה?	שורש ________	שם פועל: ________
דינה תָכִין לנו ארוחה.	שורש ________	שם פועל: ________
מי יָבִיא לנו את העיתון?	שורש ________	שם פועל: ________
הוא הִפִּיל את התמונה מהקיר.	שורש ________	שם פועל: ________
אתם מַבִּיטִים בו כל הזמן. מי הוא?	שורש ________	שם פועל: ________

EXERCISE 5 תרגיל מספר 5

השלם את המשפטים הבאים עם הפעלים:

זמן	*ש״פ*	*משפט*
הווה	לְהָבִין	1. הוא לא ________ אותי ואני לא ________ אותו.
עתיד	לְהָבִיא	2. דן, ________ את התוכניות למשרד מחר.
עתיד	לְהַבִּיט	3. מחר אנחנו ________ בתוכניות ונגיד לך מה אנחנו חושבים.
עבר	לְהָבִיא	4. רינה ________ את המכונית שלה לעבודה.
עבר	לְהַצִּיעַ	5. האם אתם ________ לרינה משרה חדשה?
עבר	לְהָבִין	6. אני לא ________ למה אתם לא רציתם לבוא אלינו.
הווה	לְהַסִּיעַ	7. כל יום דן ________ את הילדים שלו לבית הספר.
הווה	לְהַסִּיעַ	8. אמא שלי לא ________ אותי לבית הספר. היא רוצה שאלך ברגל.
הווה	לְהָכִין	9. למה אתם לא ________ את השיעורים למחר?
ציווי	לְהָזִיז	10. ילדים, ________ את הכיסאות!
עתיד	לְהַכִּיר	11. אנחנו מקווים שאתם ________ אותו בקרוב.
עבר	לְהָזִיז	12. דן, למה ________ את הטלויזיה ממקומה?
עתיד	לְהַגִּיעַ	13. אתם חושבים שכולם ________ בזמן?
עתיד	לְהָבִיא	14. אני מקווה שאמא שלי לא ________ את הכלב שלה כשהיא תבוא.
עבר	לְהַצִּיעַ	15. דן ודליה ________ להכין את הארוחה בשביל כל האורחים.
עתיד	לְהַבִּיעַ	16. אני ________ את דַעתי על הסרט רק אחרי שאראה אותו.

עתיד	לְהָבִין	17. אני מקווה שאתם __________ שאין לנו זמן היום לבוא אליכם.
עבר	לְהָכִין	18. אנחנו לא __________ את החדר בשביל האורחים.
הווה	לְהַבִּיעַ	19. עופרה, את תמיד __________ את דעתך על כל דבר?
הווה	לְהַכִּיר	20. אני לא חושב שהיא יודעת מי אתה. היא לא __________ אותך.

להישאר ולהשאיר — TO STAY AND TO LEAVE BEHIND

תבניות לשון	SPEECH PATTERNS
נִשאַרתי בעיר.	I stayed in town.
הילדים נִשְאָרים בבית	The children are staying home.
הִשאַרתי את המכונית שלי ברחוב.	I left my car in the street.
תַשאִירוּ לי הוֹדעה!	Leave me a message!

1. להישאר — To stay, to remain

נשארנו בבית בשבת.	We stayed home on Saturday.
תישארו בעיר בחופשה?	Will you stay in the city during the holidays?
מי לא נשאר בשיעור?	Who is not staying in class?

נטיית השורש /ש.א.ר./ בניין נפעל

עבר	הווה	עתיד	ציווי	שם הפועל
נִשְאַרְתִּי	נִשְאָר/נִשְאֶרֶת	אֶשָּאֵר		לְהִישָּאֵר
נִשְאַרְתָּ	נִשְאָר	תִּישָּאֵר	הִישָּאֵר	
נִשְאַרְתְּ	נִשְאֶרֶת	תִּישָּאֲרִי	הִישָּאֲרִי!	
הוּא נִשְאַר	נִשְאָר	יִישָּאֵר		
הִיא נִשְאֲרָה	נִשְאֶרֶת	תִּישָּאֵר		
נִשְאַרְנוּ	נִשְאָרִים/נִשְאָרוֹת	נִישָּאֵר		
נִשְאַרְתֶּם	נִשְאָרִים	תִּישָּאֲרוּ	הִישָּאֲרוּ!	
נִשְאַרְתֶּן	נִשְאָרוֹת	תִּישָּאֲרוּ	הִישָּאֲרוּ!	
הֵן/הֵם נִשְאֲרוּ	נִשְאָרִים/נִשְאָרוֹת	יִישָּאֲרוּ		

It is easier to remember the meaning of a verb if we couple it with its opposite: להישאר *to remain/stay* is a stationary verb, while לעזוב *to leave,* or לצאת *to exit,* or לנסוע/ללכת *to go* are all directional verbs.

- הם לא עזבו את העיר ־ הם נשארו שם חמש שנים.
  - They did not leave town--they stayed there five years.
- הם לא יצאו מהבית ־ הם נשארו בבית כל הערב.
  - They did not leave home--they stayed home all evening.
- הם לא נסעו לשום מקום ־ הם נשארו בבית.
  - They did not go any place--they stayed home.
- בסוף הם הלכו לקולנוע ולא נשארו בבית.
  - Finally they went to the movie, and did not stay home.

EXERCISE 6	תרגיל מספר 6

להישאר ־ בחרו בצורה המתאימה כדי להשלים את המשפטים:

1. הוא לא _____ (עבר) בבית אפילו ערב אחד.
2. אני _____(עתיד) כאן עוד יומיים, ואחר־כך אחזור לתל־אביב.
3. מאוד יפה מההורים שלך שהם _____ (הווה) אצלכם כל השבוע.
4. אם אתם _____ (עתיד) אצלנו הערב, נוכל ללכת לשמוע מוסיקה במועדון לילה.
5. תמר, את _____ (הווה) באילת, או את מתכוננת לנסוע לתל־אביב?
6. אם את _____ (עתיד) בבית, אתקשר אליך.
7. תגידו, אתם _____ (הווה) הערב בעיר?
8. אנחנו _____ (עבר) אצל דניאל חודש ימים.
9. אם אתם רוצים, אנחנו _____ (עתיד) איתכם הערב ולא נצא לקולנוע.
10. הן לא _____ (עבר) בדירה הזאת כי היא לא דירה גדולה.

2. להשאיר to leave

הפעיל: לְהַשְׁאִיר to leave something behind

שם הפועל	ציווי	עתיד	הווה	עבר
לְהַשְׁאִיר		אַשְׁאִיר	מַשְׁאִיר	הִשְׁאַרְתִּי
		אַשְׁאִיר	מַשְׁאִירָה	הִשְׁאַרְתִּי
	הַשְׁאֵר!	תַּשְׁאִיר	מַשְׁאִיר	הִשְׁאַרְתָּ
		תַּשְׁאִירִי	מַשְׁאִירָה	הִשְׁאַרְתְּ
		יַשְׁאִיר	מַשְׁאִיר	הוּא הִשְׁאִיר
		תַּשְׁאִיר	מַשְׁאִירָה	הִיא הִשְׁאִירָה
		נַשְׁאִיר	מַשְׁאִירִים	הִשְׁאַרְנוּ
		נַשְׁאִיר	מַשְׁאִירִים	הִשְׁאַרְנוּ
	הַשְׁאִירוּ!	תַּשְׁאִירוּ	מַשְׁאִירִים	הִשְׁאַרְתֶּם
	הַשְׁאִירוּ!	תַּשְׁאִירוּ	מַשְׁאִירוֹת	הִשְׁאַרְתֶּן
		יַשְׁאִירוּ	מַשְׁאִירִים	הֵם הִשְׁאִירוּ
		יַשְׁאִירוּ	מַשְׁאִירוֹת	הֵן הִשְׁאִירוּ

The verb להשאיר should be followed by two objects: a direct object describing "what you leave (behind)" and an indirect object describing "for whom you leave it."

The verb להשאיר is a Hif'il verb. It shares the same root as להישאר "to stay/remain" but not the same בניין and not the same meaning.

The verb להשאיר means to "leave something behind."

השארתי את המעיל שלי בבית. I left my coat at home.

It does not mean "to leave = to go away"

עזבתי את העיר. I left town.

אמא השאירה לכם את האוכל במקרר.

מה היא השאירה? את האוכל. Direct object:

למי היא השאירה אותו? לכם. Indirect object:

תרגיל מספר 7 EXERCISE 7

בחרו בצורה המתאימה של הפועל "להשאיר" כדי להשלים את המשפטים:

1. הוא לא __________ (עבר) לי שום הודעה בטלפון אתמול.
2. אני ________(עתיד) לכם את הספר שלי, אבל תחזירו לי אותו.
3. מאוד יפה מההורים שלך שהם _________ (הווה) לך את המכונית שלהם.
4. אם אתם _________ (עתיד) לנו את הכלב שלכם, נשמור עליו.
5. תמר, את ________ (הווה) את המכונית בבית ונוסעת ברכבת?
6. אם את _________ (עתיד) לי מספר טלפון, אתקשר אליך בשבוע הבא.
7. תגידו, אתם _________ (הווה) את הילדים בבית או לוקחים אותם איתכם?
8. למה אתם לא ________ (עבר) לנו מספיק כסף?
9. אם אתם רוצים, אנחנו _________ (עתיד) לכם את הכתובת החדשה שלנו.
10. הן לא ________ (עבר) שום דבר בדירה - הן לקחו את הכל. גם אני תמיד ________ (הווה) את כל הרהיטים ואת הטלויזיה כשאני משכירה את הדירה שלי.

תרגיל מספר 8 EXERCISE 8

להישאר או להשאיר? בחר בפועל המתאים כדי להשלים את המשפטים:

1. אתם __________ (הווה) בעיר גם בסוף השבוע?
2. יעל, האם ________ (עתיד) במשרד עד תשע?
3. רון ורות _______ (עבר) בחדר שלהם במלון והזמינו ארוחת ערב לחדר. המלצר הביא את הארוחה. הם _______ (עבר) את המגש מחוץ לדלת, אבל שכחו _______ (שם־פועל) לו טיפ.
4. אתמול אני ____________ בבית כל היום, כי הייתי עייפה מאוד.
5. דני, ___________ לי קצת כסף! אני צריכה כסף קטן למדחן.
6. ילדים, אתם תמיד _________________ את החלב והגלידה בחוץ? שימו אותם במקרר!
7. דינה, למה שלא ___________ כאן עד מחר בערב?
8. מי __________ את הדלת פתוחה? צריך לסגור אותה!
9. כשיורד גשם, הילדים לא משחקים בחוץ - הם _____________ בבית וצופים בטלויזיה.
10. הם מוכנים ________ לכם את המכונית שלהם.

Do I deserve this or not? — זה מגיע לי או לא?

SPEECH PATTERNS	תבניות לשון
I don't deserve this.	זה לא מגיע לי.
I don't deserve this fine.	הקנס הזה לא מגיע לי.

This expression has the same structure as expressions of possession יש ל/אין ל .

1. Use with an impersonal subject.

I don't deserve this. — זה לא מגיע לי.

literally: "I don't have this coming to me."

You certainly deserve this! — זה בהחלט מגיע לך!

literally: "You definitely have this coming to you."

2. Use with infinitive verb phrases.

We do not deserve working so hard. — לא מגיע לנו לעבוד כל כך קשה.

literally: "to work so hard is not coming to us"

You deserve going on vacation. — מגיע לכם לצאת לחופשה.

literally: "to go on a vacation is coming to you"

3. Use with nouns (notice that the verb will reflect the gender and number features of the nouns).

I deserve a vacation day. — מגיע לי יום חופש.

I deserve a vacation. — מגיעה לי חופשה.

I deserve two days of vacation. — מגיעים לי שני ימי חופש.

EXERCISE 9 — תרגיל מספר 9

Write sentences which deserve the following answers

זה מגיע לך! — :אתה תישאר בבית כל ערב במשך כל השבוע!

זה בהחלט מגיע לכן! — ______________________

לא מגיע לו הפרס! — ______________________

זה לא מגיע לאף אחד מאיתנו! — ______________________

זה מגיע לכל מי שלא נוהג מהר! — ______________________

זה מגיע רק לכם! — ______________________

EXERCISE 10 — תרגיל מספר 10

Write out the passage and complete sentences with translations of the English phrases:

כל בוקר אני נוסע לעבודה. קשה מאוד למצוא _______ _______(parking place) על יד המשרד
שלי, אבל אפשר למצוא מקום ב _______ _________(shopping mall) קרוב למשרד שלי. ביום
שלישי שעבר יצאתי ב7:00 מהבית ונסעתי לעבודה, אבל כש_____________ ___ (I arrived) שם
כבר לא היה מקום. _____ _______(I searched and searched) וכש ___ ___________
(I did not find) איפה לחנות, חניתי במקום של מנהל המשרד שלי. הוא __________(has to)
לדאוג לעובדים שלו, נכון?

בצהריים נסעתי במכונית שלי ל_______ (shopping) ול______ (errands) בעיר. _______(I left)
את המכונית שלי על יד ________(parking meter), כי________ (remained (were left)) בו עוד 15
דקות ורצתי לעשות את כל מה ש_______ ________ (I had to) לעשות. בבנק _________
____(I stood in line) הרבה זמן וזה לקח לי יותר מחצי שעה. כשחזרתי למכונית ראיתי שם
________ (a policewoman) ש _________ ________(was writing a ticket), אבל היה לי מזל כי
זאת לא הייתה המכונית שלי.

חזרתי לעבודה אבל שוב לא הייתה חנייה. הסתובבתי והסתובבתי ואחרי עשרים דקות ____(I left)
את המכונית על יד הבניין, כי _____ ______(I had to) להסביר למנהל למה חזרתי כל כך מאוחר
ולשאול אם ____ _________(I can) להמשיך לחפש מקום. אמרתי לו שאני _______(I will stay)
במשרד עד שמונה בערב ואגמור את העבודה שלי. הוא אמר שהוא _____ _______(is not willing)
לעשות את זה. לא רק שבאתי מאוחר, אלא גם תפסתי לו את _____ _______ ______(his parking
place) ושוטר ______ _____ ______(wrote him a ticket), ואז באה המשטרה וגררה (לקחה) לו את
המכונית שלו. הוא פשוט ____ ______(is not ready) לדברים כאלה הוא הוסיף ש____
_________ (I have to) לשלם את הקנס שלו ואם אני ______ ________ (am not willing) לעשות
את זה, הוא יוריד לי כסף מהמשכורת שלי.

___ ____ ______(I don't deserve this)!

אתם לא חושבים שזאת שערורייה?

READING 2 קטע קריאה מספר 2

תשובה לגברת שלא מגיע לה קנס

גברתי היקרה,

חבל מאוד שאת לא ממשיכה לקנות בעיר. בעיר יש הרבה חנויות טובות ולא יקרות. נכון שאין מספיק מקומות חנייה בעיר. נכון שצריך לשלם בשביל חנייה וצריך כסף קטן למדחן. נכון שהמשטרה נותנת קנסות לכל מי שלא שמשלם עבור חנייה ולא תמיד מוכנה להקשיב לאנשים. אבל אל תשכחי, גברתי, שרק בחנויות בעיר אפשר למצוא את הכל ואפשר למצוא שירות כל כך טוב. מרכז העיר הוא המקום הטוב ביותר לקניות לכל מי שמחפש סחורה טובה במחירים סבירים.

אם אנשים לא יתמכו בחנויות במרכז העיר, מה יקרה לעיר? נכון שיש קניונים חדשים אבל זה לא אותו דבר. כל המוכרים צעירים וכל החנויות שייכות לרשתות גדולות. כאן בעיר בעלֵי החנויות עובדים בחנויות ומשרתים את הקהל. יש להם ידע רב, ניסיון ורצון לשרת את הקונים כי העסקים שייכים להם. יש גם אווירה מיוחדת בעיר שאין בקניונים.

גברתי, בפעם הבאה כתשבואי העירה, תיקחי איתך כסף קטן בשביל המדחן. אין לי ספק שאם תחפשי מקום חנייה בשעות המוקדמות של הבוקר, תמצאי מקום בלי בעיות. תשלמי את הקנס הפעם, ואני בטוח שזאת תהיה הפעם האחרונה ושלא יהיו לך יותר בעיות. אם יהיו לך בעיות, אני רוצה שתכתבי לי שוב.

נקווה שתחזרי העירה לקניות!

עורך העיתון

בני וייס

שייך־שייכת (ל)

SPEECH PATTERNS	תבניות לשון
This coat does not belong to me.	המעיל הזה לא שייך לי.
To whom does this belong?	למי זה שייך?
We used to belong to a band.	היינו שייכים ללהקה.
This business will belong to you.	העסקים האלה יהיו שייכים לך.

This verbal expression שייך ל means "belong(ing) to." It refers to either ownership or membership.

1. שייך paraphrased with the preposition ‏של‏

    This house is the Shapiro family's house =
        הבית הזה הוא של משפחת שפירו =

    This house belongs to the Shapiro family.
        הבית הזה שייך למשפחת שפירו.

2. שייך can be paraphrased by the phrase ‏חבר ב‏

    I am not a member of the Scouts movement =
        אני לא חבר בתנועת הצופים.

    I do not belong to the Scouts movement.
        אני לא שייך לצופים.

			זמן הווה
שַׁיָּיכוֹת	שַׁיָּיכִים	שַׁיֶּיכֶת	שַׁיָּיך
Third person	*Second person*	*1st person*	זמן עבר
הוא היה שַׁיָּיך	היית שַׁיָּיך	הייתי שַׁיָּיך	
היא הייתה שַׁיֶּיכֶת	היית שַׁיֶּיכֶת	הייתי שַׁיֶּיכֶת	
הם היו שַׁיָּיכִים	הייתם שַׁיָּיכִים	היינו שַׁיָּיכִים	
הן היו שַׁיָּיכוֹת	הייתן שַׁיָּיכוֹת	היינו שַׁיָּיכוֹת	
Third person	*Second person*	*1st person*	זמן עתיד
הוא יהיה שַׁיָּיך	תהיה שַׁיָּיך	אהיה שַׁיָּיך	
היא תהיה שַׁיֶּיכֶת	תהיי שַׁיֶּיכֶת	אהיה שַׁיֶּיכֶת	
הם יהיו שַׁיָּיכִים	תהיו שַׁיָּיכִים	נהיה שַׁיָּיכִים	
הן יהיו שַׁיָּיכוֹת	תהיו שַׁיָּיכוֹת	נהיה שַׁיָּיכוֹת	

EXERCISE 11

Paraphrase with the expression שייך:

    _____

    _____

    _____

    _____

    _____

    _____

    _____

    _____

    _____

    _____

תרגיל מספר 11

התקליטון הזה הוא שלי.

חנה חברה במועדון ספורט.

האשה הזאת חברה בבית הכנסת שלנו.

המכונית הזאת לא שלי.

מקום החנייה הזה לא היה שלכם.

החנות הזאת היא של הדוד שלי.

חשבון הטלפון הזה הוא לא שלנו.

הבניין הזה הוא של חברת הטלפון.

אני לא הייתי בכיתה שלהם.

כל החברים שלי הם חברים במועדון ספורט.

קטע קריאה מספר 3 READING 3

זאת אשמת הדואר

עורך יקר,

לפני שלושה שבועות קיבלתי חשבּוֹן חשמל ומים מהעירייה. כּתבתי צ׳יק ושַׂמתי אותו בּמעטפה. קניתי בּוּלים ושלחתי את המכתב בּדוֹאר. זה היה מכתב חשוּב מאוד, כּי רציתי לשלם את החשבּוֹן שלי בּזמן. אתמול סגרוּ לי גם את המים וגם את החשמל, ורק היום קיבּלתי מכתב אזהרה מהעירייה שאם הם לא יקבּלו את הכּסף הם יסגרוּ לי את המים והחשמל.

רצתי לעירייה לבָרֵר מה קרה והם טוֹעֲנים שאף פעם לא קיבּלו את המכתב שלי ושאני חייב להם הרבּה כּסף. הם גם טוענים ששלחו לי שְנֵי מכתבֵי אזהרה. הם רוצים שאשלם את הסכּוּם שאני חייב ושאשלם קנס אם אני רוצה שהם יחדשו את שירותי המים והחשמל.

זאת שערוּריה! אני לא חושב שזאת הבּעייה שלי. זאת הבּעייה של משׂרד הדואר. אני חושב שהדואר חייב לשלם את הקנס, כי הם אשמים. הם מוכרחים לחדש לי את השירותים שמגיעים לי!

חתום:

"זאת אשמת הדואר"

תרגיל מספר 12 EXERCISE 12

ענו על השאלות:

1. מי שלח את החשבּוֹן של המים והחשמל?
2. מה עשׂה כּוֹתב המכתב כּשקיבּל את החשבּוֹן?
3. מי סגר לוֹ את המים והחשמל?
4. מה טענוּ בּעִירִייה? למה הם סגרוּ את המים והחשמל?
5. מה הוּא צריך לעשׂוֹת לפני שיחדשוּ לוֹ את השירוּתים?
6. של מי הבּעייה ומי צריך לשלם את הקנס?

EXERCISE 13 / תרגיל מספר 13

השלם את המילים המתאימות מתוך טקסט המכתב " זאת אשמת הדואר" במשפטים הבאים:

1. הם לא _____ את המכתב שלי בעירייה.
2. דן ______ לי הרבה כסף. הוא צריך לשלם לי את הכסף.
3. קיבלתי את _____ המים. אני חייב ______ גדול של כסף לעירייה.
4. אני לא מבין מה קרה. באתי הנה ______ מה בדיוק קרה.
5. שמתי שני ____ על המעטפה ושלחתי את המכתב בדואר.
6. בפעם הבאה אני לא אשלח מכתבים ב_______, אני אשלח אותם בפקס.
7. ביקשתי מהעירייה _______ את שירותי ה______ וה_______.
8. העירייה לא שלחה לי ________ שהם יסגרו את המים.
9. אני לא ______ שהמכתב לא הגיע. אני שלחתי אותו בזמן.
10. יש לי אורחים לארוחת ערב, ואני לא יודעת איך אבשל, כי _______ גם את המים וגם את החשמל.

חייב-חייבת

SPEECH PATTERNS	תבניות לשון
You must help us.	אתם חַיָּבִים לעזוֹר לנוּ.
She did not have to come.	היא לא הייתה חַיֶּבֶת לבוֹא.
You owe us money.	אתם חַיָּבִים לנוּ כסף.
She owed him a lot.	היא הייתה חַיֶּבֶת לוֹ הרבה.

1. VERBAL EXPRESSION

When חייב is the main verb it has the meaning of "owing or being indebted to someone." It can be followed by additional information about to whom you owe and for what.

I owe money to my landlord for rent.	אני חייבת כסף לבעל הבית בשביל שכר דירה.
I don't owe anything to anybody.	אני לא חייב לכם שום דבר.

The word order of the objects is as follows:

1. If both objects are nouns, the direct object is first and the prepositional phrase is second.

אני חייבת הרבה כסף לבעל הבית שלי בשביל שכר דירה.

2. If one of the objects has a preposition+suffix, it precedes the object that is a noun.

אני לא חייב לכם שום דבר.

2. MODAL VERB

The verbal expression חייב can also function as a modal verb "must/is obliged", and as such it must be followed by a verb infinitive.

מי?	לעשות מה?	למה?
אני חייב	להגיע בזמן	כי הקונצרט מתחיל בשש בדיוק.
הם לא חייבים	לבוא	כי להם שום התחייבות.

In both meanings, the verbal expression is conjugated in past or future with the verb להיות "to be", which expresses the appropriate tense.

הייתי חייב להגיע בזמן, כי הקונצרט התחיל בשש בדיוק.

לא תהיו חייבים לבוא. אין לכם שום התחייבות.

זמן הווה			
חַיָּב	חַיֶּבֶת	חַיָּבִים	חַיָּבוֹת
זמן עבר	*1st person*	*Second person*	*Third person*
	הייתי חַיָּב	היית חַיָּב	הוּא היה חַיָּב
	הייתי חַיֶּבֶת	היית חַיֶּבֶת	היא הייתה חַיֶּבֶת
	היינוּ חַיָּבִים	הייתם חַיָּבִים	הם היוּ חַיָּבִים
	היינוּ חַיָּבוֹת	הייתן חַיָּבוֹת	הן היוּ חַיָּבוֹת
זמן עתיד	*1st person*	*Second person*	*Third person*
	אהיה חַיָּב	תהיה חַיָּב	הוּא יהיה חַיָּב
	אהיה חַיֶּבֶת	תהיי חַיֶּבֶת	היא תהיה חַיֶּבֶת
	נהיה חַיָּבִים	תהיוּ חַיָּבִים	הם יהיוּ חַיָּבִים
	נהיה חַיָּבוֹת	תהיוּ חַיָּבוֹת	הן יהיוּ חַיָּבוֹת

The following modal verbs function as verbs of obligation: צריך, מוכרח, חייב. They offer levels or degrees of obligation, with צריך being the least severe, conveying a sense of need, while חייב goes beyond need into obligation.

MODALITY:

OBLIGATION AND NEED	חובה
I have to go home.	אני צריך ללכת הביתה.
I must go home.	אני מוכרח ללכת הביתה.
I absolutely have to go home.	אני חייב ללכת הביתה.

WISH AND HOPE	רצון ותקווה
Wish:	אני רוצה לנסוע איתכם.
Willingness:	אני מוכן ללכת איתכם.
Hope:	אני מקווה ללכת איתכם.

EXERCISE 14 — תרגיל מספר 14

Complete the sentences with the following modal verbs: צריך, מוכרח, חייב.
Make the necessary changes of tense when indicated by the initial sentence.

דוגמה:

לא שילמתי לו וגם,

לא הייתי צריך לשלם לו.

לא הייתי מוכרח לשלם לו.

לא הייתי חייב לשלם לו.

1. אני לומדת כי, ____________ ____________ ____________
2. אנחנו נסענו לירושלים כי, ____________ ____________ ____________
3. היא לא תשלם את הקנס כי, ____________ ____________ ____________
4. הלכנו לבר מצווה של דן כי, ____________ ____________ ____________
5. ההורים שלי נוסעים כי, ____________ ____________ ____________
6. אני אעבוד כי, ____________ ____________ ____________

תרגיל מספר 15

EXERCISE 15

Complete the sentences with the following modal verbs מוכן, חייב, צריך as in the example.

לא רציתי לעבוד אצלו,

לא הייתי מוכן לעבוד אצלו.

לא הייתי צריך לעבוד אצלו.

לא הייתי חייב לעבוד אצלו.

1. אני רוצה ללמוד כאן.
2. אנחנו נרצה לנסוע לירושלים.
3. אף פעם לא רצינו ללכת לשם ברגל.
4. החברות של תמר לא רוצות לבוא לשיעור היום.
5. אנחנו לא נרצה לעזור לה.

תרגיל מספר 16

EXERCISE 16

השלימו ב"יכול/חייב/מוכן/רוצה" - בהווה או בעבר. מה הכי מתאים?

1. אני לא ____________ לטפל בחיות שלך.
2. האם אתם ______________ להישאר בחנות אחרי שמונה?
3. מישהו ____________ להישאר במשרד ולחכות לפאקס מהבוס.
4. קווינו ו______ שהוא ישאיר לנו את הטלויזיה, אבל הוא לא _____ ______ לעשות את זה.
5. ההורים שלנו תמיד ________ לעזור לנו.
6. מה אתן _______ מאיתנו? אנחנו לא _______ ולא _________ לתת לכם שום דבר!
7. רון, לא ידענו מה לעשות! מה _______ _________ לעשות כדי לעזור לך?
8. למה לא _______ לבוא אתמול? _______ _________ ללכת לאיזה מקום אחר?
9. אני שמחה שאני לא _________ לעֲבוֹד הַשָּׁנָה - אני _________ רק ללמוד.
10. האורחים שלנו ________ לבשל ולנקות, אז אני לא _________ לבשל ולנקות. איזה כייף!

READING 4

קטע קריאה מספר 4

תשובה לאדון שחושב ש"זאת אשמת הדואר"

אדוני היקר,

אנחנו חושבים שאתה צודק ושזה נכון שזאת באמת אשמת הדואר. אתה רוצה שהדואר ישלם את הקנס, אבל אנחנו לא חושבים שהם מוכנים לשלם אותו. אנחנו מקווים שהעירייה תוותר על הקנס. אם תשלם את מה שהעירייה חייבת לך, העירייה תחדש את שירותֵי החשמל והמים. אם העירייה לא תהיה מוכנה לעשות זאת, אני מבקש ממך שתכתוב לנו מכתב ואנחנו ננסה לדבר עם הפקידים בעירייה.

אנחנו מקווים שהעירייה קיבלה בינתיים את המכתב עם הצ'יק שלך ושלא יהיו לך בעיות.

בהצלחה!

עורך העיתון

בני וייס

EXERCISE 17

תרגיל מספר 17

שאלות לדיון או לכתיבה:

1. מה דעתך על התשובה של העורך?
2. מי צודק לדעתך - כותב המכתב או העירייה?
3. האם זה נכון שזאת שאשמת הדואר?
4. האם זה נכון או לא נכון שהעירייה יכולה לסגור את שירותי המים והחשמל?
5. האם זה צודק או לא צודק לסגור את החשמל, אפילו אם מישהו לא שילם את החשבון בזמן?
6. מה אתה/את חושב/חושבת שהעירייה תעשה?

In your answers use the expressions   "צודק " ו"נכון"

1. Agreement or disagreement with opinions or attitudes:

You are wrong!	אתה לא צודק!	You are right!	אתה צודק!
It is unfair/unjust!	זה לא צודק!	It is fair/just !	זה צודק!

2. Factual matters--correct or incorrect? True or false?

This is incorrect!	זה לא נכון!	This is correct.	זה נכון!

EXERCISE 18   תרגיל מספר 18

התשובה שלך צריכה להיות: נכון/לא נכון   אתה צודק/לא צודק   את צודקת/לא צודקת

אני אומר/ת את הדברים הבאים:

התשובה שלך:	
_____	1. ישראל היא מדינה דמוקרטית שנמצאת באסיה.
_____	2. השוטרים לא חייבים לרשום קנסות לכל מי שחונה במקום שאסור לחנות בו.
_____	3. אני חושב/ת שלא מגיע לי קנס גם אם חניתי במקום שאסור לחנות בו.
_____	4. הממשלה חייבת לתת כסף לאנשים שלא עובדים, גם אם הם יכולים לעבוד.
_____	5. אני לא חושב/ת שהעיר צריכה לעזור לתושבים שלה. כל אחד צריך לדאוג לעצמו.
_____	6. העירייה צריכה לתת שירותים לכל התושבים בעיר, גם אם הם לא אזרחים.
_____	7. השמש עולה במערב ושוקעת בערב במזרח.
_____	8. מקסיקו לא נמצא באמריקה.
_____	9. קנדה היא מצפון לארצות הברית.
_____	10. בחורף אסור לסגור את החשמל והחימום של אנשים, גם אם הם לא שילמו את החשבון שלהם.
_____	11. רק מי שאזרח יכול להצביע בבחירות.
_____	12. בשבת כל החנויות בניו-יורק סגורות.
_____	13. כל הבנקים סגורים בסוף השבוע.

קטע קריאה מספר 5 READING 5

אותה המנגינה ואותו הסיפור

עורך יקר,

אנחנו גרים בבניין רב-קומות. יש לנו הרבה שכנים והרבה בעיות. הבעייה שלנו היא הרעש בשכונה שלנו. זה היה פעם מקום שָקֵט. אבל עכשיו זה מקום רוֹעֵש. יש גן ציבורי על יד הבית שלנו. ילדים משחקים וצועקים שם כל היום ובערב שומעים מוסיקה רוֹעֶשֶת מהגן. לא רק זה, אבל יש לנו שכֵנים חדשים בַּקומה שלנו והילדה של השכֵנים האלה מנגנת בכינור. כל יום היא מנגנת. היא מנגנת ומנגנת. אנחנו רוצים לנוּחַ והיא מנגנת. אנחנו רוצים לישון והיא מנגנת. אנחנו רוצים שֶקֶט והיא מנגנת. כל יום היא מנגנת סולמוֹת ותרגילים מהספר למתחילים. במשך חמשת החודשים האחרונים היא ניגנה אותם בבוקר והיא ניגנה אותם בערב: אותם התרגילים ואותן השגיאות.

עד מתי? אנחנו שואלים את עצמנו ולא יודעים את התשובה. למה? הֲרֵי אין לה כישרון ואין לה עתיד במוסיקה. היא מנגנת ואנחנו סובלים. היא מנגנת ואנחנו סוגרים את החלונות גם בקיץ. היא מנגנת ואנחנו זוכרים איך בימי הַיַלדות שלנו אנחנו ניגַנו והשכנים סבלו וסגרו את החלונות. אבל גם זה לא עוזר. יש לך הצעה בשבילנו?

חתומים:

"סובלים מסביבה רועשת"

תרגיל מספר 19 EXERCISE 19

ענו על השאלות:

1. מה הבעייה של כותבי המכתב?
2. באיזה כלי מנגנת הילדה של השכנים?
3. מה היא מנגנת?
4. עד מתי הם יצטרכו לסבול?
5. מה הם זוכרים מימֵי הַיַלדות שלהם?
6. גם את/אתה ניגנת כשהיית קטנה/קטן?
7. את/אתה ממשיכה/ממשיך לנגן?
8. את/ה אוהב/ת מוסיקה רועשת?

תרגיל מספר 20 EXERCISE 20

השלם את המילים המתאימות מתוך טקסט המכתב במשפטים הבאים:

1. במה אתם יודעים _____ ? בפסנתר, בכינור או בצלו?
2. שמענו שאתם _______ כי היא מנגנת כל הזמן בכינור.
3. הוא בחור מאוד מוכשר - יש לו _____ למוסיקה.
4. שמענו שאתה _____ בכינור. אתה מוכן לתת לנו קונצרט?
5. בבניין הזה יש שתים־עשרה קומות. זה בניין ____-______.
6. כל אחד זוכר את ימי ______ שלו. אלה היו ימים יפים.
7. הוא לא מנגן טוב. הוא עושה הרבה ______.
8. אני לא אוהב לנגן _____ ו_______.
9. אני לא יודע מה לעשות. יש לך ______ טובה?
10. מה זה? אתה סובל ממחלת השכחה? אתה לא _____ שום דבר?

שֶקֶט ורַעַש

תבניות לשון	SPEECH PATTERNS
אין שֶקֶט בבַּית הזה.	There is no peace and quiet in this house.
יש הרבה רַעַש בכיתה.	There is a lot of noise in class.
רחובות העיר רוֹעֲשִים.	The city streets are noisy.
זאת סביבה רוֹעֶשֶת, לא סביבה שקֵטָה.	This is a noisy neighborhood, not a quiet one.

The nouns for "quiet" and for "noise" are: שֶקֶט (ז) רַעַש (ז)
The adjectives have four forms, as usual, and are derived from these nouns:

שָקֵט	שְקֵטָה	שְקֵטִים	שְקֵטוֹת	quiet
רוֹעֵש	רוֹעֶשֶת	רוֹעֲשִים	רוֹעֲשוֹת	noisy

The idiomatic expression שֶקֶט ושַלְוָוה is equivalent to the English "peace and quiet."
The idiomatic expression רַעַש וַהֲמוּלָה is equivalent to the English "noise and bedlam."

EXERCISE 21 — תרגיל מספר 21

Complete the sentences with the following adjectives of quiet and noisy.

Follow the examples in the sentences.

דוגמה:

יש הרבה רעש בשכונה שלנו.	זאת שכונה רועשת.
1. יש רעש בכיתה.	יש בה תלמידים ______.
2. אין רעש בבית.	אין שכנים ________.
3. צריך לשבת בשקט בקונצרט	כולם צריכים להיות ________.
4. יש רעש בכבישים.	אלה כבישים ________.
5. יש שקט בערים הקטנות	אלה ערים _________.
6. הוא לא אוהב רעש.	הוא לא סובל מסיבות _______.
7. הם מנגנים בקול ועושים רעש	מוסיקה שלהם _______.

אותו דבר

SPEECH PATTERNS	תבניות לשון
It's the same song we already heard.	זה אותו השיר שכבר שמענו.
Is this the same teacher or another?	זאת אותה המורה או מורה אחרת?
We have the same homework as you do.	יש לנו אותם השיעורים שיש לכם.
Ofrah has the same problems that I have.	לעופרה יש אותן הבעיות שיש לי.

The modifier "the same" is expressed in Hebrew by the pronouns אותו, אותָהּ, אותָם, אותָן which usually function as direct object pronouns (him, her, them).

However, when they modify a noun and precede it, their meaning is the modifier "same." They have the same gender and number features of the noun which they modify.

We live in the same house.	אנחנו גרים באותו הבית.
We don't like the same music.	אנחנו לא אוהבים (את) אותה המוסיקה.
We bought the same coats.	קנינו (את) אותם המעילים.
We have the same dresses.	יש לנו אותן השמלות.

In such expressions, usually the noun which follows this modifier is definite; but there is an alternate form with indefinite nouns, which is also correct.

Both forms possible:

אנחנו גרים בְּאוֹתוֹ הַבִּנְיָן/ אנחנו גרים בְּאוֹתוֹ בִּנְיָן.

היינוּ בְּאוֹתָהּ הַכִּיתָה/ היינוּ בְּאוֹתָהּ כִּיתָה.

Even though the form of the modifiers "the same" is identical to that of the direct object pronouns, they have a different function here. It is possible to have the direct object particle precede these modifiers (strict rules of grammar do not allow the presence of seemingly two direct object markers):

DEFINITE DIRECT OBJECT:

They like the same music.	הם אוֹהבים את אוֹתה המוּסיקה.
We bought the same dress.	קנינוּ את אוֹתה השׂמלה.
We are reading the same books.	אנחנו קוֹראים את אוֹתם הספרים.

אותה הגברת בשינוי אדרת.

The expression אותה הגברת בְּשִׁינּוּי אַדֶּרֶת literally means "the same lady but with a different coat", and is used to express the idea: "it may look different, but it feels the same.", i.e. "you don't fool us."

EXERCISE 22 — תרגיל מספר 22

Complete the noun phrases with the modifier "same":

1. יש לכם את ______ התקליט שיש לנוּ?
2. אנחנוּ בּ______ הכיתה עם דפנה.
3. הם היוּ ב________ המוזאונים שאנחנו היינוּ בהם.
4. לא היוּ שם ______ האפשרויוֹת שיש כאן.
5. האם יקרה שוּב ______ דבר שקרה אתמוֹל?
6. אתם חייבים לטפל בּכוּלם בּ ________דרך.
7. הם גרוּ ב________ עיר שההוֹרים שלנו גרוּ בהּ.
8. הם הוֹלכים ל ______ בית כנסת.
9. היינוּ בּ______ הפגישוֹת ושמענוּ את _____ הדבר.
10. יש לכם מזל, כי אין לכם את ________ הבעיוֹת שיש בארצוֹת עניוֹת.

לבקש ולשאול

SPEECH PATTERNS	תבניות לשון
I asked Nira to help me with homework.	ביקשתי מנירה שתעזור לי בשיעורים.
I asked Tomer if he'll be home.	שאלתי את תומר אם הוא יהיה בבית.

The two verbs לבקש, לשאול can be translated into English as "ask". However, in Hebrew it is not possible to use the verbs interchangeably. Each has a unique meaning: לבקש "to request/ask", לשאול "to ask a question."

Here is the way in which לבקש and לשאול link with the rest of the information in the sentence:

1. לבקש מ

	ממי?	את מה?	לבקש
We asked Dan for your book.	מדן.	את הספר שלך	ביקשנו
I am asking for homework from everybody.	מכולם.	את השיעורים	אני מבקשת

	ש	ממי?	לבקש
I ask you to come on time.	שתבואו בזמן.	מכם	אני מבקש
I asked Ruth to stay here.	שתישאר כאן.	מרות	ביקשתי

	שם פועל	ממי?	לבקש
I ask of everybody to sit quietly.	לשבת בשקט.	מכולם	אני מבקש
He asked me to help him.	לעזור לו.	ממני	הוא ביקש

Related noun: Request בַּקָּשָׁה נ. בַּקָּשׁוֹת

A request made of somebody can have two possible structures with identical meanings:

I am asking you that you sit down.	אני מבקש מכם שתשבו.
I am asking you to sit down.	אני מבקש מכם לשבת.

2. לשאול את/מילות שאלה

לשאול	את מי?	(את) מה?	
שאלתי	אותם	הרבה שאלות.	I asked them many questions.
ילדים שואלים		כל כך הרבה שאלות.	Children ask so many questions.
אל תשאל		אותי!	Don't ask me!

לשאול	את מי?	אם	
אשאל	את רחל	<u>אם</u> יש לה תוכניות.	I'll ask Rachel if she has plans.
היא לא תשאל	אותי	<u>אם</u> אני עובד.	She won't ask me if I work.

לשאול	את מי?	מילת שאלה	
שאלו	אותנו	<u>מתי</u> המסיבה.	We were asked when the party is.
הוא שאל	אותי	<u>מה</u> אני עושה.	He asked me what I am doing.
שאלתי	את מאיה	<u>איפה</u> הבריכה.	I asked Maya where the pool is.
אל תשאל		<u>מדוע</u>.	Don't ask why!

Related noun: Question   שְׁאֵלָה נ. שְׁאֵלוֹת

לשאול זה לא להזמין

To "ask a question" is not "to invite"

In English "to ask" has an additional meaning of "to ask = to invite."
In Hebrew the verb **להזמין** is the one used specifically for "asking/inviting."

הם הזמינו אותנו לארוחת ערב.

They asked us for dinner.

תזמינו אותם ללכת איתכם לקולנוע?

Will you ask them to go to the movies with you?

Let's look at the different nuances of לבקש:

1. *Making a request for something*

הילדים ביקשו כסף מההורים שלהם.

The children requested money from their parents.

The meaning conveyed here is that of a request for something. The verb is followed by a direct object.

2. Asking, requesting, imploring

I would like you to come on time. אני מבקשת מכם לבוא בזמן.

The meaning conveyed by this verb is that of a request to do something. The verb is followed by an infinitive and performs the function of a modal verb of request.

3. Directing, telling, and expecting it to be done

I want you to sit quietly!/I am telling you to sit quietly! אני מבקשת שתֵשבוּ בשקט.

The strength of the message is conveyed by the speaker's tone of voice and depends on the context in which the message is delivered.

EXERCISE 23 תרגיל מספר 23

Complete the sentence with an appropriate verb form:

to ask/to request *לבקש מ*

(את) מה?/ש...	ממי?	פועל	מי?	זמן
לבוֹא אלינוּ בשבת.	מדן	________	1. אני	*עבר*
שיביא משהו.	מאף אחד	לא ________	2. דן	*עתיד*
את הכתובת שלך.		________	3. הם	*עבר*
שניסע איתכם.	מאיתנו	אל ________	4. (אתם)	*ציווי*
שכולם יקנו כרטיסים מראש.		________	5. אנחנו	*הווה*

to ask/to invite *להזמין את*

שם פועל/למה?	את מי?	פועל	מי?	זמן
לבוֹא אלינוּ בשבת.	את דן	________	1. אני	*עבר*
לקונצרט שלו.	אף אחד	לא ________	2. דן	*עתיד*
את ההורים שלהם לחג.		________	3. הם	*עבר*
ליום ההולדת של מאיה.	אתכם	________	4. אנחנו	*הווה*
ביחד איתנו!	אותם	אל ________	5. רונה,	*ציווי*

EXERCISE 24 תרגיל מספר 24

Complete the sentence with an appropriate verb form:

זמן	מי?	פועל	את מי?	(את) מה?/מילת שאלה
עבר	1. אף אחד	לא _______	אתכם!	
הווה	2. מי	_________	אותך	מה לעשות?
הווה	3. אתן	_________	את המנהל	למה המשרד סגור?
עתיד	4. (אתם)	_________	אותם	למה הם לא רוצים לבוא.
ציווי	5. דן,	אל _______	אותי	למה אני כועס עליך.

זמן	מי?	פועל	ממי?	את מה/לעשות מה?
עבר	1. אבא שלי	לא _______	ממני	שום דבר.
הווה	2. הספרנית	_________	מכולם	להחזיר את הספרים בזמן.
עבר	3. דנה	_________	מכם	לקנות לה כרטיס להצגה?
עתיד	4. הם	לא _______	מאף אחד	שום דבר.
ציווי	5. דן,	_________	מההורים	שיטלפנו בעשר.

EXERCISE 25 תרגיל מספר 25

Choose between the two verbs "לשאול" ו"לבקש" to complete the sentences:

1. אנחנו לא _______ *(עבר)* את המזכירה מתי יוסי יחזור למשרד.
2. אתה ________*(עתיד)* מההורים שלך שידברו עם המורה שלך?
3. רות _____ *(הווה)* אותנו אם אנחנו רוצים לבוא לארוחת ערב בערב שבת.
4. היא _____ *(עבר)* מאיתנו להביא בקבוק יין.
5. אל תדאג! אף אחד לא _____ *(עתיד)* ממך לשיר.
6. אני ______ *(הווה)* מכולם שיביאו כלי נגינה.
7. דן, (______ *(עבר)* שנבוא מוקדם. באנו מוקדם ואתה עדיין לא מוּכן.
8. אנחנוּ ______ *(הווה)* מכּוּלם לשבת בּשקט.
9. ילדים, _____ *(עתיד)* את ההורים שלכם עד מתי אתם יכולים להישאר כאן.
10. אנחנו ______ *(עבר)* איפה הרחוב שלכם, אבל אף אחד לא שמע עליו.

READING 6

קטע קריאה מספר 6

תשובה לזוג שסובל מסביבה רועשת

קוראים יקרים,

אני חוֹשב שאין פּיתרוֹן טוֹב לבעייה שלכם. ילדים, בּדרך כּלל, הוֹלכים לישוֹן לִפְנֵי חצוֹת וקשה לי להאמין שילדים משׂחקים בּחוּץ אוֹ שהילדה מנגנת אחרי חצוֹת. לפני חצוֹת אנשים מנגנים, מקשיבים למוּסיקה, וצוֹפים בּטלוויזיה, וילדים משׂחקים, מנגנים וצוֹעקים. כּשיש שכנים יש אנשים, יש מסיבּוֹת ויש רעש. אין מה לעשׂוֹת!

בּקֶשֶׁר לַילדה המנַגנת, אוּלי אפשר לעשׂוֹת משהוּ. אני בּהֶחלֵט מֵבין שאתם רוֹצים שהילדה תנַגן בּשעוֹת סְבִירוֹת. אוּלַי כּדַאי לכם לנַסוֹת לדַבּר עם הָהוֹרים של הילדה. תבַקשוּ מההוֹרים שלה שהיא תשתַדֵל לנַגן בּין ארבּע אחר הצהריים וּבין עשׂר בּערב ולא יוֹתר מאוּחר כּי זה מַפְרִיעַ לכם. אם היא תנַגן אחרי חצוֹת, תתקַשרוּ עם המשטרה. ואם זה לא עוֹזר, תחַפּשׂוּ לכם בּית בּלי שכנים בּמקוֹם שקט יוֹתר ואז אף אחד לא ינַגן לכם ולא יַעֲשֶׂה רעש, לא בּיוֹם ולא בּלילה. ואם אתם לא מוּכנים לעבוֹר דירה, אל תִשכְּחוּ שזה מצב זמני. הילדה תִגדַל ותַעֲזוֹב את הבּית יוֹם אחד.

כּוּלנוּ זוֹכרים איך ניגַנוּ בּפסַנתֵר כּשהיינוּ ילדים, ואיך ניגַנוּ על העצבּים של כּל השכנים שלנוּ.

מאַחֵל לכם שקט ושלווה!

עורך העיתון

בני וייס

EXERCISE 26

תרגיל מספר 26

כּתוֹב תשוּבה מהזוּג למכתב של בּני וייס. התחל את המכתב בּמילים האלה:

מר בּני וייס,
אנחנוּ כּוֹעסים עליך מאוֹד. זה מפריע לנו שאתה לא רציני. לדעתנו, לא מגיע לך להיוֹת העוֹרך של מדוֹר התלוּנוֹת כּי לא אכפת לך מה קוֹרה. אתה חוֹשב שכּוּלם עשירים ויכוֹלים לעבוֹר דירה מתי שהם רוֹצים?

<table>
<tr><td>

SUMMARY OF LESSON 28

READING SELECTIONS:

Letter 1: I don't deserve it!

Response to letter 1

Letter 2: It's the Post Office's fault!

Response to letter 2

Letter 3: Same tune & same story!

Response to letter 2

LANGUAGE TOPICS:

Verbs in Hif'il: ע״ו

Verbs in Hif'il: פ״נ

To remain and to leave behind

To deserve

Obliged and owe

The same thing

To request and to ask

Right and correct

</td><td>

סיכום שיעור 28 : מדור התלונות

נושאים לקריאה ודיון:

מכתב 1: זה לא מגיע לי!

תשובה לגברת שלא מגיע לה הקנס

מכתב 2: זאת אשמת הדואר!

תשובה לאדון שחושב שזאת אשמת הדואר

מכתב 3: אותה המנגינה ואותו הסיפור!

תשובה לזוג שסובל מהמוסיקה והרעש

נושאים לשוניים:

בניין הפעיל ־ גזרת ע״ו

בניין הפעיל ־ גזרת פ״נ

להישאר ולהשאיר

מגיע לי

חייב כפועל מודאלי, חייב כפועל עיקרי

אותו (ה)דבר

לבקש ולשאול

צודק ונכון

</td></tr>
</table>

סיכום של גזרות פ״נ וע״ו בבניין הפעיל בשיעור 28

צִיווי	עתיד	הווה	עבר	פ״נ
הַפֵּל	אַפִּיל	מַפִּיל	הִפַּלְתִּי	לְהַפִּיל
הַפִּילוּ	תַפִּילוּ	מַפִּילִים	הִפַּלְתֶּם	נ.פ.ל.

צִיווי	עתיד	הווה	עבר	ע״ו
הָבֵן	אָבִין	מֵבִין	הֵבַנְתִּי	לְהָבִין
הָבִינוּ	תָבִינוּ	מבִינִים	הֵבַנְתֶּם	ב.ו.נ.

Verbal present tense expressions:

שַׁיָּיכוֹת	שַׁיָּיכִים	שַׁיֶּיכֶת	שַׁיָּיךְ
חַיָּיבוֹת	חַיָּיבִים	חַיֶּיבֶת	חַיָּיב

Predicate verbal expressions:

מַגִּיע לָהֶ/ן	מַגִּיע לָכֶ/ן	מַגִּיע לָנוּ	מַגִּיע לוֹ/לָהּ	מַגִּיע לְךָ/לָךְ	מַגִּיע לִי

NEW VOCABULARY LIST — רשימת מילים חדשות

NOUNS — שמות

newspaper section	מָדוֹר ז. מדורים	warning	אַזְהָרָה נ. אַזְהָרוֹת
meter	מַדְחָן ז. מַדְחָנִים	guilt	אַשְׁמָה נ.
exercise machine	מַכְשִׁיר ז. מַכְשִׁירִים	stamp	בּוּל ז. בּוּלִים
merchandise	סחוֹרָה ז.	choice	בְּרֵירָה נ. בְּרֵירוֹת
arrangement	סידור ז. סידורים	mail; post office	דּוֹאַר ז.
sum	סכום ז. סכומים	electricity	חַשְׁמַל ז.
solution	פיתרון ז. פיתרונות	knowledge	יֶדַע ז.
fine	קְנָס ז. קְנָסוֹת	childhood	יַלְדוּת נ.
chain of stores; net	רֶשֶׁת נ. רשתות	violin	כּינור ז. כּינורות
complaint	תלוּנָה נ. תלונות	selection	מִבְחָר ז. מִבְחָרִים

ADJECTIVES & NOUNS — תארים ושמות

ready, willing	מוּכָן־מוּכָנָה	same	אוֹתוֹ־אוֹתָהּ
reasonable	סָבִיר־סבִירָה	guilty	אָשֵׁם־אֲשֵׁמָה
noisy	רוֹעֵשׁ־רוֹעֶשֶׁת	owe	חַיָּיב־חַיֶּיבֶת
belong to	שַׁיָּיךְ־שַׁיֶּיכֶת	signed	חָתוּם־חֲתוּמָה

VERBS — פעלים

to make an effort	הִשְׁתַּדֵּל־לְהִשְׁתַּדֵּל	to wish, congratulate	אִיחֵל־לְאַחֵל (אֶת) ל
to exercise	הִתְעַמֵּל־לְהִתְעַמֵּל	to look at	הִבִּיט־לְהַבִּיט ב
to give up	וִיתֵּר־לְוַותֵּר על	to express (opinion)	הִבִּיעַ־לְהַבִּיעַ (דֵּעָה)
to remain, stay	נִשְׁאַר־לְהִישָּׁאֵר	to move something	הֵזִיז־לְהָזִיז (אֶת)
to suffer	סָבַל־לִסְבּוֹל	to drop	הִפִּיל־לְהַפִּיל (אֶת)
to leave, depart	עָזַב־לַעֲזוֹב	to bother	הִפְרִיעַ־לְהַפְרִיעַ ל
to write down	רָשַׁם־לִרְשׁוֹם (אֶת)	to save, rescue	הִצִּיל־לְהַצִּיל (אֶת)
to serve	שֵׁירֵת־לְשָׁרֵת	to anger	הִרְגִּיז־לְהַרְגִּיז (אֶת)
to support	תָּמַךְ־לִתְמוֹךְ ב	to leave behind	הִשְׁאִיר־לְהַשְׁאִיר

תארי פועל
ADVERBS

בְּקֶשֶׁר ל	in regards to
הָעִיקָר	the main thing
חוּץ מ	except for
(ב) חֲזָרָה	in return

ביטויים וצירופים
EXPRESSIONS & PHRASES

בְּהַצְלָחָה!	good luck
בלי תַשלוּם	without pay
בשוּם פָּנִים וָאוֹפֶן	there is no way
דמֵי חברוּת	membership fees
כּוֹשֶׁר גוּפָנִי ז.	physical fitness
כּמֵיטַב יכולתִי	to the best of my ability
כֶּסֶף קָטָן	small change
מַעֲרֶכֶת עיתוֹן נ.	editorial board
לנַגֵּן על העֲצָבִים	to annoy (play on one's nerves)
לנַגֵּן סוּלָמוֹת	to play scales
לרשוֹם דוּ"חַ	to give traffic ticket
לרשוֹם קנס	to write a fine
רַעַשׁ וַהֲמוּלָה	lots of noise
שֶׁקֶט ושַׁלְוָוה	peace and quiet
מקוֹם חנייה ז.	a parking place

Some vocabulary lists are extensive. Vocabulary items can be divided into active and passive vocabulary, according to the needs of students and the instructor's discretion.

LESSON 29
שיעור מספר 29

READING 1
קטע קריאה מספר 1

מוֹעצת העיר מתכּנסת

בכל עיר יש ראש עיר ומועצה של העיר. ראש העיר וחברי המועצה נבחרים כל ארבע שנים. כל תושבי העיר מֵעַל לגיל 18 יכולים להשתתף בבחירות ולהצבִּיעַ בּעַד מי שֶׁהם רוצים. בעיר הקטנה שלנוּ מר ארנון כּרמי נבחר לפני שנה לראש העיר. הוּא לא רק ראש העיר, אֶלָּא גם יוֹשב ראש (יו"ר) המוֹעצה.

אמנם העיר שלנו היא עיר קטנה, אבל היא מתפתחת, ולכן יש מתקיימים הרבה דיונים על נושאים שונים. התושבים מעוּניינים בכל מה שקורה בעיר והרבה מהם באים לפגישות של מועצת העיר.

הנה קטעים מפגישה של מוֹעצת העיר שהתקיימה ביום שני שעבר.

ראש העיר:

גבירוֹתי ורבּוֹתי, חברי המוֹעצה הנכבּדים!

אתם יוֹדעים שכל שנה, אנחנוּ עוֹרכים דיון על תנאי החיים בּעיר. המטרה שלנו היא לשפר את תנאי החיים בּעיר ולכן אנחנו עוֹרכים את הדיון. אנחנוּ מקשיבים לכל מה שיש לכם לוֹמר משום שאנחנוּ מעוּניינים לדעת מה הן הבעיוֹת המטרידוֹת אתכם. אנחנו אזרחים בדיוק כמוכם ואתם יודעים על הבעיות בדיוק כמונו.

מזכּיר המוֹעצה:

הערב ישתתפו בּדיון ארבּעה מתושבי העיר שביקשוּ רשות דיבּוּר: עוּזי ענבר, משה אפרתי, ענת כּרמל וגליה ישׂראלי.

EXERCISE 1
תרגיל מספר 1

ענה על השאלות:

1. מה תפקידו של ארנוֹן כּרמי?
2. על מה יהיה הדיון בּמוֹעצת העיר?
3. מי ישתתף בּדיון?
4. כמה אנשים ביקשו לדבר?
5. כל כמה שנים יש בחירות למועצת העיר ולראש העיר?

תרגיל מספר 2 EXERCISE 2

Translate the following sentences and pay particular attention to the new words which are underlined.

1. לא רציתי להצביע בעד ארנון כרמי.
2. אנחנו לא מצביעים בעד אנשים שלא מסכימים עם הדעות שלנו.
3. אתם יכולים להשתתף בבחירות - כל תושב יכול להצביע.
4. ארנון כרמי רוצה מאוד להיבחר שוב לתפקיד ראש העיר.
5. דיברנו עם כל מי שנבחר למועצת העיר, כי אנחנו רוצים שהם יצביעו נגד הבנייה של האצטדיון.
6. מתי תערכו את הדיון על הבעיות של העיר?
7. מכל הנושאים שדיברתם עליהם, למה בחרתם בנושא של מסים?
8. אתם מתכוננים לערוך דיון על תנאי החיים בעיר?
9. תגידו לנו באיזה יום ובאיזו שעה יתקיים הדיון.
10. הפגישה שלנו מתקיימת מחר אחרי הצוהריים - תבואו, אם אתם מעוניינים!
11. אני קיבלתי רשות דיבור, אז אני מדבר!
12. אזרחים טובים תמיד משתתפים בבחירות. מה קרה לכם? למה אתם אף פעם לא מצביעים?

מילות חיבור CONJUNCTIONS

SPEECH PATTERNS	תבניות לשון
Not only do I come to every meeting, but I also participate in the discussions.	לא רק שאני בא לכל פגישה אבל אני גם משתתף בדיונים.
Even thoughI may not come to the meetings, I am interested in the discussions.	אמנם אני לא בא לפגישות, אבל אני מעוניין בדיונים.
I did not come, but I was not interested.	לא באתי, אבל הייתי מעוניין.

Special conjunctions are used to combine separate clauses and relate them to each other in meaningful ways. Here are some:

not only . . . however also	לא רק ש . . . אלא גם
(even though) . . . however	אמנם . . . אבל
not . . . but	לא . . . אבל

EXERCISE 3 — תרגיל מספר 3

Combine the clauses into sentences with לא רק ש... אלא גם

א. 1. אתם לא משתתפים בפגישות של מועצת העיר.
2. אתם לא מצביעים.
לא רק ש__________, אתם גם לא__________

ב. 1. טל לא מכין שיעורי בית.
2. הוא לא בא לשיעור בזמן.
____

ג. 1. הם לא אזרחים.
2. הם לא תושבי העיר הזאת.
____

ד. 1. אני לא רוצה להיפגש איתכם.
2. אני מקווה שלא תבואו למסיבה של חנה.
____

ה. 1. אתה לא נתת לי את הספרים
2. אתה לא נתת לי את הכסף שאתה חייב לי
____

Combine the clauses into sentences with אמנם...אבל

א. 1. אנחנו מתכוננים להצביע בעד ארנון כרמי.
2. אנחנו נצביע נגד ההצעה שלו למסים גבוהים יותר.
אמנם __________, אבל__________

ב. 1. הוא יודע מה שאנחנו רוצים.
2. הוא לא מסכים איתנו.
____

ג. 1. הם לא אזרחים.
2. יש להם רשות דיבור כמו לכל אחד.
____

ד. 1. נבחרתי לחמש שנים.
2. אני לא רוצה להמשיך להיות חבר במועצה הזאת.
____

ה. 1. הדיון על בעיות העיר יתקיים בעוד שבוע.
2. אנחנו רוצים להצביע כבר היום איך לשפר את המצב בעיר.
____

כמוני וגם כמוך

SPEECH PATTERNS	תבניות לשון
There aren't too many people like him.	אין הרבה אנשים כמוהו.
People like you must come.	אנשים כמוכם חייבים לבוא.

The preposition כמו can have personal pronoun suffixes:

like us	כָּמוֹנוּ	like me	כָּמוֹנִי
like you (m. pl.)	כְּמוֹכֶם	like you (m. s.)	כָּמוֹךָ
like you (f. pl.)	כְּמוֹכֶן	like you (f. s.)	כָּמוֹךְ
like them (m.)	כְּמוֹהֶם	like him	כָּמוֹהוּ
like them (f.)	כְּמוֹהֶן	like her	כָּמוֹהָ

EXERCISE 4 — תרגיל מספר 4

Translate the following sentences:

1. נשים _______ (אתן) חייבות לדבר. יש לכן זכות דיבור כמו לכולם!
2. בן־אדם מוכשר _______ (אתה) צריך להשתתף בפגישות של המועצה.
3. אנשים _______ (אנחנו) אוהבים לעזור לכל מי שצריך עזרה.
4. גם לצעירים _______ (אתם) יש רשות לבחור ולהיבחר.
5. אני אף פעם לא פגשתי אשה _______ (היא).
6. שמענו שסופר _______ (הוא) עוד לא היה במאה הזאת.
7. אזרחים _______ (אני) לא תמיד יודעים מה הם יכולים לעשות.
8. האם יש עוד תלמידות _______ (הן) בכיתה הזאת?
9. אין הרבה מורים _______ (הם) שעובדים כל כך קשה.
10. מי _______ (את) יודע שצריך גם לדבר וגם לעשות משהו.

READING 2

קטע קריאה מספר 2

הכֹּל קוֹרה יוֹתר מדי מהר

המזכּיר:

הדוֹבר הראשוֹן הוּא עוּזי ענבר, רחוֹב הרצל 13. הוּא בּעל החנוּת "עוֹלם הספּוֹרט" וידבּר בּשם בּעלי העסקים הקטנים בּעיר.

עוּזי ענבר:

אדוֹני יוֹשב ראש המוֹעצה, חברי המוֹעצה הנכבּדים וגבירוֹתי ורבּוֹתי!

אני תוֹשב העיר כּבר הרבּה שנים וּמשלם מיסים כּבר הרבּה שנים. בּאתי לדבּר הערב על בּעיוֹת העיר, משוּם שאני חוֹשב שהעיר שלנוּ מתפּתחת יוֹתר מִדַּי מַהֵר וּמִשְׁתַּנָּה יוֹתר מִדַּי מהר. אנחנוּ גרים כּאן, מִפְּנֵי שאנחנוּ אוֹהבים את העיר השקטה שלנוּ. אבל עכשיו יש תוֹכניוֹת רבּוֹת לבנוֹת הרבּה בּניינים רבּי־קוֹמוֹת וּשיכּוּנים גדוֹלים, ואני חוֹשש שאם לא נשמוֹר על האוֹפִי של העיר, היא תפסיק להיוֹת העיר שכּוּלנוּ מכּירים.

אני פּוֹחד שאם יָקוּמוּ קניוֹנים גדוֹלים וּמרכּזֵי קניוֹת בּכל העיר, לא יישארוּ לנוּ מספּיק מקוֹמוֹת חנייה. ואז, מה יקרֶה לחנוּיוֹת הקטנוֹת בּעיר? מה יקרֶה למרכּז העיר היפֶה? אלה שאלוֹת חשוּבוֹת. אנחנוּ, בּעלֵי העסקים הקטנים, דוֹאגים לעתיד העיר שלנוּ ולעתיד העסקים שלנוּ ואנחנוּ לא היחידים - הרבּה מתוֹשָׁבֵי העיר דוֹאגים. הם אוֹהבים את החנוּיוֹת הקטנוֹת בּעיר מפּני שהם מכּירים את בַּעֲלֵי החנוּיוֹת וסוֹמכים עֲלֵיהֶם. אנחנוּ לא חוֹששים ולא פּוֹחדים מתחרוּת, אבל אם לא תהיה תּוֹכנית לפיתוּחַ העיר, כּוּלנוּ נִצְטַעֵר. היא תִגדַל ותגדל ולא תהיה העיר שכּוּלנוּ אוֹהבים.

ואתם, חברי המוֹעצה, תדאגוּ לכך שמה שקרה בּערים אחרוֹת לא יקרה בּעיר שלנוּ. תדאגוּ לכך שמרכּז העיר שלנוּ יישאר מלא חיים ולא יהיה רֵיק מאנשים. אם בּמרכּז העיר לה יהיוּ חנוּיוֹת וּבתי קפה ורק בּנייני משׂרדים, זאת תהיה עיר אחרת.

תדאגוּ לשמוֹר על מה שיש! כּי אם לא תעשׂוּ זאת, איזה עתיד צָפוּי לנוּ?

EXERCISE 5

תרגיל מספר 5

נכון או לא נכון?

	נכון	לא נכון
1. במרכז העיר אין היום הרבה חנויות ובתי קפה וזאת בעייה.	______	______
2. עוזי לא מסכים עם תוכנית פיתוח העיר.	______	______
3. בעלי העסקים הקטנים לא פוחדים מתחרות.	______	______
4. יש סכנה שאופי העיר ישתנה.	______	______
5. תושבי העיר לא דואגים כי יש הרבה קניונים חדשים בסביבה.	______	______

EXERCISE 6   תרגיל מספר 6

השלם את המשפטים:

מה הדברים החשובים שאמר עוזי ענבר? ומה אתם חושבים עליהם?

1. הוא אומר שהוא תושב העיר _____ והוא גם _____ הרבה שנים.

2. הוא חושש שהעיר_____יותר מדי מהר וגם _____יותר מדי מהר

3. מרבית התושבים אוהבים לגור בעיר כי _____

4. הוא דואג, כי עכשיו יש תוכניות _____

5. הוא בטוח שהעיר תפסיק להיות _____ , אם _____

6. הוא דואג לעתיד של _____

7. התושבים אוהבים את החנויות בעיר מפני ש _____

8. הוא חושב שצריכים תוכניות _____

9. עוזי ענבר הוא _____, ויש לו _____

10. הוא מדבר בשם _____.

חששות ודאגות

SPEECH PATTERNS	תבניות לשון
He is concerned about the future of the town.	הוא חושש לעתיד של העיר.
They worry that there will be problems.	הן חוששות שיהיו בעיות.
I am afraid that many businesses will close.	אני פוחדת שעסקים רבים ייסגרו.
He worries about the future of the city.	הוא דואג לעתיד של העיר.
He is worried that the mail won't be on time.	הוא דואג שהדואר לא יגיע בזמן.

The verbs חושש, דואג, פוחד are used to express concern or worry.
Notice the prepositions that link these verbs with the objects and be sure to use the correct ones.

1. Use of Prepositions:

I am concerned about the new director.	אני חושש מהמנהל החדש.	*לחשוש מ*
I am not afraid of Dan.	אני לא פוחד מדן.	*לפחוד מ*
He worries about everybody.	הוא דואג לכולם.	*לדאוג ל*

2. Use of Subordinating Particle ש :

I am concerned that he will fire me.	אני חושש שהוא יפַטֵר אותי.	*לחשוש ש*
I am not afraid Dan will do something.	אני פוחד שדן יעשה משהו.	*לפחוד ש*
He worries that nobody will come.	הוא דואג שאף אחד לא יבוא.	*לדאוג ש*

ABOUT MEANINGS AND FORMS

A. The verb לדאוג has three related but separate meanings: (1) "to worry about," (2) "to take care of/to care for," and (3) "to make sure." The following sentences demonstrate these meanings:

1. The parents are worried about the kids. They are not home yet. — 1. ההורים דואגים לילדים. הם עוד לא בבית.
2. Parents take care of kids: take care of food, home, and education. — 2. הורים דואגים לילדים: לאוכל, לבית, לחינוך.
3. Parents! Make sure that your children get a good education. — 3. תדאגו לכך שהילדים שלכם יקבלו חינוך טוב.

B. The verb לפחוד which is a verb in בניין פעל can also be conjugated in the present, future, imperative, and infinitive in בניין פיעל with the same meaning.
אני פוחד מהם = אני מפחד מהם.

C. The verb לחשוש combines the meanings of the verb לפחוד and לדאוג. One of these verbs expresses actual fear, while the other expresses worry. It can be translated as "to be concerned/apprehensive/anxious about."

EXERCISE 7 — תרגיל מספר 7

Following the example, write sentences with prepositions following the verbs and with subordinating particles, linking other clauses.

דוגמה:

אורה חוששת

העבודה החדשה	*אורה חוששת מהעבודה החדשה.*
אורי לא יבוא	*אורה חוששת שאורי לא יבוא.*

1. הוּא פּוֹחד
אבּא שלו ______________________
אבּא שלו יכעס עליו ______________________
2. הם דאגוּ
החברים שלהם ______________________
החברים שלהם לא יגיעוּ בּזמן ______________________
3. אנחנו לא פּוחדים
כּל הפּקידים בּמשׂרד ______________________
כּל הפּקידים לא נחמדים ______________________
4. את דוֹאגת
עתיד העיר ______________________
עסקים קטנים ייסגרוּ ______________________
5. אתם חוֹששים
הקניוֹנים החדשים ______________________?
הקניוֹנים ישנוּ את אוֹפי העיר ______________________?
6. ראש העיר דוֹאג
בּעלי החנוּיוֹת הותיקוֹת ______________________
יסגרוּ את החנוּיוֹת שלהם ______________________
7. הרבּה מבּעלי החנוּיוֹת פּוֹחדים
תחרוּת בּעסקים ______________________
תהיה תחרוּת בּעסקים ______________________
8. המשטרה חוששת
עלייה במספר הפושעים ______________________
תהיה עליה במספר הפושעים ______________________
9. בשנה שעברה ממש חששנו
ירידה בקניות בחנויות ______________________
תהיה ירידה בקניות בחנויות ______________________
10. אנחנו חוששים
הממשלה החדשה ______________________
הממשלה החדשה תעשה ______________________

יותר מדי ופחות מדי

SPEECH PATTERNS	תבניות לשון
There are too many shopping malls.	יש יותר מדי קניונים.
You are talking too much.	אתה מדבר יותר מדי.
Our office is too small.	המשרד שלנו קטן מדי/יותר מדי קטן.
There are too few bookstores.	יש פחות מדי חנויות ספרים.

To indicate an excessive amount or quantity, the expression יותר מדי is used.

יש רעש.	יש הרבה רעש.	יש יותר מדי רעש.
יש אנשים.	יש הרבה מאוד אנשים.	יש יותר מדי אנשים.
אכלנו.	אכלנו הרבה.	אכלנו יותר מדי.
חם כאן.	חם מאוד כאן.	יותר מדי חם כאן.

To indicate too little an amount or quantity, the expression פחות מדי is used.
These expressions of quantity can precede nouns or adjectives and follow verbs.

אין אוכל.	אין מספיק אוכל.	יש פחות מדי אוכל.
אין אנשים.	אין הרבה אנשים.	יש פחות מדי אנשים.
לא למדנו.	לא למדנו מספיק.	למדנו פחות מדי.

When an adjective is used, the adverb יותר can be left out of the expression and the adverb מדי usually follows the adjective:

Before adjectives:	Class is **too long.**	השיעור יותר מדי ארוך.
After adjectives:	Class is **too long.**	השיעור ארוך מדי.

תרגיל מספר 8 EXERCISE 8

יותר מדי או פחות מדי?

יש הרבה מאוד אנשים.	יש יותר מדי אנשים.
אין מספיק תלמידים.	יש פחות מדי תלמידים.
אין מספיק חנויות.	______________________
יש הרבה מאוד מכוניות.	______________________
אין מספיק שוטרים.	______________________
יש הרבה בתי קפה.	______________________
יש מעט מאוד בתי קולנוע.	______________________

אתה עובד הרבה שעות.	אתה עובד יותר מדי.
את לא ישנה מספיק.	את ישנה פחות מדי.
אתם קוראים הרבה.	______________________
אתן אוכלות מעט.	______________________
דן קנה הרבה ספרים.	______________________
דינה לא הזמינה מספיק אנשים.	______________________

העיר גדולה מאוד.	היא יותר מדי גדולה.
היא לא מספיק גדולה.	העיר לא מספיק גדולה.
הסרט לא מספיק טוב.	______________________
הספר מעניין מאוד.	______________________
השיעור לא מספיק מעניין.	______________________
הקונצרט ארוך מאוד.	______________________

מה את/ה עושה יותר מדי? ______________________

____

מה את/ה עושה פחות מדי? ______________________

____

מה יש לך יותר מדי? ______________________

____

מה יש לך פחות מדי? ______________________

____

READING 3 קטע קריאה מספר 3

מסוכּן ללכת בּרחוֹבוֹת בּלילה

המזכּיר:

הדוֹברת הבּאה היא גברת ענת כּרמל, רחוֹב בּיאליק 50. היא ספרנית בּספריה העירוֹנית ועוֹבדת בּשעוֹת הערב.

ענת כּרמל:

ידידים יקרים!

אתם יוֹדעים שהספרייה שלנוּ משָׁרֶתֶת הרבה אֶזרָחים. אין הוֹרֶה שלא בּא עם הילדים הקטנים שלוֹ לספריה. אין תלמיד שלא ישב בְּשעוֹת אַחַר־הצוהריים ולמד בּספריה. אין אָדָם עוֹבד שלא היה בּספריה בְּשעוֹת הערב המאוּחרוֹת. הספריה שלנוּ פּתוּחה משמוֹנֶה בּבּוֹקר ועד אחת־עֶשְׂרֵה בַּלילה.

אני עוֹבדת בְּשעוֹת הערב בַּספריה וחוֹזרת הבּיתה בּחֲצוֹת. בַּזמן האחרוֹן מסוּכָּן ללכת בּרחוֹבוֹת בּשעוֹת האלה. אין מספיק תאוּרה ואין מספיק מִשטָרָה. בּשנה האחרוֹנה יש מִקרֵי פֶּשַׁע רבּים, ולכן הרבּה נשים פּוֹחֲדוֹת ללכת לבַד בּלילה. פּשוּט, לא נעים ללכת בּרחוֹבוֹת בּחוֹשך.

אני שוֹאלת אֶתכֶם: האם אנחנוּ מוּכָנים לִחיוֹת בּעיר שֶבָּהּ יש לפוֹשעים חוֹפש פּעוּלה גמוּר? האם אנחנוּ רוֹצים לחיוֹת בּעיר, שֶבָּהּ האזרחים, שהם משלמֵי המיסים, פּוֹחֲדים לצאת מהבּית בּלילה? האם אנחנוּ מסכּימים לחיוֹת בּעיר, שֶבָּהּ הספרייה פּתוּחה רק בּשעוֹת היוֹם ולא בּשעוֹת הלילה?

צריך יוֹתר שוֹטרים בּרחוֹבוֹת, כּדֵי שיהיוּ פּחוֹת פּוֹשעים בּרחוֹבוֹת. צריך תאוּרה טוֹבה בּרחוֹבוֹת העיר, כּדֵי למנוֹעַ מִקרֵי פֶּשַע. אם יהיוּ יוֹתר שוֹטרים, יהיה פּחוֹת פשע. אם תהיה תאורה טוֹבה יוֹתר בּעיר, אנשים יוֹכלוּ להסתוֹבב בּעיר בּלילה בּלי פּחד.

אני מקווה שכּוּלכם, גם ראש העיר וגם חברי המוֹעצה, תדוּנוּ בּנוֹשא הזה. איכוּת החיים בּעיר הזאת חשוּבה לכוּלנוּ.

תרגיל מספר 9   EXERCISE 9

השלם את המשפטים הבאים לפי קטע הקריאה:

מה הדברים החשובים שאומרת ענת כרמלי?

1. כל הילדים הקטנים _____

2. אנשים שעובדים ביום באים לספריה _____

3. הרבה תלמידים _____

4. נשים פוחדות _____

5. ענת עובדת עד _____ וחוזרת הביתה

6. ענת טוענת שאין מספיק _____ ואין מספיק _____

7. מסוכן ללכת לבד בלילה, כי _____

8. היא חושבת שצריך _____ כדי ש _____

9. אם תהיה מספיק משטרה ברחובות, _____ .

10. אם תהיה מספיק תאורה, _____ ?

משפטי תכלית: כְּדֵי/כְּדֵי ש

תבניות לשון	SPEECH PATTERNS
באנו כדי להשתתף בדיון.	We came to participate in the debate.
הדיון מתקיים כדי שכולם ישתתפו.	The debate is held so that everybody will participate.
באתם על מנת לעזור או להפריע?	Did you come in order to help or to disturb?

When speakers want to express intention or purpose to do something, they do so by first setting up the condition and secondly by stating the purpose. The expression "in order to" כְּדֵי is followed by an infinitive and constitutes a statement of intention.

(1) In order to + infinitive   כדי + שם פועל

A: We are going to Haifa

B: in order to meet Dan.

א: אנחנו נוסעים לחיפה

ב: כדי לפגוש את דן.

(2) So that + future tense כדי ש + זמן עתיד

Speakers can also express intention or purpose not for themselves but for someone else. "so that" כדי ש followed by a verbal clause constitutes the statement of intention.

A: We are buying you a ticket	א. אנחנו קונים לך כרטיס
B: so that you will see the show.	ב: כדי שתראה את ההצגה.

EXERCISE 10 תרגיל מספר 10

Following the example, write sentences with כדי and with כדי ש

דוגמה:

1. אורה עובדת
להרוויח כסף — אורה עובדת כדי להרוויח כסף.
יהיה לה מספיק כסף — אורה עובדת כדי שיהיה לה מספיק כסף.

2. הוא לומד הנדסה
ללמוד מקצוע ________________
יהיה לו עתיד טוב ________________

3. הם הולכים לספריה
ללמוד למבחן ________________
אנחנו נפגוש אותם שם ________________

4. ראש העיר עושה שינויים
לעזור לאזרחים ________________
תהיה תאורה טובה יותר ________________

5. יהיו יותר שוטרים ברחובות
לשמור על תושבי העיר ________________
תושבי העיר לא יפחדו ________________

6. הפוליטיקאים יעשו הכל
למנוע מעשי פשע ________________
לא יהיו פושעים ברחובות ________________

7. הספרייה תהיה פתוחה בלילה
לשמש אנשים עובדים ________________
אנשים עובדים יבואו ________________

EXERCISE 11 — תרגיל מספר 11

Complete with the appropriate form "in order (to)" or "so that"

1. באתי לספריה _____ לקרוא ספרים.
2. אנחנו הולכים העירה _____ לקנות לילדים נעליים חדשות.
3. הם ייפגשו איתנו ____ כולנו נלך לקולנוע.
4. הוא רוצה שדליה תבוא לקונצרט _____ היא תוכל לשמוע אותו מנגן.
5. כדאי לכם לבוא לקונצרט _____ לשמוע את אורי מנגן.
6. חשוב להם שנבוא כדי _____ נעזור להם בשיעורי הבית שלהם.
7. לא צריך לבוא מוקדם ____ למצוא מקום. יש מספיק מקומות באולם.
8. _______ העיר תגדל ותתפתח, צריך לבנות עוד מרכזי קניות.
9. צריך עוד שוטרים _____ לפושעים לא יהיה חופש פעולה.
10. באנו לקחת אותך הביתה _____ לא תלכי לבד בחושך.

EXERCISE 12 — תרגיל מספר 12

Complete the conditional sentences by writing the second clause. Both clauses are in the future tense.

1. אם יהיו יותר מרכזי קניות, ____________________
2. אם יהיה פחות רעש, ____________________
3. אם יהיו יותר נשים במועצה, ____________________
4. אם יהיו יותר מרכזי קניות, ____________________
5. אם נשלם פחות מסים, ____________________
6. אם יהיו יותר סדר בעיר, ____________________
7. אם יהיו יותר שוטרים ברחובות, ____________________
8. אם יהיו פחות מקרי פשע , ____________________
9. אם יהיו פחות מכוניות בכבישים, ____________________
10. אם ________________ נשמח לבוא.
11. אם ________________ גם הם יבואו.

12. אם ______________ יהיה פחות רעש.

13. אם ______________ אז גם אין זיהום אויר.

14. אם ______________ ניסע איתכם.

15. אם ______________ תהיה יותר חנייה.

16. אם ______________ אף אחד לא ירצה לגור פה.

Generalizations — הכללות ב"יש" ו"אין"

SPEECH PATTERNS	תבניות לשון
There isn't a person who knows everything.	אין אדם שיודע הכל.
Is there anyone who doesn't want freedom?	יש מישהו שלא רוצה חופש?
There are no mothers who don't worry.	אין אמהות שלא דואגות.

אין אדם שלא היה בספריה = כולם היו בספריה/ כל אחד היה בספריה.

אין אשה שלא חשבה על כך = כל הנשים חשבו על כך/ כל אשה חשבה על כך.

אין אף אחד שיודע יותר ממך? = כולם לא יודעים יותר ממך?/כולם יודעים פחות ממך?

There are several ways to express generalizations:

1. The subjects "everybody" כולם, or "each person" כל אחד, often initiate a sentence which makes a generalization.

Everybody studies here (all study here).	כולם לומדים כאן.
Each person must study.	כל אחד צריך ללמוד.

2. To make a negative generalization, the subject used is often "nobody" אף אחד or "no person" אף איש/אף אדם followed by a negative statement.

Nobody studies here.	אף אחדלא לומד כאן.
No person lives in this desert.	אף אדם לא גר במדבר הזה.

3. To make an emphatic generalization, a double negative can be used:

There is nobody who doesn't study here.	אין אף אחד שלא לומד כאן.
There is no student who doesn't come to class.	אין אף תלמיד שלא בא לשיעור.

4. One can also generalize about a segment of the population, not everybody:

There are people who think they know everything.	יש אנשים שחושבים שהם יודעים הכל.
There are children who don't speak till the age of 3.	יש ילדים שלא מדברים עד גיל שלוש.

EXERCISE 13 — תרגיל מספר 13

PART 1: Restate the sentences in negative terms:

אין תלמיד שלא אוהב חופשות. — *כל התלמידים אוהבים חופשות.*

אין תלמיד שאין לו בעיות. ____________________

אין תלמידה שלא הייתה בספריה. ____________________

אין תלמידה שאין לה שיעורי בית. ____________________

לא היו תלמידות שלא היו בספריה. ____________________

אין תלמיד שרוצה ללמוד כל הזמן. ____________________

אין פקידה בבנק הזה שיש לה תפקיד בכיר. ____________________

אין פקיד בבנק הזה שמוכן לעבוד כל הלילה. ____________________

PART 2: Restate the sentences with יש or אין statements:

כל התלמידים אוהבים חופשות. — *אין תלמידים שלא אוהבים חופשות.*

לא כל מורה אוהבת ללמד. — *יש מורות שלא אוהבות ללמד.*

כל התושבים משלמים מסים. ____________________

לא כל החברים שלך חייבים לבוא. ____________________

כל האזרחים יכולים להצביע. ____________________

לא כל השוטרים נמצאים ברחובות בלילה. ____________________

כל הפושעים צריכים לעזוב את העיר. ____________________

לא כל מורה אוהבת ללמד. — *יש מורות שלא אוהבות ללמד.*

כל העובדים הולכים לספריה בערב ____________________

כל הפקידות בבנק עובדות מאוחר ____________________

כל האנשים פוחדים מהפושעים בעיר ____________________

כל הבנות היו בטיול של הכיתה. ____________________

כל חברֵי המועצה מסכימים להצעה ____________________

כל הפוליטיקאים מדברים על המצב. ____________________

In which/Where/Which (or that) has — בו, בה, בהם, בהן

SPEECH PATTERNS	תבניות לשון
The apartments in which they live are small.	הדירות שבהן הם גרים קטנות.
The building where the office is, is far.	הבניין שבו נמצא המשרד רחוק.
We live in a town that has a lot of crime.	אנחנו גרים בעיר שיש בה הרבה פשע.

Information can be added to nouns in the sentence by means of a subordinate clause. "The house in which I live is an old house." Because this is a description of location, in English where can be substituted for in which.

In Hebrew the subordinate clause has a somewhat different structure.

Clause 1:	הבית ישן.	פסוקית א:
Clause 2:	אני גר בבית.	פסוקית ב:
Complete sentence:	הבית, שבו אני גר, הוא בית ישן.	המשפט:

The literal translation of the Hebrew is "the house, that in it I live, is an old house."

pronoun suffix	ב+	ש+

The pronoun suffixes attached to the preposition reflect the gender and number features of the noun they refer to.

בּוֹ	בית = יחיד, זכר	הבית, שבּוֹ אני גר, הוא בית ישן.
בָּהּ	עיר = יחידה, נקבה	העיר, שבָּהּ אנחנוּ עוֹבדים, עיר קטנה.
בהם	חדרים = רבים, זכר	החדרים, שבָּהֶם אנחנוּ לוֹמדים, קטנים.
בהן	הרצאוֹת = רבּוֹת, נקבה	ההרצאוֹת, שבָּהֶן הוּא יָשֵן, הן משעממוֹת.

(1) Possible word order and use of subordinating particles

The preposition and pronoun can come directly after the subordinating particle ש/אשר or can be the last item in that subordinate clause.

הבית, שאני גר בו, הוא בית ישן./ הבית, שבו אני גר, הוא בית ישן.

(2) ש/אשר preceding negative particles

When the statement is negative the particle ש/אשר precedes the negative particle which is followed by the preposition ב with the pronoun suffix.

See the following examples:

We traveled in a bus in which there were no places to sit.	נסענו באוטובוס שלא היו בו מקומות ישיבה.
These are buildings that have no elevator.	אלה בניינים, שאין בהם מעלית.

Notice that in English "in which" can be paraphrased as "where" or "that" in many cases:

We traveled in a bus where there were no places to sit.	נסענו באוטובוס שלא היו בו מקומות ישיבה.
These are cities that have no decent coffee houses.	אלה ערים, שאין בהן בתי קפה טובים.

EXERCISE 14 — תרגיל מספר 14

השלם עם "בו/בה/בהם/בהן"

1. הייתי במוזיאון החדש ש _____ יש תערוכה חדשה.
2. קראת את הכתבה בעיתון? יש ____ פרטים על השערוריה בממשלה.
3. טיילתי בערים בספרד, ש _____ יש אתרים מעניינים.
4. אנחנו לא רוצים לישון במלונות שאין ______ גם מסעדות.
5. המלון ש____ גרנו היה מלון קטן.
6. הרחובות ש _____ טיילנו לא היו מסוכנים.
7. הבניין ש_____ נמצאת המשטרה הוא ברחוב הראשי.
8. הבריכה ש_____ אנחנו שוחים היא במרכז העיר.
9. בית הקפה ש ______ אנחנו אוהבים לשבת הוא על יד שפת הים.
10. הספר ש____ יש אינפורמציה על ישראל נמצא במשרד שלי.
11. נסענו לטיול. הטיול שהיינו ____ היה טיול מעניין.
12. הבנק שאתם עובדים _____ סגור כל יום שלישי.
13. המסעדה שאתן עובדות ____ היא במרכז העיר?
14. אני לא אוהב לעבוד בבניינים שאין ______ חלונות שנפתחים.
15. החנות שהייתי ____ אתמול נפתחה רק לפני שבוע

READING 4

קטע קריאה מספר 4

אנחנוּ נוֹשמים עשן ולכלוך

המזכּיר:

הדוֹבר הבּא הוּא מר משה אפרתי, רחוֹב השוֹמר 42. הוּא מוֹרה לטֶבַע בּבית הספר התיכוֹן העירוֹני.

משה אפרתי:

שמי משה אפרתי ואני מוֹרה לטבע. אני גם חבר ב"הגנת הטבע", ארגוּן השוֹמר על איכוּת הסביבה. פּעם העיר שלנוּ הייתה עיר קטנה עם בּעיוֹת קטנוֹת. היוֹם היא עיר גדוֹלה עם בּעיוֹת רציניוֹת. הבּעיוֹת של העיר הן בּעיוֹת של כּוּלנוּ. בּעיר יש הרבּה מכוֹניוֹת בּכבישים והרבּה בּתי חרוֹשת ישָנים וּמִפעָלים חדשים, ולכן יש גם הרבּה זיהוּם אוויר. אנחנוּ והילדים שלנוּ נוֹשמים את העשן והלכלוּך של העיר.

יש עוֹד בּעייה רצינית שצריך לטפל בּהּ והיא בּעיית העישוּן בּמקוֹמוֹת ציבּוּריים. יש לנוּ חוֹק שאוֹסר על אנשים לעַשֵן בּמטוֹסים ובאוֹטוֹבּוּסים וּבהרבּה מקוֹמוֹת ציבּוּריים. יש הרבּה פּרסוּמוֹת לסיגריוֹת ולכן גם בּני נוֹער רוֹצים לעשן. ידוּע לכוּלם שהעישוּן מזיק לבּריאוּת ולכן המוֹעצה חייבת לעשוֹת משהוּ להגן על הבּריאוּת של הציבּוּר, ועל הבּריאוּת של ילדינוּ. אנחנוּ צריכים חוּקים נגד פּרסוּמוֹת לסיגריוֹת, וחוּקים שאוֹסרים על אנשים לעשן בּכל המסעדוֹת וּבכל בּתי הקפה. אם יהיוּ יוֹתר חוּקים, יהיוּ פּחוֹת מעשנים וּפחוֹת חוֹלים.

אני לא צריך להסבּיר לכם עד כּמה זיהוּם האוויר מזיק לבּריאוּת של כּוּלנוּ וּביחוּד לבּריאוּת של הילדים שלנוּ. לכל אזרח בּעיר הזאת יש זכוּת לנשוֹם אוויר נקי. אם אנחנוּ לא נשמוֹר על איכוּת הסביבה שלנוּ, הילדים שלנוּ יסבּלוּ מזה. אם אין אני לי, מי לי? ואם לא עכשיו, אז אימתי? הזמן הוּא עכשיו והאחריוּת היא שלנוּ.

תרגיל מספר 15   EXERCISE 15

השלם את המשפטים הבאים:

מה הדברים החשובים שאומר משה אפרתי?

1. היום לעיר שאנחנו גרים בה יש _____

2. הבעיות היו פעם בעיות _____ של _____

3. יש זיהום אוויר בעיר, כי _____

4. גם ילדים וגם מבוגרים נושמים _____

5. בעיית ה_____ היא גם בעייה רצינית.

6. צריך חוק חדש ש_____במקומות ציבוריים.

7. לכל אזרח בעיר יש זכות _____.

8. זיהום אוויר _____ לבריאות של ילדים

9. יש חוק ש_____באוטובוסים.

10. משה אפרתי הוא גם _____ וגם _____.

משפטי סיבה ותוצאה

תבניות לשון	SPEECH PATTERNS
יש מכוניות ולכן יש זיהום אוויר.	There are cars and that's why there is pollution.
אין שוטרים בעיר ולכן יש פשע.	There is no police and therefore there is crime.

The sequence of cause and result is usually formed by one clause that states the cause and by a second one that states the result introduced by לָכֵן "therefore/that is why."

תוצאה Result/effect	סיבה Cause
ולָכֵן יש יותר מדי מכוניות בכבישים.	אין מספיק אוטובוסים
ולָכֵן יש בצורת.	אין מספיק גשמים השנה
ולָכֵן לא היה מספיק אוכל.	הייתה בצורת
ולָכֵן יהיה רעש.	יבואו הרבה אנשים

EXERCISE 16 — תרגיל מספר 16

Complete the sentences.

Cause is given, add the result:

1. לא יכולנו לבוא בזמן ולכן ______________________.
2. יש בעיר הרבה בתי־חרושת ולכן ______________________.
3. אין כאן הרבה חנויות גדולות ולכן ______________________.
4. לא נספיק לגמור את השיעורים ולכן ______________________.
5. קנינו כרטיסים לכולם ולכן ______________________.

Result is given, complete the cause:

6. ______________________ ולכן אנחנו לא מוכנים למבחן.
7. ______________________ ולכן הם הלכו לים.
8. ______________________ ולכן הן לא יודעות מה לעשות.
9. ______________________ ולכן אין מסעדות טובות בעיר.
10. ______________________ ולכן יש כל כך הרבה עשן בעיר.

Past and present: once . . . and today — פעם והיום

SPEECH PATTERNS	תבניות לשון
Once this was a village and now it's a city.	פעם זה היה כפר ועכשיו זאת עיר.
Once it was a park, and now it's a mall.	פעם זה היה גן ועכשיו זה קניון.

The word פעם means "one time", but it also functions as a time expression, such as "once upon a time" פעם היה. It is used here in an expression contrasting the past with the present והיום/ועכשיו:

Once (it was a village), and today (it is a town). פעם (היה כאן כפר), והיום (יש עיר).

EXERCISE 17 — תרגיל מספר 17

השלם את המשפטים הבאים:

1. פעם זאת הייתה אוניברסיטה קטנה והיום ______________________
2. פעם היינו נוסעים להרבה טיולים והיום ______________________
3. פעם הילדים שיחקו ברחוב והיום ______________________

4. פעם היו כאן הרבה חנויות קטנות   והיום _____

5. פעם לא היינו נועלים את הבתים   והיום _____

6. פעם _____   והיום _____

7. פעם _____   והיום _____

8. פעם _____   והיום _____

9. פעם _____   והיום _____

10. פעם _____   והיום _____

"אם אין אני לי מי לי? ואם לא עכשיו, אימתי?"

קטע קריאה מספר 5 READING 5

אין מספיק מגרשי משׂחקים

המזכּיר:

הדוברת האחרונה הערב היא גליה ישׂראלי, רחוב פּינסקר 3. היא תלמידת כּיתה ד׳ בבית הספר היסודי והיא מדברת בשם כּל התלמידים בכּיתה שלה.

גליה ישׂראלי:

אנחנוּ, תלמידֵי כיתה ד׳, בּאנוּ לבקש מהמוֹעצה לדון בּבעייה חשוּבה. אין בּשכוּנה שלנוּ מספּיק גנים ציבּוּריים וּמגרשֵי משׂחקים. הרבּה ילדים התרגלוּ לשׂחק בּרחוֹבות. כּשאנחנו משחקים ברחוב, הנהגים מתרגזים עלינו וצועקים עלינו, אבל הם לא מבינים שאין לנו מקום אחר לשחק בו. פּעם לא היוּ הרבּה מכוֹניות בּשכוּנה ולא היה מסוּכּן לשׂחק בּרחוֹב, אבל עכשיו לכל משפּחה יש מכוֹנית אחת אוֹ שתיים, ויש הרבּה מכוֹניות בּכּבישים. חוץ מזה בּנו הרבּה בּנייני דירות חדשים ולא נשאר לנו מקום לשחק. אנחנוּ לא חושבים שהרחוֹב הוּא המקוֹם המתאים למשׂחקים. אם יהיוּ יוֹתר מגרשֵי מִשׂחקים בּשכוּנה שלנוּ, יַלדֵי השכוּנה לא ישַׂחֲקוּ בָּרחוֹבוֹת.

יו״ר המוֹעצה:

תוֹדה רבּה לכוּלכם וּביחוּד לתלמידֵי כיתה ד׳. נתחיל בּדיוּן.

תרגיל מספר 18 EXERCISE 18

השלם את המשפּטים הבּאים

מה הדברים החשוּבים שאוֹמרת גליה ישׂראלי?

1. גליה היא תלמידה בּ ______________________
2. היא מדברת בּשם ______________________
3. הרבּה ילדים משׂחקים בּ__________ מפּני ש____________________
4. מסוּכּן לשׂחק בּרחוֹבוֹת כּי ______________________
5. הרחוֹב הוּא לא __________ ולכן צריך ____________________

חזרה: בניין הִתְפַּעֵל גזרת שלמים

SPEECH PATTERNS	תבניות לשון
We have not yet gotten used to the job.	עוֹד לא התרגלנו לעבוֹדה.
The city grew and developed.	העיר התפתחה.
The council members convened.	חברי המועצה התכנסו.

Prefixes in התפעל

1. In the התפעל conjugation the prefix הִתְ־ precedes all forms of the past, imperative, and infinitive.

עבר	התרגלתי לקום מוקדם.
ציווי	התרגל לקום מוקדם!
שם הפועל	אני לא יכול להתרגל לקום מוקדם.

2. In the present, מִתְ־ is used as the prefix:

הווה	אנחנו מתרגלים לקום מוקדם.

3. In the future, the pronoun prefix is followed by ת

עתיד	אנחנו לא נתרגל לקום מוקדם.

התפעל

3	2	1		
ל	ג	ר	להתרגל ל	to get used to
ש	ג	ר	להתרגש	to get excited

עבר	הווה	עתיד	ציווי
הִתְרַגַּלְתִּי	מִתְרַגֵּל	אֶתְרַגֵּל	
	מִתְרַגֶּלֶת		
הִתְרַגַּלְתָּ	מִתְרַגֵּל	תִּתְרַגֵּל	הִתְרַגֵּל!
הִתְרַגַּלְתְּ	מִתְרַגֶּלֶת	תִּתְרַגְּלִי	הִתְרַגְּלִי!
הוּא הִתְרַגֵּל	מִתְרַגֵּל	יִתְרַגֵּל	
הִיא הִתְרַגְּלָה	מִתְרַגֶּלֶת	תִּתְרַגֵּל	
הִתְרַגַּלְנוּ	מִתְרַגְּלִים	נִתְרַגֵּל	
	מִתְרַגְּלוֹת		
הִתְרַגַּלְתֶּם	מִתְרַגְּלִים	תִּתְרַגְּלוּ	הִתְרַגְּלוּ!

	מִתְרַגְּלוֹת	הִתְרַגַּלְתֶּן
יִתְרַגְּלוּ	מִתְרַגְּלִים	הם הִתְרַגְּלוּ
	מִתְרַגְּלוֹת	הן הִתְרַגְּלוּ

EXERCISE 19   תרגיל מספר 19

חלק א

מה השורש?

מה התרגום של שם הפועל?

Translation	השורש	הפועל
_____	_ _ _	להתרגל
_____	_ _ _	להתרגש
_____	_ _ _	להתרגז
_____	_ _ _	להתפתח
_____	_ _ _	להתיידד
_____	_ _ _	להתקשר
_____	_ _ _	להתקיים
_____	_ _ _	להתכנס
_____	_ _ _	להתפזר
_____	_ _ _	להתקבל

חלק ב

להתקבל	להתכנס	להתרגז	להתרגש	להתרגל ל	להתפתח

שנה את זמני המשפטים לעתיד

1. התרגלנו לבית הספר החדש.   _____

2. התרגשתם לשמוע מהם ?   _____

3. ההורים שלו לא מתרגזים עליו.   _____

4. הבנק שלכם התפתח יפה מאוד.   _____

5. אתן תמיד מתכנסות ביום ששי אחר הצוהריים ?   _____

ــــــــــــــــــــــ   6. אני התקבלתי ללימודים.

ــــــــــــــــــــــ   7. לא התרגזנו עליו ־ הוא תמיד כזה.

ــــــــــــــــــــــ   8. ההורים שלי לא התרגזו עלי בכלל.

ABOUT SOME OF THE MEANINGS OF HITPA'EL

Verbs in Hitpa'el

1. Some התפעל verbs describe an action or a state which occurs spontaneously with no specific agent.

Examples:

The town developed *(on its own accord).*	העיר התפתחה.
The council is convening *(on its own).*	המועצה מתכנסת.

2. Other התפעל verbs reflect an emotional or behavioral response to an occurrence or state. In English a verb phrase with a first verb "to get" is often used, such as "to get excited", or "to get used to."

Here are some examples:

I got very excited.	התרגשתי מאוד.
I got used to life here.	התרגלתי לחיים כאן.

3. Some התפעל verbs have a reflexive meaning, i.e., the action goes back to the person who is performing the act.

Here are some examples:

I already washed (myself).	כבר התרחצתי.
I did not yet dress (myself).	עוד לא התלבשתי.

EXERCISE 20   תרגיל מספר 20

חלק א

נושא	זמן	שם פועל	משפטים -- השלם את צורות הפעלים
אני	עבר	להתרגל	1. עוד לא ــــــــــ לתנאים בעיר הזאת.
אתה	עתיד	להתקבל	2. אתה חושב ש ـــــــ לאוניברסיטה שבחרת?

את	*הווה*	*להתרגז*	3. את ______ לעתים קרובות?
אתם	*הווה*	*להתרגש*	4. רון ושרון, למה אתם ________ כל כך?
הפגישה	*עתיד*	*להתקיים*	5. אתם חושבים שהפגישה שלנו ________ מחר?
המקום	*עתיד*	*להתפתח*	6. מה דעתכם? המקום הזה _______ ותהיה כאן עיר?
את	*עתיד*	*להתקשר*	7. אם את ______ עם החברים שלי, אולי הם יוכלו לעזור לך.
אנחנו	*עבר*	*להתיידד*	8. פגשנו אותם במסיבה ו________ איתם.
הישיבה	*הווה*	*להתקיים*	9. למה הישיבה _______ כל שבוע? מספיק פעם בחודש.
פגישות	*עבר*	*להתקיים*	10. שלוש פגישות ______ אבל לא הלכתי לאף אחת.
המועצה	*הווה*	*להתכנס*	11. המועצה שלנו ______ כל שבוע והרבה אנשים משתתפים בדיונים.

חלק ב

כתוב את הפסקה עם הפעלים בצורות המתאימות:

לפני שבוע קיבלתי מכתב מרות. ___ (להתרגש) מאוד לשמוע ממנה כי פעם היינו חברים טובים. הכרנו ו ___ (להתיידד) כששנינו היינו סטודנטים באוניברסיטה. רות היא מניו־יורק -- ותמיד אמרה שאין כמו ניו־יורק ושהיא לא תוכל ___(להתרגל) לאף מקום אחר. המכתב שלה היה מכפר קטן במדינת ניו־מקסיקו. היא עורכת עיתון קטן בכפר הזה. החלום שלה הוא שהעיתון שלה יגדל ו ___(להתפתח) ויהיה העיתון הטוב ביותר בניו־מקסיקו.

היא סיפרה לי שלא היה לה קל בהתחלה ולקח לה הרבה זמן עד שהיא ___(להתרגל) לחיים רחוק מניו־יורק. כל יום היא ___ (להתרגש) מחדש מהיופי של המקום שבו היא גרה. היא מקווה שהכפר הקטן שלה לא ישתנה ולא____ (להתפתח) ויהיה לעיר יום אחד.

מִיָּד אחרי שקיבלתי את המכתב שלה, ____(להתקשר) אליה בטלפון וסיפרתי לה שבעוד חודש אני אהיה בניו־מקסיקו, כי הפגישה של כל המשפחה שלי ____ (להתקיים) שם כל שנה, לא רחוק מהכפר של רות.

היא _____(להתרגש) מאוד והזמינה אותי לבקר בביתה.   אני מאוד מעוניין לבקר, כי אני שואל את עצמי אם אני הייתי גר שם, האם הייתי _____ (להתרגל)לחיים במקום כל כך שקט ורחוק מהעיר הגדולה. אני מחפש את התשובה, ובקרוב תהיה לי הזדמנות למצוא אותה.

מְשַׁנֶּה מקום -- מְשַׁנֶּה מזל! אולי זה גם המקום בשבילי.

תרגיל מספר 21   EXERCISE 21

משחק תפקידים   Role playing

דיון במועצה: בעד ונגד

אלה האנשים המשתתפים בדיון:

חבְרֵי המועצה:	אורחים:
• מר ארנון כרמי, יו"ר המועצה:	• נציג המשטרה
• גברת עליזה מזרחי	• מנהל מחלקת הבריאות
• ד"ר יוסף שכטר	• נציג חברת האוטובוסים
• מר אברהם כץ	• נציגת ארגון המורים וההורים
• גברת גאולה לב.	

פעילות מספר 1

הכיתה מתחלקת לקבוצות. לכל חבר בקבוצה יש תפקיד. יש חמישה חברי מועצה, ארבעה אורחים ויכולים להיות גם אנשים מהקהל שרוצים לשאול שאלות או להביע את דעתם. יו"ר המועצה מנהל את הדיון. יש מזכיר או מזכירה שרושמים את מה שהאנשים השונים אומרים.

פעילות מספר 2

התלמידים בכיתה משחקים תפקיד של עיתונאים וכתבי טלוויזיה ורדיו. אחרי שמתקיים הדיון במועצה, הם כותבים כתבות ומדווחים על מה שקרה בדיון במועצה.

פעילות מספר 3

המשתתפים מתכננים עיר חדשה. הם רוצים לפתור את כל הבעיות שהיו להם בעיר שבה גרו לפני שהחליטו להצטרף לעיר החדשה. הם מחליטים על גודל העיר, על התנאים שיהיו בעיר החדשה, על החוקים של העיר, על שמירת הסביבה, על ניהול העיר, על סגנון הבנייה ועוד. הם גם מחליטים מה יהיה שם העיר החדשה.

Some expressions for debate	ביטויים לצורך ויכוח ודיון
In my opinion	לדַעתִי
On the one hand...and on the other	מִצד אחד .... ומִצד שני
not only...but also	לא רק ... אֶלָא גם
I don't believe that	אני לא מאמין ש
You are wrong!	אתה טועה!
This is not correct!	זה לא נכון!
You are right/you are not right	אתה צודק/אתה לא צודק
I am not convinced that	אני לא משוכנע/ת ש
I agree/don't agree that	אני מַסכִּים/לא מסכים ש
What do you mean!?	מה זאת אומרת!?
I have NO IDEA!	אין לי מוּשָׂג!
It is a scandal!	זה סקנדל! זאת שערוריה!
First of all	רֵאשִית
Secondly	שֵנִית

SUMMARY OF LESSON 29	סיכום שיעור 29: מועצת העיר
READING SELECTIONS:	**נושאים לקריאה ודיון:**
City council meeting	מועצת העיר מתכנסת
Everything happens too fast	הכל קורה יותר מדי מהר
It is dangerous to walk at night	מסוכן ללכת ברחובות בלילה
We breathe smoke and dirt	נושמים עשן ולכלוך
There are not enough playgrounds	אין מספיק מגרשי משחקים
LANGUAGE TOPICS:	**נושאים לשוניים:**
Conjunctions	מילות חיבור: לא רק/אלא ש, אמנם/אבל
Like + Pronoun suffixes	כמו+סיומות כינויי גוף
Worries and concerns	חששות ופחדים
Purpose clauses	משפטי תכלית: כדי ש
Cause and effect clauses	משפטי סיבה ותוצאה
The Hitpa'el conjugation	בניין התפעל
Too much/many and too little	יותר מדי/פחות מדי
Subordinate clauses: in it	משפטים משועבדים: שבו, שבה
Once and today	פעם והיום

סיכום של פעלים בשיעור 29

פ.ח.ד.	פעל	פיעל
עבר	פָּחַדְתִּי	
	פְּחַדְתֶּם	
הווה	פּוֹחֵד	מפַחֵד
	פּוֹחֲדִים	מפַחֲדִים
עתיד	אֶפְחַד	אֲפַחֵד
	תִּפחֲדוּ	תפחֲדו
ציווי	פּחַד!	פַּחֵד!
	פִּחדוּ!	פַּחֲדו!
שם פועל	לִפחוד	לפַחֵד

	התפעל
עבר	התרגשתי
	התרגשתם
הווה	מתרגש
	מתרגשִׁים
עתיד	אֲתרגש
	תתרגשו
ציווי	התרגש!
	התרגשו!
שם פועל	להתרגש

כמו+כ"ג

כָּמוֹנִי
כָּמוֹךָ
כָּמוֹךְ
כָּמוֹהוּ
כָּמוֹהָ
כָּמוֹנוּ
כְּמוֹכֶם
כְּמוֹכֶן
כְּמוֹהֶם
כְּמוֹהֶן

NEW VOCABULARY LIST — רשימת מילים חדשות

NOUNS — שמות

fear	פַּחַד ז.	person	אָדָם ז.
tax	מַס ז. מִסִּים	responsibility	אַחֲרָיוּת נ.
system	מַעֲרֶכֶת נ. מַעֲרָכוֹת	violence	אַלִּימוּת נ.
industrial plant	מִפְעָל ז. מִפְעָלִים	elections	בְּחִירוֹת נ.ר.
subject	נושא ז. נושאים	security	בִּיטָחוֹן ז.
administration	נִיהוּל ז.	health	בְּרִיאוּת נ.
style	סִגְנוֹן ז. סִגְנוֹנוֹת	discussion, debate	דִּיּוּן ז. דִּיּוּנִים
summary	סִיכּוּם ז. סִיכּוּמִים	raise, increase	הַעֲלָאָה נ. הַעֲלָאוֹת
smoking	עִישּׁוּן ז.	proposal	הַצָּעָה נ. הַצָּעוֹת
smoke, fumes	עָשָׁן ז.	right, privilege	זְכוּת נ. זכויות
crime	פֶּשַׁע ז. פשעים	dark, darkness	חוֹשֶׁךְ ז.
crowded conditions	צְפִיפוּת נ.	department	מַחְלָקָה נ. מַחְלָקוֹת
shopping mall	קֶנְיוֹן ז. קֶנְיוֹנִים	road	כְּבִישׁ ז. כְּבִישִׁים
improvement	שִׁיפּוּר ז. שִׁיפּוּרִים	dirt	לִכְלוּךְ ז.
lighting, bright lights	תְּאוּרָה נ.	council	מוֹעָצָה נ. מוֹעָצוֹת
competition	תַּחֲרוּת נ. תַּחֲרוּיוֹת	leadership	מַנְהִיגוּת נ.

ADJECTIVES & NOUNS — תארים ושמות

convinced that	משוכנָע/ת ש	citizen	אֶזְרָח־אֶזְרָחִית
venerated/dear (adj.)	נכבָּד־נכבָּדָה	dangerous (adj.)	מסוּכָּן־מסוּכֶּנֶת
representative	נָצִיג נציגָה	voter	בּוֹחֵר־בּוֹחֶרֶת
municipal (adj.)	עִירוֹנִי־עִירוֹנִית	built (adj.)	בָּנוּי־בְּנוּיָה
criminal	פּוֹשֵׁעַ־פּוֹשַׁעַת	spokesperson	דּוֹבֵר־דוֹבֶרֶת
expected, anticipated	צָפוּי־צְפוּיָיה	candidate	מוּעֲמָד־מוּעֲמֶדֶת
empty	רֵיק־רֵיקָה (מ)	leader	מַנְהִיג־מַנְהִיגָה
resident	תּוֹשָׁב־תּוֹשֶׁבֶת	local (adj.)	מְקוֹמִי־מְקוֹמִית

פעלים / VERBS

אָסַר־לֶאֱסוֹר על	to forbid	התרגל־להתרגל ל	to get used to
בָּחַר־לִבחור ב	to elect	התרגש־להתרגש	to get excited
דִיוּוַח-לדַווֵחַ ל ..על	to report	הִתקַיֵּם־להִתקַיֵּם	to take place
הִצבִּיעַ-להַצבִּיעַ בעד	to vote for	חָשַׁש-לַחֲשוֹש מ	to be wary of
דָן־לָדוּן ב	to discuss/debate	טִיפֵּל־לטַפֵּל ב	to take care of/treat
דָרַשׁ־לדרוש (אֶת) מ	to demand	טָעַן-לִטעוֹן ש	to claim
הִזִיק־להַזִיק ל	to harm	מָנַע-לִמנוֹעַ (את) מ	to prevent
הִטרִיד־להַטרִיד (אֶת)	to annoy	מפַחֵד־לפַחֵד מ	to be afraid of
הִצטָרֵף־להִצטָרֵף	to join	נִבחַר־להִיבָּחֵר ל	to be elected for
הִשתַנָה־להִשתַנוֹת	to undergo change	נָשַׁם־לִנשׁוֹם	to breathe
הִשתַתֵּף-להִשתַתֵּף ב	to participate	סָבַל־לסבּוֹל מ	to suffer from
הִתיַידֵד־להִתיַידֵד עם	to get friendly with	סָמַך־לִסמוֹך עַל	to rely on
הִתכַּנֵס־להִתכַּנֵס	to convene	עָרַך-לַעֲרוֹך (אֶת)	to hold an event
הִתפַּתח־להִתפַּתֵח	to develop	פָּחַד-לִפחוֹד מ	to fear
הִתקַבֵּל־להִתקַבֵּל	to be accepted	שִׁיפֵּר־לשַׁפֵּר (אֶת)	to improve
הִתרַגֵז־להִתרַגֵז על	to get angry with	שֵׁרֵת־לשָׁרֵת (אֶת)	to serve

תארי פועל / ADVERBS

אָמנָם...אֲבָל	indeed...however	לָכֵן	therefore
בִּייחוּד	especially	נֶגֶד	against
בְּעַד	for	עַד כַּמָה	to what extent
כְּדֵי	in order (to)	רֵאשִׁית	first of all
לא רַק ... אֶלָא גם	not only, but also	שֵׁנִית	secondly

ביטויים וצירופים / EXPRESSIONS & PHRASES

אין לי מוּשָׂג	I have no idea	לַעֲרוֹך דִיוּן	to hold a discussion
אֵיכוּת החיים נ.	the quality of life	מִגרַש מִשְׂחָקִים ז.	playground
אֵיכוּת הַסבִיבָה נ.	environmental quality	מִגרַש חנייה ז.	parking lot
בֵּית חֲרוֹשֶׁת ז.	factory	מַה זאת אוֹמֶרֶת?!	what do you mean?
גבִירוֹתַי ורַבּוֹתַי!	Ladies and gentlemen!	מִקרֶה פֶּשַׁע ז.	criminal incident

shopping center	מֶרכַּז קנִיוֹת ז.	air pollution	זִיהוּם אוִויר ז.
building style	סִגנוֹן בּנִיָיה ז.	complete freedom of action	חוֹפֶש פעוּלָה גָמוּר ז.
mayor	ראש הָעִיר ז.	not only . . . but also	חוּץ מִזֶה
right to speak	רְשוּת דיבּוּר נ.	chairman	יוֹשֵב רֹאש (יו"ר) ז.
improvement of quality of life	שִיפּוּר אֵיכוּת חיים ז.	to speak for	לדַבֵּר בְּשֵם

Some vocabulary lists are extensive. Vocabulary items can be divided into active and passive vocabulary, according to the needs of students and the instructor's discretion.

LESSON 30 שיעור מספר 30

READING 1 קטע קריאה מספר 1

שווים יותר או שווים פחות?

א. דֵעוֹת, דֵעוֹת!

הרבה מיעוטים בחֶברָה שלנו מרגישים שאין שִויוֹן ושיש אַפלָייה נֶגדָם בכל תחוּמֵי החיים. למרוֹת שנשים הן לא מיעוט בחברה, יש נשים שגם הן חושבות שהן מוּפלוֹת לרָעָה ושאין להן הזדמנויות שָווֹת לאלה שיש לגברים. הן טוֹענות שזֶה פָשוּט עולם של גבָרים!

שאלנו אנשים שונים מה דַעתָם על המַעֲמָד של נשים בחֶברָה. הִנֵה חֵלֶק מהתשוּבות שקיבלנו. מה דַעתכֶם ?

א. בתחום העבוֹדה

1. נשים מקַבלוֹת שָׂכָר יותר נמוּך באוֹתה עבוֹדה שגם עוֹשִׂים גברים.
2. נשים לא יכוֹלוֹת להִתקַבֵּל לכל מקוֹמוֹת העֲבוֹדה. יש מקצועות שהם רק לגברים.
3. אם יש לאשה ילדים, פּוֹחֲדים לקחת אותה לעבוֹדה, כּי אוּלַי היא תבקש סידוּרֵי זמן מיוּחָדים וּתנָאים לטיפּוּל בּילדים.
4. פּוֹחֲדים לקחת אשה צעירה לעבודה, כּי אולי היא תִתחתן ותיכָּנֵס להֵרָיוֹן ותפסיק לעבוד.
5. נשים יכוֹלוֹת לבַצֵעַ כל תפקיד בּשָוֶוה לגברים.
6. יש עכשיו הרבה נשים בּתפקידים חשובים בעֲסקים, באוניברסיטאות, בבתי חולים וגם בממשלה.

נכון	לא נכון

ב. בתחום החיים הפּוֹליטיים והדתיים

1. יש מעט מאוֹד נשים בּתפקידים חשובים בּממשלה.
2. לנשים אין מקוֹם חשוב בדת - הן לא ממַלאוֹת תפקידים של רַבָּנים או חַזָנים.
3. הנשים מוּפלוֹת לרָעָה בבתֵי הדין הרבּניים כי לא נוֹתנים להן להיות עֵדות.

4. הרבה בוחֲרים לא סומכים על נשים ולא מצביעים עֲבוּרָן לתפקיד פוליטי.
5. הגברים הם פחות אֱמוֹציוֹנָלִיים ולכן הם יותר מַתאימים לתפקידים חשובים בממשלה.
6. בשנים האחרונות יש הרבה יותר נשים בתפקידים אַחרָאִים בממשלה, בבָתֵי המשפט ובמִקצוֹעוֹת חופשיים (עורכות־דין, מהנדסות, רופאות וכו').

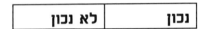

נכון	לא נכון

ג. בתחום חיי המשפחה

1. להרבה נשים יש תפקיד גם במקצוֹע שלהן וגם בבית.
2. הנשים אַחרָאִיוֹת על גידול הילדים ועל עֲבוֹדת הבית.
3. הבנוֹת אחראיות על הטיפוּל בהוֹרים קשִישִים.
4. גברים גרושים לא תומכים מספיק בילדים שלהם - התפקיד העיקרי בחינוך הילדים הוא של האִמָהוֹת ולא של האָבוֹת.

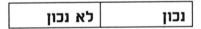

נכון	לא נכון

ד. בתחום חיי החברה

1. כשאשה מעוּניֶינֶת בגבר, לא מקוּבָּל שהיא תטלפן אליו ותזמין אותו לפגישה. היא צריכה לחַכּוֹת עד שהוא יזמין אותה.
2. נשים גרושות מהַווֹת אִיוּם לנשים נשׂוּאוֹת ולכן לא מזמינים אותן להרבה אֵירוּעים חֶברָתיים.
3. הגברים הפנויים, גם אִם הם גרושים, מבוּקָשים בחֶברָה וּמוּזמָנים לאֵירוּעים חברתיים רבים.

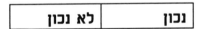

נכון	לא נכון

ה. בתחום התִקשוֹרֶת

1. נשים מוּגָשוֹת כּאוֹבּייקט מיני בּפרסוֹמוֹת בטלויזיה.
2. תמיד שואלים נשים שהן בראיונות שאלות על חיי המשפחה שלהן. השאלה שתמיד נשאלת מהן היא אם הקריירה שלהם לא פּוֹגעת בחַיֵי המשפחה. בדרך כלל לא שואלים את הגברים שאלות כאלה.
3. בטלויזיה ובעיתוֹנוּת תמיד מדברים על אֵיך נשים נִראוֹת -- אם הן יפות, אם הן לבושות יָפֶה ואם הן נראוֹת צעירות.

4. פונים אל נשים בתפקידים חשובים בשֵׁם פְּרָטִי או בכינוּי, ואילוּ אל גברים פּוֹנים בשם המשפחה או בשם הפרטי ושם המשפחה גם יחד.

נכון	לא נכון

ו. בּמַעֲרֶכֶת החינוּך

1. בּספרים שֶׁמלַמדים קריאה וּכתיבה יש דמוּיוֹת סטיראוֹטיפּיוֹת של נשים שהן עקרוֹת בּית.
2. בּספרים שֶׁמלַמדים קריאה וכתיבה הגברים מתוֹארים בּתפקידים חשוּבים מחוּץ לבּית.
3. בּכּיתה המורים פונים יותר אל התלמידים מאשר אל התלמידוֹת.
4. יש הנחה שבּנוֹת אינן מעוּניינוֹת בּמדע.
5. בבתי הספר יש יותר מנַהֲלים מֵאשר מנַהֲלות -- ולמנהלים יש השפעה יותר גדולה על מַעֲרֶכֶת החינוך מאשר למורים.

נכון	לא נכון

ז. מַסקָנוֹת

1. בּהרבּה תחוּמים גם אישיים וגם מקצוֹעיים יש אפלייה נגד נשים.
2. יש מקצועות שהם מקצועות של נשים ומקצועות שהם מקצועות של גברים.
3. מבקשים מהאשה לתת תרוּמה גדוֹלה יוֹתר לחֶברָה וּבעיקר למשפּחה כּאם, כּאישה וכבת.
4. יש הִתקדמוּת בּמעמד האשה בּחברה אבל אין עדיין שוויון בּין המינים.

נכון	לא נכון

תארים בקטע

אַחֲרָאִי	אַחֲרָאִית	אַחֲרָאִים	אַחֲרָאִיוֹת	responsible
מבוּקָשׁ	מבוּקֶשֶׁת	מבוּקָשִׁים	מבוּקָשׁוֹת	popular/in demand
מוּפלֶה	מוּפלָה	מוּפלים	מוּפלוֹת	discriminated
מיוּחָד	מיוּחֶדֶת	מיוּחָדים	מיוּחָדוֹת	special
מעוּניָין	מעוּניֶינֶת	מעוּניָינים	מעוּניָינוֹת	interested
מַתאִים	מַתאִימָה	מַתאִימים	מַתאִימוֹת	suitable, appropriate
סטריאוטיפי	סטריאוטיפית	סטריאוטיפיים	סטריאוטיפיות	stereotypic
שָׁוֶוה	שָׁוָוה	שָׁוִוים	שָׁווֹת	equal

תרגיל מספר 1 — EXERCISE 1

א. השלימו את המשפטים בתארים הבאים בצורה המתאימה:

מיוחד, מופלה, אחראי, מעוניין, מתאים, שווה

1. כל בוגרי בית הספר שלנו ______ בשוק העבודה. — in demand
2. יש לי נושא ______ ומעניין -- אף אחד עוד לא כתב עליו. — special
3. במה אתן ______ -- במתמטיקה או בספרות? — interested
4. אתם בכלל לא ______ - אתם לא עושים את העבודה שלכם. — responsible
5. קשה להתקבל לקורס הזה. זה קורס מאוד ______. — in demand
6. אתה לא ______ לעבודה הזאת. אנחנו צריכים מהנדס ואתה עורך־דין. — suitable
7. אנחנו לא רוצים טיפול______, אבל אנחנו רוצים — special הזדמנות ______ להתקבל לאוניברסיטה. — equal
8. אלה ספרים מאוד ______ -- אי אפשר להשיג אותם בחנויות. — special
9. זאת אוניברסיטה ______ -- יש תור להתקבל לאוניברסיטה. — popular
10. יש קבוצות אֶתניות שמרגישות שהן ______ לרעה בחברה. — discriminated
11. היא בדיוק ______ לתפקיד הזה! — appropriate
12. מי ______ בכרטיסים להצגה? שמענו שיש עדיין כרטיסים! — interested
13. לא כולם ______ בחברה -- יש עניים ויש עשירים. — equal
14. הם מורים מאוד ______ -- הם לא כמו כולם. — special
15. אתם לא ______ לרעה בחברה. אתם הרוב ולא המיעוט. — discriminated
16. זאת גלרייה מאוד ______ - אין גלריות אחרות כמו זאת. — special
17. תלמידים חדשים לא ______ לרעה בבית הספר שלנו. — discriminated
18. רק מישהו לא ______ לא היה עוזר כשצריך עזרה — responsible
19. יש מישהו ש______ לתפקיד החדש בממשלה? — suitable
20. הסרט הטוב ביותר השנה זה הסרט החדש וה ______ של דן. — special
21. אנחנו לא היינו ______ לעבוד בעבודה לא מעניינת. — interested
22. אנחנו מחפשים שחקנים ______ לכל התפקידים. — suitable

פעלים תארים ושמות פעולה

SPEECH PATTERNS	תבניות לשון
She assumed that there is a program.	היא הניחה שיש תוכנית
Our assumption is that the pay is reasonable.	ההנחה שלנו היא שהשכר סביר.
You are not contributing anything to us.	אתם לא תורמים לנו שום דבר.
He made a contribution to literature.	הוא תרם תרומה לספרות.

Some nouns are derived from verbs. They are called verbal nouns שמות פעולה and their form is typical to the particular בניין of the verb.

Here is a list of verbal nouns along with the infinitive form of the verb. Most of them can be found in Reading Selection 1 as either verbs or nouns.

VERBS	פעלים	NOUNS	שמות
			בניין פעל
to turn to/request	לִפנות אֶל	request	פְּנִיָּיה אל
to contribute to	לִתרום ל	contribution to	תרומָה ל
to buy	לִקנות	buying	קנִיָה נ. קניות
			בניין פיעל
to threaten	לאַיֵים על	threat	אִיום על ז.
to care for	לטַפֵּל ב	caring for	טיפול ב ז.
to arrange times	לסַדֵּר זמנים	scheduling	סִידור זמנים ז.
to visit	לבַקֵר	visit	בִּיקור ז.
to furnish	לרַהֵט	furnishing	רִיהוט ז.
to cook	לבַשֵׁל	cooking	בִּישול ז.
to tell	לסַפֵּר	story, tale	סִיפּור ז.
to satisfy	לסַפֵּק (רצון)	satisfaction	סִיפּוק ז.
to raise children	לגַדֵּל ילדים	raising children	גידול ילדים ז.
			בניין הפעיל
to discriminate against	להַפלות נגד	discrimination	אַ/הַפלָיָיה נ.
to assume that	להַנִּיחַ ש	assumption	הַנָּחָה נ.
to agree	להַסכִּים	agreement	הַסכָּמָה נ.
to influence	להַשפִּיעַ על	influence (over)	הַשפָּעָה נ.

תרגיל מספר 2

EXERCISE 2

שנה את הפועל במשפט לשם פעולה:

1. הורי תרמו הרבה כסף לאוניברסיטה.	*התרומה שלהם לאוניברסיטה היתה גדולה.*
2. פנינו למשרד של הנשיא, אבל זה לא עזר.	*ה______ שלנו למשרד הנשיא לא עזרה.*
3. אך אחד לא הסכים מתי תהיה פגישה.	*לא היתה ______ מתי תהיה פגישה.*
4. אנחנו לא מפלים נגד מיעוטים.	*אין ______ נגד מיעוטים.*
5. לא יצא לנו לסדר זמן לטיול.	*עוד אין ______ לטיול*
6. אנחנו מניחים שכולם ישתתפו.	*ה______ היא שכולם ישתתפו.*
7. האם מטפלים יפה בתלמידים החדשים?	*האם ה______בתלמידים החדשים הוא טוב?*
8. לא קל לגדל ילדים.	*______ ילדים זה לא דבר קל.*
9. מישהו אִיֵּם עלי בטלפון.	*קיבלתי ______ בטלפון.*
10. לא יצא לנו לסדר זמן לטיול.	*עוד אין ______ לטיול*
11. אנחנו מניחים שכולם ישתתפו.	*ה______ היא שכולם ישתתפו.*
12. האם מטפלים יפה בתלמידים החדשים?	*האם ה______בתלמידים החדשים הוא טוב?*
13. לא קל לגדל ילדים.	*______ ילדים זה לא דבר קל.*
14. הלכנו לקנות בגדים בקניון.	*הלכנו ל______ בקניון.*
15. מישהו אִיֵּם עלי בטלפון.	*קיבלתי ______ בטלפון.*

נראה - פעלים וביטויים

To see, look, and seem

תבניות לשון	SPEECH PATTERNS
אתה נראה ממש חולה!	You look really sick!
את נראית ממש טוב!	You look really good!
אתם נראים כמו כוכבי קולנוע.	You look like movie stars.
נראה לי שהוא כן יבוא.	It seems to me that indeed he will come.

בניינים	פועל		שמות	
בניין פעל	לִרְאוֹת	to see	ראִיָּה נ)	sight/vision
בניין נפעל	לְהֵרָאוֹת	to seem/be seen		

To look/seem — בניין נפעל: לְהֵרָאוֹת

A. To look/seem + adjective — א. נראה + תואר

The verb לְהֵרָאוֹת with the meaning "to seem", can be followed by an adjective, by an adverb, or by a prepositional phrase. The adjective agrees in gender and number with the subject and with the verb.

אתה נִרְאֶה מאוּשָׁר.	**You look happy**.
את נִרְאֵית מאוּשֶׁרֶת.	
אתם נִרְאִים מאוּשָׁרִים.	
אתן נִראוֹת מאוּשָׁרוֹת.	

B. To look/seem + adverb — ב. נראה + תואר הפועל

The verb לְהֵרָאוֹת can be also followed by the adverb "good" or "bad". Adverbs, unlike adjectives, have one form, and it does not change according to number or gender.

אתה נִרְאֶה טוֹב.	**You look good.**
את נִרְאֵית טוֹב.	
אתם נִרְאִים טוֹב.	
אתן נראוֹת טוֹב.	

C. Comparison and similes — ג. נראה +כמו + צירוף שמני

אתה נִרְאֶה כמוֹ לֵיצָן.	You look like a clown.
את נִרְאֵית כּמוֹ נְסִיכָה.	You look like a princess.
הם נִרְאִים כּמוֹ שַׂחקָנֵי קולנוע.	They look like movie actors.
אתן נִראוֹת כּמוֹ מַלְכּוֹת.	You look like queens.

A prepositional phrase which starts with כמו, meaning "like" can follow נראה. The noun changes according to number or gender.

תרגיל מספר 3 — EXERCISE 3

שנה מיחיד לרבים:

1. אתה לא נראה טוב היום. ________________
2. מדוע את נראית כל כך עצובה? ________________
3. הוא נראה כמו ליצן בקרקס. ________________
4. דנה נראית טוב היום. ________________
5. אתה נראה בדיוק כמו אבא שלך. ________________

שנה מרבים ליחיד:

1. הם נראים מאושרים. ________________
2. אתן לא נראות כמו שחקניות. ________________
3. אנחנו נראות בסדר? ________________
4. אתם נראים בריאים וחזקים. ________________
5. התלמידות נראות מרוצות מהשיעור. ________________

ד. נראה לי/לא נראה לי ש — D. Expressions: It seems to me that

נִרְאֶה לי שאין לכם מה להוסיף	It seems to me that you have nothing to add.
נִרְאֶה לכם שיש כּאן בּעייה כלשהי?	Does it seem to you that there is some problem?

The present tense of נראה is followed by the preposition ל with a pronoun suffix or a noun, and it serves the same function as the expression "it seems to me". No equivalent for the English pronoun "it" is used in Hebrew and the expression starts directly with the verb.

EXERCISE 4 — תרגיל מספר 4

Complete the sentences with the expression "it seems + to" with the appropriate pronoun suffix (see example in sentence 1):

1. מה את חושבת על ההצגה? — נראה לך שזאת הצגה טובה?
2. מה אתן חושבות על הסרט? — _______ ____ שזה סרט טוב?
3. מה אתם חושבים על הספר הזה? — _______ ____ שזה ספר מעניין?
4. מה דעתכן על המסיבה? — _______ ____ שזאת הייתה מסיבה טובה?
5. הוא חושב שזה בית גדול מדי. — _______ ____ שזה בית גדול מדי.
6. לדעתי זאת עיר נחמדה. — _______ ____ שזאת עיר נחמדה.
7. אני לא מאמינה שהוא מתאים. — לא _______ ____ שהוא מתאים.
8. זה לא מקום לילדים. — לא _______ ____ שזה מקום לילדים.
9. הן מאמינות שלא תהיה בעייה. — _______ ____ שלא תהיה בעייה.
10. אנחנו מאמינים שיהיה טוב. — _______ ____ שיהיה טוב.

EXERCISE 5 — תרגיל מספר 5

השלם את המשפטים באחת מהאפשרויות הבאות:

נראים, לא נראה טוב, לִראוֹת, לראות אתכם, נראוֹת, נראית לכם, לא נִראֶה לי, נראית כמוֹ, לא ראינוּ, ראה, לא נראה לנו

1. היא ______________ שׂחקנית קולנוע.
2. אתה _________________ היום. מה קרה לך?
3. עדיין ____________ את הילדים שלו. איפה הם?
4. אנחנו יכולים ____________ איפה זה קרה?
5. אתם ____________ עצובים היום. יש לכם בעיות?
6. ________________ שההורים שלך יגיעו הערב. מה אתה חושב?
7. תגידו, דליה ____________ מאושרת מאז שהתחילה בעבודה במשרד הזה?
8. אנחנו לא מרוצים. ____________ שעשיתם מה שביקשנו.
9. אנחנו מקווים ____________ בעוד שבוע.
10. מי שבא ו________ איך התמונות ____________, היה מרוצֶה מהכל.

מה בין "כ" ל"כמו"? Difference between "as" and "like"?

SPEECH PATTERNS	תבניות לשון
She serves as an officer in the army.	היא משרתת כקצינה בצבא.
He works as a librarian in the library.	אני עובד כספרן בספריה.
He swims like a fish.	הוא שוחה כמו דג.
He is as slippery as a snake.	הוא ערמומי כמו נחש.

1. כ... as

The particle "as" כ is followed by a noun or a noun phrase that describe the role, function, position or status of a person.

Here are some examples:

as a /in the role of = כ, בתור, בתפקיד של

They work as librarians.	הן עובדות כספרניות.
They work as librarians.	הן עובדות בתור ספרניות.
Doron works as a waiter.	דורון עובד כמלצר.
Did you come here as a viewer or a participant?	אתה באת לכאן כצופה או כמשתתף?

EXERCISE 6 תרגיל מספר 6

השלימו את המשפטים הבאים:

1. ____________ כמלצר ____________.
2. ____________ כפקידים ____________.
3. ____________ כרופאות ____________?
4. ____________ כאורחת ____________?
5. ____________ כתלמידים ותלמידות ______.
6. ____________ כנשיא המועצה שלנו.
7. ____________ כיועצת ב ____________.
8. ____________ כיושב ראש של ________.

2. כמו like (comparison)

SPEECH PATTERNS	תבניות לשון
He sleeps like a baby.	הוא ישן כמו תינוק.
He dances like Fred Astaire.	הוא רוקד כמו פרד אסטייר.
She looks like her sister.	היא נראית כמו אחותה.

The preposition כמו "like" is followed by a noun or a noun phrase and is used to draw a comparison or refer to the similarities between two objects.

There are some instances when -כ can be used with the same function, but more so in writing than in speaking.

EXERCISE 7 תרגיל מספר 7

השלימו את המשפטים הבאים:

1. אתה נראה כמו __________________.
2. אתם חושבים כמו ______________.
3. למה אתה יושב וצופה בטלויזיה כל היום כמו __________?
4. אתן מתנהגות ממש כמו ____________________.
5. הבית שלו הוא גדול, ממש כמו ____________.
6. אין אף אחד שעובד כל כך הרבה כמו __________________.
7. הקיבוץ הזה נראה כמו ______________.
8. הילדים שלנו הם לא כמו ________________.
9. ההורים שלו חושבים שאין ילד כמו ________________.
10. את שרה כמו ____________________.

תרגיל מספר 8

EXERCISE 8

"כ" או "כמו"?

חלק א

1. למה אתה יוֹשב כל היוֹם בבית קפה ________ כל הבטלנים שלא עוֹשׂים כלוּם?
2. אני לא יוֹשב שם. אני עוֹבד שם ________ מלצר.
3. מי ביקש מכם להשתתף בהצגה הזאת _____ שׂחקנים? אתם בכלל לא מוּכשרים.
4. מה אתה חוֹשב? אתה חוֹשב שאתה נראה _____ איזה כוֹכב קוֹלנוֹע?
5. _____ יוֹשב ראש של המוֹעצה - אני חייב להגיד לכם שאין לנוּ יוֹתר כסף השנה.
6. אתם בדיוּק ______ ההוֹרים שלכם. ממש _____ שתי טיפוֹת מים.
7. למה בניתם בית שנראה ______ הבית הלבן בוושינגטוֹן?
8. הם היוּ בלוֹנדוֹן במשך שלוֹש שנים ועבדוּ שם ______ מוֹרים.
9. זה יוֹם חשוּב! אני מרגיש ______ מלך!
10. _____ מלכּת היוֹפי של באר־שבע, חנה השתתפה בתחרוּת.

חלק ב

השלם את המשפט וכתוב פסקה קצרה (3־2 משפטים נוספים):

1. אני מרגיש כמו מלך כי ______________________________

____

2. דניאל מתנהג כמו איש חשוב, אבל באמת הוא רק ______________________________

____

3. הם לא שיחקו כמו שחקנים מקצועיים. מה הייתה הבעייה שלהם?

הם לא שיחקו כמו שחקנים מקצועיים, כי באמת הם ______________________________

____

READING 2

קטע קריאה מספר 2

שווים יותר או שווים פחות?

ב. התנועה לזכויות הגבר והמשפחה

א. משפטי הכנה לקריאת הקטע

פסקה 1

rights	לכל האזרחים <u>יש זכויות</u> ־ גם לגברים וגם לנשים.
according to law	הזכויות הן <u>לפי החוק</u> במדינה.
civil laws, religious laws	בישראל יש <u>חוקים אזרחיים</u> ויש <u>חוקים דתיים</u>.
movement	קיימת <u>תנועה</u> לזכויות הגבר והמשפחה.
established	האיש <u>שהקים</u> את התנועה הוא יעקוב שלוסר.
conflict	היה לו <u>סכסוך</u> עם אשתו.
ex-wife, ex-husband	הם התגרשו ־ והיא <u>אשתו לשעבר</u> והוא <u>בעלה לשעבר</u>.
complaints/claims	לשלוסר יש <u>טענות</u> רבות.
discrimination against	הוא טוען שיש <u>הפלייה נגד</u> גברים.
divorce	ההפלייה היא במקרה של <u>גירושין</u>.
advantage	החוק נותן <u>יתרון</u> לנשים.
is hurt	היתרון הוא בקשר לילדים ־ הגבר בדרך כלל <u>נפגע</u>.
the rabbinical law	בדברים אחרים <u>הדין הרבני</u> נותן יתרון מסויים לגברים.
discriminated	למרות היתרון הזה, הגבר עדיין מרגיש <u>מופלה</u>.

פסקה 2

systems, deal with	יש שתי <u>מערכות שמטפלות</u> בנושא הגירושין.
the courts	בארצות הברית יש מערכת אחת ־ <u>בתי המשפט</u>.
legal authorities	בישראל יש שתי <u>סמכויות חוקיות</u>.
district court	יש בית <u>משפט מחוזי</u> ־ סמכות אזרחית.
rabbinical court	יש <u>בית דין רבני</u> ־ סמכות דתית.
to grant divorce	לפי הדין הרבני הבעל בלבד הוא זה שיכול <u>לתת גט</u>.
active in organizations	הרבה נשים התחילו להיות <u>פעילות בארגונים</u> נגד החוק הזה.

הן טוענות שאין שוויון בחוק שמטפל בנושא הגירושין.	equality
הן מרגישות שהן מופלות לרעה.	discriminated against
מערכת בתי המשפט האזרחיים מקבילה למערכת בתי הדין הרבניים.	is parallel to
יותר גברים נוטים לפנות לבתי דין רבניים.	tend to turn to
יותר נשים נוטות לרשויות אזרחיות.	civil authorities
כתוצאה מחוסר הסכמה בין שתי הרשויות, יש בעיות.	as a result of
יש עיכובים רציניים בתהליך מתן הגט.	serious delays

פסקה 3

האפלייה נגד הגברים היא בנושא של הילדים.	subject
השאלה היא עם מי יגורו הילדים.	
מי יהיה זה שישלם בשביל הוצאות החינוך של הילדים?	education
האם הבעל ישלם בשביל הוצאות האשה?	expenses
לפעמים אין הסכמה בין הבעל והאשה על דברים אלה.	agreement
אם אין הסכמה, הילדים גרים עם האמא עד גיל שש.	
אחרי גיל שש, האב יכול להגיש תביעה שהילדים יגורו אתו.	to bring a lawsuit
הוא יכול לבקש שבית המשפט יעביר אליו את הילדים.	to transfer him
הוא יכול לטעון שהוא יהיה הורה טוב יותר מאמא שלהם.	parent
אחרי גיל 12, שואלים את הילדים עם מי הם מעדיפים לגור.	prefer
הבעל תמיד חייב לשלם מזונות.	to pay support
לפעמים האשה יותר עשירה - יש לה יותר כסף.	rich
לפעמים לאשה יש משכורת גבוהה יותר מאשר לבעל לשעבר.	salary
לפעמים לאבא אין מספיק אמצעים - אין לו כסף.	means
הבעל לשעבר יכול להיות מחוסר־עבודה.	unemployed
אב מחוסר־עבודה לא מסוגל לשלם מזונות.	capable
החוק מחייב את הגבר לשלם מזונות, בלי לשים לב לדברים כאלה.	requires

פסקה 4

שלוסר הקים ארגון שהחברים בו הם גברים.	members
החברים באים מכל השכבות בחברה (עניים ועשירים).	economic classes

הם באים מכל המעמדות (מעמד גבוה, בינוני ונמוך).	social classes
הם באים מכל העדות (אשכנזים וספרדים).	ethnic groups
הם בני גילים שונים (צעירים וזקנים).	of various ages
כל אחד משלם דמי חבר.	membership fees
הארגון מקבל תרומות.	donations
הארגון נותן עזרה לחבריו.	offers help
הם יכולים להיפגש עם עורכי דין ולקבל ייעוץ משפטי.	legal advice
הייעוץ מתקיים שלוש פעמים בשבוע.	takes place

ב. קטע הקריאה

ב-1987 הוּקמה תנוּעה לזכוּיוֹת הגבר והמשפחה בישׂראל. התנוּעה הוּקמה על ידֵי יעקב שלוסר, לאחר סִכסוּך עם אשתו־לשעבר. שלוסר טוֹען שבמקרים של גירושין, כשלבנֵי הזוג יש ילדים, יש אפליה נגד הגבר, ומי שנפגע יותר הוא הגבר, למרוֹת שהדין הרבּני נוֹתן יתרוֹן משפּטי לגבר.

בענייני גֵירוּשין קיימות בישׂראל שתי מַעֲרָכוֹת שמטפלוֹת בנוֹשׂא: בית הדין הרבּני, הפּוֹעל לפי הדין הרבּני, וּבית המשפט המחוזי, שהוּא סמכוּת אזרחית. לפי הדין הרבּני, הגבר צריך לתת לאשה גֵט, והאשה צריכה לקבּל אותו. המַעֲרֶכֶת האֶזרָחית התפתחה כתוצאה מפעילותם של מספר ארגוּנים של נשים שטָעֲנוּ שאין שויוֹן בחוּקֵי הגירוּשין ושהן מוּפלוֹת לרעה. המערכת מקבילה לבתי הדין הרבּניים. גברים רבּים נוטים לִפנוֹת לבית הדין הרַבָּני, מִכֵּיוָן שֶׁלפּי הדין הרבּני, המצב של האשה פּחוֹת טוֹב מן המצב של הגבר , ואילוּ הנשים נוטות לפנות לרשוּיוֹת המשפט האזרחי. כתוצאה מכּך, במקרים לא מעטים, יש עיכּוּבֵי גֵט רציניים.

לִדְבָרָיו של שלוסר, האַפלָיָיה נגד הגבר היא בּעיקָר בַּשאֵלה של עִם מי יגוּרוּ הילדים וגם בּעִנְיָין מזוֹנוֹת לאשה ולילדים. אם אין הַסכָּמָה בֵּין בּנֵי הזוג בשאלה של אצל מי יהיוּ הילדים, עד גיל שש, עֶקרוֹנִית ילדים הוֹלכים עם האֵם. אחרֵי גיל שש, האב יכוֹל להגיש תבִיעה להַעֲביר את הילד אֵלָיו, אם הוּא חוֹשב שהוּא יכוֹל להיוֹת הוֹרֶה יוֹתר טוֹב. אחרֵי גיל שתֵים־עשׂרה, נשאָלים גם הילדים עִם מי הם מַעֲדיפים לִחיוֹת. בּנוֹסָף לזה, הוּא טוֹען שחוֹסֶר שִׁויוֹן קַיָים גם בּכָך שהחוֹק מחַייב אך ורק את הגבר לשלֵם מזוֹנוֹת עבוּר האשה ועבוּר הילדים, אפילוּ אם האשה עשירה או משתַכֶּרֶת יוֹתר מהגבר והגבר לא מסוּגל לשלם כי הוּא חֲסַר־אֶמצָעים או מחוּסַר עבוֹדה.

בארגון שהֵקים שלוסר יש חברים מכל השכָבוֹת, מכל המַעֲמָדוֹת, מכל הגילים ומכל העֵדוֹת. כל חבר בארגון משלם דמֵי חבר ולארגון יש כספים נוספים מתרומות. מהכספים ששולמו לארגון על ידֵי החברים הארגון מספק יֵיעוּץ משפטי לחבֵרָיו שלוש פעמים בשבוע.

(לפי כתבה עיתון "שער למתחיל", גליון 746, 16 בינואר 1993, עמוד 6)

תרגיל מספר 9 EXERCISE 9

ענו על השאלות הבאות:

1. שלוסר הקים את התנועה ______
2. הוא הקים אותה לאחר______
3. למרות שבית הדין הרבני נותן ______, שלוסר עדיין מרגיש ש______
4. יש שתי מערכות משפטיות שמטפלות ב______
5. בית הדין הרבני פועל לפי ______
6. בית המשפט המחוזי פועל לפי המשפט ______
7. לפי הדין הרבני, הבעל ______ והאשה ______
8. המערכת האזרחית התפתחה ______
9. גברים נוטים לפנות ל______
10. נשים נוטות לפנות ל______
11. יש עיכובי גט רציניים כתוצאה מ______
12. האפלייה נגד הגבר, לפי דברי שלוסר, הם ב______
13. בדרך כלל, עד גיל שש ______
14. אחרי גיל שתים עשרה______
15. הגברים צריכים לשלם כסף עבור מזונות גם אם ______
16. בארגון לזכויות הגבר והמשפחה יש חברים מכל ה______
17. החברים משלמים ______ ומקבלים ______

EXERCISE 10 — תרגיל מספר 10

השלימו במילים המתאימות:

1. הוא נשׂוי - הוא לא _______.
2. זאת אשתו של דוד - היא לא רווקה והיא לא גרושה - היא _________.
3. זה בן־זוגך? אתם נשואים , ________ אוֹ סתם חברים?
4. דליה התארסה. היא עדיין לא________, אבל היא מאורסת.
5. הם לא נשׂואים, הם לא ________, הם לא ________ - הם גם לא חברים.
6. תגיד, זאת ______ אוֹ החברה שלךָ? כן. זאת אשתי ואני _________.
7. בעלה של דליה זהבי לא מסכים ________ לה ______, למרות שהם הסכימו להתגרש.
8. אני _________ - אני לא נשׂואה. אני לא רוצה _________ עד שאמצא עבודה מעניינת.
9. אתם _________ כבר שנה שלמה - מתי תתחתנו סוֹף סוֹף?
10. ה_______ שלהם תהיה ביוני. הם יתחתנו במלון מפואר.

Able/Capable = can — מסוּגָל = יָכוֹל

SPEECH PATTERNS	תבניות לשון
We are able to help.	אנחנו מסוּגָלים לעזור.
He is tired and not capable of driving.	הוא עייף ולא מסוּגָל לנהוג.

The verbal phrase להיות מסוּגָל means to have the ability or being capable. It expresses the ability to do something within the constraints of one's capabilities and does not reflect an attitude. The verb יכול can be substituted for this expression in this context.

He has no strength left.	אין לו כוח.
• He is not capable of continuing to work.	• הוא לא מסוגל להמשיך לעבוד.
• He cannot continue to work.	• הוא לא יכול להמשיך לעבוד.

הווה:	מסוּגָל	מסוּגֶלֶת	מסוּגָלים	מסוּגָלות

עבר:	הייתי מסוּגָל	היית מסוּגָל	הוּא היה מסוּגָל
	הייתי מסוּגֶלֶת	היית מסוּגֶלֶת	היא היתה מסוּגֶלֶת
	היינוּ מסוּגָלים	הייתם מסוּגָלים	הם היוּ מסוּגָלים
	היינוּ מסוּגָלות	הייתן מסוּגָלות	הן היוּ מסוּגָלות
עתיד:	אהיה מסוּגָל	תהיה מסוּגָל	הוּא יהיה מסוּגָל
	אהיה מסוּגֶלֶת	תהיי מסוּגֶלֶת	היא תהיה מסוּגֶלֶת
	נהיה מסוּגָלים	תהיוּ מסוּגָלים	הם יהיוּ מסוּגָלים
	נהיה מסוּגָלות	תהיוּ מסוּגָלות	הן יהיוּ מסוּגָלות

שם־פועל: להיות מסוגל/מסוגלת/מסוגלים/מסוגלות

תרגיל מספר 11 — EXERCISE 11

1. Change the verb יכול in the sentence to the expression מסוגל .

Here is an example:

אתה יכול לשחות יותר משני קילומטרים? אתה מסוגל לשחות יותר משני קילומטרים?

1. יכולנו לנהוג, אבל העדפנו לנסוע באוטובוס. ____________
2. דינה לא יכולה לכתוב משפט אחד בלי שגיאות. ____________
3. תוכלו להזיז את הפסנתר? הוא כבד מאוד. ____________
4. לא יכולתי להמשיך לרוץ -- הייתי כל כך עייף. ____________
5. אין ספק שהם יכולים לגמור את העבודה בזמן. ____________
6. ההורים שלו יוכלו לשלם את שכר הלימוד שלי. ____________
7. הרבה אנשים לא יכלו להמשיך בלימודים שלהם. ____________
8. היתה סיבה טובה שלא יכולת להביע את דעתך? ____________
9. אני בעצמי לא יכולה לשלם את שכר הלימוד שלי. ____________
10. אתם יכולים לשיר ולרקוד באותו הזמן? ____________

2. Change מסוגל in the sentence to the verb יכול.

1. אני לא מסוגלת ללמוד אחרי חצות. ____________________
2. אתם לא הייתם מסוגלים לעשות את העבודה. ____________________
3. לדעתכם, תמר וחנה יהיו מסוגלות לצאת לטיול כזה? ____________________
4. כאשנחנו לא עייפות, אנחנו מסוגלות לעשות הכל! ____________________
5. מי שלא מסוגל להביע את דעתו, חייב להקשיב. ____________________

Conjunctions — מילות חיבּוּר

SPEECH PATTERNS	תבניות לשון
As a result of this, there are problems.	כתוצאה מכך, יש בעיות.
He came, in spite of the fact that we told him not to come.	הוא בא, למרות העובדה שאמרנו לו לא לבוא.
He'll pay, only if they tell him to.	הוא ישלם אך ורק אם יגידו לוֹ לשלם.

There are many conjunctions that set various parts of a sentence in special relationships to one another. Here are some of these conjunctions in Hebrew:

as a result of	כתוֹצָאָה מ
as a result of this	כתוֹצָאָה מִכָּךְ
in addition to this	בנוֹסָף לזה
in that	בְּכָךְ שֶׁ
only if	אַךְ ורַק אִם
and however	ואִילוּ
in spite of	לַמרוֹת ש
in contrast to this	לעוּמַת זאת
even if/though	אֲפילוּ אִם
even if	גַם אִם

תרגיל מספר 12   EXERCISE 12

השלמות: בנוסף לזה, כתוצאה מ, כתוצאה מכך, למרות ש, אפילו אם, ואילו, גם אם

1. הארגון של שלוסר נותן ייעוץ משפטי לגברים ו_____הוא נותן להם גם ייעוץ פסיכולוגי.

2. _____שבני הזוג שלוסר לא הסתדרו, הם התגרשו.

3. _____בית הדין הרבני נותן יתרון לגבר, שלוסר עדיין מרגיש שיש אפלייה נגדו.

4. _____האשה עשירה, הגבר חייב לשלם מזונות.

5. הגברים הולכים לבית דין, _____ _____ הנשים הולכות לבית משפט.

6. _____ הגברים נלחמים בחוק הקיים, עדיין הם מרגישים שיש אפלייה נגדם.

7. _____ יגידו לו מה לעשות - הוא לא יעשה שום דבר. הוא לא אוהב לעבוד.

8. אתם לא מסכימים לתרום שום דבר, _____ אתם אפילו לא מסכימים לבוא לפגישה.

9. אנחנו נסכים לבוא לפגישה _____ לא יבקשו מאיתנו לתרום כסף.

10. _____ המצב הכלכלי, הרבה אנשים לא יכולים למצוא עבודה.

11. הנשים הולכות לבית משפט אזרחי, _____ הגברים נוטים ללכת לבית דין רבני.

12. הגברים הולכים לבית דין, _____ _____ הנשים הולכות לבית משפט.

13. _____ _____ _____ הוא לא יכול לתמוך בילדיו כספית, הוא חייב לעזור להם בדרכים אחרות.

לפי/לפי מה ש

According to/ according to what

SPEECH PATTERNS	תבניות לשון
We'll do everything according to law.	אנחנו נעשׂה הכל לפי החוק.
He'll pay, according to what the judge tells him.	הוא ישלם לפי מה שהשופט יגיד לו.

The preposition "according to" לפי is followed directly by a noun or noun phrase:

according to the Torah   לפי התורה

A clause is introduced by the expression לפי מה ש "according to what + clause"

according to what they told us   לפי מה שהם אמרו לנו

EXERCISE 13 — תרגיל מספר 13

Complete the following sentences

לפי המערכת המשפטית, ____________________

לפי מה שהוא טוען, ____________________

לפי המורה שלי, ____________________

לפי מה שהמורה שלי אמרה, ____________________

לפי מערכת העיתון, ____________________

לפי מה שנכתב בעיתון, ____________________

לפי כל מה שאני יודע, ____________________

לפי מה ששמעתי, ____________________

לפי מה שהממשלה החליטה, ____________________

לפי כל מה שכולם אומרים, ____________________

לפי המראיינים בטלויזיה, ____________________

Changes in the nature and order of the stem consonant ת of התפעל

SPEECH PATTERNS	תבניות לשון
Who is participating in the trip?	מי משתתף בטיול?
We do not earn a lot.	אנחנו לא משׂתכרים הרבה.
The bride and groom will be photographed.	החתן והכלה יצטלמו.

When the letters ס ,שׂ ,ש are the first root letters, they change place with the ת of the prefix of the התפעל conjugation.

			3	2	1	
	to use	להשתמש	ש	מ	ש	**התפעל**
	to manage	להסתדר	ר	ד	ס	

When the letter צ is the first root letter, then in addition to changing places with the prefix ת, that ת becomes a ט, in the process of assimilation.

התפעל

		3	2	1
to apologize	להצטדק	ק	ד	צ
to be sorry	להצטער	ר	ע	צ

When the first letter of the root is ז, it also changes places with the ת, and the ת becomes ד.

התפעל

		3	2	1
to hurry	להזדרז	ז	ד	ז
to happen (to be)	להזדמן	נ	מ	ז

Here are some examples of verbs whose root starts with ש, שׂ,ס,צ.ז:

Translation	צורה	שורש
to earn wages	לְהִשְׂתַּכֵּר	שׂ.כ.ר.
to participate	לְהִשְׁתַּתֵּף ב	ש.ת.פ.
to use	לְהִשְׁתַּמֵּשׁ ב	ש.מ.ש.
to tan	לְהִשְׁתַּזֵּף	ש.ז.פ.
to look at	לְהִסְתַּכֵּל ב	ס.כ.ל
to scat/leave	לְהִסְתַּלֵּק מ	ס.ל.ק
to apologize	לְהִצְטַדֵּק	צ.ד.ק
to be photographed	לְהִצְטַלֵּם	צ.ל.מ.
to feel sorry	לְהִצְטַעֵר על	צ.ע.ר.
to hurry up	לְהִזְדָּרֵז	ז.ר.ז.
to happen (to be)	לְהִזְדַּמֵּן	ז.מ.נ.

EXERCISE 14

תרגיל מספר 14

השלם את המשפטים הבאים בצורות מתאימות של הפעלים:

להזדמן	להצטער	להצטדק

באתי למסיבה של צבי'קה , לא מפני שצבי'קה הזמין אותי, אלא מפני ש ________ למקום המתאים בזמן הנכון. לצבי'קה לא היה כל כך נעים שהוא ערך מסיבה ולא הזמין אותי ולכן הוא ________ כל חמש דקות.

שאלתי אותו: "צבי'קה, למה אתה ____________ כל הזמן?"
והוא אמר לי: "אני ________ כי אני ____________ שלא הזמנתי אותך. זה פשוט לא נעים. את הרֵי חברה כל כך טובה שלי."

אני מאוד ______ שצבי'קה המשיך ________ כל הערב. זה קורה ש________ למקום מסויים בזמנים לא כל כך נוחים. אז מה? בגלל זה לא צריך __________ ובמיוחד לא כדאי ________!

EXERCISE 15

תרגיל מספר 15

השלם את המשפטים הבאים בצורות מתאימות של הפעלים:

להשתמש	להזדרז	להשתתף

קשה לתלמידים שלומדים עברית ________ במילון עברי-עברי. הם רוצים מילון כי בהתחלה אין להם אוצר מילים מספיק גדול ועשיר כדי לדבר ו__________ בשיחות מעניינות. תלמידים רבים ________ מיד לקנות מילון אנגלי-עברי. הם אוהבים ________ בשפה ורוצים ______ בשיעורים. הם מצטערים כשהם בכל זאת לא מצליחים לדבר או לכתוב עברית טובה.

נשאלת השאלה, האם כדאי ________ במילון אנגלי-עברי או במילון עברי-עברי? ביקשנו מתלמידים שלנו למצוא את המילה fly במילון אנגלי-עברי ו________ במילה הזאת ולכתוב משפטים בעברית. הם מצאו לעוף, לטוס וגם זבוב ולא ידעו במה לבחור. תלמיד אחד ש________ בכיתה, __________ במילה זבוב וכתב את המשפט הבא: "אני רוצה

לזבוב ללונדון". צחקנו וצחקנו כששמענו אותו ________ במילה "זבוב" כשהוא מתכוון לומר "לטוס".

בְּמִקְרֶה אַחֵר, סטודנטית אחת אמרה למורה שלה: "עוף מפה!" ולא הבינה שזה לא יפה לומר את זה. היא רצתה להציע לו לטוס במקום לנסוע במכונית. ציפורים עפות ואנשים טסים במטוסים, ואם אומרים למישהו לעוף אז בסלנג מתכוונים ש______ להסתלק מהמקום. בשְנֵי המקרים המילון האנגלי־עברי היה הסיבה לשגיאות המצחיקות.

מה כדאי לעשות? לדעתי, כדאי ללמוד ________ במילון עברי-עברי. זה אמנם קשה יותר, אבל יש דוגמאות רבות ויש פחות סיכויים לעשות שגיאות לא נעימות. התלמידים שיודעים איך ________ במילון עברי־עברי, ______ בשיעורים ונהנים יותר ללמוד עברית.

בניין התפעל: פעולה הדדית

Reciprocal Verbs in Hitpa'el

תבניות לשון	SPEECH PATTERNS
הם התכתבו במשך שש שנים.	They corresponded for six years.
דינה התכתבה עם דן.	Dina corresponded with Dan.
הם התחבקו והתנשקו.	They hugged and kissed.

The התפעל verbs can include the meaning of "each other" which is implied and does not have to be expressed overtly.

each other = זה עם זה /זה עם זו   זה (ז) זו (נ)

to get married	*to each other*	זה עם זו	לְהִתְחַתֵּן
to get engaged	*to each other*	זה עם זו	לְהִתְאָרֵס
to divorce	*from each other*	זה מזו	לְהִתְגָּרֵשׁ
to argue	*with each other*	זה עם זה	לְהִתְוַוכֵּחַ
to correspond	*with each other*	זה עם זה	לְהִתְכַּתֵּב
to hug	*each other*	זה עם זו	לְהִתְחַבֵּק
to kiss	*each other*	זה עם זו	לְהִתְנַשֵּׁק
to fall in love	*with each other*	זה בזו	לְהִתְאָהֵב

Some התפעל verbs have a reciprocal meaning, i.e., they imply the participation of two or more participants. When the participants are the plural subject of the verb, there is no need for adding "each other", since it is implied.

When the subject of the verb is singular, to specify the second party it is necessary to add it as an object.

They got married.	*Plural*	(to each other--implied)	הם התחתנו.
He married Tamar.	*Singular*	(object specified)	הוא התחתן עם תמר.
They corresponded.	*Plural*	(with each other--implied)	הם התכתבו.
She writes to him.	*Singular*	(object specified)	היא מתכתבת אתו.

EXERCISE 16 תרגיל מספר 16

השלם את המשפטים הבאים בצורות מתאימות של הפעלים:

להתאהב	להתחתן	להתגרש	להתארס

יש לי סיפור אהבה אמיתי עם סוף שמח. החברה הטובה ביותר שלי היתה בת 35 ולא היתה נשואה. בחופשה באילת היא פגשה גבר בן־גילה והיא ________ בו. אחרי כמה שבועות שהם הכירו הם החליטו ________. אחרי שהם ________, הם ________. זאת היתה חתונה גדולה ומפוארת (*splendid*). הם חיו ביחד כמה שנים, אבל אהבתם הגדולה הלכה ודעכה עם השנים. בסופו של דבר הם החליטו ________. זה היה עצוב, כי היו להם שני ילדים והילדים לא רצו שההורים שלהם ________.

כשחברתי סיפרה לי על ההחלטה שלהם ________, אמרתי לה: "לפני שאתם ________, כדאי לכם ללכת ליועץ משפחתי." הם הלכו ליועץ אמר להם: "קורה שאנשים נפגשים, ________ ו________ וגם קורה שבני הזוג כל כך עסוקים בחיי היום־יום שהם מפסיקים לדבר אחד עם השני. אם אין קומוניקציה ־ אין אהבה. אז כדאי שתתחילו לדבר אחד עם השני, אולי שוב ________, ולא ________. כדי להמשיך לאהוב אחד את השני, אתם חייבים להמשיך לדבר."

וכך הם עשו! שמעתי שהאהבה שלהם הולכת ומתחזקת ואין לכם כל סיבה ________.

Some comments on vocabulary in this exercise:

הולכת ומתחזקת *continues to grow strong*
הלכה ודעכה *kept on dying/continued to extinguish*

The verb **ללכת** has the primary meaning of "to go", but it can also be incorporated into a verbal phrase as an auxiliary verb, describing a process: to keep on *happening. Notice that the two verbs are in the same tense and are linked with the conjunction* ו *"and".*

READING 3 קטע קריאה מספר 3

סיפור מהחיים

זה הסיפּוּר של עדי ותמר, זוג צעיר שבּא לטיפּוּל אצל יוֹעצת לענייני משפחה. עדי קרוב מאוד לאִמוֹ. עדי הוּא טיפּוּס שאפשר לקרוֹא לוֹ "הבן של אמא". הוּא תמיד עוֹשׂה מה שאמא שלוֹ רוצה שהוּא יַעשׂה. תמר מאמינה שעדי לא עצמאי ושאמא של עדי לא מוכנה לוַתֵּר עָלָיו. היא טוענת שהוּא יותר מדי תָּלוּי באמוֹ. זה מַפְרִיעַ לתמר כי היא מרגישה שאין לה השפּעה על הדֵעות של עדי. היא טוענת שזה לא בּריא לחיי הנישׂוּאים שלהם.

תמר ועדי נשואים כבר שנתיים. הם נפגשו באוניברסיטה. תמר דוֹמה לאמוֹ של עדי בּהרבּה דברים. שתיהן נשים חזקות. אבל תמר לא יוֹשבת־בּית כּמוֹ אמא של עדי. היא עוֹבדת מחוּץ לבּית בּמשׂרה בּבנק ורוצה קריירה משלה. תמר עסוּקה בּמשך היוֹם ולפעמים עוֹבדת עד מאוּחר בּערב. אמא של עדי בּאה לבקר לעתים קרובוֹת. כשהיא בּאה לבּיקור היא תמיד מביאה את מרק העוֹף המפוּרסם שלה. תמר לא אוֹהבת את הבּיקוּרים של החוֹתנת שלה, וגם לא את מרק העוף שלה. היא לא רוצה לשמוע את הבּיקוֹרת של האמא על הטעם שלה בּריהוּט, על הבּישוּל שלה, על הסדר בּבּית ועוד. אמא של עדי תמיד מספרת לה שהיא בּגילה הייתה תמיד דוֹאגת לבּית ולמשפחה - היא הייתה מבשלת כּל יום, הייתה הולכת לקניות, והייתה מסדרת את הבית, ולא רדפה אחרי קריירה. כּמעט אחרי כּל בּיקוּר של אמא של עדי, עדי ותמר רבים. "אמא של עדי רוצה לנהל לנו את החיים ולהגיד לנו מה לעשות", אוֹמרת תמר, "היא רוצה שאני אֶעֱשֶׂה את כל מה שהיא הייתה עושה כשהיא הייתה צעירה, אבל אני לא מוכנה להקשיב לה. אלה החיים שלי". עדי לא יוֹדע איך לסַפֵּק את רְצוֹנה של אשתוֹ מצד אחד, ואיך לא להַעליב את אמוֹ מצד שני. גם תמר לא יוֹדעת מה לעשׂוֹת, וזאת הסיבה שהיא הלכה ליועצת ורצתה שגם עדי יבוא לדבר עם היועצת על הבעיות שלהם.

היוֹעצת סבורה שעדי בּחר בּתמר מפני שהיא אישה שמאוד דוֹמה לאמוֹ. היא סבורה שהבעייה היא האמא של עדי -- זאת אמא שלא מוכנה להכיר בכך שהבן שלה נשוי ושיש לו משפחה משלו. גם עדי לא מוכן לקבל את העובדה שלאמא שלו אין מה להגיד בּקֶשֶׁר לחיים החדשים שלו. ה"עזרה" שאמא נוֹתנת לוֹ בּחיי היוֹם־יוֹם שלוֹ היא לא עזרה אמיתית. היוֹעצת הזמינה את עדי, את תמר ואת אמא של עדי לשׂיחה והיא מקווה שהם יהיו מוכנים לדבר על היחסים בין עדי ואמו , על היחסים בין עדי ותמר ועל היחס של תמר אל החותנת שלה. עם רצון טוב ונכוֹנוּת, היוֹעצת בטוחה שאפשר יהיה לפתור את הבעיות שלהם.

מעובד מתוך כתבה בשם "מרק העוֹף של אמא"

תרגיל מספר 17   EXERCISE 17

1. מצאו את הביטויים והצירופים הבאים במילון בסוף השיעור ותרגמו אותם:

יועצת לענייני משפחה   _____

לקבל את העובדה   _____

לפתור בעיות   _____

לנהל את החיים   _____

לרדוף אחרי קריירה   _____

לספק את רצון אשתו   _____

מצד אחד ומצד שני   _____

חיי יום־יום   _____

עם רצון טוב ונכונות   _____

יחסים בין   _____

יחס אל   _____

יושבת־בית   _____

להכיר בכך   _____

תרגיל מספר 18   EXERCISE 18

ענו על השאלות לפי קטע הקריאה:

1. מה דעתכם על היחס של תמר אל אמו של עדי ?

2. האם עדי הוא הסטריאוטיפ של "הבן של אמא" ?

3. מה הם היחסים בין עדי ואמא שלו? מה ההשפעה של אמו?

4. מה הייתם אומרים לעדי? מה הייתם אומרים לתמר? מה הייתם אומרים לאמא של עדי?

5. האם אתם חושבים שעדי ותמר יוכלו לפתור את הבעיות שלהם?

כתבו על אחד מהנושאים הבאים:

1. כתבו את הסיפור הזה כפי שאמא של עדי היתה כותבת אותו.

2. כתבו את הסיפור הזה כפי שעדי היה מספר אותו.

3. כתבו את הסיפור הזה כפי שתמר היתה מספרת אותו לאמא שלה.

4. לו הייתם היועץ/צת שלהם, מה הייתם אומרים לעדי?

5. לו הייתם אמא של תמר, מה הייתם אומרים לה?

Habitual/Repetitive action — פעולה שגרתית/פעולה חוזרת

SPEECH PATTERNS	תבניות לשון
During all of last year, Adi used to leave the house at six A.M.	במשך כל השנה שעברה. עדי היה יוצא מהבית בשש בבוקר.
During school, I never used to go to sleep before midnight.	בזמן הלימודים, אף פעם לא הייתי הולכת לישון לפני חצות.

To express a habitual or repetitive action in the past tense, the verbal combination of להיות in the past tense and the main verb in the present tense is used.

The use of this phrase comes to indicate the repetitious, habitual nature of the action in the past, such as in היינו יושבים "we used to sit/we would sit."

In English the verb "used to" is associated with a description of repetitious and habitual action.

EXERCISE 19 — תרגיל מספר 19

Change the tense from a simple past tense, to habitual or repetitive action.

Past	Habitual past
אחרי כל ביקור של אמא שלו, הם רבו.	אחרי כל ביקור של אמא שלו, הם היו רבים,

לפני הנישואים,

1. תמר יצאה לבלות כל ערב. ____________________
2. אמא של עדי סידרה לו את הבית. ____________________
3. בשעה עשר הם הלכו לבית קפה. ____________________
4. הם למדו בספריה כל ערב. ____________________
5. הם לא בישלו - הם אכלו בקפטריה. ____________________
6. אמא של עדי עשתה לו את כל הקניות. ____________________
7. עדי ותמר נסעו לים כל סוף שבוע. ____________________
8. הם נסעו לחופשות בחוץ לארץ. ____________________
9. הם הלכו להרבה סרטים והצגות. ____________________
10. הם קיבלו עזרה כספית מההורים שלהם. ____________________

CLAIMS AND THOUGHTS
טענות ומחשבות

SPEECH PATTERNS	תבניות לשון
Adi thinks that he is independent.	עדי סבור שהוא עצמאי.
His wife claims that he depends on his mother.	אשתו טוענת שהוא תלוי באמו.
His mother thinks that all is well.	אמא של עדי חושבת שהכל בסדר.
The counselor is sure that all will be well.	היועצת בטוחה שהכל יהיה בסדר.

Of the verbs which express thought and belief, here are a few:

	עבר	עתיד	הווה	שם פועל
to claim that	טָעַן/טענה	יטען/תטען	טוֹעֵן /טוֹעֶנֶת	לִטעוֹן ש
to think that	חָשַב/חשבה	יחשוב/תחשוב	חושב /חושבת	לַחשוֹב ש
to be of the opinion that	היה סָבוּר/ היתה סבוּרָה	יהיה סָבוּר/ תהיה סבוּרָה	סָבוּר/סבוּרָה	להיות סָבוּר ש
to be sure that	היה בָּטוּחַ/ היתה בטוּחָה	יהיה בָּטוּחַ/ תהיה בטוּחָה	בָּטוּחַ/בטוּחָה	להיות בָּטוּחַ ש

EXERCISE 20
תרגיל מספר 20

השלם בפעלים המופיעים באנגלית:

1. אני ________ ___עדי לא רצה להעליב את אשתו. — *am sure that*
2. תמר ________ ___לאמא של עדי יש יותר מדי השפעה עליו — *claims that*
3. היועצת _____ ________ ___הם יוכלו לפתור את הבעיות שלהם. — *is not sure if*
4. אנחנו ______ ___העזרה של היועצת תעזור לזוג הצעיר. — *are of the opinion that*
5. מי ______ ___יש בין עדי ואמו יחסים יותר מדי קרובים? — *thinks*
6. אני ____ ________ ___הביקורת של אמא של עדי עוזרת להם. — *think*
7. אמא של עדי ____ _____ ___תמר ועדי רוצים לעזור לה. — *was sure that*
8. היא___ ________ ___הם לא צריכים את עזרתה. — *doesn't believe that*
9. תמר ______ ___עדי לא מספיק עצמאי ותלוי יותר מדי באמו. — *claims that*
10. עדי _____ ___גם אמו וגם תמר לא מבינות אותו. — *claims that*

פעלים - עם או בלי להיות

SPEECH PATTERNS	תבניות לשון
We were excited when we heard the news.	התרגשנו כששמענו את החדשות..
He was angry at us.	הוא כעס עלינו.
They were afraid that he would leave.	הם פחדו שהוא יעזוב.
Were you sorry that Dina was not there?	הצטערת שדינה לא היתה שם?

Differences between Hebrew and English:

There are many verbal expressions in English which combine the verb "to be" with an adjective or a prepositional phrase, for example "to be afraid of", "to be in a hurry", "to be excited", and more.

In Hebrew, in many cases, verbs are used to convey the same idea without the use of להיות "to be."

Here are some examples:

Past		Infinitive	
we were afraid	פָּחַדנו	to be afraid of	לפַחֵד מ
we were excited	הִתרַגַשנו	to be excited	להִתרַגֵש
we were sorry	הִצטַעַרנו	to be sorry	להִצטַעֵר
we were angry	כָּעַסנו	to be angry with	לִכעוֹס על
we were glad	שָׂמַחנו	to be glad	לִשׂמוֹחַ
we were silent	שָׁתַקנו	to be silent	לִשתוֹק
we were in a hurry	מִיהַרנו	to be in a hurry	למַהֵר

There are also many combinations in Hebrew of the verb להיות with adjectives:

Here are some examples:

We were busy.	היינו עֲסוקים.	to be busy	להיות עָסוק
Were you tired?	הייתם עֲייֵפים?	to be tired	להיות עָייֵף
She was hungry.	היא היתה רְעֵבָה.	to be hungry	להיות רָעֵב
I was happy.	הייתי מאוּשֶרֶת.	to be happy	להיות מאוּשָר
He was not pleased.	הוא לא היה מרוּצֶה.	to be pleased	להיות מרוּצֶה

EXERCISE 21 — תרגיל מספר 21

Translate the following sentences:

1. We used to go to the library every night. We were glad when we finished school and did not have to go to the library every night. (*to finish school = לסיים את הלימודים*)
2. They were very sorry that we were not at home last night.
3. They used to come to visit their parents every weekend, but last week they were in a hurry and were not able to visit them.
4. Why were you silent all night? You did not say a word, and we were afraid that you were angry.
5. I was so pleased to hear the news. I was very excited.
6. I used to be in a hurry all the time, because I used to get up so late.
7. Were you silent because you were tired or because you were angry with us?

From the speaker's point of view — מנקודת מבט של הדובר

SPEECH PATTERNS	תבניות לשון
I prefer to read this evening.	אני מעדיפה לקרוא הערב.
I don't want you to criticize us.	אני לא רוצה שתעבירי ביקורת עלינו
I won't give in to them.	אני לא אוותר להם.

There are several verbs that express attitudes of speakers, including wish, preference, yielding, and insistence.

Verbs expressing speaker's attitude:

to prefer	לְהַעֲדִיף + שם פועל/ש	בנין הפעיל
to criticize	לְהַעֲבִיר ביקורת על	בנין הפעיל
to insult	לְהַעֲלִיב את	בנין הפעיל
to believe	לְהַאֲמִין ל	בנין הפעיל
to feel that	לְהַרְגִּישׁ ש	בנין הפעיל
to give in, yield to	לְוַותֵּר ל...על	בנין פיעל

הנה מספר דוגמאות:

אני מעדיף להיפגש בשמונה, לא בתשע.	I prefer to meet at eight, not at nine.
אבא שלו תמיד מעביר ביקורת על כולם.	His father always criticizes everyone.
אני תמיד מוותר לאחי הקטן.	I always give in to my little brother.
אני לא מוכן לוותר על המסיבה הזאת.	I am not willing to give up this party.

הפעלים בהפעיל: להעדיף, להעליב, להעביר ביקורת, להאמין

Four of the verbs are הפעיל verbs: לְהַעֲדִיף, לְהַעֲבִיר ביקורת, לְהַעֲלִיב, לְהַאֲמִין. They share a first consonant which is either ע or א. Here is a conjugation of one of them. Notice the two changes that separate it from the regular verbs:

(1) A "helping" vowel is added to the ע when normally there would be no vowel.

(2) The initial /i/ vowel of the Hif'il is changed to an /a/ vowel before the guttural consonant ע in all tenses except for the past tense.

(3) The past tense initial vowel is also affected. Instead of the /i/ vowle following the ה of the Hif'il, the vowel changes to /e/ and consequently the "helping" vowel follows suit and has the same sound.

Similar changes occur in the vowel patterns of verbs if the first consonant is ח (לְהַחְלִיט).

נטיית השורש /ע.ד.פ./ בבניין הפעיל - פ׳ גרונית

עבר	הווה	עתיד	ציווי	שם הפועל
הֶעֱדַפְתִּי	מַעֲדִיף	אַעֲדִיף		לְהַעֲדִיף
	מַעֲדִיפָה			
הֶעֱדַפְתָּ	מַעֲדִיף	תַּעֲדִיף	הַעֲדֵף!	
הֶעֱדַפְתְּ	מַעֲדִיפָה	תַּעֲדִיפִי	הַעֲדִיפִי!	
הוּא הֶעֱדִיף	מַעֲדִיף	יַעֲדִיף		
היא הֶעֱדִיפָה	מַעֲדִיפָה	תַּעֲדִיף		
הֶעֱדַפְנוּ	מַעֲדִיפִים	נַעֲדִיף		
	מַעֲדִיפוֹת			
הֶעֱדַפְתֶּם	מַעֲדִיפִים	תַּעֲדִיפוּ	הַעֲדִיפוּ!	
הֶעֱדַפְתֶּן	מַעֲדִיפוֹת			
הם הֶעֱדִיפוּ	מַעֲדִיפִים	יַעֲדִיפוּ		
הן הֶעֱדִיפוּ	מַעֲדִיפוֹת			

Notice the difference in the vowels between the regular verbs and those with פ׳ גרונית:

פ׳ גרונית	פ׳ גרונית	פ׳ גרונית	שלמים
לְהַאֲמִין	לְהַעֲלִיב	לְהַעֲבִיר	לְהַרְגִּישׁ
הֶאֱמַנְתִּי, הֶאֱמִין	הֶעֱלַבְתִּי, הֶעֱלִיב	הֶעֱבַרְתִּי, הֶעֱבִיר	הִרְגַּשְׁתִּי, הִרְגִּישׁ
מַאֲמִין , מַאֲמִינָה	מַעֲלִיב, מַעֲלִיבָה	מַעֲבִיר, מַעֲבִירָה	מַרְגִּישׁ, מַרְגִּישָׁה
אַאֲמִין , תַּאֲמִין	אַעֲלִיב, תַּעֲלִיב	אַעֲבִיר, תַּעֲבִיר	אַרְגִּישׁ, תַּרְגִּישׁ
הַאֲמֵן! הַאֲמִינִי!	הַעֲלֵב! הַעֲלִיבִי!	הַעֲבֵר! הַעֲבִירִי!	הַרְגֵּשׁ! הַרְגִּישִׁי!

תרגיל מספר 22 EXERCISE 22

חלק א: מה הפועל המתאים ביותר?

בחרו מבין הפעלים הבאים (בזמנים שונים)

לרצות, לוותר על , להרגיש ש, להעביר ביקורת על, להעדיף, להאמין, להחליט

1. אני לא __________ שכל הזמן תעבירו עלי ביקורת.
2. יניב מאוד __________ לצאת איתנו הערב, אבל אמא שלו __________ שהוא יישאר בבית.
3. אתם חושבים שאתם __________ על הכרטיסים שלכם ולא תלכו לקונצרט מחר בערב?
4. לא קל __________ על הכרטיסים האלה. כולם רוצים אותם, כי זה קונצרט פופלרי מאוד.
5. כשתבואו אלינו לביקור, מה __________ לעשות -- ללכת לים, או לבקר במוזיאונים?
6. אתה __________ שהם לא רוצים שתבוא?
7. כל מי ש__________ לבוא, בא. כל מי שלא __________ __________ לבוא -- נשאר בבית.
8. אני לא מבין למה הם __________ __________ על כל מסעדה שהיינו בה.
9. למה לא אמרתם לנו מה באמת __________ לראות.
10. לא כדאי לכם __________ על המוזיאון הזה. יש בו דברים נפלאים!
11. איזה איש מוזר האורח שלכם. הוא __________ לשבת בבית, ולא לצאת ולראות את העיר!
12. מי בכלל __________ להם? הם אף פעם לא אומרים את האמת.
13. מה? אתה לא יודע לאן אתה רוצה ללכת? __________ ותגיד לנו!

חלק ב: ענה על השאלה: מה את/ה מעדיף/פה לעשות?

א. לשחות בים	ב. לשחות בבריכה
א. לשמוע מוסיקה קלסית	ב. לשמוע מוסיקת רוק וג׳ז
א. לקרוא ספרי מתח	ב. לקרוא ספרי הסטוריה
א. לשתות כוס קפה	ב. לשתות מיץ תפוזים

א. לאכול פיצה	ב. לאכול המבורגר
א. לראות סרטים	ב. ללכת לתיאטרון
א. לנסוע לארופה	ב. לנסוע להודו ולסין

תרגיל מספר 23 EXERCISE 23

נשים בעיני המסורת

כתוב מספר נקודות בעד ונגד הדעות האלה:

1. "נָשִׁים - עַם בִּפְנֵי עַצְמָן הֵן" = נשים שונות מגברים ויש להן מֶנטָליות משלהן.

בעד ______________ נגד ______________

2. "עֲשָׂרָה קַבִּין שֶׁל שִׂיחָה יָרְדוּ לָעוֹלָם, תִּשְׁעָה נָטְלוּ נָשִׁים, וְאֶחָד כָּל־הָעוֹלָם כֻּלּוֹ". = נשים מדברות הרבה ולא נותנות לגברים הזדמנות לדבר.

בעד ______________ נגד ______________

3. "נָשִׁים דַּעְתָּן קַלָּה עֲלֵיהֶן" = נשים לא רציניות - לא חושבות על דברים רציניים ולא עוסקות בדברים רציניים.

בעד ______________ נגד ______________

4. "אֵין דֶּרֶךְ אִשָּׁה לִהְיוֹת בְּטֵלָה". = נשים תמיד עסוקות ותמיד עובדות ולא סתם יושבות ולא עושות כלום. ליום העבודה שלהן אין סוף.

בעד ______________ נגד ______________

5. "הַנָּשִׁים רַחֲמָנִיּוֹת הֵן" = הנשים הן נדיבות וטובות לב ונוטות לעזור למי שזקוק לעזרה.

בעד ______________ נגד ______________

תרגיל מספר 24 EXERCISE 24

השתמשו במילים החדשות בשיעור ובמבנים החדשים.

1. מה אפשר לעשות כדי להילחם באפלייה נגד נשים ונגד מיעוטים?
2. כתבו עוד נקודת מבט על מעמד הנשים בחברה.
3. האם "מלחמת המינים" תימשך בעתיד?

SUMMARY OF LESSON 30	סיכום שיעור 30
READING SELECTIONS:	**נושאים לקריאה ודיון:**
Opinions! Opinions!	דעות! דעות!
Man and family rights	התנועה לזכויות הגבר והמשפחה
A Life Story	סיפור מהחיים
LANGUAGE TOPICS:	**נושאים לשוניים:**
New adjectives	תארים חדשים בקטע
Verbs and verbal nouns	פעלים ושמות פעולה
To see, look, and seem	נראה - פעלים וביטויים
As and like	כ וכמו
Able and capable of	מסוגל
Conjunctions	מילות חיבור
According to	לפי/לפי מה ש
Review of Hitpa'el (פ=ש,ז,ס,צ)	חזרה על בניין התפעל (פ=ש,ז,ס,צ)
Hitpa'el: Reciprocal action	בניין התפעל: פעולה הדדית
Habitual verbal expressions	פעולה שגרתית
Claims and thoughts	טענות ומחשבות
Verbs - with or without to be?	פעלים - עם או בלי להיות?
From the speaker's point of view	מנקודת מבט של הדובר

התפעל

פ=ס,ש	פ=צ	פ=ז
ס.ד.ר.	**צ.ד.ק.**	**ז.מ.נ.**
הִסתַדַרתִּי	הִצטַדַקתִּי	הִזדַמַנתִּי
הִסתַדַרתֶם	הִצטַדַקתֶם	הִזדַמַנתֶם
מִסתַדֵר	מִצטַדק	מִזדַמֵן
מִסתַדרים	מִצטַדקים	מִזדַמנים
אֶסתַדֵר	אֶצטַדֵק	אֶזדַמֵן
תִסתַדרוּ	תִצטַדקוּ	תִזדַמנוּ
הסתַדֵר	הצטַדֵק	הזדַמֵן
הִסתַדרוּ	הִצטַדקוּ	הִזדַמנוּ
להסתַדֵר	להצטַדֵק	להזדַמֵן

הפעיל

פ = ע/א
ע.ל.ב.
הֶעֱלַבתי
הֶעֱלַבתֶם
מַעֲליב
מַעֲליבים
אַעֲליב
תַעֲליבו
הַעֲלֵב
הַעֲליבו
להַעֲליב

NEW VOCABULARY LIST

רשימת מילים חדשות

NOUNS & PHRASES

שמות וצירופים

incident, event	מִקְרֶה ז. מִקְרִים	threat	אִיּוּם ז. אִיּוּמִים
social class	מַעֲמָד ז. מַעֲמָדוֹת	engagement	אֵירוּסִים ז.ר.
conclusion	מַסְקָנָה נ. מַסְקָנוֹת	discrimination	אַפְלָיָיה נ.
situation	מַצָּב ז. מַצָּבִים	organization	אִרְגוּן ז. אִרְגוּנִים
salary	מַשְׂכּוֹרֶת נ. מַשְׂכּוֹרוֹת	criticism	בִּיקוֹרֶת נ.
marriage	נִישׂוּאִים ז.ר.	divorce decree	גֵּט ז.
conflict	סִכְסוּךְ ז. סִכְסוּכִים	divorce proceedings	גֵּירוּשִׁים ז.ר.
authority, sanction	סַמְכוּת נ.	religious law	דִין ז דִינִים
ethnic community	עֵדָה נ. עֵדוֹת	image, character	דְמוּת נ. דְמוּיוֹת
fact	עוּבְדָה נ. עוּבְדוֹת	definition	הַגְדָרָה נ. הַגְדָרוֹת
delay	עִיכּוּב ז. עִיכּוּבִים	premise	הַנָחָה נ. הַנָחוֹת
address, turning to	פְּנִיָיה נ. פְּנִיוֹת	progress	הִתְקַדְמוּת נ.
activity	פְּעִילוּת נ.	society	חֶבְרָה נ.
advertisement	פִּרְסוֹמֶת נ.	wedding	חֲתוּנָה נ. חֲתוּנוֹת
majority	רוֹב ז.	taking care of, therapy	טִיפּוּל ז. טִיפּוּלִים
authority, official body	רָשׁוּת נ. רָשׁוּיוֹת	type, character	טִיפּוּס ז. טִיפּוּסִים
equality	שִׁוְיוֹן ז.	attitude	יַחַס ז.
wages	שָׂכָר ז.	relationship	יְחָסִים ז.ר.
domain	תְחוּם ז. תְחוּמִים	counseling	יִיעוּץ ז.
role, function	תַפְקִיד ז. תַפְקִידִים	advantage	יִתְרוֹן ז. יִתְרוֹנוֹת
layer, social stratum	שִׁכְבָה נ. שְׁכָבוֹת	nickname	כִּינוּי ז. כִּינוּיִים
movement	תְנוּעָה נ. תְנוּעוֹת	sex, gender	מִין ז. מִינִים
communication	תִקְשׁוֹרֶת נ.	minority	מִיעוּט ז. מִיעוּטִים

ADJECTIVES & NOUNS

תארים ושמות

parallel (adj.)	מַקְבִּיל־מַקְבִּילָה	responsible (adj.)	אַחֲרַאי־אַחֲרָאִית
professional	מִקְצוֹעִי־מִקְצוֹעִית	fiancee	אָרוּס־אֲרוּסָה
legal (adj.)	מִשְׁפָּטִי־מִשְׁפָּטִית	idle (adj.)	בָּטֵל־בְּטֵלָה
suitable for (adj.)	מַתְאִים־מַתְאִימָה ל	father/mother-in-law	חוֹתֵן־חוֹתֶנֶת
generous (adj.)	נָדִיב־נְדִיבָה	bridegroom/bride	חָתָן־כַּלָה

additional (adj.)	נוֹסָף־נוֹסֶפֶת	partner, companion	בֶּן זוּג־בַּת זוּג
energetic (adj.)	נִמְרָץ־נִמְרֶצֶת	healthy (adj.)	בָּרִיא־בְּרִיאָה
married	נָשׂוּי־נְשׂוּאָה	divorcee	גָּרוּש־גְּרוּשָׁה
of the opinion that	סָבוּר־סְבוּרָה ש	legal	חוּקִי־חוּקִית
reasonable (adj.)	סָבִיר־סְבִירָה	cantor	חַזָּן־חַזָּנִית
witness	עֵד־עֵדָה	with no means (adj.)	חֲסַר/ת אֶמְצָעִים
independent (adj.)	עַצְמָאִי־עַצְמָאִית	engaged (adj.)	מְאוֹרָס־מְאוֹרֶסֶת
free, available (adj.)	פָּנוּי־פְּנוּיָיה	based on (adj.)	מְבוּסָס־מְבוּסֶסֶת עַל
exists	קַיָּים־קַיֶּימֶת	in demand (adj.)	מְבוּקָש־מְבוּקֶשֶׁת
elderly	קָשִׁיש־קְשִׁישָׁה	introduced as	מוּגָש־מוּגֶשֶׁת כ
single	רַוָּוק־רַוָּוקָה	unemployed (adj.)	מְחוּסָר/ת עֲבוֹדָה
kind (adj.)	רַחְמָן־רַחְמָנִית	sexual (adj.)	מִינִי־מִינִית
dependent on	תָּלוּי־תְּלוּיָה ב	able, capable	מְסוּגָּל־מְסוּגֶּלֶת
equal (adj.)	שָׁוֶוה־שָׁוָוה	acceptable (adj.)	מְקוּבָּל־מְקוּבֶּלֶת

VERBS

פעלים

to get married	הִתְחַתֵּן־לְהִתְחַתֵּן	was established	הוּקַם־מוּקַם
to kiss	הִתְנַשֵּׁק־לְהִתְנַשֵּׁק	to happen	הִזְדַּמֵּן־לְהִזְדַּמֵּן
to be accepted	הִתְקַבֵּל־לְהִתְקַבֵּל	to hurry, be fast	הִזְדָּרֵז־לְהִזְדָּרֵז
to give up, yield	וִיתֵר־לַוַּותֵר עַל	to acknowledge	הִכִּיר־לְהַכִּיר ב
to require, to bind	חִייֵב־לְחַייֵב	to direct to	הִפְנָה־לְהַפְנוֹת אֶל
to feel sorry	טִיפֵּל־לְטַפֵּל ב	to apologize	הִצְטַדֵּק־לְהִצְטַדֵּק
to tend to	נָטָה־לִנטוֹת ל	to believe that	הֶאֱמִין־לְהַאֲמִין ש
to take	נָטַל־לִיטוֹל	to transfer	הֶעֱבִיר־לְהַעֲבִיר
to direct	נִיהֵל־לְנַהֵל	to prefer	הֶעֱדִיף־לְהַעֲדִיף
to solve	פָּתַר־לִפְתּוֹר	to insult	הֶעֱלִיב־לְהַעֲלִיב
to chase after	רָדַף־לִרדּוֹף אחרי	to establish	הֵקִים־לְהָקִים
to appeal to	פָּנָה־לִפְנוֹת אֶל	to earn wages	הִשְׂתַּכֵּר־לְהִשְׂתַּכֵּר
to have pity for	רִיחֵם־לְרַחֵם עַל	to use	הִשְׁתַּמֵּשׁ־לְהִשְׁתַּמֵּשׁ ב
to aspire	שָׁאַף־לִשְׁאוֹף	to participate	הִשְׁתַּתֵּף־לְהִשְׁתַּתֵּף ב
to be paid	שׁוּלַם־יְשׁוּלַם	to fall in love	הִתְאַהֵב־לְהִתְאַהֵב ב
to be described	תּוֹאַר־יְתוֹאַר	to get engaged	הִתְאָרֵס־לְהִתְאָרֵס
to mediate	תִּיווֵךְ־לְתַווֵךְ	to get divorced	הִתְגָּרֵש־לְהִתְגָּרֵש
to support	תָּמַךְ־לִתְמוֹךְ ב	to hug	הִתְחַבֵּק־לְהִתְחַבֵּק

ADVERBS & PREPOSITIONS — תארי פועל ומילות יחס

even if	גַם אִם	only if	אַךְ ורַק אִם
and however	ואִילו	even if/though	אפִילו אִם
as a result of	כְּתוֹצָאָה מ	in that	בּכָך שֶ
in favor of	לטובַת	in addition to	בּנוֹסָף ל
vis-a-vis, in contrast to	לעוּמַת (זאת)	mainly	בּעִיקָר
in principle	עֶקרוֹנִית	in regards to	בּקֶשֶר ל

COMBINATIONS & EXPRESSIONS — ביטויים וצירופים

to fill a role	למַלֵא תַפקיד	a threat against	אִיוּם על
to direct the life	לנַהֵל את החַיים	a social event	אֵירוּעַ חֶברָתי
to satisfy the need	לסַפֵּק את רְצון־	discrimination against	אַפלָיָיה נגד
to acknowledge	להַכִּיר בכָך	his ex-wife	אִשתו לשֶעָבר
to solve problems	לִפתור בּעיות	rabbinal courts	בָּתֵי דין רַבָּנִיִים
to accept the fact	לקַבֵּל את העוּבְדָה	raising children	גידוּל ילדים
to chase a career	לִרדוף אחרי קַרְיֶירָה	marital law	דינֵי אִישוּת ז.ר.
to pay support	לשַלֵם מזונות	membership fees	דמֵי חָבֵר ז.ר.
constitute a threat	מהַוות אִיוּם	prejudice	דֵעות קדוּמות נ.ר.
the war of the sexes	מִלחֶמֶת הַמִינים נ.	are not serious	דַעתָן קַלה עֲליהן
the education system	מַערֶכֶת החִינוּך נ.	the way of a woman	דֶרֶך אִשה נ.
external appearance	מַראֶה חיצוני ז.	external appearance	הופָעָה חיצונית נ.
civil law	מִשפָּט אֶזרָחי ז.	married couple	זוּג נָשׂוּי ז.
professions, trades	מִקצועות חופשיים	inequality	חוסֶר שִוויון ז.
time management	סידוּר זמַנים ז.	daily life	חַיֵי יום־יום ז.ר.
with goodwill and readiness	עם רָצון טוב ונכונוּת	taking care of	טיפּוּל ב ז.
family affairs	ענְיינֵי מִשפָּחָה ז.ר.	legal counseling	יֵיעוּץ מִשפָּטִי ז.
ten measures	עֲשָׂרָה קַבִּין ז.ר.	home bound	יושֶבֶת־בית נ.
directing request to	פְּנִיָיה אֶל נ.	to sue	להַגִיש תבִיעָה
double role	תַפקיד כָּפוּל ז.	to become pregnant	להיכָּנֵס להֵרָיון

Some vocabulary lists are extensive. Vocabulary items can be divided into active and passive vocabulary, according to the needs of students and the instructor's discretion.

APPENDIXES נספחים

Verb Tables לוחות פעלים

Prepositions with Pronoun Suffixes מילות יחס עם סיומות כינויי גוף

Nouns with Pronoun Suffixes שמות עם סיומות כינויי גוף

Conjunctions and Discourse Expressions מילות קישור ומאפייני שיח

בניין פעל (קל)

שלמים פ׳ =ב/כ/פ	שלמים ע׳ =ב/כ/פ	שלמים פ׳ גרונית	שלמים ל׳ גרונית
שורש: כ.ת.ב.	שורש: ס.פ.ר.	שורש: ע.צ.ר.	שורש: פ.ת.ח.
שם הפועל: לִכְתּוֹב	שם הפועל: לִספּוֹר	שם הפועל: לַעֲצוֹר	שם הפועל: לִפְתּוֹחַ
עבר	עבר	עבר	עבר
כָּתַבְתִּי	סָפַרְתִּי	עָצַרְתִּי	פָּתַחְתִּי
כָּתַבְתָּ	סָפַרְתָּ	עָצַרְתָּ	פָּתַחְתָּ
כָּתַבְתְּ	סָפַרְתְּ	עָצַרְתְּ	פָּתַחְתְּ
הוא כָּתַב	הוא סָפַר	הוא עָצַר	הוא פָּתַח
היא כָּתְבָה	היא סָפְרָה	היא עָצְרָה	היא פָּתְחָה
כָּתַבְנוּ	סָפַרְנוּ	עָצַרְנוּ	פָּתַחְנוּ
כתַבְתֶּם/תֶּן	ספַרְתֶּם/תֶּן	עֲצַרְתֶּם/תֶּן	פתַחְתֶּם/תֶּן
הם/הן כָּתבוּ	הם/הן סָפרוּ	הם/הן עָצרוּ	הם/הן פָּתחוּ
הווה	הווה	הווה	הווה
כּוֹתֵב	סוֹפֵר	עוֹצֵר	פּוֹתֵחַ
כּוֹתֶבֶת	סוֹפֶרֶת	עוֹצֶרֶת	פּוֹתַחַת
כּוֹתבִים	סוֹפרים	עוֹצרים	פּוֹתְחִים
כּוֹתבוֹת	סוֹפרוֹת	עוֹצרוֹת	פּוֹתְחוֹת
עתיד	עתיד	עתיד	עתיד
אֶכְתּוֹב	אֶסְפּוֹר	אֶעֱצוֹר	אֶפְתַּח
תִּכְתּוֹב	תִּסְפּוֹר	תַּעֲצוֹר	תִּפְתַּח
תִּכְתְּבִי	תִּסְפְּרִי	תַּעַצְרִי	תִּפְתְּחִי
הוא יִכְתּוֹב	הוא יִספּוֹר	הוא יַעֲצוֹר	הוא יִפְתַּח
היא תִּכְתּוֹב	היא תִּסְפּוֹר	היא תַּעֲצוֹר	היא תִּפְתַּח
נִכְתּוֹב	נִסְפּוֹר	נַעֲצוֹר	נִפְתַּח
(אתם/ן) תִּכְתּבוּ	(אתם/ן) תִּסְפְּרוּ	(אתם/ן) תַּעַצְרוּ	(אתם/ן) תִּפְתְּחוּ
הם/הן יִכְתּבוּ	הם/הן יִסְפְּרוּ	הם/הן יַעַצְרוּ	הם/הן יִפְתְּחוּ
ציווי	ציווי	ציווי	ציווי
כתוֹב!	סְפוֹר!	עֲצוֹר!	פְּתַח!
כִּתְבִי!	סִפְרִי!	עִצְרִי!	פִּתְחִי!
כִּתְבוּ!	סִפְרוּ!	עִצְרוּ!	פִּתְחוּ!
בינוני פעול	בינוני פעול	בינוני פעול	בינוני פעול
כָּתוּב	סָפוּר	עָצוּר	פָּתוּחַ
כְּתוּבָה	ספוּרָה	עֲצוּרָה	פְּתוּחָה
כְּתוּבִים	ספוּרִים	עֲצוּרִים	פְּתוּחִים
כְּתוּבוֹת	ספוּרוֹת	עֲצוּרוֹת	פְּתוּחוֹת
שם פעולה	שם פעולה	שם פעולה	שם פעולה
כְּתִיבָה	סְפִירָה	מַעֲצָר	פְּתִיחָה

בניין פעל (קל)

גזרת פ״י	גזרת ע״ו/ע״י	גזרת ל״ה	גזרת ל״א
שורש: י.ש.ב. שם הפועל: לָשֶׁבֶת	שורש: ש.ו.ב. שם הפועל: לָשׁוּם	שורש: ר.צ.ה. שם הפועל: לִרְצוֹת	שורש: פ.ת.ל. שם הפועל: לִפְתּוֹחַ
עבר	עבר	עבר	עבר
יָשַׁבְתִּי	שַׁבְתִּי	רָצִיתִי	קָרָאתִי
יָשַׁבְתָּ	שַׁבְתָּ	רָצִיתָ	קָרָאתָ
יָשַׁבְתְּ	שַׁבְתְּ	רָצִית	קָרָאת
הוא יָשַׁב	הוא שָׁב	הוא רָצָה	הוא קָרָא
היא יָשְׁבָה	היא שָׁבָה	היא רָצְתָה	היא קָרְאָה
יָשַׁבְנוּ	שַׁבְנוּ	רָצִינוּ	קָרָאנוּ
יְשַׁבְתֶּם/תֶּן	שַׁבְתֶּם/תֶּן	רְצִיתֶם/תֶן	קְרָאתֶם/תֶן
הם/הן יָשְׁבוּ	הם/הן שָׁבוּ	הם/הן רָצוּ	הם/הן קָרְאוּ
הווה	הווה	הווה	הווה
יוֹשֵׁב	שָׁב	רוֹצֶה	קוֹרֵא
יוֹשֶׁבֶת	שָׁבָה	רוֹצָה	קוֹרֵאת
יוֹשְׁבִים	שָׁבִים	רוֹצִים	קוֹרְאִים
יוֹשְׁבוֹת	שָׁבוֹת	רוֹצוֹת	קוֹרְאוֹת
עתיד	עתיד	עתיד	עתיד
אֵשֵׁב	אָשׁוּב	אֶרְצֶה	אֶקְרָא
תֵּשֵׁב	תָּשׁוּב	תִּרְצֶה	תִּקְרָא
תֵּשְׁבִי	תָּשׁוּבִי	תִּרְצִי	תִּקְרְאִי
הוא יֵשֵׁב	הוא יָשׁוּב	הוא יִרְצֶה	הוא יִקְרָא
היא תֵּשֵׁב	היא תָּשׁוּב	היא תִּרְצֶה	היא תִּקְרָא
נֵשֵׁב	נָשׁוּב	נִרְצֶה	נִקְרָא
(אתם/ן) תֵּשְׁבוּ	(אתם/ן) תָּשׁוּבוּ	(אתם/ן) תִּרְצוּ	(אתם/ן) תִּקְרְאוּ
הם/הן יֵשְׁבוּ	הם/הן יָשׁוּבוּ	הם/הן יִרְצוּ	הם/הן יִקְרְאוּ
ציווי	ציווי	ציווי	ציווי
שֵׁב!	שׁוּב!	רְצֵה!	קְרָא!
שְׁבִי!	שׁוּבִי!	רְצִי!	קִרְאִי!
שְׁבוּ!	שׁוּבוּ!	רְצוּ!	קִרְאוּ!
		בינוני פעול	
		רָצוּי	
		רְצוּי*ה	
		רְצוּיִים	
		רְצוּיוֹת	
שם פעולה	שם פעולה	שם פעולה	שם פעולה
יְשִׁיבָה	שִׁיבָה	רָצוֹן	קְרִיאָה

בניין פיעל

with insertion of י in the past tense of all but כפולים ומרובעים

פ' הפועל: ב/כ/פ	גזרת ל"ה	מרובעים	כפולים
שורש: ב.ש.ל. שם הפועל: לְבַשֵּׁל	שורש: נ.ס.ה. שם הפועל: לְנַסּוֹת	שורש: ט.ל.פ.נ. שם הפועל: לְטַלְפֵּן	שורש: ב.ל.ב.ל. שם הפועל: לְבַלְבֵּל
עבר	עבר	עבר	עבר
בִּישַּׁלְתִּי	נִיסִּיתִי	טִלְפַּנְתִּי	בִּלְבַּלְתִּי
בִּישַּׁלְתָּ	נִיסִּיתָ	טִלְפַּנְתָּ	בִּלְבַּלְתָּ
בִּישַּׁלְתְּ	נִיסִּית	טִלְפַּנְתְּ	בִּלְבַּלְתְּ
הוא בִּישֵּׁל	הוא נִיסָּה	הוא טִלְפֵּן	הוא בִּלְבֵּל
היא בִּישְּׁלָה	היא נִיסְּתָה	היא טִלְפְּנָה	היא בִּלְבְּלָה
בִּישַּׁלְנוּ	נִיסִּינוּ	טִלְפַּנּוּ	בִּלְבַּלְנוּ
בִּישַּׁלְתֶּם/תֶּן	נִיסִּיתֶם/תֶן	טִלְפַּנְתֶּם/תֶּן	בִּלְבַּלְתֶּם/תֶּן
הם/הן בִּישְּׁלוּ	הם/הן נִיסּוּ	הם/הן טִלְפְּנוּ	הם/הן בִּלְבְּלוּ
הווה	הווה	הווה	הווה
מְבַשֵּׁל	מְנַסֶּה	מְטַלְפֵּן	מְבַלְבֵּל
מְבַשֶּׁלֶת	מְנַסָּה	מְטַלְפֶּנֶת	מְבַלְבֶּלֶת
מְבַשְּׁלִים	מְנַסִּים	מְטַלְפְּנִים	מְבַלְבְּלִים
מְבַשְּׁלוֹת	מְנַסּוֹת	מְטַלְפְּנוֹת	מְבַלְבְּלוֹת
עתיד	עתיד	עתיד	עתיד
אֲבַשֵּׁל	אֲנַסֶּה	אֲטַלְפֵּן	אֲבַלְבֵּל
תְּבַשֵּׁל	תְּנַסֶּה	תְּטַלְפֵּן	תְּבַלְבֵּל
תְּבַשְּׁלִי	תְּנַסִּי	תְּטַלְפְּנִי	תְּבַלְבְּלִי
הוא יְבַשֵּׁל	הוא יְנַסֶּה	הוא יְטַלְפֵּן	הוא יְבַלְבֵּל
היא תְּבַשֵּׁל	היא תְּנַסֶּה	היא תְּטַלְפֵּן	היא תְּבַלְבֵּל
נְבַשֵּׁל	נְנַסֶּה	נְטַלְפֵּן	נְבַלְבֵּל
(אתם/ן) תְּבַשְּׁלוּ	(אתם/ן) תְּנַסּוּ	(אתם/ן) תְּטַלְפְּנוּ	(אתם/ן) תְּבַלְבְּלוּ
הם/הן יְבַשְּׁלוּ	הם/הן יְנַסּוּ	הם/הן יְטַלְפְּנוּ	הם/הן יְבַלְבְּלוּ
ציווי	ציווי	ציווי	ציווי
בַּשֵּׁל!	נַסֵּה!	טַלְפֵּן!	בַּלְבֵּל!
בַּשְּׁלִי!	נַסִּי!	טַלְפְּנִי!	בַּלְבְּלִי!
בַּשְּׁלוּ!	נַסּוּ!	טַלְפְּנוּ!	בַּלְבְּלוּ!
שם פעולה	שם פעולה		שם פעולה
בִּישׁוּל	נִיסּוּי		בִּלְבּוּל

בניין נפעל

with insertion of י in the future, imperative, and infinitive of שלמים

פ׳ הפועל: ב/כ/פ	ע׳ הפועל: ב/כ/פ	פ׳ גרונית	גזרת ל״ה	גזרת ל״א
שורש: כ.נ.ס. שם־פועל: לְהִיכָּנֵס	שורש: ש.ב.ר. שם־פועל: לְהִישָּׁבֵר	שורש: ע.ד.ר. שם־פועל: לְהֵיעָדֵר	שורש: ב.נ.ה. שם־פועל: להיבנות	שורש: מ.צ.א. שם־פועל: לְהימצא
עבר	עבר	עבר	עבר	עבר
נִכְנַסְתִּי	נִשְׁבַּרְתִּי	נֶעֱדַרְתִּי	נִבְנֵיתִי	נִמְצֵאתִי
נִכְנַסְתָּ	נִשְׁבַּרְתָּ	נֶעֱדַרְתָּ	נִבְנֵיתָ	נִמְצֵאתָ
נִכְנַסְתְּ	נִשְׁבַּרְתְּ	נֶעֱדַרְתְּ	נִבְנֵית	נִמְצֵאת
הוא נִכְנַס	הוא נִשְׁבַּר	הוא נֶעֱדַר	הוא נִבְנָה	הוא נִמְצָא
היא נִכְנְסָה	היא נִשְׁבְּרָה	היא נֶעֶדְרָה	היא נִבְנְתָה	היא נִמְצְאָה
נִכְנַסְנוּ	נִשְׁבַּרְנוּ	נֶעֱדַרְנוּ	נִבְנֵינוּ	נִמְצֵאנוּ
נִכְנַסְתֶּם/תֶּן	נִשְׁבַּרְתֶּם/תֶּן	נֶעֱדַרְתֶּם/תֶּן	נִבְנֵיתֶם/תֶּן	נִמְצֵאתֶם/תֶּן
הם/הן נִכְנְסוּ	הם/הן נִשְׁבְּרוּ	הם/הן נֶעֶדְרוּ	הם/הן נִבְנוּ	הם/הן נִמְצְאוּ
הווה	הווה	הווה	הווה	הווה
נִכְנָס	נִשְׁבָּר	נֶעֱדָר	נִבְנֶה	נִמְצָא
נִכְנֶסֶת	נִשְׁבֶּרֶת	נֶעֱדֶרֶת	נִבְנֵית	נִמְצֵאת
נִכְנָסִים	נִשְׁבָּרִים	נֶעֱדָרִים	נִבְנִים	נִמְצָאִים
נִכְנָסוֹת	נִשְׁבָּרוֹת	נֶעֱדָרוֹת	נִבְנוֹת	נִמְצָאוֹת
עתיד	עתיד	עתיד	עתיד	עתיד
אֶכָּנֵס	אֶשָּׁבֵר	אֵעָדֵר	אֶבָּנֶה	אֶמָּצֵא
תִּיכָּנֵס	תִּישָּׁבֵר	תֵּיעָדֵר	תִּיבָּנֶה	תִּימָּצֵא
תִּיכָּנְסִי	תִּישָּׁבְרִי	תֵּיעָדְרִי	תִּיבָּנִי	תִּימָּצְאִי
הוא יִיכָּנֵס	הוא יִישָּׁבֵר	הוא יֵיעָדֵר	הוא יִיבָּנֶה	הוא יִימָּצֵא
היא תִּיכָּנֵס	היא תִּישָּׁבֵר	היא תֵּיעָדֵר	היא תִּיבָּנֶה	היא תִּימָּצֵא
נִיכָּנֵס	נִישָּׁבֵר	נֵיעָדֵר	נִיבָּנֶה	נִימָּצֵא
(אתם/ן) תִּיכָּנְסוּ	(אתם/ן) תִּישָּׁבְרוּ	(אתם/ן) תֵּיעָדְרוּ	(אתם/ן) תִּיבָּנוּ	(אתם/ן) תִּימָּצְאוּ
הם/הן יִיכָּנְסוּ	הם/הן יִישָּׁבְרוּ	הם/הן יֵיעָדְרוּ	הם/הן יִיבָּנוּ	הם/הן יִימָּצְאוּ
ציווי	ציווי		ציווי	ציווי
הִיכָּנֵס!	הִישָּׁבֵר!		הִיבָּנֵה!	הִימָּצֵא!
הִיכָּנְסִי!	הִישָּׁבְרִי!		הִיבָּנִי!	הִימָּצְאִי!
הִיכָּנְסוּ!	הִישָּׁבְרוּ!		הִיבָּנוּ!	הִימָּצְאוּ!

בניין הפעיל

שלמים פ׳ ב/כ/פ	שלמים ע׳ =ב/כ/פ	שלמים פ׳ גרונית	גזרת פ״י
שורש: פ.ס.ק. שם־פועל: לְהַפְסִיק	שורש: ס.ב.ר. שם־פועל: לְהַסְבִּיר	שורש: ח.ז.ר. שם־פועל: לְהַחְזִיר	שורש: י.ש.ב. שם־פועל: לְהוֹשִׁיב
עבר	עבר	עבר	עבר
הִפְסַקְתִּי	הִסְבַּרְתִּי	הֶחֱזַרְתִּי	הוֹשַׁבְתִּי
הִפְסַקְתָּ	הִסְבַּרְתָּ	הֶחֱזַרְתָּ	הוֹשַׁבְתָּ
הִפְסַקְתְּ	הִסְבַּרְתְּ	הֶחֱזַרְתְּ	הוֹשַׁבְתְּ
הוא הִפְסִיק	הוא הִסְבִּיר	הוא הֶחֱזִיר	הוא הוֹשִׁיב
היא הִפְסִיקָה	היא הִסְבִּירָה	היא הֶחֱזִירָה	היא הוֹשִׁיבָה
הִפְסַקְנוּ	הִסְבַּרְנוּ	הֶחֱזַרְנוּ	הוֹשַׁבְנוּ
הִפְסַקְתֶּם/תֶּן	הִסְבַּרְתֶּם/תֶּן	הֶחֱזַרְתֶּם/תֶּן	הוֹשַׁבְתֶּם/תֶּן
הם/הן הִפְסִיקוּ	הם/הן הִסְבִּירוּ	הם/הן הֶחֱזִירוּ	הם/הן הוֹשִׁיבוּ
הווה	הווה	הווה	הווה
מַפְסִיק	מַסְבִּיר	מַחֲזִיר	מוֹשִׁיב
מַפְסִיקָה	מַסְבִּירָה	מַחֲזִירָה	מוֹשִׁיבָה
מַפְסִיקִים	מַסְבִּירִים	מַחֲזִירִים	מוֹשִׁיבִים
מַפְסִיקוֹת	מַסְבִּירוֹת	מַחֲזִירוֹת	מוֹשִׁיבוֹת
עתיד	עתיד	עתיד	עתיד
אַפְסִיק	אַסְבִּיר	אַחֲזִיר	אוֹשִׁיב
תַּפְסִיק	תַּסְבִּיר	תַּחֲזִיר	תּוֹשִׁיב
תַּפְסִיקִי	תַּסְבִּירִי	תַּחֲזִירִי	תּוֹשִׁיבִי
הוא יַפְסִיק	הוא יַסְבִּיר	הוא יַחֲזִיר	הוא יוֹשִׁיב
היא תַּפְסִיק	היא תַּסְבִּיר	היא תַּחֲזִיר	היא תּוֹשִׁיב
נַפְסִיק	נַסְבִּיר	נַחֲזִיר	נוֹשִׁיב
(אתם/ן) תַּפְסִיקוּ	(אתם/ן) תַּסְבִּירוּ	(אתם/ן) תַּחֲזִירוּ	(אתם/ן) תּוֹשִׁיבוּ
הם/הן יַפְסִיקוּ	הם/הן יַסְבִּירוּ	הם/הן יַחֲזִירוּ	הם/הן יוֹשִׁיבוּ
ציווי	ציווי	ציווי	ציווי
הַפְסֵק!	הַסְבֵּר!	הַחֲזֵר!	הוֹשֵׁב!
הַפְסִיקִי!	הַסְבִּירִי!	הַחֲזִירִי!	הוֹשִׁיבִי!
הַפְסִיקוּ!	הַסְבִּירוּ!	הַחֲזִירוּ!	הוֹשִׁיבוּ!
שם פעולה	שם פעולה	שם פעולה	
הַפְסָקָה	הַסְבָּרָה/הֶסְבֵּר	הֶחְזֵר	

בניין הפעיל

גזרת פ"נ	גזרת ע"ו/ע"י	גזרת ל"ה (פ': א)	גזרת ע"ו/ל"א
שורש: נ.כ.ר.	שורש: ב.ו.נ.	שורש: ר.א.ה.	שורש: ב.ו.א.
שם הפועל: לְהַכִּיר	שם הפועל: לְהָבִין	שם הפועל: לְהַרְאוֹת	שם הפועל: לְהָבִיא
עבר	**עבר**	**עבר**	**עבר**
הִכַּרְתִּי	הֲכַנְתִּי	הֶרְאֵיתִי	הֵבֵאתִי
הִכַּרְתָּ	הֲכַנְתָּ	הֶרְאֵיתָ	הֵבֵאתָ
הִכַּרְתְּ	הֲכַנְתְּ	הֶרְאֵית	הֵבֵאת
הוא הִכִּיר	הוא הֵכִין	הוא הֶרְאָה	הוא הֵבִיא
היא הִכִּירָה	היא הֵכִינָה	היא הֶרְאֲתָה	היא הֵבִיאָה
הִכַּרְנוּ	הֲכַנּוּ	הֶרְאֵינוּ	הֵבֵאנוּ
הִכַּרְתֶּם/תֶּן	הֲכַנְתֶּם/תֶּן	הֶרְאֵיתֶם/תֶן	הֵבֵאתֶם/תֶן
הם/הן הִכִּירוּ	הם/הן הֵכִינוּ	הם/הן הֶרְאוּ	הם/הן הֵבִיאוּ
הווה	**הווה**	**הווה**	**הווה**
מַכִּיר	מֵכִין	מַרְאֶה	מֵבִיא
מַכִּירָה	מכִינָה	מַרְאָה	מבִיאָה
מַכִּירִים	מכִינִים	מרְאִים	מבִיאִים
מַכִּירוֹת	מכִינוֹת	מַרְאוֹת	מבִיאוֹת
עתיד	**עתיד**	**עתיד**	**עתיד**
אַכִּיר	אָכִין	אַרְאֶה	אָבִיא
תַּכִּיר	תָּכִין	תַּרְאֶה	תָּבִיא
תַּכִּירִי	תָּכִינִי	תַּרְאִי	תָּבִיאִי
הוא יַכִּיר	הוא יָכִין	הוא יַרְאֶה	הוא יָבִיא
היא תַּכִּיר	היא תָּכִין	היא תַּרְאֶה	היא תָּבִיא
נַכִּיר	נָכִין	נַרְאֶה	נָבִיא
(אתם/ן) תַּכִּירוּ	(אתם/ן) תָּכִינוּ	(אתם/ן) תַּרְאוּ	(אתם/ן) תָּבִיאוּ
הם/הן יַכִּירוּ	הם/הן יָכִינוּ	הם/הן יַרְאוּ	הם/הן יָבִיאוּ
ציווי	**ציווי**	**ציווי**	**ציווי**
הַכֵּר!	הָכֵן!	הַרְאֵה!	הָבֵא!
הַכִּירִי!	הָכִינִי!	הַרְאִי!	הָבִיאִי!
הַכִּירוּ!	הָכִינוּ!	הַרְאוּ!	הָבִיאוּ!
שם פעולה	**שם פעולה**		
הַכָּרָה/הֶכֵּרוּת	הֲכָנָה		

בניין התפעל

שלמים	פ' הפועל: ש/שׂ/ס	פ' הפועל: ז	פ' הפועל: צ
שורש: ר.ג.ש. שם־פועל: לְהִתְרַגֵּשׁ	שורש: ס.ד.ר. שם־פועל: לְהִסְתַּדֵּר	שורש: ז.ר.ז. שם־פועל: לְהִזְדָּרֵז	שורש: צ.ל.מ. שם־פועל: לְהִצְטַלֵּם
עבר	**עבר**	**עבר**	**עבר**
הִתְרַגַּשְׁתִּי	הִסְתַּדַּרְתִּי	הִזְדָּרַזְתִּי	הִצְטַלַּמְתִּי
הִתְרַגַּשְׁתָּ	הִסְתַּדַּרְתָּ	הִזְדָּרַזְתָּ	הִצְטַלַּמְתָּ
הִתְרַגַּשְׁתְּ	הִסְתַּדַּרְתְּ	הִזְדָּרַזְתְּ	הִצְטַלַּמְתְּ
הוא הִתְרַגֵּשׁ	הוא הִסְתַּדֵּר	הוא הִזְדָּרֵז	הוא הִצְטַלֵּם
היא הִתְרַגְּשָׁה	היא הִסְתַּדְּרָה	היא הִזְדָּרְזָה	היא הִצְטַלְּמָה
הִתְרַגַּשְׁנוּ	הִסְתַּדַּרְנוּ	הִזְדָּרַזְנוּ	הִצְטַלַּמְנוּ
הִתְרַגַּשְׁתֶּם/תֶּן	הִסְתַּדַּרְתֶּם/תֶּן	הִזְדָּרַזְתֶּם/תֶּן	הִצְטַלַּמְתֶּם/תֶּן
הם/הן הִתְרַגְּשׁוּ	הם/הן הִסְתַּדְּרוּ	הם/הן הִזְדָּרְזוּ	הם/הן הִצְטַלְּמוּ
הווה	**הווה**	**הווה**	**הווה**
מִתְרַגֵּשׁ	מִסְתַּדֵּר	מִזְדָּרֵז	מִצְטַלֵּם
מִתְרַגֶּשֶׁת	מִסְתַּדֶּרֶת	מִסְתַּדֶּרֶת	מִצְטַלֶּמֶת
מִתְרַגְּשִׁים	מִסְתַּדְּרִים	מִסְתַּדְּרִים	מִצְטַלְּמִים
מִתְרַגְּשׁוֹת	מִסְתַּדְּרוֹת	מִסְתַּדְּרוֹת	מִצְטַלְּמוֹת
עתיד	**עתיד**	**עתיד**	**עתיד**
אֶתְרַגֵּשׁ	אֶסְתַּדֵּר	אֶזְדָּרֵז	אֶצְטַלֵּם
תִּתְרַגֵּשׁ	תִּסְתַּדֵּר	תִּזְדָּרֵז	תִּצְטַלֵּם
תִּתְרַגְּשִׁי	תִּסְתַּדְּרִי	תִּזְדָּרְזִי	תִּצְטַלְּמִי
הוא יִתְרַגֵּשׁ	הוא יִסְתַּדֵּר	הוא יִזְדָּרֵז	הוא יִצְטַלֵּם
היא תִּתְרַגֵּשׁ	היא תִּסְתַּדֵּר	היא תִּזְדָּרֵז	היא תִּצְטַלֵּם
נִתְרַגֵּשׁ	נִסְתַּדֵּר	נִזְדָּרֵז	נִצְטַלֵּם
(אתם/ן) תִּתְרַגְּשׁוּ	(אתם/ן) תִּסְתַּדְּרוּ	(אתם/ן) תִּזְדָּרְזוּ	(אתם/ן) תִּצְטַלְּמוּ
הם/הן יִתְרַגְּשׁוּ	הם/הן יִסְתַּדְּרוּ	הם/הן יִזְדָּרְזוּ	הם/הן יִצְטַלְּמוּ
ציווי	**ציווי**	**ציווי**	**ציווי**
הִתְרַגֵּשׁ!	הִסְתַּדֵּר!	הִזְדָּרֵז!	הִצְטַלֵּם!
הִתְרַגְּשִׁי!	הִסְתַּדְּרִי!	הִזְדָּרְזִי!	הִצְטַלְּמִי!
הִתְרַגְּשׁוּ!	הִסְתַּדְּרוּ!	הִזְדָּרְזוּ!	הִצְטַלְּמוּ!
שם פעולה	**שם פעולה**		
הִתְרַגְּשׁוּת	הִסְתַּדְּרוּת		

בניין התפעל

מרובעים		גזרת ע"ו	גזרת ל"ה
שורש: ב.ל.ב.ל.	שורש: כ.נ.נ.	שורש: כ.ו.נ.	שורש: נ.ס.ה.
שם הפועל: לְבַלְבֵּל	שם-פועל: לְהִתְכּוֹנֵן	שם-פועל: לְהִתְכַּוֵּון	שם-פועל: לְהִתְנַסּוֹת
עבר	עבר	עבר	עבר
הִתְבַּלְבַּלְתִּי	הִתְכּוֹנַנְתִּי	הִתְכַּוַּונְתִּי	הִתְנַסֵּיתִי
הִתְבַּלְבַּלְתָּ	הִתְכּוֹנַנְתָּ	הִתְכַּוַּונְתָּ	הִתְנַסֵּיתָ
הִתְבַּלְבַּלְתְּ	הִתְכּוֹנַנְתְּ	הִתְכַּוַּונְתְּ	הִתְנַסֵּית
הוא הִתְבַּלְבֵּל	הוא הִתְכּוֹנֵן	הוא הִתְכַּוֵּון	הוא הִתְנַסָּה
היא הִתְבַּלְבְּלָה	היא הִתְכּוֹנְנָה	היא הִתְכַּוְּונָה	היא הִתְנַסְּתָה
הִתְבַּלְבַּלְנוּ	הִתְכּוֹנַנּוּ	הִתְכַּוַּונּוּ	הִתְנַסֵּינוּ
הִתְבַּלְבַּלְתֶּם/תֶּן	הִתְכּוֹנַנְתֶּם/תֶּן	הִתְכַּוַּונְתֶּם/תֶּן	הִתְנַסֵּיתֶם/תֶן
הם/הן הִתְבַּלְבְּלוּ	הם/הן הִתְכּוֹנְנוּ	הם/הן הִתְכַּוְּונוּ	הם/הן הִתְנַסּוּ
הווה	הווה	הווה	הווה
מִתְבַּלְבֵּל	מִתְכּוֹנֵן	מִתְכַּוֵּון	מִתְנַסֶּה
מִתְבַּלְבֶּלֶת	מִתְכּוֹנֶנֶת	מִתְכַּוֶּונֶת	מִתְנַסָּה
מִתְבַּלְבְּלִים	מִתְכּוֹנְנִים	מִתְכַּוְּונִים	מִתְנַסִּים
מִתְבַּלְבְּלוֹת	מִתְכּוֹנְנוֹת	מִתְכַּוְּונוֹת	מִתְנַסּוֹת
עתיד	עתיד	עתיד	עתיד
אֶתְבַּלְבֵּל	אֶתְכּוֹנֵן	אֶתְכַּוֵּון	אֶתְנַסֶּה
תִּתְבַּלְבֵּל	תִּתְכּוֹנֵן	תִּתְכַּוֵּון	תִּתְנַסֶּה
תִּתְבַּלְבְּלִי	תִּתְכּוֹנְנִי	תִּתְהִתְכַּוְּונִי	תִּתְנַסִּי
הוא יִתְבַּלְבֵּל	הוא יִתְכּוֹנֵן	הוא יִתְכַּוֵּון	הוא יִתְנַסֶּה
היא תִּתְבַּלְבֵּל	היא תִּתְכּוֹנֵן	היא תִּתְכַּוֵּון	היא תִּתְנַסֶּה
נִתְבַּלְבֵּל	נִתְכּוֹנֵן	נִתְכַּוֵּון	נִתְנַסֶּה
(אתם/ן) תִּתְבַּלְבְּלוּ	(אתם/ן) תִּתְכּוֹנְנוּ	(אתם/ן) תִּתְכַּוְּונוּ	(אתם/ן) תִּתְנַסּוּ
הם/הן יִתְבַּלְבְּלוּ	הם/הן יִתְכּוֹנְנוּ	הם/הן יִתְכַּוְּונוּ	הם/הן יִתְנַסּוּ
ציווי	ציווי	ציווי	ציווי
הִתְבַּלְבֵּל!	הִתְכּוֹנֵן!	הִתְכַּוֵּון!	הִתְנַסֵּה!
הִתְבַּלְבְּלִי!	הִתְכּוֹנְנִי!	הִתְכַּוְּונִי!	הִתְנַסִּי!
הִתְבַּלְבְּלוּ!	הִתְכּוֹנְנוּ!	הִתְכַּוְּונוּ!	הִתְנַסּוּ!
			שם פעולה
			הִתְנַסּוּת

PREPOSITIONS WITH PRONOUN SUFFIXES

קבוצה א

סיומות של יחיד

בשביל for	ב in/at	ל to/for	שֶׁל of	עִם with	אֶת direct obj.
בִּשְׁבִילִי	בִּי	לִי	שֶׁלִּי	אִתִּי	אוֹתִי
בִּשְׁבִילְךָ	בְּךָ	לְךָ	שֶׁלְּךָ	אִתְּךָ	אוֹתְךָ
בִּשְׁבִילֵךְ	בָּךְ	לָךְ	שֶׁלָּךְ	אִתָּךְ	אוֹתָךְ
בִּשְׁבִילוֹ	בּוֹ	לוֹ	שֶׁלּוֹ	אִתּוֹ	אוֹתוֹ
בִּשְׁבִילָהּ	בָּהּ	לָהּ	שֶׁלָּהּ	אִתָּהּ	אוֹתָהּ
בִּשְׁבִילֵנוּ	בָּנוּ	לָנוּ	שֶׁלָּנוּ	אִתָּנוּ	אוֹתָנוּ
בִּשְׁבִילְכֶם	בָּכֶם	לָכֶם	שֶׁלָּכֶם	אִתְּכֶם	אֶתְכֶם
בִּשְׁבִילְכֶן	בָּכֶן	לָכֶן	שֶׁלָּכֶן	אִתְּכֶן	אֶתְכֶן
בִּשְׁבִילָם	בָּהֶם	לָהֶם	שֶׁלָּהֶם	אִתָּם	אוֹתָם
בִּשְׁבִילָן	בָּהֶן	לָהֶן	שֶׁלָּהֶן	אִתָּן	אוֹתָן

אֵצֶל at + person	בעצמ־ by-self	בגלל because of	כמו like	לב־ alone	מ/מן from
אֶצְלִי	בְּעַצְמִי	בִּגְלָלִי	כָּמוֹנִי	לבדי	מִמֶּנִּי
אֶצְלְךָ	בְּעַצְמְךָ	בִּגְלָלְךָ	כָּמוֹךָ	לבדךָ	מִמְּךָ
אֶצְלֵךְ	בְּעַצְמֵךְ	בִּגְלָלֵךְ	כָּמוֹךְ	לבדֵךְ	מִמֵּךְ
אֶצְלוֹ	בְּעַצְמוֹ	בִּגְלָלוֹ	כָּמוֹהוּ	לבדו	מִמֶּנּוּ
אֶצְלָהּ	בְּעַצְמָהּ	בִּגְלָלָהּ	כָּמוֹהָ	לבדה	מִמֶּנָּה
אֶצְלֵנוּ	בְּעַצְמֵנוּ	בִּגְלָלֵנוּ	כָּמוֹנוּ	לבדנו	מֵאִתָּנוּ
אֶצְלְכֶם	בְּעַצְמְכֶם	בִּגְלַלְכֶם	כמוֹכֶם	לבדכֶם	מֵאִתְּכֶם
אֶצְלְכֶן	בְּעַצְמְכֶן	בִּגְלַלְכֶן	כמוֹכֶן	לבדכֶן	מֵאִתְּכֶן
אֶצְלָם	בְּעַצְמָם	בִּגְלָלָם	כמוֹהֶם	לבדם	מֵאִתָּם/מֵהֶם
אֶצְלָן	בְּעַצְמָן	בִּגְלָלָן	כמוֹהֶן	לבדן	מֵאִתָּן/מֵהֶן

קבוצה ב

סיומות של רבים

לפני־ before/in front	אַחֲרֵי־ after	בלעדי־ without	מעל־ above
לְפָנַי *(לפניי)*	אַחֲרַי *(אחריי)*	בִּלְעָדַי *(בלעדיי)*	מֵעָלַי *(מעליי)*
לְפָנֶיךָ	אַחֲרֶיךָ	בִּלְעָדֶיךָ	מֵעָלֶיךָ
לְפָנַיִךְ	אַחֲרַיִךְ	בִּלְעָדַיִךְ	מֵעָלַיִךְ
לְפָנָיו	אַחֲרָיו	בִּלְעָדָיו	מֵעָלָיו
לְפָנֶיהָ	אַחֲרֶיהָ	בִּלְעָדֶיהָ	מֵעָלֶיהָ
לְפָנֵינוּ	אַחֲרֵינוּ	בִּלְעָדֵינוּ	מֵעָלֵינוּ
לִפְנֵיכֶם	אַחֲרֵיכֶם	בִּלְעֲדֵיכֶם	מֵעֲלֵיכֶם
לִפְנֵיכֶן	אַחֲרֵיכֶן	בִּלְעֲדֵיכֶן	מֵעֲלֵיכֶן
לִפְנֵיהֶם	אַחֲרֵיהֶם	בִּלְעֲדֵיהֶם	מֵעֲלֵיהֶם
לִפְנֵיהֶן	אַחֲרֵיהֶן	בִּלְעֲדֵיהֶן	מֵעֲלֵיהֶן

SINGULAR NOUNS WITH POSSESSIVE PRONOUN SUFFIXES

שמות וסיומות קניין

קבוצה א: שמות ביחיד

Nouns with no overt feminine ending-- these nouns include masc. and fem. nouns				Nouns with ה/ת ending (fem. nouns)-- these nouns are only fem. nouns			
מָקוֹם ז.	עִיר נ.	אָב ז.	אֵם נ.	יַלְדָּה	בַּת	אחות	ל + דעה
מקוֹמִי	עִירִי	אָבִי	אִמִּי	יַלְדָּתִי	בִּתִּי	אֲחוֹתִ	לְדַעְתִּי
מקוֹמְךָ	עִירְךָ	אָבִיךָ	אִמְּךָ	יַלְדָּתְךָ	בִּתְּךָ	אֲחוֹתְךָ	לְדַעְתְּךָ
מקוֹמֵךְ	עִירֵךְ	אָבִיךְ	אִמֵּךְ	יַלְדָּתֵךְ	בִּתֵּךְ	אֲחוֹתֵךְ	לְדַעְתֵּךְ
מקוֹמוֹ	עִירוֹ	אָבִיו	אִמּוֹ	יַלְדָּתוֹ	בִּתּוֹ	אֲחוֹתוֹ	לְדַעְתּוֹ
מקוֹמָהּ	עִירָהּ	אָבִיהָ	אִמָּהּ	יַלְדָּתָהּ	בִּתָּהּ	אֲחוֹתָהּ	לְדַעְתָּהּ
מקוֹמֵנוּ	עִירֵנוּ	אָבִינוּ	אִמֵּנוּ	יַלְדָּתֵנוּ	בִּתֵּנוּ	אֲחוֹתֵנוּ	לְדַעְתֵּנוּ
מקוֹמְכֶם	עִירְכֶם	אֲבִיכֶם	אִמְּכֶם	יַלְדַּתְכֶם	בִּתְכֶם	אֲחוֹתְכֶם	לְדַעְתְּכֶם
מקוֹמְכֶן	עִירְכֶן	אֲבִיכֶן	אִמְּכֶן	יַלְדַּתְכֶן	בִּתְכֶן	אֲחוֹתְכֶן	לְדַעְתְּכֶן
מקוֹמָם	עִירָם	אֲבִיהֶם	אִמָּם	יַלְדָּתָם	בִּתָּם	אֲחוֹתָם	לְדַעְתָּם
מקוֹמָן	עִירָן	אֲבִיהֶן	אִמָּן	יַלְדָּתָן	בִּתָּן	אֲחוֹתָן	לְדַעְתָּן

PLURAL NOUNS WITH POSSESSIVE PRONOUN SUFFIXES

קבוצה ב שמות ברבים

Nouns with ים plural ending--regardless of gender		Nouns with וֹת plural ending--regardless of gender	
בְּגָדִים ז.ר.	עָרִים נ.ר.	מוֹרוֹת נ.ר.	רחוֹבוֹת ז.ר.
בְּגָדַי	עָרַי	מוֹרוֹתַי	רחוֹבוֹתַי
בְּגָדֶיךָ	עָרֶיךָ	מוֹרוֹתֶיךָ	רחוֹבוֹתֶיךָ
בְּגָדַיִךְ	עָרַיִךְ	מוֹרוֹתַיִךְ	רחוֹבוֹתַיִךְ
בְּגָדָיו	עָרָיו	מוֹרוֹתָיו	רחוֹבוֹתָיו
בְּגָדֶיהָ	עָרֶיהָ	בְּמוֹרוֹתֶיהָ	רחוֹבוֹתֶיהָ
בְּגָדֵינוּ	עָרֵינוּ	מוֹרוֹתֵינוּ	רחוֹבוֹתֵינוּ
בִּגְדֵיכֶם	עָרֵיכֶם	מוֹרוֹתֵיכֶם	רחוֹבוֹתֵיכֶם
בִּגְדֵיכֶן	עָרֵיכֶן	מוֹרוֹתֵיכֶן	רחוֹבוֹתֵיכֶן
בִּגְדֵיהֶם	עָרֵיהֶם	מוֹרוֹתֵיהֶם	רחוֹבוֹתֵיהֶם
בִּגְדֵיהֶן	עָרֵיהֶן	מוֹרוֹתֵיהֶן	רחוֹבוֹתֵיהֶן

מילות קישור ומאפייני שיח

A partial list of subordinating and coordinating particles, adverbial expressions and prepositional phrases used in discourse.

I told him that I heard from you.	סיפרתי לו ששמעתי ממך.
The house that we bought is old.	הבית שקנינו הוא בית ישן.
The house that we bought is old.	הבית אשר קנינו הוא בית ישן.
We did not come because we were busy.	לא באנו כי היינו עסוקים.
We did not come because we were busy.	לא באנו מפני שהיינו עסוקים.
We did not come because we were busy.	לא באנו משום שהיינו עסוקים.
We did not come because of the rain.	לא באנו בגלל הגשם.
It rained, and therefore we did not come.	ירד גשם ולכן לא באנו.
It rained. Otherwise, we would have come.	ירד גשם. אחרת היינו באים.
It rained, so we did not come.	ירד גשם אז לא באנו.
We went on a hike, in spite of the rain.	יצאנו לטיול, למרות הגשם.
Even though it rained, we went on a hike.	למרות שירד גשם, יצאנו לטיול.
We came in order to talk to you.	באנו כדי לדבר איתכם.
They came so that I would not be alone.	הם באו כדי שלא אהיה לבד.
When we heard, we called right away.	כששמענו, מיד טלפנו אליך.
When we heard the news, we called.	כאשר שמענו את החדשות, טלפנו אליך.
The moment we heard the news, we called.	ברגע ששמענו את החדשות, טלפנו אליך.
It rained on the day that they came.	ירד גשם, ביום שהם באו.
While we were having coffee, they danced.	בזמן שאנחנו שתינו קפה, הם רקדו.
During the show, it is forbidden to smoke.	בזמן ההצגה, אסור לעשון.
During the concert, it was quiet.	במשך הקונצרט היה שקט.
Before the meal, there were speeches.	לפני הארוחה היו נאומים
We ate before we went to the concert.	אכלנו לפני שהלכנו לקונצרט.
After the concert, we went to a party.	אחרי הקונצרט הלכנו למסיבה.
After we spoke to Dalia, we went home.	אחרי שדיברנו עם דליה, הלכנו הביתה.
We worked and worked till midnight.	עבדנו ועבדנו עד חצות.
We continued working till we finished.	המשכנו לעבוד עד שגמרנו.
He has not yet finished his studies.	הוא עוד לא סיים את הלימודים.

He is still studying.	הוא עדיין לומד.
He is no longer studying.	הוא כבר לא לומד.
He has already been here an hour ago.	הוא כבר היה כאן לפני שעה.
Each morning he works in the library.	כל בוקר הוא עובד בספריה.
He worked in the library the entire morning.	כל הבוקר, הוא עבד בספריה.
First, you boil water.	קודם, מרתיחים מים.
Afterwards, you add salt to the water.	ואחר כך, מוסיפים מלח למים.
First of all, let me say that...	ראשית, אני רוצה לומר ש...
Secondly, I want to suggest a solution.	שנית, אני רוצה להציע פיתרון.
At first, he was not sure of himself.	בהתחלה, הוא לא היה בטוח בעצמו.
Lately, he is full of self confidence.	לאחרונה, הוא מלא ביטיון עצמי.
If you have no time, don't come.	אם אין לך זמן, אל תבוא.
If only I had time, I would have come.	אילו רק היה לי זמן, הייתי בא.
If I didn't have time, I would not have come.	אילולא היה לי זמן, לא הייתי בא.
I don't actually have time, but I'll come anyhow.	אמנם אין לי זמן, אבל בכל זאת אבוא.
Even though there are no people, let's start!	אף על פי שאין אנשים, בואו נתחיל!
Of course we'll come.	כמובן שאנחנו נבוא.
There is no doubt that we'll come.	אין ספק שאנחנו נבוא.
On the contrary, do come!	אדרבה, תבואו!
Even if I'll have time, I won't come.	אפילו אם יהיה לי זמן, לא אבוא.
Perhaps we'll come.	אולי נבוא. ייתכן שנבוא
I truly do not feel good.	אני באמת לא מרגישה טוב.
I feel truly like an idiot.	אני מרגיש ממש כמו אידיוט.
I feel like a king.	אני מרגיש כמו מלך.
I work like a horse.	אני עובד כמו סוס.
I work as a bank director.	אני עובד כמנהל בנק.
It is likely/seems that he has no money.	כנראה שאין לו מספיק כסף.
Are you a waiter and also an accountant?	אתה גם מלצר וגם רואה חשבונות?
I am neither - I am only a student.	אני לא זה ולא זה - אני רק סטודנט.
Are you a waiter, or an accountant?	אתה מלצר או רואה חשבונות?
Bring either wine, or cake.	או שתביא יין, או שתביא עוגה.
Do you know anything at all?	אתה בכלל יודע משהו?

He not only dances, but he also sang.	הוא לא רק רקד, אבל הוא גם שר.
I did not study, however I worked.	לא למדתי, אלא עבדתי.
On the one hand...and on the other.	מצד אחד...., אבל מצד שני.....
On the one hand...and on the other.	מחד..... ומאידך...
In my opinion, he won't come.	לדעתי, הוא לא יבוא.
It's true that he considered coming, but something happened.	זה נכון שהוא חשב לבוא, אבל משהו קרה.
It's not true that we didn't want to come.	זה לא נכון שלא רצינו לבוא.
By the way, have you seen Shlomo?	דרך אגב, ראיתם את שלמה?
I wanted to visit him, but just this evening he won't be home.	רציתי לבקר אותו הערב אבל דווקא הערב הוא לא יהיה בבית.

HEBREW-ENGLISH DICTIONARY

מילון עברי־אנגלי

The entries appear in Hebrew alphabetical order.

אב/אבא ז. אבות	father
אבטיח ז. אבטיחים	watermelon
אביב ז. אביבים	spring time
אבל	but, however
אבר ז. אברים	limb
אגב	by the way
אגודה נ. אגודות	association
אגם ז. אגמים	lake
אדום - אדומה	red
אדון ז. אדונים	sir, mister
אדם ז.	Man, mankind
אדמה נ.	earth, ground
אהב, אוהב לאהוב את	to love
אהבה נ.	love
אהוב - אהובה	beloved
אוֹ	or
אוהל ז. אוהלים	tent
אוויר ז.	air
אווירה נ.	atmosphere
אוזן ז. אוזניים	ear
אוטובוס ז. אוטובוסים	bus
אוי ואבוי!	Woe!
אוכל ז.	food
אוכלוסייה נ. אוכלוסיות	population
אולי	maybe
אולם ז. אולמות	hall, auditorium
אומלל - אומללה	miserable
אומץ לב ז.	courage
אוניברסיטה נ. אוניברסיטות	university
אוניה נ. אוניות	ship, boat
אופי ז.	character
אופנה נ. אופנות	style, mode
אופנוע ז. אופנועים	motorcycle
אופניים ז.ר.	bicycle
אוקיינוס ז. אוקיינוסים	ocean
אור ז.	light
אורז ז.	rice
אורח-אורחת	guest
אושר ז.	happiness
אותו - אותה	same
אז	then, so
אזהרה נ. אזהרות	warning
אזור ז. אזורים	region
אזורי - אזורית	regional
אזרח - אזרחית	citizen
אח ז. אחים	brother
אחוז ז. אחוזים	percent
אחורה	backwards
אחות נ. אחיות	sister
אחזקה נ.	maintenance
אחר - אחרת	other, different
אחראי - אחראית	responsible
אחרי	after
אחרי הצהריים	afternoon
אחריות נ.	responsibility
אי אפשר	impossible
אי ז. איים	island
אי שם	somewhere
אידיאלי - אידיאלית	ideal
איום - איומה	dreadful
איום ז. איומים	threat
איזה - איזו	a kind of
איזה מין?	what kind?
איזה . . .	what a . . .
איזה?	which?
איזשהו	some kind of
איחל, מאחל לאחל ל	to congratulate
איך?	how?
איכות נ.	quality
איכשהו	somehow
אִילו רק	if only
אֵילו?	what kind of (pl.)?
אין	there is/are not
אין בעד מה	you are welcome
אין דבר	it does not matter
אין ספק	no doubt
אינו - אינה	is not
אינטליגנטי - אינטליגנטית	intelligent
אינם - אינן	are not
איסור ז. איסורים	prohibition
איפה?	where?
אירוסים ז.ר.	engagement
אירוע ז. אירועים	event
איש ז. אנשים	person, people
אישור ז. אישורים	confirmation
אישי - אישית	personal
אישיות נ.	personality

אישים ז.ר.	personages
אך	but
אכל , אוכל לאכול את	to eat
אכסניה נ. אכסניות	inn
אכסניית נוער נ.	youth hostel
אכפת	it matters
אכפת לי	I care
אלגנטי ־ אלגנטית	elegant
אלה (אלו)	these
אלימה ־ אלימה	violent
אלימות נ.	violence
אלף ז. אלפים	thousand
אם	if
אם כי	even though
אם/אמא נ. אמהות	mother
אמבטייה נ.	bath
אמור ־ אמורה	supposed to
אמיתי ־ אמיתית	real, true
אמנם	indeed
אמצע ז.	middle
אמצעי ־ אמצעית	middle (adj.)
אמצעי ז. אמצעים	means of
אמר־ אומר־ יאמר לומר ל	to say
אמש	last night
אמת נ.	truth
אנאלפביתי ־ אנאלפביתית	illiterate
אנגלי ־ אנגלייה	English person
אנגלי ־ אנגלית	English (adj.)
אנגלית נ.	English (lang.)
אנוכי ־ אנוכית	selfish
אנוכיות נ	selfishness
אנושי ־ אנושית	humane
אנחנו (אנו)	we
אני	I
אסון ז. אסונות	disaster
אסון טבע ז.	natural disaster
אסור	it is not allowed
אסימון ז. אסימונים	token
אסר, אוסר לאסור את	to imprison
אסר, אוסר לאסור על	to forbid
אף	also
אף אחד (לא/אינו)	nobody
אף ז. אפים	nose
אף על פי	even though
אף פעם (לא)	never
אפה, אופה לאפות את	to bake
אפילו	even, though
אפלייה (נ)	discrimination
אפשר	it is possible

אפשרות נ.	possibility
אפשרי ־ אפשרית	possible (adj.)
אצל	at
אקלים ז. אקלימים	climate
ארוחה נ. ארוחות	meal
ארוך ־ ארוכה	long
אריה ז. אריות	lion
ארמון ז. ארמונות	palace
ארץ נ. ארצות	country, land
ארצות הברית (אהר"ב)	U.S.
אשה נ. נשים	woman
אשם ־ אשמה	guilty
אשמה נ.	guilt
את	direct object signal
אתה ־ את	you (singular)
אתם ־ אתן	you (plural)
אתמול	yesterday
אתר ז. אתרים	site/tourist site
ב־	at, in
בא, בא לבוא ל/אל	come
באמת	truly, really
בבקשה	please
בגד ז. בגדים	clothing article
בגד־ים ז. בגדי־ים	swimsuit
בדחן ־ בדחנית	comic
בדיוק	exactly
בדיחה נ. בדיחות	joke
בדיקה נ. בדיקות	checkup/examination
בדק, בודק לבדוק את	to examine
בדרך כלל	usually, generally
בהחלט	definitely
בהחלטיות	decisively
בהיר ־ בהירה	clear, light colored
בהלה נ.	fright, panic
בהצלחה !	Good luck!
בהתאם ל	according to
בובה נ. בובות	doll
בוודאי	definitely
בול ז. בולים	stamp
בוקר ז. בקרים	morning
בחופשיות	freely
בחור ־ בחורה	young person
בחזרה	in return
בחינה נ. בחינות	examination, test
בחירות נ.ר.	elections
בחן, בוחן לבחון את	to examine, test
בחר, בוחר לבחור ב	to elect
בטוח ־ בטוחה	sure, confident
בטח	Sure! surely

בטח, בוטח לבטוח ב	to trust
בטל - בטלה	idle
בטן נ.	stomach
בידור ז.	entertainment
ביחד	together
ביטוח ז.	insurance
ביטחון ז.	confidence, safety
ביטחון עצמי ז.	self confidence
בייחוד	especially
ביישן - ביישנית	shy person
בילה, מבלה לבלות	have a good time
בין	between, among
בינוני - בינונית	average, middle
בינלאומי - בינלאומית	international
בינתיים	meantime
ביצה נ. ביצים	egg
ביצע, מבצע לבצע את	perform, do
ביקור ז. ביקורים	visit
ביקורת נ.	criticism
ביקר, מבקר לבקר אצל	to visit
ביקש, מבקש לבקש מ	to request, ask
בירה נ. בירות	beer
בירה נ. בירות	capital city
בישל, מבשל לבשל את	to cook
בישר, מבשר לבשר את	to announce
בית המשפט העליון ז.	Supreme Court
בית ז בתים	house, home
בית חולים ז. בתי חולים	hospital
בית חרושת ז. בתי חרושת	factory
בית כנסת ז. בתי כנסת	synagogue
בית משפט ז. בתי משפט	court house
בית ספר ז. בתי ספר	school
בית קולנוע ז. בתי קולנוע	movie house
בית קפה ז. בתי קפה	coffee house
ביתר חוזקה	more firmly
בכה , בוכה לבכות	to cry
בכוחות עצמו	on his own
בכיר - בכירה	senior
בכל זאת	anyhow
בכל רחבי הארץ	all over the country
בכלל	at all
בכלל לא	not at all
בלבד	only
בלי	without
בלי קושי/בלי קשיים	with no difficulty
בלעדי	without
בלתי אפשרי - בלתי אפשרית	impossible (adj.)
במידה מועטה	to a small extent
בממוצע	on the average
במקרה	accidentally
במשך	during
בן דוד ז. בני דודים	cousin
בן דור ז. בני דור	contemporary
בן ז. בנים	son, boy
בן זוג - בת זוג	partner
בנה, בונה לבנות את	to build
בנוי - בנוייה	built
בנוסף לכך	in addition
בניין ז. בניינים	building
בניין רב קומות ז.	tall building
בנק ז. בנקים	bank
בסדר	O.K., in order
בסוף	finally
בסיס ז. בסיסים	base, basis
בסיסי - בסיסית	basic
בסך הכל	in total
בעד	for
בעדינות	gently
בעל - אשה	husband-wife
בעל בית - בעלת בית	landlord
בעל ז. בעלים	owner of
בעל חיים ז. בעלי חיים	animal, creature
בעל ידע - בעלת ידע	knowledgeable
בעל ניסיון - בעלת ניסיון	experienced
בעל עסקים - בעלת עסקים	business person
בעל-ת השכלה גבוהה	highly educated
בעל-ת השכלה נמוכה	not highly educated
בעקבות	following
בפרשת הדרכים	at the crossroads
בצד	on the side
בצורת נ.	drought
בצל ז. בצלים	onion
בקול	out loud
בקול רם	in a loud voice
בקולי קולות	very loudly
בקיצור	briefly
בקלות	easily
בקעה נ. בקעות	deep valley
בקשה נ. בקשות	request
בקשר ל	concerning
בר מצווה - בת מצווה	Bar/Bat Mitzvah
בראשית	in the beginning
ברגל	on foot
ברגע ש	at the moment that
ברור - ברורה	clear
ברז ז. ברזים	faucet
בריא - בריאה	healthy

health	בריאות נ.
pool	בריכה נ. בריכות
willingly	ברצון
to find out	ברר, מברר לברר
for, for the sake of	בשביל
in comparison to	בשווה ל
in the name of	בשם
next year	בשנה הבאה
last year	בשנה שעברה
meat	בשר ז.
daughter, girl	בת נ. בנות
at the start of	בתחילת
genius	גאון ־ גאונית
back	גב ז. גבות
tall	גבוה ־ גבוהה
border	גבול ז. גבולות
cheese	גבינה נ. גבינות
Ladies and gentlemen!	גבירותיי ורבותיי !
to overcome	גבר, גובר לגבור על
man	גבר ז. גברים
swaggering man	גברבר ז. גברברים
Ms./Miss/Mrs.	גברת נ. גברות
river bank	גדה נ. גדות
big, large	גדול ־ גדולה
size	גודל ז.
idiot, robot-like	גולם ז. גלמים
body	גוף ז. גופים
destiny, fortune	גורל ז. גורלות
factor	גורם ז. גורמים
racism	גזענות נ.
divorce decree	גט ז.
geographic	גיאוגרפי ־ גיאוגרפית
hero, brave	גיבור ־ גיבורה
growth	גידול ז. גידולים
grow, raise	גידל, מגדל לגדל את
garden	גינה נ. גינות
divorce	גירושים/גירושין ז.ר.
exposed	גלוי ־ גלוייה
postcard	גלוייה נ. גלויות
wavy	גלי ־ גלית
ice cream	גלידה נ. גלידות
gallery	גלריה נ. גלריות
glide, slide	גלש, גולש לגלוש
surfboard	גלשן ים ז. גלשני ים
also, too	גם
to finish	גמר, גומר לגמור את
garden, park	גן ז. גנים
kindergarten	גן ילדים ז. גני ילדים

public park	גן ציבורי ז. גנים ציבוריים
gardener	גנן ־ גננת
kindergarten teacher	גנן ־ גננת
to reside/live at	גר, גר לגור ב
stocking, sock	גרב ז. גרביים
throat	גרון ז. גרונות
of bad quality	גרוע ־ גרועה
divorcee	גרוש ־ גרושה
to cause	גרם, גורם לגרום ל
sunflower seed/pit	גרעין ז. גרעינים
to drag	גרר, גורר לגרור את
rainy	גשום ־ גשומה
rain	גשם ז. גשמים
worry/care for	דאג, דואג לדאוג ל
worry	דאגה נ. דאגות
saying, words	דבר ז דברים
thing, matter	דבר ז דברים
honey	דבש ז.
fish	דג ז. דגים
mail	דואר ז.
spokesperson	דובר ־ דוברת
example	דוגמה (דוגמא) נ. דוגמאות
uncle - aunt	דוד ־ דודה
similar (to)	דומֶה ־ דומָה (ל)
urgent	דחוף ־ דחופה
rejection	דחייה נ. דחיות
push	דחיפה נ. דחיפות
talk/speech	דיבור ז. דיבורים
talk to/speak with	דיבר, מדבר לדבר עם
report about	דיווח, מדווח לדווח על
discussion	דיון ז. דיונים
steward/dess	דייל ־ דיילת
dilemma	דילמה נ. דילמות
image	דימוי ז. דימויים
self image	דימוי עצמי ז.
imagination	דימיון ז.
similarity	דימיון ז.
law, religious law	דין ז. דינים
marital laws	דיני אישות ז.ר.
disc	דיסקית נ. דיסקיות
apartment	דירה נ. דירות
door	דלת נ. דלתות
blood	דם ז.
character, image	דמות נ. דמויות
membership fees	דמי חבר ז.ר.
to discuss	דן, דן לדון ב
opinion	דעה נ. דעות
frivolous opinion	דעה קלה
to knock/wrap on	דפק, דופק לדפוק על

דק - דקה	narrow, fine
דקה נ. דקות	minute
דקות נ.	finesse
דרום ז.	south
דרומי - דרומית	southern
דרך, דורך לדרוך על	to step on
דרך המלך ז.	main road
דרך נ. דרכים	way, road
דרש, דורש לדרוש את/מ	to demand from
דשא ז. דשאים	lawn
דת מאורגנת נ.	organized religion
דת נ. דתות	religion
דתי - דתייה	religious person
דתי - דתית	religious (adj.)
האזין, מאזין להאזין ל	listen to
הבדל ז. הבדלים	difference
הביא, מביא להביא את	to bring
הביט, מביט להביט ב	to look/glance at
הבין, מבין להבין את	to understand
הביע, מביע להביע את	to express
הבנה מלאה נ.	full comprehension
הבנה נ.	understanding
הגביר, מגביר להגביר	to increase/raise
הגדיר, מגדיר להגדיר	to define
הגדרה נ. הגדרות	definition
הגיע, מגיע להגיע מ/ל	to arrive from/to
הגן, מגן להגן על	to defend
הגנת הטבע נ.	nature protection
הדליק, מדליק להדליק את	to light/ignite
הדריך, מדריך להדריך את	to guide
הדרכה נ.	guidance
ההוא - ההיא	that one
ההם - ההן	those ones
הוא	he
הודה, מודה להודות ל/על	to thank for
הודיע, מודיע להודיע ל	to announce
הודעה נ. הודעות	announcement
הוֶה ז.	present (tense)
הולך - הולכת בתלם	conventional
הוסיף, מוסיף להוסיף	to add
הופיע, מופיע להופיע	to appear
הוציא, מוציא להוציא	to take out
הוקם, מוקם	be established
הוראה נ. הוראות	instruction
הוֹרָה, מורה להורות	to instruct
הוֹרֶה ז הורים	parent
הזהיר, מזהיר להזהיר	to warn
הזיז, מזיז להזיז את	to move something
הזיע, מזיע להזיע	to sweat
הזיק, מזיק להזיק ל	to cause harm
החב - רחבה	broad, wide
החזיק, מחזיק להחזיק	to hold
החל מ	starting from
החלטה נ. החלטות	decision
החליט, מחליט להחליט	to decide
החליף, מחליף להחליף	to change/exchange
הטריד, מטריד להטריד	to annoy/harass
היא	she
היווה, מהווה להוות	to constitute
הכי	the most
הכיר, מכיר להכיר ב	to be aware of
הכיר, מכיר להכיר את	to know
הכניס, מכניס להכניס	to bring in
הכנסה נ. הכנסות	income
הכרות נ.	acquaintance
הכריז, מכריז להכריז ש	to proclaim
הליכה נ.	walking
הלך, הולך ללכת מ/ל	to walk/go
הם/הן	they
המון	a lot of
המליץ, ממליץ להמליץ על	to recommend
המלצה נ. המלצות	recommendation
המתין, ממתין להמתין ל	to wait
הנחה נ. הנחות	assumption
הניח, מניח להניח ש	to assume that
הניח, מניח להניח את	to put down
הסביר, מסביר להסביר ל	to explain
הסבר ז. הסברים	explanation
הספיק, מספיק להספיק	to manage
הסתובב, מסתובב להסתובב	to turn around
הסתובב, מסתובב להסתובב ב	to wander/roam
העדיף, מעדיף להעדיף את	to prefer
העיקר	the main thing
העלאה נ. העלאות	raise
הפגין, מפגין להפגין	to demonstrate
הפגנה נ.הפגנות	demonstration
הפוך - הפוכה	upside down
הפיל, מפיל להפיל את	to drop
הפך, הופך, להפוך ל	to turn to/become
הפסיק, מפסיק להפסיק את	to stop
הפסקה נ. הפסקות	intermission
הפקה נ. הפקות	production
הפריד, מפריד להפריד	separated
הצגה לשמה	show for its own sake
הצגה נ. הצגות	show

הצהיר, מצהיר להצהיר ש	to declare
הצהרה נ. הצהרות	declaration
הצחיק, מצחיק להצחיק את	to be funny
הצטדק, מצטדק להצטדק	to apologize
הצטער, מצטער להצטער	to feel sorry/sad
הצטרך, צריך להצטרך	to need
הצטרף, מצטרף להצטרף	to join
הציג, מציג להציג את	to present/show
הציל, מציל להציל את	to save
הציע, מציע להציע ל	to propose
הצית, מצית להצית	to ignite
הצלחה נ. הצלחות	success
הצליח, מצליח להצליח ב	to succeed in
הצעה נ. הצעות	proposal
הצתה בזדון נ.	arson
הקדים, מקדים להקדים	to anticipate/be first
הקשר ז. הקשרים	context
הר ז. הרים	mountain
הרג, הורג להרוג את	to kill
הרגיז, מרגיז להרגיז את	to annoy
הרגיש, מרגיש להרגיש	to feel
הרגשה נ. הרגשות	feeling
הרי	in fact
הריח, מריח, להריח את	to smell/sniff
הרים, מרים להרים את	to raise
הרכב ז.	composition
הרכיב, מרכיב להרכיב את	to put together
הרמת גבה נ.	lift of an eyebrow
הרס, הורס להרוס את	to ruin/destroy
הרשמה נ.	registration
השאיר, משאיר להשאיר את	to leave behind
השגיח, משגיח להשגיח על	to take care of
השווה, משווה להשוות את	to compare
השיג, משיג להשיג את	to obtain
השכמה נ.	wake up call
השפיע, משפיע להשפיע על	to influence
השפעה נ. השפעות	influence
השקפה נ. השקפות	point of view
השתזף,משתזף להשתזף	to tan
השתחרר,משתחרר להשתחרר	to free (self)
השתנה,משתנה להשתנות	to change (self)
השתרע, ,משתרע להשתרע	to stretch over

השתתף, ,משתתף להשתתף ב	to participate
התאהב, ,מתאהב להתאהב ב	to fall in love
התארס, מתארס להתארס	to get engaged
התבונן, מתבונן להתבונן ב	to look at/watch
התבטא, מתבטא להתבטא	to express (self)
התבייש, מתבייש להתבייש	to be shy/ashamed
התבסס, מתבסס להתבסס	to get established
התגרש, מתגרש להתגרש מ	to get divorced
התווכח, להתווכח עם	to argue with
התחבק, מתחבק להתחבק עם	to hug
התחלף, מתחלף להתחלף	to exchange/change
התחלק, מתחלק להתחלק עם	to share, divide
התחרה, מתחרה להתחרות	to compete
התחתן, מתחתן להתחתן עם	to get married
התיישב, מתיישב להתיישב ב	to settle/sit down
התכונן, מתכונן להתכונן	to prepare/plan
התלבש, מתלבש להתלבש	to put on clothes
התמודד, להתמודד עם	to wrestle with
התמוטט, מתמוטט להתמוטט	to collapse
התנגד, מתנגד להתנגד ל	to oppose
התנגדות נ.	opposition
התנגש, מתנגש להתנגש עם	to collide with
התנדנד, מתנדנד להתנדנד	to swing
התנהג, מתנהג להתנהג	to behave
התנשק, מתנשק להתנשק	to kiss
התעורר, מתעורר להתעורר	to wake up
התעמל, מתעמל להתעמל	to exercise
התעמלות נ.	exercise/gym
התעניין, מתעניין להתעניין ב	to take interest in
התעניינות נ.	interest
התערב, מתערב להתערב ב	to get involved in
התפלא, מתפלא להתפלא	to be surprised
התפלל, מתפלל להתפלל	to pray

התפשט, מתפשט להתפשט	to spread
התפשט, מתפשט להתפשט	to take off clothes
התקבל, מתקבל להתקבל ל	to be accepted
התקדם, מתקדם להתקדם	to advance/progress
התקדמות נ.	progress
התקיים, מתקיים להתקיים	to exist/take place
התקלח. מתקלח להתקלח	to take a shower
התקלף. מתקלף. להתקלף	to peal
התקפל, מתקפל, להתקפל	to fold/"go home"
התקרב, מתקרב להתקרב	to get closer
התקשר, מתקשר להתקשר עם	to get in touch with
התרגל, מתרגל להתרגל ל	to get used to
התרגש, מתרגש להתרגש מ	to get excited
התרגשות נ.	excitement
התרחץ, מתרחץ להתרחץ	to wash (self)
התרחק, מתרחק להתרחק מ	to distance self
התפתח, מתפתח להתפתח	to develop (by self)
ו..	and
ואילו	however
ודאות נ.	certainty
ודאי	certainly
ודאי - ודאית	certain
וידאו ז.	video
ויכוח ז. ויכוחים	argument, debate
ויתר, מוותר לוותר על	to give up/forgo
ועדה נ. ועדות	committee
ועוד/וכולי	etc./and more
ועידה נ. ועידות	conference
ורוד - ורודה	pink
זאב ז. זאבים	wolf
זבוב ז. זבובים	fly
זה - זאת	this
זה נובע מ	it comes out of
זהב ז	gold
זהו זה !	That's it!
זהות נ.	identity
זהיר - זהירה	cautious
זהירות נ.	caution
זוג ז. זוגות	pair/couple
זול - זולה	inexpensive/cheap
זז, זז לזוז	to move/stir
זיהוי ז	identification
זיהום אוויר ז.	air pollution
זיכרון ז. זיכרונות	memory
זיקית נ. זיקיות	chameleon
זכה, זוכה לזכות ב	to win/be awarded
זכות נ. זכויות	right/privilege
זכוכית נ.	glass
זכר, זוכר לזכור את	to remember
זכר ז.	masculine/male
זמן ז. זמנים	time
זמני - זמנית	temporary
זמר - זמרת	singer
זקוק - זקוקה ל	in need of
זרק, זורק לזרוק את	to throw
חבילה נ. חבילות	package
חבל !	It is a pity!
חבר - חברה	friend/member
חֶבְרֶ'ה	gang/group/pals
חבר/ת כנסת	Knesset member
חברה נ. חברות	company/firm
חברות נ.	friendship
חברות נ.	membership
חברותי - חברותית	sociable
חברת תעופה נ.	airline company
חברתי - חברתית	social
חג, חג לחוג	to circle
חג ז. חגים	holiday
חגג, חוגג לחגוג את	to celebrate
חגורה נ. חגורות	belt
חגיגה נ. חגיגות	party/celebration
חגיגי - חגיגית	festive
חגים ומועדים	holidays
חד - חדה	sharp
חד משמעי - חד משמעית	unambiguous
חדר משחקים ז. חדרי משחקים	playroom
חדר עבודה ז. חדרי עבודה	workroom
חדר אוכל ז. חדרי אוכל	dining room
חדר אמבטיה ז. חדרי אמבטיה	bathroom
חדר ז. חדרים	room
חדר ילדים ז. חדרי ילדים	children's room
חדר מגורים ז. חדרי מגורים	living room
חוב ז. חובות	debt
חובה נ. חובות	duty/obligation
חוג ז. חוגים	interest group/circle
חודש ז. חודשים	month
חודשי - חודשית	monthly
חוזק ז.	strength

חוכמה נ	wisdom
חוֹלֶה ־ חוֹלָה	patient/ill person
חולשה נ. חולשות	weakness
חום ־ חומה	brown
חום ז.	heat, fever
חומרנות נ.	materialism
חומרני ־ חומרנית	materialist
חוסר ביטחון עצמי ז.	lack of self-confidence
חוסר ז.	lack of
חוף ז. חופים	shore
חופש. ז.	freedom
חופשה נ. חופשות	vacation
חופשי ־ חופשית	free (adj.)
חוץ ז.	outside
חוץ לארץ	abroad
חוץ מ...	except for
חוק ז. חוקים	law/rule
חוקה נ. חוקות	constitution
חוקי ־ חוקית	legal
חוקר ־ חוקרת	researcher
חורף ז. חורפים	winter
חורפי ־ חורפית	winterlike
חוש הומור ז.	sense of humor
חוש ז. חושים	sense, instinct
חושך ז.	darkness
חזאי ־ חזאית	forecaster
חזיר ־ חזירה	pig/swine
חזק ־ חזקה	strong
חזר, חוזר לחזור על	to repeat
חזר, חוזר לחזור ל/מ	to return to/from
חזרה נ.	repetition
חזרה נ. חזרות	rehearsal
חזרה נ. חזרות	return
חי, חי, לחיות	to be alive/exist
חי ־ חיה	alive
חיה מבוייתת נ.	domestic animal
חיה נ. חיות	animal/beast
חיוב ז.	affirmation
חיובי ־ חיובית	positive
חיוך ז. חיוכים	smile
חיי בר ז.ר.	wildlife
חייב ־ חייבת	guilty
חייב ־ חייבת	must/is obliged
חייב ־ חייבת	owe
חייך, מחייך לחייך	to smile
חייל ־ חיילת	soldier
חיים ז.ר.	life
חיכה, מחכה לחכות ל	to wait for

חילוני ־ חילונית	secular
חילופי מכתבים ז.ר.	correspondence
חימום ז.	heating
חינוך ז.	education
חינוכי ־ חינוכית	educational
חיפש, מחפש לחפש את	to look/search for
חית בר נ. חיות בר	wild animal
חכם ־ חכמה	wise
חלב ז.	milk
חלום ז. חלומות	dream
חלון ז. חלונות	window
חלוקה נ.	division
חליפה נ. חליפות	suit
חלם, חולם לחלום על	to dream about
חלק ז. חלקים	part
חלקי ־ חלקית	partial
חלש ־ חלשה	weak
חם ־ חמה	warm, hot
חמאה נ.	butter
חמוד ־ חמודה	cute, nice
חמור ־ חמורה	serious
חמור ז. חמורים	donkey
חנה, חונה לחנות ב	to park
חנות ז. חנויות	store, shop
חניון ז. חניונים.	parking structure
חנייה נ.	parking
חס וחלילה !	God forbid!
חסר ־ חסרה	lacking, missing
חסר/חסרת היגיון	lacks sense
חסר/חסרת משמעות	meaningless
חסר/חסרת ניסיון	inexperienced
חסר/חסרת עבודה	without work
חסר/ת אמצעים	with no means
חסר/ת ביטחון	with no confidence
חסר/ת בית	homeless
חפץ ז. חפצים	object
חצאית נ. חצאיות	skirt
חצות	midnight
חצי ז. חצאים	half
חצר נ. חצרות	yard
חקירה נ. חקירות	investigation
חקלאות נ.	agriculture
חקלאי ־ חקלאית	farmer
חרוץ ־ חרוצה	diligent
חריצות נ.	diligence
חרש ־ חרשת	deaf
חשב, חושב לחשוב על/ש...	to think about
חשבון ז.	arithmetic

חשבון ז. חשבונות	bill
חשו+ב ־ חשו+בה	important
חשו+ף ־ חשו+פה	exposed
חשמל ז.	electricity
חשש, חושש לחשוש מ/ש...	worry that/fear from
חתול ־ חתולה	cat
חתום ־ חתומה על	subscribed to
חתונה נ. חתונות	wedding
חתימה נ. חתימות	signature
חתך, חותך לחתוך את	cut
חתם. חותם לחתום על	sign/subscribe to
חתן ז. חתנים	bridegroom
טבח ־ טבחית	chef/cook
טביעת אצבעות נ.	fingerprints
טבע ז.	nature
טוב ־ טובה	good
טורף ז. טורפים	carnivorous
טיול ז. טיולים	excursion/hike
טייל, מטייל לטייל ב	to hike/take trip in
טיילת נ. טיילות	promenade
טייס ־ טייסת	pilot
טיסה נ. טיסות	flight
טיפול בילדים	child care
טיפול ז.	treatment
טיפוס ז. טיפוסים	character/type
טיפוסי ־ טיפוסית	typical
טיפל, מטפל לטפל ב	treat, take care of
טיפס, מטפס לטפס על	to climb on
טיפש ־ טיפשה	stupid/silly
טיפשות נ.	stupidity
טלפון ז. טלפונים	telephone
טלפן, מטלפן לטלפן אל/ל	to call
טס, טס לטוס מ/ל	to fly (by plane)
טעה, טועה לטעות	to make a mistake
טעות נ. טעויות	mistake, error
טעים ־ טעימה	tasty
טעם, טועם לטעום את	to taste
טעם גן עדן	delicious
טעם ז. טעמים	taste, flavor
טען, טוען לטעון ש...	to claim that
טענה נ. טענות	claim
טרדן ־ טרדנית	annoying person
טרופי ־ טרופית	tropical
טרי ־ טרייה	fresh
יבול ז.	harvest
יבש ־ יבשה	dry, arid
יד נ. ידיים	hand
ידוע בשם ־ ידועה בשם	known as

ידיד ־ ידידה	friend
ידידות נ.	camaraderie
ידיעה נ. ידיעות	news item
ידע, יודע לדעת את/ש	to know that
ידע ז.	knowledge
יהדות נ.	Judaism
יהודי ־ יהודייה	Jew
יהודי ־ יהודית	Jewish
יום הולדת ז. ימי הולדת	birthday
יום ז. ימים	day
יום חג ז. ימי חג	holiday
יום שנה ז. ימי שנה	anniversary
יומון ז. יומונים	daily newspaper
יומי ־ יומית	daily
יומיים ז.ר.	two days
יומן ז. יומנים	journal, diary
יונק ז. יונקים	mammal
יועץ ־ יועצת	advisor, counselor
יופי ז.	beauty
יופי !	Great!
יותר (מ)	more (than)
יותר מדי	too much
יחד	together
יחיד ־ יחידה	single/singular
יחס ז.	attitude
יחסים ז.ר.	relationship
יחסית ל	in relation to
יין ז. יינות	wine
ייעץ, מייעץ לייעץ ל.	to give advice to
ייקר, מייקר לייקר את	to raise price of
ייתכן	perhaps, could be
יכול להיות	possibly
יכולת נ.	ability, capability
יכל, יכול	to be able to
ילד ז. ילדים	boy
ילדה נ. ילדות	girl
ילדות נ.	childhood
ילדותי ־ ילדותית	infantile, babyish
ילדי ־ ילדית	childish, childlike
ילדים ז.ר.	children
ים ז. ימים	sea
ימות/ימי השבוע ז.ר.	days of the week
יסוד ז. יסודות	foundation, basis
יסודי ־ יסודית	fundamental/basic
יעוץ ז.	counseling, advice
יען נ . יענים	ostrich
יָפֶה ־ יָפָה	beautiful, pretty
יְפֵהפֶה ־ יְפֵהפִיָּה	very beautiful
יצא, יוצא לצאת מ/אל	to exit/go out

יצוג ז.	representation
יצוגי - יצוגית	representative
יצירתי - יצירתית	creative
יצירתיות נ.	creativity
יצר, יוצר ליצור	to create, produce
יקר - יקרה	dear, expensive
ירבוע ז. ירבועים	jerboa (rodent)
ירד, יורד לרדת	to go down
ירה, יורה לירות ב	to shoot at
ירוק - ירוקה	green
ירח ז.	moon
ירידה נ. ירידות	descent, downtrend
ירק, יורק לירוק	to spit
ירק ז. ירקות	vegetable
יש	there is, there are
ישב, יושב לשבת	to sit, sit down
ישוב ז. ישובים	settlement
ישיבה נ. ישיבות	meeting, session
ישיר - ישירה	direct (person)
ישן, ישן לישון	to sleep
ישן - ישנה	old
ישר - ישרה	straight
ישראלי - ישראלית	Israeli
יתרון ז. יתרונות	advantage
כ (כמורה)	as/like
כ (כעשרה אנשים)	approximately
כאב, כואב לכאוב	to hurt, ache
כאב בטן ז.	stomach ache
כאב ז. כאבים	pain, ache
כאב לב ז.	heartache
כאב ראש ז.	headache
כאילו	as if
כאלה	such as these
כאן	here
כאשר/כש...	when (time)
כבד - כבדה	heavy
כבוד ז.	respect
כביסה נ.	laundry
כביש ז. כבישים	road, highway
כבש - כבשה	lamb
כדאי	it is worth it
כדור הארץ ז.	globe
כדור ז. כדורים	ball
כדורבסיס ז.	baseball
כדורגל ז.	soccer, football
כדוריד ז.	handball
כדורסל ז.	basketball
כדורעף ז.	volleyball
כדי	in order

כדי ש..	so that
כובע ז. כובעים	hat
כוונה נ. כוונות	intention
כוח ז. כוחות	force, strength
כוכב ז. כוכבים	star
כולם	everybody
כוס ז.	owl
כוס נ. כוסות	glass, cup
כורסה נ. כורסות	easy chair
כותרת נ. כותרות	headline, title
כזה - כזאת	such as this
כחול - כחולה	blue
כי (אמר כי)	that
כי= מפני ש..	because
כיוון ז. כיוונים	direction
כיכר לחם נ. כיכרות לחם	loaf of bread
כיכר עיר נ. כיכרות עיר	city plaza/square
כינור ז. כינורות	violin
כיסא ז. כיסאות	chair
כישרון ז. כישרונות	talent
כך, ככה	thus, so
כל	all of/every
כל הכבוד !	More power to you!
כל כך	so (much)
כלב ז. כלבים	dog
כלול - כלולה	included
כלום (לא כלום)	nothing
כלי רחצה ז.ר.	wash items
כלי ז. כלים	vessel, instrument
כלי רכב ז. כלי רכב.	vehicle
כלי תקשורת ז.ר.	media
כלכלה נ.	economy, economics
כלכלי - כלכלית	economic
כלל, כולל לכלול את	to include
כלל ז. כללים	rule
כללי - כללית	general
כלשהו	any whatsoever
כמה	several, some
כמה ?	how much/many?
כמו	like
כמו כן	likewise
כמו ש	like + sentence
כמובן	of course
כמות נ. כמויות	quantity
כמיטב יכולתי	to the best of my ability
כמעט	almost
כן	yes
כניסה נ. כניסות	entry/entrance

state, country	מדינה נ. מדינות
political	מדיני ־ מדינית
policy	מדיניות נ.
political science	מדע המדינה ז.
science	מדע ז. מדעים
biological sciences	מדעי טבע ז.ר.
computer science	מדעי מחשב ז.ר.
liberal arts	מדעי רוח ז.ר.
scientist	מדען ־ מדענית
guide	מדריך ־ מדריכה
telephone directory	מדריך טלפון ז.
sidewalk	מדרכה נ. מדרכות
how come?	מה פתאום?
what?	מה?
essence, quality	מהות נ.
quick, fast, rapid	מהיר ־ מהירה
speed	מהירות נ.
engineer	מהנדס ־ מהנדסת
enjoyable	מהנֶה ־ מהנָה
quickly	מהר
clear, well defined	מובהק ־ מובהקת
information	מודיעין ז.ר.
notice, advertisement	מודעה נ. מודעות
death	מוות ז.
museum	מוזיאון ז. מוזיאונים
ready	מוכן ־ מוכנה
salesperson	מוכר ־ מוכרת
talented, gifted	מוכשר ־ מוכשרת
in front of, across	מול
expert	מומחה ־ מומחית
recommended	מומלץ ־ מומלצת
term	מונח ז. מונחים
taxi, cab	מונית נ. מוניות
institution	מוסד ז. מוסדות
garage	מוסך ז. מוסכים
agreed upon	מוסכם ־ מוסכמת
agreed by all	מוסכם על כולם
garage worker	מוסכניק ז.
Muslim	מוסלמי ־ מוסלמית
supplement	מוסף ז. מוספים
club	מועדון ז. מועדונים
night club	מועדון לילה ז.
council	מועצה נ. מועצות
city council	מועצת עיר נ.
discriminated	מופלֶה ־ מופלָה לרעה
entertainment show	מופע ז. מופעים
exaggerated	מופרז ־ מופרזת
European origin	מוצא אשכנזי ז.

money	כסף ז.
small change	כסף קטן ז.
financial	כספי ־ כספית
to be angry with	כעס, כועס לכעוס על
anger	כעס ז.
double	כפול ־ כפולה
as	כפי ש
coercion	כפייה נ.
village	כפר ז. כפרים
no . . . however	לא...אֶלָּא
throughout life	לאורֶך החיים
lately	לַאחרונה
altogether	לגַמרֵי
not at all	לגַמרֵי לא
if only	לוּ/אִילוּ
calendar, timetable	לוּחַ ז. לוחות
flight schedule	לוּחַ טיסות ז.
calendar	לוּחַ שָׁנָה ז.
pressure	לַחַץ ז. לחָצים
next to	לְיַד
to stroke/pet	לִיטֵף-ללַטֵף
dirt	לִכלוּך ז.
therefore	לָכֵן
homeless	ללא קוֹרַת גג
in spite of	לַמרות
at least	לפָחות
according to difficulty	לפִי הקושִי
before the common era	לפני הספירה
toward	לִקרָאת
telegram	מברק ז. מברקים
towel	מגבת נ. מגבות
tower	מגדל ז. מגדלים
observation tower	מגדל תצפית ז.
solid, altogether	מגובש ־ מגובשת
variety	מגוון ז. מגוונים
server	מגיש ־ מגישה
yard, lot	מגרש ז. מגרשים
playground	מגרש משחקים
tennis courts	מגרשי טניס ז.ר.
tray	מגש ז. מגשים
desert, wilderness	מדבר ז. מדבריות
desert-like	מדברי ־ מדברית
sample, specimen	מדגם ז. מדגמים
to measure	מדד, מודד למדוד את
why?	מדוע?
section	מדור ז. מדורים/ות
graded	מדורג ־ מדורגת
parking meter	מדחן ז. מדחנים

מוֹצא ז.	origin
מוֹצא מזרחי ז.	Eastern origin
מוֹצאי שבת ז.ר.	Saturday night
מוּצלח - מוּצלחת	successful
מוֹקד ז. מוֹקדים	focus
מוּקדם	early
מוֹרֶה - מוֹרָה	teacher, instructor
מוּרכב - מוּרכבת	complex
מוּרכב מ	composed of
מוּשׂג ז. מוּשׂגים	concept
מוֹתק !	Honey!
מוּתר	permitted, allowed
מזג אוויר ז.	weather
מזוודה נ. מזוודות	suitcase
מזוּמנים ז.ר.	cash
מזכיר - מזכירה	secretary
מזכירוּת נ.	office
מזל ז. מזלוֹת	luck, fortune
מזל טוֹב !	Congratulations!
מזנוֹן ז. מזנוֹנים	buffet
מזרח ז.	East
מזרחי - מזרחית	eastern
מח ז.	brain
מחברת נ. מחברות	notebook
מחד ומאידך	on one hand & on the other
מחדש	anew
מחוּסר - מחוּסרת עבודה	unemployed
מחוּץ ל	aside from
מחזוֹר ז. מחזוֹרים	cycle
מחלה אנוּשה ז.ר.	serious ailment
מחלה נ. מחלוֹת	illness, sickness
מחלקה נ. מחלקוֹת	department
מחמאה נ. מחמאוֹת	compliment
מחנאוּת נ.	camping skills
מחנה ז. מחנוֹת	camp
מחניק - מחניקה	stifling
מחצית נ.	half
מחשב ז. מחשבים	computer
מטאטא ז. מטאטאים	broom
מטבח ז. מטבחים	kitchen
מטוֹס ז. מטוֹסים	airplane
מטוּפח - מטוּפחת	groomed, well kept
מטרה נ. מטרוֹת	target, purpose
מטריה נ. מטריוֹת	umbrella
מי ?	who?
מידה נ. מידוֹת	measure
מידע ז.	information
מיוּאש - מיוּאשת	desperate
מיוּחד - מיוּחדת	special, unique
מיטיבֵי לכת ז.ר.	good hikers
מייד	immediately
מייסד - מייסדת	founder
מיכללה נ. מיכללוֹת	college
מילא - ממלא למלא את	to fill
מילא מקום	substitute for
מילא תפקיד/פוּנקציה	fill a role/function
מילה נ. מילים	word
מילוֹן ז. מילוֹנים	dictionary
מים ז. ר.	water
מימייה נ. מימיוֹת	water canteen
מינה , ממנה למנוֹת את ל...	to appoint for
מינהל ז.	administration
מיץ ז. מיצים	juice
מירוּץ ז. מירוּצים	running race
מישהוּ	somebody
מיתן , ממתן למתן את	to temper, modify
מכּוֹלת נ.	grocery store
מכוֹן ז. מכוֹנים	institute
מכוֹן מחקר ז.	scientific institute
מכוֹנה נ. מכוֹנוֹת	machine
מכוֹנית נ. מכוֹניוֹת	car
מכוּר - מכוּרה ל	addicted to
מכירה נ. מכירוֹת	sale
מכּל טוֹב	from all that's good
מכנסיים ז.ר.	pants
מכר, מוֹכר למכּוֹר את ל	to sell to
מכּרים ז.ר.	acquaintances
מכרסם ז. מכרסמים	rodent
מכשיר ז. מכשירים	instrument
מכתב ז. מכתבים	letter
מלא - מלאה	full
מָלוֹן ז. מלוֹנוֹת	hotel
מֶלוֹן ז. מלוֹנים	melon
מלפני	in front of
ממוּצע - ממוּצעת	average
ממצא ז. ממצאים	finding, figure
ממציא - ממציאה	inventor
ממש	truly, in fact
ממשל ז. ממשלים	governance
ממשלה נ. ממשלוֹת	government
מנהיג - מנהיגה	leader
מנהיגוּת נ.	leadership
מנהל - מנהלת	director, principal
מנוּמס - מנוּמסת	polite
מנוּסֶה - מנוּסָה	experienced
מנוּתק- מנוּתקת	detached
מנחה -מנחה	moderator, host

מסביב ל	around
מסגרת נ. מסגרות	frame, framework
מסובך - מסובכת	complicated
מסודר - מסודרת	neat, organized
מסויים - מסויימת	certain, particular
מסוכן - מסוכנת	dangerous
מסורת נ. מסורות	tradition
מסורתי - מסורתית	traditional
מסיבה נ. מסיבות	party
מסכן - מסכנה	poor, miserable
מסלול ז. מסלולים	path
מסע ז. מסעות	excursion
מסעדה נ. מסעדות	restaurant
מספיק	enough
מספיק	enough (adv.)
מספיק - מספיקה	sufficient
מספר ז. מספרים	number
מסר, מוסר למסור את ל	to give/transmit to
מסר ז. מסרים	message
מעו+ניין - מעוניינת ב	interested in
מעון ז. מעונות	dormitory, hostel
מעט	a little bit, few
מעטפה נ. מעטפות	envelope
מעיל גשם ז.	raincoat
מעיל ז. מעילים	coat
מעיל חורף ז.	winter coat
מעל ל	above
מעלית נ. מעליות	elevator
מעמד ז. מעמדות	position, status
מעניין - מעניינת	interesting
מערב ז.	west
מערבי - מערבית	western
מערכה נ. מערכות	system
מערכת עיתון נ.	editorial board
מעשה ז. מעש)ים	act, tale
מעשי - מעשית	practical
מפגש ז. מפגשים	encounter
מפה נ. מפות	map
מפה נ. מפות	tablecloth
מפוזר - מפוזרת	absentminded
מפונק - מפונקת	spoiled
מפורסם - מפורסמת	famous
מפחיד - מפחידה	frightening
מפלגה נ. מפלגות	political party
מפני ש	because, since
מפעל ז. מפעלים	industrial plant
מפקד - מפקדת	commander
מפרשית נ. מפרשיות	sailboat
מפתח ז. מפתחות	key
מפתיע - מפתיעה	surprising
מצא, מוצא למצוא את	to find
מצב ז. מצבים	situation, state
מצוחצח - מצוחצחת	polished
מצויין - מצויינת	excellent
מצחיק - מצחיקה	funny
מציאות נ.	reality
מצלמה נ. מצלמות	camera
מצע ז. מצעים	bedding
מצע ז. מצעים	platform
מקביל - מקבילה	parallel
מקהלה נ. מקהלות	chorus
מקובל - מקובלת	accepted, popular
מקובל על	favorably disposed by
מקום ז. מקומות	place, site
מקומון ז. מקומונים	local paper
מקומי - מקומית	local
מקור ז. מקורות	source, origin
מקצוע ז. מקצועות	profession
מקצועי - מקצועית	professional
מקצועיות נ.	professionalism
מקרא ז.	bible
מקראי - מקראית	biblical
מקרר ז. מקררים	refrigerator
מראֶה ז. מראות	view, sight, looks
מראֶה חיצוני ז.	external looks
מראָה נ. מראות	mirror
מראיין - מראיינת	interviewer
מראש	ahead
מרבית נ.	majority of
מרואיין - מרואיינת	interviewee
מרוּצֶה - מרוּצָה	satisfied, happy
מרח, מורח למרוח את על	to spread, smear
מרכול ז.	supermarket
מרכז העיר ז.	downtown
מרכז ז. מרכזים	center
מרכז קניות ז. מרכזי קניות	shopping center
מרכזי - מרכזית	central
מרפסת נ. מרפסות	balcony
מרצֶה - מרצָה	lecturer
מרק ז. מרקים	soup
משא ומתן (מו"מ) ז.	negotiations
משבר ז. משברים	crisis
משהו	something
משוגע - משוגעת	crazy
משורר - משוררת	poet
משחק ז. משחקים	game

משחק מחשב ז.	computer game
משטר ז. משטרים	regime
משטרה נ. משטרות	police
משימה נ. משימות	task, assignment
משך, מושך למשוך את	to draw/pull
משׂכורת נ. משׂכורות	salary
משלב ז. משלבים	register (language)
משמעות נ. משמעויות	meaning
משמעותי ־ משמעותית	meaningful
משני ־ משנית	secondary
משעמם ־ משעממת	boring
משפחה חד־הורית נ	single parent family
משפחה נ. משפחות	family
משפחתי ־ משפחתית	familial
משפט ז. משפטים	clause, sentence
משפט ז. משפטים	trial
משפטי ־ משפטית	pertaining to law
משפטים ז.ר.	law, jurisprudence
משקה ז. משקאות	drink
משקוף ז. משקופים	door step
משקל ז. משקלות	weight
משקפיים ז.ר.	eyeglasses
משקפת נ. משקפות	binoculars
משׂרד ז. משׂרדים	office
משׂרד חקירות ז	investigation office
משׂרה נ. משׂרות	job, position
מת, מת למות	to die
מת ־ מתה	dead
מתאים ־ מתאימה	suitable
מתוח ־ מתוחה	tense, taut
מתוך	out of, from within
מתוסכל ־ מתוסכלת	frustrated
מתח ז.	tension
מתחת ל	underneath
מתי?	when?
מתכון ז. מתכונים	recipe
מתנה נ. מתנות	gift, present
נאלץ, נאלץ להיאלץ	to be forced/obliged
נאמן ־ נאמנה ל	faithful to
נבון ־ נבונה	smart, sensible
נבחר, נבחר להיבחר ל	to be elected to
נבחרת נ. נבחרות	team
נגד	against
נגן ־ נגנית	musical performer
נדחה, נדחה להידחות	to be rejected
נדיב ־ נדיבה	generous
נדיבות נ.	generosity
נדלק, נדלק להידלק	to be ignited, lit
נהג, נוהג לנהוג ב	to drive

נהג ־ נהגת	driver
נהדר ־ נהדרת	marvelous
נהוג	it is customary
נהיגה נ.	driving
נהנה, נהנה ליהנות מ	to enjoy
נהר ז. נהרות	river
נודניק ־ נודניקית	nag, tiresome
נודע, נודע להיוודע	to become known
נוח ־ נוחה	cozy/comfortable
נולד, נולד להיוולד	to be born
נוסע ־ נוסעת	passenger
נוף ז. נופים	view, landscape
נופש ז.	recreation
נוצרי ־ נוצריה	Christian (noun)
נוצרי ־ נוצרית	Christian (adj.)
נורא ־ נוראה	horrendous, horrible
נורמלי ־ נורמלית	normal
נושׂא ז. נושׂאים	subject, topic
נזהר, נזהר להיזהר מ	to be careful
נזכר, נזכר להיזכר ב	to recall, remember
נזק ז. נזקים	damage
נח, נח לנוח	to rest
נחל ז. נחלים	stream
נחמד ־ נחמדה	nice
נחש ז. נחשים	snake
ניגן, מנגן לנגן ב	to play (music)
ניגן על העצבים	to annoy
ניהל, מנהל לנהל	to direct, administer
ניכר ־ ניכרת	considerable
נימוס ז.	politeness/courtesy
ניסה, מנסה לנסות	to try, attempt
ניסוי ז. ניסויים	experiment
ניסיון ז. ניסיונות	experience
ניצל, מנצל לנצל את	to exploit
ניקה, מנקה לנקות את	to clean
ניקיון ז.	cleanliness
נישׂואים/נישׂואין ז.ר.	marriage
ניתן, ניתן להינתן ל	to be prone to
נכבד ־ נכבדת	honorable, dear
נכון	correct, true (adv.)
נכון ־ נכונה	correct, true (adj.)
נכנס, נכנס להיכנס אל	to enter
נלחם, נלחם להילחם ב	to fight/clash with
נמאס, נמאס להימאס על	to tire/lose interest
נמוך ־ נמוכה	short (stature)
נמכר, נמכר להימכר ל	to be sold to
נמלט, נמלט להימלט מ/אל	to escape from/to
נמנע, נמנע להימנע מ	to avoid
נמצא, נמצא להימצא ב	to be located at

נמר - נמרה	tiger/tigress
נמרץ - נמרצת	energetic
נסגר, נסגר להיסגר	to be closed/shut
נסיעה טובה !	Have a good trip!
נסיעה נ. נסיעות	trip
נסע, נוסע לנסוע ל	to travel to
נעים - נעימה	pleasant
נעל, נועל לנעוול את	to lock
נעל, נועל לנעול את	to put on shoes
נעל נ. נעליים	shoe
נעלם, נעלם להיעלם	to disappear
נערך, נערך להיערך	be held, take place
נפגע, נפגע להיפגע	to be hurt/injured
נפגש, נפגש להיפגש עם	to meet with
נפל, נופל ליפול	to fall
נפלא - נפלאה	marvelous
נפש נ. נפשות	soul, person
נפשי - נפשית	spiritual
נפתח - נפתח להיפתח	to be opened
נציג - נציגה	representative
נקבה נ.	feminine/female
נקבע, נקבע להיקבע	be set/determined
נקודה נ. נקודות	point
נקודת מבט נ.	point of view
נקודת ראות נ.	perspective
נקי - נקייה	clean
נר ז. נרות	candle
נראה לי	it seems to me
נרשם, נרשם להירשם ל	to register for
נשאר, נשאר להישאור	to remain/stay
נשבר, נשבר להישבר	to be broken
נשוי - נשואה	married
נשיא - נשיאה	president
נשם , נושם לנשום	to breathe
נתן, נותן לתת ל	to give
נתקע, נתקע להיתקע ב	to be stuck
סב/סבא - סבה/סבתא	grandparent
סבור - סבורה ש	of the opinion that
סביב	around
סביבה נ. סביבות	environment
סביבתי - סביבתית	environmental
סביר - סבירה	reasonable
סבל, סובל לסבול	to suffer
סגור - סגורה	closed, shut
סגל ז.	staff
סגן - סגנית	vice president
סגן הנשיא ז.	vice president
סגר, סוגר לסגור	to close/shut
סדנה נ. סדנאות	workshop
סדר ז.	order
סדר יום ז.	daily schedule
סדרה נ. סדרות	series
סוג ז. סוגים	kind, type, genus
סוד ז. סודות	secret
סודי - סודית	secret (adj.)
סודר, מסודר	to be arranged
סוודר/סודר ז. סוודרים	sweater
סוחר - סוחרת	merchant
סוכם, מסוכם	to be agreed upon
סוכן - סוכנת נסיעות	travel agent
סוכר ז.	sugar
סוללה נ. סוללות	battery
סוס - סוסה	horse
סוער - סוערת	stormy
סוף, סוף !	finally!
סוף ז.	end
סופה נ. סופות	gale, storm
סופי - סופית	final
סופשבוע ז.	weekend
סחורה נ. סחורות	merchandise
סחרחורת נ.	dizziness
סטודנט - סטודנטית	student
סיבה נ. סיבות	reason
סידור ז. סידורים	arrangement
סידורים ז.ר.	errands
סידר, מסדר לסדר את	to arrange, tidy up
סיור ס. סיורים	excursion
סייר, מסייר לסייר ב	to go on excursion
סיכום ז. סיכומים	summary
סיכם, מסכם לסכם את	to sum up
סימן ז. סימנים	signal
סימן קריאה ז.	exclamation mark
סימן שאלה	question mark
סיעה נ. סיעות	block, group
סיפוק ז.	satisfaction
סיפור ז. סיפורים	story
סיפק, מספק לספק	supply; please
סיפר, מספר לספר את ל	to tell
סירה נ. סירות	boat
סך הכל	sum total
סכום ז. סכומים	amount of money
סכנה נ. סכנות	danger
סכסוך ז. סכסוכים	conflict
סל ז. סלים	basket
סלח, סולח לסלוח ל על	to forgive for
סלט ז. סלטים	salad
סליחה נ. סליחות	forgiveness
סליחה !	Excuse me/pardon

סמוך ־ סמוכה ל	near/close to
סמיכות נ.	noun-noun phrase
סמך, סומך לסמוך על	to rely on
סמל ז. סמלים	symbol
סמלי ־ סמלית	symbolic
סמרטוט ז. סמרטוטים	rag
סנאי ־ סנאית	squirrel
סערה ־ סערות	storm
ספה נ. ספות	sofa
ספל ז ספלים	cup
ספסל ז. ספסלים	bench
ספר, סופר לספור	to count
ספר ז. ספרים	book
ספרד נ.	Spain
ספרדי ־ ספרדיה	Spanish (noun)
ספרדי ־ ספרדית	Spanish (adj.)
ספרדית נ.	Spanish (lang.)
ספרות ז.	literature
ספרייה נ. ספריות	library
ספרן ־ ספרנית	librarian
סקר ז. סקרים	survey
סקרן ־ סקרנית	curious
סקרנות נ.	curiosity
סרט ז. סרטים	movie
סרט ז. סרטים	ribbon
סרט פרסומת ז. סרטי פרסומת	advertisement film
סרט תיעודי ז. סרטים תיעודיים	documentary film
סתָו/סתיו ז.	autumn
סתם	just, for no reason
עבד, עובד לעבוד	to work
עבודה נ.	work, labor
עבודת כפיים נ.	physical labor
עבר, עובר לעבור על	to go over/review
עבר, עובר לעבור מ/ל	to move from/to
עבר, עובר לעבור על־יד	to pass by
עברית מדוברת נ.	Spoken Hebrew
עברית נ.	Hebrew
עברית קלה נ.	Easy Hebrew
עברית של שבת נ.	fancy Hebrew
עגבניה נ. עגבניות	tomato
עגול ־ עגולה	round
עגלה נ. עגלות	carriage
עד	until, up to
עד ־ עדה	witness
עדות נ.	testimony
עדיין לא/עוד לא	not yet
עדיין/עוד	still, yet
עוגה נ. עוגות	cake
עוגיה/עוגית נ. עוגיות	cookie
עוד	more
עוד	still
עודף ז.	change
עודף נימוס ז.	excessive politeness
עולה רגל ז. עולי רגל	pilgrim
עולם ז. עולמות	world
עומס ז.	burden
עונה נ. עונות	season
עוף ז. עופות	poultry, chicken
עורך ־ עורכת	editor
עורך דין ־ עורכת דין	lawyer
עושר ז.	wealth
עזב, עוזב לעזוב את	to leave/abandon
עזר, עוזר לעזור ל	to help/assist
עזרה נ.	help, aid
עזרה ראשונה נ.	First Aid
עטלף ז. עטלפים	bat
עיבד, מעבד לעבד	to cultivate/adapt
עיבוד ז עיבודים	adaptation
עיוור ־ עיוורת	blind
עייף, מעייף לעייף את	to tire
עייף ־ עייפה	tired
עייפות נ.	fatigue
עיכב, מעכב לעכב את	to delay
עימות ז. עימותים	confrontation
עין ז. עיניים	eye
עיסוק ז. עיסוקים	occupation
עיצב, מעצב לעצב	to design
עיצוב תפאורה	scenery design
עיצומו של	in midst/height of
עיקרון ז. עקרונות	principle
עיר נ. ערים	town, city
עירוני ־ עירונית	urban
עירייה נ. עיריות	municipality
עירנות נ.	alertness
עישון ז.	smoking
עישן, מעשן לעשן	to smoke
עיתון ז. עיתונים	newspaper
עיתונאי ־ עיתונאית	journalist
עיתונות נ.	newspapers
עכשָו/עכשיו	now
על	on/about
על חשבון	on the account of
על יד/ליד	next to
עלה, עולה לעלות	to cost
עלה, עולה לעלות	to go up, ascend
עליון ־ עליונה	superior
עליונות נ.	superiority

עלייה נ. עליות	Aliyah(immigration)
עלייה נ. עליות	uphill, rise
עם ז. עמים	nation, people
עמד, עומד לעמוד	to stand
עמוד ז. עמודים	column
עמוס ־ עמוסה	burdened, loaded
עמוק ־ עמוקה	deep
עממי ־ עממית	popular/folksy
עמק ז. עמקים	valley
ענה, עונה לענות ל על	to answer
עני ־ ענייה	poor
עניין, מעניין לעניין את	to interest
עניין ז. עניינים	matter, interest
ענן ז. עננים	cloud
עסוק ־ עסוקה	busy
עסק ז. עסקים	business
עף, עף לעוף	to fly (bird)
עץ ז. עצים	tree
עצב ז.	sadness
עצבים ז.ר.	nerves
עצבנות נ.	nervousness
עצבני ־ עצבנית	nervous
עצום ־ עצומה	enormous
עצור !	stop!
עצוב ־ עצובה	sad
עציץ ז. עציצים	flowerpot, plant
עצלן ־ עצלנית	lazy
עצלנות נ.	laziness
עצמאות נ.	independence
עצמאי ־ עצמאית	independent
עצר, עוצר לעצור את	to stop/detain
עקרת בית נ. עקרות בית	housewife
ערב ז. ערבים	evening
ערבי ־ ערבייה	Arab
ערבי ־ ערבית	Arabic
ערבית נ.	Arabic (lang.)
ערוץ ז. ערוצים	channel
ערך, עורך לערוך	to edit
ערך, עורך לערוך (פגישה)	to hold (meeting)
ערך, עורך לערוך שולחן	to set the table
ערך ז. ערכים	value
ערפל ז.	fog
עשה, עושה לעשות	to do, to make
עשה חיים	to have fun
עשה רושם	to impress
עשיר ־ עשירה	rich
עשן ז.	smoke
עת נ. עתים	season, time
עתיק ־ עתיקה	ancient, old
פגישה נ. פגישות	meeting
פגע, פוגע לפגוע ב	to hurt
פגש, פוגש לפגוש את	to meet
פה	here
פֶּה ז.	mouth
פוליטי ־ פוליטית	political
פוליטיקה נ.	politics
פונדק ז. פונדקים	inn
פופולרי ־ פופולרית	popular
פושע ־ פושעת	criminal
פח אשפה/פח זבל ז.	garbage can
פח ז. פחים	metal container
פחד, פוחד לפחוד מ	to be afraid of
פחד, מפחד לפחד מ	to be afraid of
פחד ז. פחדים	fear
פחות	less
פטריה נ. פטריות	mushroom
פיל ־ פילה	elephant
פינה נ. פינות	corner
פינק, מפנק לפנק את	to spoil (a child)
פירוט ז.	detailing
פירוש ז.	explanation
פיתוח ז.	development
פיתרון ז. פיתרונות	solution
פלפל ז. פלפלים	pepper
פנאי ז.	leisure time
פנה, פונה לפנות ל	to turn (direction)
פנה, פונה לפנות ל	to turn to, request
פנוי ־ פנוייה	free, having time
פנוי ־ פנוייה	free, unoccupied
פנוי ־ פנוייה	free, uninvolved
פנייה נ. פניות ל	request from
פנס ז. פנסים	flashlight
פסוק ז. פסוקים	sentence
פסוקית נ. פסוקיות	clause
פסנתר ז. פסנתרים	piano
פעיל ־ פעילה	active
פעילות נ. פעילויות	activity
פעם	once
פעם נ. פעמים	time (count)
פעמיים	twice
פער ז. פערים	gap
פקיד ־ פקידה	office worker
פקק תנועה ז. פקקי תנועה	traffic jam
פרא אדם !	wild man!
פראי ־ פראית	wild
פרד ז. פרדים	mule
פרח, פורח לפרוח	to bloom
פרח בר ז. פרחי בר	wild flower

פרח ז. פרחים	flower
פרט ז. פרטים	detail
פרטי - פרטית	private
פרטיות נ.	privacy
פרי ז. פירות	fruit
פריחה נ.	blooming
פריצה	break-in
פריצת דרך נ.	breakthrough
פרנסה נ.	livelihood
פרסומת נ. פרסומות	advertisement
פרק ז. פרקים	chapter
פשוט - פשוטה	simple
פשע ז. פשעים	crime
פשרה נ. פשרות	compromise
פתאום	suddenly
פתאומי - פתאומית	sudden
פתוּח -פתוּחה	open
פתח , פותח לפתוח את	to open
פתק ז. פתקים	note
פתר, פותר לפתור את	to solve
צב ז. צבים	turtle
צבא ז.	army
צבאי - צבאית	military
צבוע ז. צבועים	hyena
צבט, צובט לצבוט	to pinch
צבע ז. צבעים	color
צבעוני - צבעונית	colorful
צדק, צודק לצדוק	to be right
צדק ז.	justice
צהוב - צהובה	yellow
צהריים ז.ר.	noon
צודק - צודקת	right
צוואר ז.	neck
צוללן - צוללנית	diver
צוֹפֶה - צוֹפָה	scout
צורה נ. צורות	shape
צורך ז. צרכים	need
צחוק ז.	laughter
צחק, צוחק לצחוק (על)	to laugh (at)
ציבור ז.	public (noun)
ציבורי - ציבורית	public (adj.)
ציוד ז.	equipment
ציון ז. ציונים	grade
ציוני - ציונית	Zionist
צידנית נ. צידניות	picnic basket
ציין,. מציין לציין ש	to signify, mark
צייר, מצייר לצייר את	to draw/paint
צילום ז.	photograph
צילם, מצלם לצלם את	to take pictures
ציפה, מצפה לצַפּוֹת ל	to expect
צלחת נ. צלחות	dish
צלל, צולל לצלול	to dive
צלצל, מצלצל לצלצל	to ring
צמא - צמאה	thirsty
צמח ז. צמחים	plant
צמחוני - צמחונית	vegetarian
צמצום ז.	decrease
צעד ז. צעדים	step
צעיף ז. צעיפים	scarf
צעיר - צעירה	young, youth
צעצוע ז. צעצועים	toy
צעק, צועק לצעוק	to shout
צעקה נ. צעקות	scream, shout
צפה, צופה לִצְפּוֹת ב	to view
צפוי - צפוייה	expected
צפון ז.	north
צפוני - צפונית	northern
צפוף	It is crowded
צפוף - צפופה	crowded/jammed
צפייה נ.	viewing
צפיפות נ.	crowded condition
צפצוף ז. צפצופים	whistle, honking
צפר, צופר לצפור	to blow horn
צרח, צורח לצרוח	to scream
צריך	it is necessary
צריך - צריכה	need, have need
קב ז. קבין	measure (Mishnaic)
קבוצה נ. קבוצות	group
קבלה נ. קבלות	receipt
קבלן - קבלנית	contractor
קבע, קובע לקבוע	to set, decide
קבע מועד	to set a time
קדימה !	forward!
קהל ז.	audience
קו ז. קוים	line
קואליציה	coalition
קודם	prior, first (adv.)
קודם - קודמת	previous
קודם כל	first of all
קול ז. קולות	voice, sound
קולנוע ז.	movie house
קולניות נ.	loudness
קומה נ. קומות	floor (building)
קומה נ. קומות	height, stature
קומת גג נ.	top floor, penthouse
קוֹנֶה - קוֹנָה	customer
קוסם - קוסמת	magician
קוף - קופה	monkey

קופה נ. קופות	cash register
קור ז.	cold, frigidity
קור רוח ז.	control of emotions
קושי ז. קשיים	difficulty
קטן ־ קטנה	small, little
קטע ז. קטעים	section, fragment
קיבל, מקבל לקבל את	to receive, get
קידם את פני	welcomed
קיווה, מקווה לקוות ש	to hope
קיים, מקיים לקיים את	to keep/fulfill
קיים ־ קיימת	existing
קיץ ז. קיצים	summer
קיצי־ קיצית	summery
קיר ז. קירות	wall
קל ־ קלה	easy, light
קלות נ.	ease
קלטת נ. קלטות	video./audio tape
קליפה נ. קליפות	peal
קם, קם לקום	to get up, rise
קנה, קונה לקנות את	to buy
קניות נ.ר.	shopping
קנס ז. קנסות	fine, penalty
קצר ־ קצרה	short, brief
קר ־ קרה	cold, chilly
קרא, קורא לקרוא ל	to call/call by name
קרא, קורא לקרוא את	to read
קרב, מקרב לקרב את ל	to bring closer
קרבה נ.	proximity, closeness
קרוב ־ קרובה	close, near
קרוב ל	close to, near
קרובים ז.ר.	relatives
קרום כדור הארץ ז.	earth's outer layer
קריאה נ.	reading skill
קריר ־ קרירה	cool
קשה ־ קשה	difficult, hard
קשיש ־ קשישה	elderly person
ראה, רואה לראות את	to see
ראיון ז. ראיונות	interview
ראיין, מראיין לראיין את	to interview
ראש ז. ראשים	head
ראש ממשלה ז. ראשי ממשלה	prime minister
ראש עיר ז. ראשי עיר	mayor
ראשון ־ ראשונה	first
ראשי ־ ראשית	main
ראשית/ראשית כל	first of all
רב, רב לריב עם	to quarrel with
רב ־ רבה	plentiful
רב ז. רבנים	rabbi
רב־קומות	high building
רבים ־ רבות	plural
רבע ז. רבעים	quarter
רגוע ־ רגועה	relaxed
רגיל ־ רגילה	ordinary
רגיל ־ רגילה ל	used to
רגיש ־ רגישה	sensitive
רגישות נ.	sensitivity
רגל ז. רגליים	leg, foot
רגל ז. רגלים	holiday
רגע ז. רגעים	moment, minute
רגש ז. רגשות	sentiment, feeling
רגשי ־ רגשית	emotional
רהיט ־ רהיטים	furniture
רוב ז.	majority
רווק ־ רווקה	single person
רוח חיים ז.	living spirit
רוח נ. רוחות	spirit, soul
רוח נ. רוחות	wind
רוחני ־ רוחנית	spiritual
רועש ־ רועשת	noisy
רופא ־ רופאה	physician, doctor
רושם ז. רשמים	impression
רזה ־ רזה	think
רחוב ז. רחובות	street
רחוק ־ רחוקה	distant
רחוק מ	far from
רחמים ז.ר.	pity, compassion
רחמן ־ רחמנית	compassionate
רחץ, רוחץ לרחוץ את	to wash
ריב ז. ריבים	quarrel, fight
ריחם, מרחם לרחם על	to feel sorry for
ריכז, מרכז לרכז	to coordinate
ריכל, מרכל לרכל	to gossip
ריק ־ ריקה	empty
ריקוד ז. ריקודים	dance
רישיון ז. רישיונות	permit, license
רישיון נהיגה ז.	driving license
רכב, רוכב לרכב על	to ride (horse)
רכב ז.	vehicle
רכוש ז.	property
רכילות נ.	gossip
רמז ז. רמזים	hint
רמזור ז. רמזורים	traffic light
רע ־ רעה	bad, evil
רעב ־ רעבה	hungry
רעב ז.	hunger
רעיון ז. רעיונות	idea
רעש ז. רעשים	noise

רעשן ־ רעשנית	noisy
רפואה נ.	medicine
רץ, רץ לרוץ	to run
רצה, רוצה לרצות	to want, desire
רצוי ־ רצוייה	wanted, desirable
רצון ז. רצונות	will, desire
רצח ז.	murder
רציני ־ רצינית	serious
רצפה נ. רצפות	floor
רק	only, just
רקד, רוקד לרקוד	to dance
רקע ז.	background
רשימה נ. רשימות	list
רשם, רושם לרשום	to write down
רשם דו"ח/רשם קנס	to write a citation
רשמי ־ רשמית	official
רשמית	officially
ש.../אשר	that/which/who
ש.../כי	that
שאיפה נ. שאיפות	aspiration, wish
שאל, שואל לשאול	to ask, question
שאלה נ. שאלות	question
שאף, שואף לשאוף ל	to aspire for
שב, שב לשוב מ/ל	to return from/to
שבוע ז שבועות	week
שבועון ז. שבועונים	weekly journal
שבועיים ז.ר.	two weeks
שביל הזהב ז.	the Golden Path
שביל ז. שבילים	path
שביתה נ. שביתות	strike
שבר, שובר לשבור את	to break
שבת, שובת לשבות	to strike
שבת נ. שבתות	Saturday
שבתון ז. שבתונים	sabbatical
שגיאה נ. שגיאות	error, mistake
שגרה נ. שגרות	routine (noun)
שגרתי ־ שגרתית	routine (adj.)
שׂדה ז. שׂדות	field
שׂדה תעופה ז.	airport
שודר, משודר	was broadcast
שוטר ־ שוטרת	police person
שוכנע, משוכנע	was convinced
שולחן ז. שולחנות	table, desk
שולחן כתיבה ז.	desk
שולחן קבלה ז.	reception desk
שולי ־ שולית	marginal
שולם, משולם	was paid
שונה ־ שונה מ	different from
שועל צוקים ז.	rock fox

שופט ־ שופטת	judge
שוק ז. שווקים	market
שושנה נ. שושנים	rose
שותף ־ שותפה	partner
שזוף ־ שזופה	tanned
שחור ־ שחורה	black
שחיקה נ.	devaluation
שחקן ־ שחקנית	actor; player
שט, שט לשוט	to sail
שטח ז. שטחים	area
שיא ז. שיאים	climax, high point
שיגעון !	Great!
שיוויון ז.	equality
שיזוף ז.	tanning
שיחה נ. שיחות	conversation
שיחק, משחק לשחק את	to act (theater)
שיחק, משחק לשחק ב	to play (game)
שיט ז.	sailing
שיטה נ. שיטות	method
שיטפון ז. שיטפונות	flood
שייך ־ שייכת ל	belongs to
שיכון ז. שיכונים	housing project
שילם, משלם לשלם את	to pay for
שילם מזונות	paid child support
שינה, משנה לשנות	to change, alter
שינה נ.	sleep
שינוי ז. שינויים	change
שיעור ז. שיעורים	lesson, class
שיפר, משפר לשפר את	to improve
שיקולים ז.ר.	considerations
שיקום ז.	rehabilitation
שיקף, משקף לשקף את	to reflect
שיר ז. שירים	song, poem
שירה נ.	poetry
שירות ז.	service
שירותים ז.ר.	restroom
שיתוף פעולה ז.	cooperation
שיתופי ־ שיתופית	communal, shared
שכב, שוכב לשכב	to lie down
שכבה נ. שכבות	layer
שכונה נ. שכונות	neighborhood
שכח, שוכח לשכוח	to forget
שכן ־ שכנה	neighbor
שכנע, משכנע לשכנע את	to convince
שׂכר, שוכר לשׂכור את/מ	to rent from
שׂכר דירה ז.	rent
שׂכר ז.	fee
שׂכר לימוד ז.	tuition fee
של	of, belonging to

שלג ז. שלגים	snow
שלווה נ.	calm and peace
שלום ז.	peace
שלום !	Hello!
שלומיאל -שלומיאלית	good for nothing
שלח, שולח לשלוח את/ל	to send to
שלילה נ.	negation
שלילי - שלילית	negative
שלם - שלמה	complete, whole
שלשום	two days ago
שָׁם	there
שָׂם, שׂם לשׂים את	to put
שֵׁם גוף ז./כינוי גוף	pronoun
שֵׁם ז. שמות	name
שֵׁם חיבּה ז.	nickname
שֵׁם משפּחה ז.	last name
שֵׁם פּרטי ז.	first name
שמורה נ. שמורות	preserve
שמורת טבע נ.	nature preserve
שׂמח, שׂמח לשׂמוח	to be glad/joyful
שׂמח - שׂמֵחה	glad/delighted
שׂמחה נ.	joy
שמיים ז.ר.	sky
שׂמיכה נ. שׂמיכות	blanket
שׂמלה נ. שׂמלות	dress
שָׁמֵן - שמנה	heavy, fat
שֶׁמֶן ז.	oil
שמע, שומע לשמוע	to hear
שמר, שומר לשמור על	to guard/take care
שמרנות נ.	conservatism
שמרני - שמרנית	conservative
שמש נ.	sun
שׂנא, שׂונא לשׂנוא את	to hate
שנה מעוברת נ.	leap year
שנה נ. שנים	year
שנת שמיטה נ.	seventh year
שנתי- שנתית	annual, yearly
שנתיים נ.ר.	two years
שעה נ. שעות	hour
שעון ז. שעונים	clock, watch
שעון מעורר ז.	alarm clock
שערוריה נ. שערוריות	scandal
שער־ר אחוזים ז.	percentage
שעשועון ז. שעשועונים	game show
שעת חרום נ.	emergency
שעתיים נ.ר.	two hours
שׂפה נ. שׂפות	language, lip
שפך, שופך לשפוך	to pour out
שפלה נ. שפלות	plains, level land

שׂפת ים נ.	seaside, beach
שׂק שינה ז. שׂקי שינה	sleeping bag
שָׁקֵט - שקטה	calm, quiet (adj.)
שקט ושלווה	peace and quiet
שֶׁקֶט ז.	silence, quiet
שקל ז. שקלים	Shekel
שקע, שוקע לשקוע	to sink
שר, שר לשיר	to sing
שרב ז.	hot spell, heat wave
שרוול ז. שרוולים	sleeve
שׂרוּף - שׂרוּפה	burnt
שׂרף, שׂורף לשׂרוף	to burn
שׂרֵפה נ. שׂרפות	fire, arson
שרץ. שׂורץ לשרוץ	to hang around
שׂרר, שׂורר לשׂרור	to be dominant
שתה , שותה לשתות	to drink
שתייה נ.	drinking, drinks
שתיקה נ.	silence
שתלטני - שתלטנית	authoritarian
שתק, שותק לשתוק	to be silent
תאורה נ.	lighting
תאריך ז. תאריכים	date
תביעה נ. תביעות	demand; lawsuit
תבנית נ. תבניות	form, template
תגובה נ. תגובות	reaction
תדמית נ. תדמיות	image
תהליך ז. תהליכים	process
תוֹאר, מתוֹאר	to be described
תוֹאר ז. תארים	title; degree
תודה לאל !	Thank God!
תודה נ. תודות	thanks, gratitude
תודה !	Thanks!
תוכנית נ. תוכניות	program, plan
תוספת נ. תוספות	addition
תוף ז. תופים	drum
תוצרת נ. תוצרות	product, produce
תוקפנות נ.	aggression
תור ז. תורים	line, queue
תושב - תושבת עיר	city resident
תחבורה נ.	transportation
תחביב ז. תחביבים	hobby
תחום ז. תחומים	domain
תחזית מזג אוויר נ.	weather forecast
תחזית נ. תחזיות	forecast
תחינה נ. תחינות	plea, entreaty
תחנה נ. תחנות	station, depot
תחנת דלק נ.	gas station
תחנת משטרה נ.	police station
תחפּושׂת נ. תחפּושׂות	disguise, dress-up

תחקיר ז.	investigation
תחרות נ תחרויות	race, competition
תיאור ז. תיאורים	description
תיאוריה נ. תאוריות	theory
תיאר, מתאר לתאר את	to describe
תייר ־ תיירת	tourist
תיירות נ.	tourism
תינוק ־ תינוקת	baby
תיק ז. תיקים	bag, purse
תיקון ז. תקונים	repair
תכונה נ. תכונות	characteristic
תכוף ־ תכופה	frequent, urgent
תכנן, מתכנן לתכנן	to plan
תלה, תולה לתלות	to hang
תלוי !	It depends!
תלוי־ תלויית תרבות	culturally dependent
תלונה נ. תלונות	complaint
תלות נ.	dependency
תלמיד ־ תלמידה	pupil, student
תמונה נ. תמונות	picture
תמיד	always
תמך, תומך לתמוך ב	to support
תנאי ז. תנאים	condition
תנועה נ	traffic
תנועה נ. תנועות	movement
תנשמת נ.	owl
תסרוקת נ. תסרוקות	hairdo
תערוכה נ. תערוכות	exhibit
תעשייה נ.	industry
תפוז.ז. תפוזים	orange
תפוח/תפוחי אדמה	potato
תפוח ז.. תפוחים	apple
תפוס ־ תפוסה	occupied, busy
תפילה נ תפילות	prayer
תפקיד ז. תפקידים	function, role
תפקיד כפול ז.	double role
תפריט ז. תפריטים	menu
תצפית נ. תצפיות	lookout
תקופה נ. תקופות	period, era
תקליט ז. תקליטים	record
תקרית נ. תקריות	incident
תקשורת נ.	media
תקשר, מתקשר לתקשר	to communicate
תרבות נ. תרבויות	culture
תרבותי ־.תרבותית	cultural, cultured
תרגול ז. תרגולים	practice, drill
תרגום ז. תרגומים	translation
תרגל , מתרגל לתרגל	to drill
תרגם, מתרגם לתרגם	to translate
תרומה נ. תרומות	contribution
תרם, תורם לתרום ל	to contribute
תרמיל ז. תרמילים	backpack
תרנגולת נ. תרנגולות	hen, chicken
תשדיר ז. תשדירים	broadcast
תשובה נ. תשובות	answer, response
תשומת לב נ.	attention
תת מימי ־ תת מימית	underwater
תת קבוצה נ.	subgroup

ENGLISH-HEBREW DICTIONARY

מילון אנגלי־עברי

The entries appear in English alphabetical order.

a kind of	איזה - איזו
a little bit, few	מעט
a lot of	המון
ability, capability	יכולת נ.
above	מעל ל
abroad	חוץ לארץ
absentminded	מפוזר - מפוזרת
accepted, popular	מקובל - מקובלת
accidentally	במקרה
according to	בהתאם ל
according to difficulty	לְפִי הקוֹשִׁי
acquaintance	הכרות נ.
acquaintances	מכרים ז.ר.
act, tale	מעשה ז. מעש)ים
act (theater)	שיחק, משחק לשחק את
active	פעיל - פעילה
activity	פעילות נ. פעילויות
actor, player	שחקן - שחקנית
adaptation	עיבוד ז עיבודים
add	הוסיף, מוסיף להוסיף
addicted to	מכור - מכורה ל
addition	תוספת נ. תוספות
administration	מינהל ז.
advance/progress	התקדם, מתקדם להתקדם
advantage	יתרון ז. יתרונות
advertisement	פרסומת נ. פרסומות
advertisement film	סרט פרסומת ז. סרטי פרסומת
advisor, counselor	יועץ - יועצת
affirmation	חיוב ז.
after	אחרי
afternoon	אחרי הצהריים
against	נגד
aggression	תוקפנות נ.
agreed by all	מוסכם על כולם
agreed upon	מוסכם - מוסכמת
agriculture	חקלאות נ.
ahead	מראש
air	אוויר ז.
air pollution	זיהום אוויר ז.
airline company	חברת תעופה נ.
airplane	מטוס ז. מטוסים
airport	שדה תעופה ז.
alarm clock	שעון מעורר ז.
alertness	עירנות נ.
alive	חי - חיה
Aliyah (immigration)	עלייה נ. עליות
all of/every	כל
all over the country	בכל רחבי הארץ
almost	כמעט
also	אף
also, too	גם
altogether	לגמרֵי
always	תמיד
amount of money	סכום ז. סכומים
ancient, old	עתיק - עתיקה
and	ו..
anew	מחדש
anger	כעס ז.
anger	הרגיז, מרגיז להרגיז את
animal, creature	בעל חיים ז. בעלי חיים
animal/beast	חיה נ. חיות
anniversary	יום שנה ז. ימי שנה
announce	בישר, מבשר לבשר את
announcement	הודעה נ. הודעות
annoy	ניגן על העצבים
annoying person	טרדן - טרדנית
annual, yearly	שנתי- שנתית
answer, response	תשובה נ. תשובות
answer	ענה, עונה לענות ל על
anticipate/be first	הקדים, מקדים להקדים
any whatsoever	כלשהו
anyhow	בכל זאת
apartment	דירה נ. דירות
apologize	הצטדק, מצטדק להצטדק
appear	הופיע, מופיע להופיע
apple	תפוח ז.. תפוחים
appoint for	מינה , ממנה למנות את ל...
approximately	כ (כעשרה אנשים)
Arab	ערבי - ערבייה
Arabic	ערבי - ערבית
Arabic (lang.)	ערבית נ.
are not	אינם - אינן
area	שטח ז. שטחים
argue with	התווכח, מתווכח להתווכח עם
argument, debate	ויכוח ז. ויכוחים
arithmetic	חשבון ז.
army	צבא ז.
around	מסביב ל
around	סביב
arrange, tidy up	סידר, מסדר לסדר את
arrangement	סידור ז. סידורים

arrive from/to	הגיע, מגיע להגיע מ/ל
arson	הצתה בזדון נ.
as	כפי ש
as if	כאילו
as/like	כ (כמורה)
aside from	מחוץ ל
ask, question	שאל, שואל לשאול
aspiration, wish	שאיפה נ. שאיפות
aspire for	שאף, שואף לשאוף ל
association	אגודה נ. אגודות
assume that	הניח, מניח להניח ש
assumption	הנחה נ. הנחות
at	אצל
at, in	ב־
at all	בכלל
at least	לפחות
at the crossroads	בפרשת הדרכים
at the moment that	ברגע ש
at the start of	בתחילת
atmosphere	אווירה נ.
attention	תשומת לב נ.
attitude	יחס ז.
audience	קהל ז.
authoritarian	שתלטני ־ שתלטנית
autumn	סתָו/סתיו ז.
average, middle	בינוני ־ בינונית
average	ממוצע ־ ממוצעת
avoid	נמנע, נמנע להימנע מ
baby	תינוק ־ תינוקת
back	גב ז. גבות
background	רקע ז.
backpack	תרמיל ז. תרמילים
backwards	אחורה
bad, evil	רע ־ רעה
bag, purse	תיק ז. תיקים
bake	אפה, אופה לאפות את
balcony	מרפסת נ. מרפסות
ball	כדור ז. כדורים
bank	בנק ז. בנקים
Bar/Bat Mitzvah	בר מצווה ־ בת מצווה
base, basis	בסיס ז. בסיסים
baseball	כדורבסיס ז.
basic	בסיסי ־ בסיסית
basket	סל ז. סלים
basketball	כדורסל ז.
bat	עטלף ז. עטלפים
bath	אמבטייה נ.
bathroom	חדר אמבטיה ז. חדרי אמבטיה
battery	סוללה נ. סוללות
be able to	יכל, יכול

be accepted	התקבל, מתקבל להתקבל ל
be afraid of	פחד, פוחד לפחוד מ
be afraid of	פחד, מפחד לפחד מ
be agreed upon	סוכם, מסוכם
be alive/exist	חי, חי, לחיות
be angry with	כעס, כועס לכעוס על
be arranged	סודר, מסודר
be aware of	הכיר, מכיר להכיר ב
be born	נולד, נולד להיוולד
be broken	נשבר, נשבר להישבר
be careful	נזהר, נזהר להיזהר מ
be closed/shut	נסגר, נסגר להיסגר
be described	תואר, מתואר
be dominant	שׂרר, שׂורר לשׂרור
be elected to	נבחר, נבחר להיבחר ל
be established	הוקם, מוקם
be forced/obliged	נאלץ, נאלץ להיאלץ
be funny	הצחיק, מצחיק להצחיק את
be glad/joyful	שמח, שמח לשמוח
be held, take place	נערך, נערך להיערך
be hurt/injured	נפגע, נפגע להיפגע
be ignited, lit	נדלק, נדלק להידלק
be located at	נמצא, נמצא להימצא ב
be opened	נפתח ־ נפתח להיפתח
be prone to	ניתן, ניתן להינתן ל
be rejected	נדחה, נדחה להידחות
be right	צדק, צודק לצדוק
be set/determined	נקבע, נקבע להיקבע
be shy/ashamed	התבייש, מתבייש להתבייש
be silent	שתק, שותק לשתוק
be sold to	נמכר, נמכר להימכר ל
be stuck	נתקע, נתקע להיתקע ב
be surprised	התפלא, מתפלא להתפלא
beautiful, pretty	יָפֶה ־ יָפָה
beauty	יופי ז.
because	כי= מפני ש..
because, since	מפני ש
become known	נודע, נודע להיוודע
bedding	מצע ז. מצעים
beer	בירה נ. בירות
before the common era	לפני הספירה
behave	התנהג, מתנהג להתנהג
belongs to	שייך ־ שייכת ל
beloved	אהוב ־ אהובה
belt	חגורה נ. חגורות
bench	ספסל ז. ספסלים
between, among	בין
bible	מקרא ז.
biblical	מקראי ־ מקראית
bicycle	אופניים ז.ר.

big, large	גדול ־ גדולה
bill	חשבון ז. חשבונות
binoculars	משקפת נ. משקפות
biological sciences	מדעי טבע ז.ר.
birthday	יום הולדת ז. ימי הולדת
black	שחור ־ שחורה
blanket	שמיכה נ. שמיכות
blind	עיוור ־ עיוורת
block, group	סיעה נ. סיעות
blood	דם ז.
bloom	פרח, פורח לפרוח
blooming	פריחה נ.
blow horn	צפר, צופר לצפור
blue	כחול ־ כחולה
board game	משחק סבלנות ז.
boat	סירה נ. סירות
body	גוף ז. גופים
book	ספר ז. ספרים
border	גבול ז. גבולות
boring	משעמם ־ משעממת
boy	ילד ז. ילדים
brain	מח ז.
break	שבר, שובר לשבור את
break-in	פריצה
breakthrough	פריצת דרך נ.
breathe	נשם , נושם לנשום
bridegroom	חתן ז. חתנים
briefly	בקיצור
bring	הביא, מביא להביא את
bring closer	קרב, מקרב לקרב את ל
bring in	הכניס, מכניס להכניס
broad, wide	החב ־ רחבה
broadcast	תשדיר ז. תשדירים
broom	מטאטא ז. מטאטאים
brother	אח ז. אחים
brown	חום ־ חומה
buffet	מזנון ז. מזנונים
build	בנה, בונה לבנות את
building	בניין ז. בניינים
built	בנוי ־ בנוייה
burden	עומס ז.
burdened, loaded	עמוס ־ עמוסה
burn	שרף, שורף לשרוף
burnt	שרוף ־ שרופה
bus	אוטובוס ז. אוטובוסים
business	עסק ז. עסקים
business person	בעל עסקים ־ בעלת עסקים
busy	עסוק ־ עסוקה
but, however	אבל
but	אך
butter	חמאה נ.

buy	קנה, קונה לקנות את
by the way	אגב
cake	עוגה נ. עוגות
calendar, timetable	לוּחַ ז. לוחות
calendar	לוּחַ שָׁנָה ז.
call	טלפן, מטלפן לטלפן אל/ל
call/call by name	קרא, קורא לקרוא ל
calm, quiet (adj.)	שָׁקֵט ־ שקטה
calm and peace	שלווה נ.
camaraderie	ידידות נ.
camera	מצלמה נ. מצלמות
camp	מחנה ז. מחנות
camping skills	מחנאות נ.
candle	נר ז. נרות
capital city	בירה נ. בירות
car	מכונית נ. מכוניות
carnivorous	טורף ז. טורפים
carriage	עגלה נ. עגלות
cash	מזומנים ז.ר.
cash register	קופה נ. קופות
cat	חתול ־ חתולה
cause	גרם, גורם לגרום ל
cause harm	הזיק, מזיק להזיק ל
caution	זהירות נ.
cautious	זהיר ־ זהירה
celebrate	חגג, חוגג לחגוג את
center	מרכז ז. מרכזים
central	מרכזי ־ מרכזית
certain	ודאי ־ ודאית
certain, particular	מסויים ־ מסויימת
certainly	ודאי
certainty	ודאות נ.
chair	כיסא ז. כיסאות
chameleon	זיקית נ. זיקיות
change	עודף ז.
change	שינוי ז. שינויים
change, alter	שינה, משנה לשנות
change (self)	השתנה,משתנה להשתנות
change/exchange	החליף, מחליף להחליף
channel	ערוץ ז. ערוצים
chapter	פרק ז. פרקים
character	אופי ז.
character, image	דמות נ. דמויות
character/type	טיפוס ז. טיפוסים
characteristic	תכונה נ. תכונות
checkup/examination	בדיקה נ. בדיקות
cheese	גבינה נ. גבינות
chef/cook	טבח ־ טבחית
child care	טיפול בילדים
childhood	ילדות נ.
childish, childlike	ילדי ־ ילדית

children	ילדים ז.ר.
children's room	חדר ילדים ז. חדרי ילדים
chorus	מקהלה נ. מקהלות
Christian (adj.)	נוצרי - נוצרית
Christian (noun)	נוצרי - נוצריה
circle	חג, חג לחוג
citizen	אזרח - אזרחית
city council	מועצת עיר נ.
city plaza/square	כיכר עיר נ. כיכרות עיר
city resident	תושב - תושבת עיר
claim	טענה נ. טענות
claim that	טען, טוען לטעון ש...
clause	פסוקית נ. פסוקיות
clean (adj.)	נקי - נקייה
clean (verb)	ניקה, מנקה לנקות את
cleanliness	ניקיון ז.
clear, light colored	בהיר - בהירה
clear	ברור - ברורה
clear, well defined	מובהק - מובהקת
climate	אקלים ז. אקלימים
climax, high point	שיא ז. שיאים
climb on	טיפס, מטפס לטפס על
clock, watch	שעון ז. שעונים
close, near	קרוב - קרובה
close to, near	קרוב ל
close/shut	סגר, סוגר לסגור
closed, shut	סגור - סגורה
clothing article	בגד ז. בגדים
cloud	ענן ז. עננים
club	מועדון ז. מועדונים
coalition	קואליציה
coat	מעיל ז. מעילים
coercion	כפייה נ.
coffee house	בית קפה ז. בתי קפה
cold, frigidity	קור ז.
cold, chilly	קר - קרה
collapse	התמוטט, מתמוטט להתמוטט
college	מיכללה נ. מיכללות
collide with	התנגש, מתנגש להתנגש עם
color	צבע ז. צבעים
colorful	צבעוני - צבעונית
column	עמוד ז. עמודים
come	בא, בא לבוא ל/אל
comic	בדחן - בדחנית
commander	מפקד - מפקדת
commander	מפקד ז. מפקדים
committee	ועדה נ. ועדות
communal, shared	שיתופי - שיתופית
communicate	תקשר, מתקשר לתקשר
company/firm	חברה נ. חברות
compare	השווה, משווה להשוות את
compassionate	רחמן - רחמנית
compete	התחרה, מתחרה להתחרות
complaint	תלונה נ. תלונות
complete, whole	שלם - שלמה
complex	מורכב - מורכבת
complicated	מסובך - מסובכת
compliment	מחמאה נ. מחמאות
composed of	מורכב מ
composition	הרכב ז.
compromise	פשרה נ. פשרות
computer	מחשב ז. מחשבים
computer science	מדעי מחשב ז.ר.
concept	מושג ז. מושגים
concerning	בקשר ל
condition	תנאי ז. תנאים
conference	ועידה נ. ועידות
confidence, safety	ביטחון ז.
confirmation	אישור ז. אישורים
conflict	סכסוך ז. סכסוכים
confrontation	עימות ז. עימותים
congratulate	איחל, מאחל לאחל ל
Congratulations!	מזל טוב!
conservatism	שמרנות נ.
conservative	שמרני - שמרנית
considerable	ניכר - ניכרת
considerations	שיקולים ז.ר.
constitute	היווה, מהווה להוות
constitution	חוקה נ. חוקות
contemporary	בן דור ז. בני דור
context	הקשר ז. הקשרים
contractor	קבלן - קבלנית
contribute	תרם, תורם לתרום ל
contribution	תרומה נ. תרומות
control of emotions	קור רוח ז.
conventional	הולך - הולכת בתלם
conversation	שיחה נ. שיחות
convince	שכנע, משכנע לשכנע את
cook	בישל, מבשל לבשל את
cookie	עוגיה/עוגית נ. עוגיות
cool	קריר - קרירה
cooperation	שיתוף פעולה ז.
coordinate	ריכז, מרכז לרכז
corner	פינה נ. פינות
correct, true (adv.)	נכון
correct, true (adj.)	נכון - נכונה
correspondence	חילופי מכתבים ז.ר.
cost	עלה, עולה לעלות
council	מועצה נ. מועצות
counseling, advice	יעוץ ז.
count	ספר, סופר לספור

country, land	ארץ נ. ארצות
courage	אומץ לב ז.
court house	בית משפט ז. בתי משפט
cousin	בן דוד ז. בני דודים
cozy/comfortable	נוח - נוחה
crazy	משוגע - משוגעת
create, produce	יצר, יוצר ליצור
creative	יצירתי - יצירתית
creativity	יצירתיות נ.
crime	פשע ז. פשעים
criminal	פושע - פושעת
crisis	משבר ז. משברים
criticism	ביקורת נ.
crowded condition	צפיפות נ.
crowded/jammed	צפוף - צפופה
cry	בכה , בוכה לבכות
cultivate/adapt	עיבד, מעבד לעבד
cultural, cultured	תרבותי -.תרבותית
culturally dependent	תלוי- תלויית תרבות
culture	תרבות נ. תרבויות
cup	ספל ז ספלים
curiosity	סקרנות נ.
curious	סקרן - סקרנית
customer	קוֹנֶה - קוֹנָה
cut	חתך, חותך לחתוך את
cute, nice	חמוד - חמודה
cycle	מחזור ז. מחזורים
daily	יומי - יומית
daily newspaper	יומון ז. יומונים
daily schedule	סדר יום ז.
damage	נזק ז. נזקים
dance	ריקוד ז. ריקודים
dance	רקד, רוקד לרקוד
danger	סכנה נ. סכנות
dangerous	מסוכן - מסוכנת
darkness	חושך ז.
date	תאריך ז. תאריכים
daughter, girl	בת נ. בנות
day	יום ז. ימים
days of the week	ימות/ימי השבוע ז.ר.
dead	מת - מתה
deaf	חרש - חרשת
dear, expensive	יקר - יקרה
death	מוות ז.
debt	חוב ז. חובות
decide	החליט, מחליט להחליט
decision	החלטה נ. החלטות
decisively	בהחלטיות
declaration	הצהרה נ. הצהרות
declare	הצהיר, מצהיר להצהיר ש
decrease	צמצום ז.

deep	עמוק - עמוקה
deep valley	בקעה נ. בקעות
defend	הגן, מגן להגן על
define	הגדיר, מגדיר להגדיר
definitely	בהחלט
definitely	בוודאי
definition	הגדרה נ. הגדרות
delay	עיכב, מעכב לעכב את
delicious	טעם גן עדן
demand from	דרש, דורש לדרוש את/מ
demand; lawsuit	תביעה נ. תביעות
demonstrate	הפגין, מפגין להפגין
demonstration	הפגנה נ.הפגנות
department	מחלקה נ. מחלקות
dependency	תלות נ.
descent, downtrend	ירידה נ. ירידות
describe	תיאר, מתאר לתאר את
description	תיאור ז. תיאורים
desert, wilderness	מדבר ז. מדבריות
desert like	מדברי - מדברית
design	עיצב, מעצב לעצב
desk	שולחן כתיבה ז.
desperate	מיואש - מיואשת
destiny, fortune	גורל ז. גורלות
detached	מנותק- מנותקת
detail	פרט ז. פרטים
detailing	פירוט ז.
devaluation	שחיקה נ.
develop (by self)	התפתח, מתפתח להתפתח
development	פיתוח ז.
dictionary	מילון ז. מילונים
die	מת, מת למות
difference	הבדל ז. הבדלים
different from	שוֹנֶה - שוֹנָה מ
difficult, hard	קשה - קשה
difficulty	קושי ז. קשיים
dilemma	דילמה נ. דילמות
diligence	חריצות נ.
diligent	חרוץ - חרוצה
dining room	חדר אוכל ז. חדרי אוכל
direct, administer	ניהל, מנהל לנהל
direct (person)	ישיר - ישירה
direct object signal	את
direction	כיוון ז. כיוונים
director, principal	מנהל - מנהלת
dirt	לִכלוך ז.
disappear	נעלם, נעלם להיעלם
disaster	אסון ז. אסונות
disc	דיסקית נ. דיסקיות
discriminated	מוּפלֶה - מוּפלָה לרעה
discrimination	אפלייה (נ)

discuss	דן, דן לדון ב
discussion	דיון ז. דיונים
disguise, dress-up	תחפושת נ. תחפושׂות
dish	צלחת נ. צלחות
distance self	התרחק, מתרחק להתרחק מ
distant	רחוק ־ רחוקה
dive	צלל, צולל לצלול
diver	צוללן ־ צוללנית
division	חלוקה נ.
divorce	גירושים/גירושין ז.ר.
divorce decree	גט ז.
divorcee	גרוש ־ גרושה
dizziness	סחרחורת נ.
do, to make	עשה, עושה לעשות
documentary film	סרט תיעודי ז. סרטים תיעודיים
dog	כלב ז. כלבים
doll	בובה נ. בובות
domain	תחום ז. תחומים
domestic animal	חיה מבוייתת נ.
donkey	חמור ז. חמורים
door	דלת נ. דלתות
door step	משקוף ז. משקופים
dormitory, hostel	מעון ז. מעונות
double	כפול ־ כפולה
double role	תפקיד כפול ז.
downtown	מרכז העיר ז.
drag	גרר, גורר לגרור את
draw/paint	צייר, מצייר לצייר את
draw/pull	משך, מושך למשוך את
dreadful	איום ־ איומה
dream	חלום ז. חלומות
dream about	חלם, חולם לחלום על
dress	שׂמלה נ. שׂמלות
drill	תרגל , מתרגל לתרגל
drink	משקה ז. משקאות
drink	שתה , שותה לשתות
drinking, drinks	שתייה נ.
drive	נהג, נוהג לנהוג ב
driver	נהג ־ נהגת
driving	נהיגה נ.
driving license	רישיון נהיגה ז.
drop	הפיל, מפיל להפיל את
drought	בצורת נ.
drum	תוף ז. תופים
dry, arid	יבש ־ יבשה
during	במשך
duty/obligation	חובה נ. חובות
ear	אוזן ז. אוזניים
early	מוקדם
earth, ground	אדמה נ.
earth's outer layer	קרום כדור הארץ ז.
ease	קלות נ.
easily	בקלות
East	מזרח ז.
eastern	מזרחי ־ מזרחית
Eastern origin	מוצא מזרחי ז.
easy, light	קל ־ קלה
easy chair	כורסה נ. כורסות
Easy Hebrew	עברית קלה נ.
eat	אכל , אוכל לאכול את
economic	כלכלי ־ כלכלית
economy, economics	כלכלה נ.
edit	ערך, עורך לערוך
editor	עורך ־ עורכת
editorial board	מערכת עיתון נ.
education	חינוך ז.
educational	חינוכי ־ חינוכית
egg	ביצה נ. ביצים
elderly person	קשיש ־ קשישה
elect	בחר, בוחר לבחור ב
elections	בחירות נ.ר.
electricity	חשמל ז.
elegant	אלגנטי ־ אלגנטית
elephant	פיל ־ פילה
elevator	מעלית נ. מעליות
emergency	שעת חרום נ.
emotional	רגשי ־ רגשית
empty	ריק ־ ריקה
encounter	מפגש ז. מפגשים
end	סוף ז.
energetic	נמרץ ־ נמרצת
engagement	אירוסים ז.ר.
engineer	מהנדס ־ מהנדסת
English (adj.)	אנגלי ־ אנגלית
English (lang.)	אנגלית נ.
English person	אנגלי ־ אנגלייה
enjoy	נהנה, נהנה ליהנות מ
enjoyable	מהנֶה ־ מהנָה
enormous	עצום ־ עצומה
enough	מספיק
enough (adv.)	מספיק
enter	נכנס, נכנס להיכנס אל
entertainment	בידור ז.
entertainment show	מופע ז. מופעים
entry/entrance	כניסה נ. כניסות
envelope	מעטפה נ. מעטפות
environmental	סביבתי ־ סביבתית
equality	שיוויון ז.
equipment	ציוד ז.
errands	סידורים ז.ר.
error, mistake	שגיאה נ. שגיאות

escape from/to	נמלט, נמלט להימלט מ/אל
especially	בייחוד
essence, quality	מהות נ.
etc./and more	ועוד/וכולי
European origin	מוצא אשכנזי ז.
even, though	אפילו
even though	אם כי
even though	אף על פי
evening	ערב ז. ערבים
event	אירוע ז. אירועים
everybody	כולם
exactly	בדיוק
exaggerated	מופרז - מופרזת
examination, test	בחינה נ. בחינות
examine	בדק, בודק לבדוק את
examine, test	בחן, בוחן לבחון את
example	דוגמה (דוגמא) נ. דוגמאות
excellent	מצויין - מצויינת
except for	חוץ מ...
excessive politeness	עודף נימוס ז.
exchange/change	התחלף, מתחלף להתחלף
excitement	התרגשות נ.
exclamation mark	סימן קריאה ז.
excursion	מסע ז. מסעות
excursion	סיור ס. סיורים
excursion/hike	טיול ז. טיולים
Excuse me/pardon	סליחה !
exercise	התעמל, מתעמל להתעמל
exercise/gym	התעמלות נ.
exhibit	תערוכה נ. תערוכות
exist/take place	התקיים, מתקיים להתקיים
existing	קיים - קיימת
exit/go out	יצא, יוצא לצאת מ/אל
expect	ציפה, מצפה לצַפּות ל
expected	צפוי - צפוייה
experience	ניסיון ז. ניסיונות
experienced	בעל ניסיון - בעלת ניסיון
experienced	מנוסֶה - מנוסָה
experiment	ניסוי ז. ניסויים
expert	מומחה - מומחית
explain	הסביר, מסביר להסביר ל
explanation	הסבר ז. הסברים
explanation	פירוש ז.
exploit	ניצל, מנצל לנצל את
exposed	גלוי - גלוייה
exposed	חשׂוּף - חשׂוּפה
express	הביע, מביע להביע את
express (self)	התבטא, מתבטא להתבטא
external looks	מראֶה חיצוני ז.
eye	עין ז. עיניים
eyeglasses	משקפיים ז.ר.

factor	גורם ז. גורמים
factory	בית חרושת ז. בתי חרושת
faithful to	נאמן - נאמנה ל
fall	נפל, נופל ליפול
fall in love	התאהב, מתאהב להתאהב ב
familial	משפחתי - משפחתית
family	משפחה נ. משפחות
famous	מפורסם - מפורסמת
fancy Hebrew	עברית של שבת נ.
far from	רחוק מ
farmer	חקלאי - חקלאית
father	אב/אבא ז. אבות
fatigue	עייפות נ.
faucet	ברז ז. ברזים
favorably disposed by	מקוּבל על
fear	פחד ז. פחדים
fee	שׂכר ז.
feel	הרגיש, מרגיש להרגיש
feel sorry for	ריחם, מרחם לרחם על
feel sorry/sad	הצטער, מצטער להצטער
feeling	הרגשה נ. הרגשות
feminine/female	נקבה נ.
festive	חגיגי - חגיגית
field	שׂדה ז. שׂדות
fight/clash with	נלחם, נלחם להילחם ב
fill	מילא - ממלא למלא את
fill a role/function	מילא תפקיד/פונקציה
final	סופי - סופית
finally	בסוף
finally!	סוף, סוף !
financial	כספי - כספית
find out	ברר, מברר לברר
finding, figure	ממצא ז. ממצאים
fine, penalty	קנס ז. קנסות
finesse	דקות נ.
fingerprints	טביעת אצבעות נ.
finish	גמר, גומר לגמור את
fire, arson	שׂרֵפה נ. שׂרפות
first	ראשון - ראשונה
First Aid	עזרה ראשונה נ.
first name	שֵם פרטי ז.
first of all	קודם כל
first of all	ראשית/ראשית כל
fish	דג ז. דגים
flashlight	פנס ז. פנסים
flight	טיסה נ. טיסות
flight schedule	לוּחַ טיסות ז.
flood	שיטפון ז. שיטפונות
floor	רצפה נ. רצפות
floor (building)	קומה נ. קומות
flower	פרח ז. פרחים

flowerpot, plant	עציץ ז. עציצים
fly	זבוב ז. זבובים
fly (bird)	עף, עף לעוף
fly (by plane)	טס, טס לטוס מ/ל
focus	מוקד ז. מוקדים
fog	ערפל ז.
fold/"go home"	התקפל, מתקפל, להתקפל
following	בעקבות
food	אוכל ז.
for	בעד
for, for the sake of	בשביל
forbid	אסר, אוסר לאסור על
force, strength	כוח ז. כוחות
forecast	תחזית נ. תחזיות
forecaster	חזאי - חזאית
forget	שכח, שוכח לשכוח
forgive for	סלח, סולח לסלוח ל על
forgiveness	סליחה נ. סליחות
form, template	תבנית נ. תבניות
forward!	קדימה !
foundation, basis	יסוד ז. יסודות
founder	מייסד - מייסדת
frame, framework	מסגרת נ. מסגרות
free, having time	פנוי - פנוייה
free, unoccupied	פנוי - פנוייה
free, uninvolved	פנוי - פנוייה
free (adj.)	חופשי - חופשית
free (self)	השתחרר,משתחרר להשתחרר
freedom	חופש. ז.
freely	בחופשיות
frequent, urgent	תכוף - תכופה
fresh	טרי - טרייה
friend	ידיד - ידידה
friend/member	חבר - חברה
friendship	חברות נ.
fright, panic	בהלה נ.
frightening	מפחיד - מפחידה
frivolous opinion	דעה קלה
from all that's good	מכל טוב
fruit	פרי ז. פירות
frustrated	מתוסכל - מתוסכלת
full	מלא - מלאה
full comprehension	הבנה מלאה נ.
function, role	תפקיד ז. תפקידים
fundamental/basic	יסודי - יסודית
funny	מצחיק - מצחיקה
furniture	רהיט - רהיטים
gale, storm	סופה נ. סופות
gallery	גלריה נ. גלריות
game	משחק ז. משחקים

game show	שעשועון ז. שעשועונים
gang/group/pals	חֶבְרֶ׳ה
gap	פער ז. פערים
garage	מוסך ז. מוסכים
garage worker	מוסכנ׳יק ז.
garbage can	פח אשפה/פח זבל ז.
garden	גינה נ. גינות
garden, park	גן ז. גנים
gardener	גנן - גננת
gas station	תחנת דלק נ.
general	כללי - כללית
generosity	נדיבות נ.
generous	נדיב - נדיבה
genius	גאון - גאונית
gently	בעדינות
geographic	גיאוגרפי - גיאוגרפית
get closer	התקרב, מתקרב להתקרב
get divorced	התגרש, מתגרש להתגרש מ
get engaged	התארס, מתארס להתארס
get established	התבסס, מתבסס להתבסס
get excited	התרגש, מתרגש להתרגש מ
get in touch with	התקשר, מתקשר להתקשר עם
get involved in	התערב, מתערב להתערב ב
get married	התחתן, מתחתן להתחתן עם
get up, rise	קם, קם לקום
get used to	התרגל, מתרגל להתרגל ל
gift, present	מתנה נ. מתנות
girl	ילדה נ. ילדות
give	נתן, נותן לתת ל
give advice to	ייעץ, מייעץ לייעץ ל.
give up/forgo	ויתר, מוותר לוותר על
give/transmit to	מסר, מוסר למסור את ל
glad/delighted	שמח - שמֵחה
glass	זכוכית נ.
glass, cup	כוס נ. כוסות
glide, slide	גלש, גולש לגלוש
globe	כדור הארץ ז.
go down	ירד, יורד לרדת
go on excursion	סייר, מסייר לסייר ב
go over /review	עבר, עובר לעבור על
go up, ascend	עלה, עולה לעלות
God forbid!	חס וחלילה !
gold	זהב ז
good	טוב - טובה
good for nothing	שלומיאל -שלומיאלית
good hikers	מיטיבֵי לכת ז.ר.
Good luck!	בהצלחה !
gossip	רכילות נ.
gossip	ריכל, מרכל לרכל
governance	ממשל ז. ממשלים

government	ממשלה נ. ממשלות
grade	ציון ז. ציונים
graded	מדורג - מדורגת
grandparent	סב/סבא - סבה/סבתא
Great!	יופי !
Great!	שיגעון !
green	ירוק - ירוקה
grocery store	מכולת נ.
groomed, well kept	מטופח - מטופחת
group	קבוצה נ. קבוצות
grow, raise	גידל, מגדל לגדל את
growth	גידול ז. גידולים
guard/take care	שמר, שומר לשמור על
guest	אורח-אורחת
guidance	הדרכה נ.
guide	מדריך - מדריכה
guide	הדריך, מדריך להדריך את
guilt	אשמה נ.
guilty	אשם - אשמה
guilty	חייב - חייבת
hair	שיער ז.
hairdo	תסרוקת נ. תסרוקות
half	חצי ז. חצאים/מחצית נ.
hall, auditorium	אולם ז. אולמות
hand	יד נ. ידיים
handball	כדוריד ז.
hang	תלה, תולה לתלות
hang around	שרץ. שׂרץ לשרוץ
happiness	אושר ז.
harass/annoy	הטריד, מטריד להטריד
harvest	יבול ז.
hat	כובע ז. כובעים
hate	שנא, שונא לשנוא את
have a good time	בילה, מבלה לבלות
Have a good trip!	נסיעה טובה !
have fun	עשה חיים
he	הוא
head	ראש ז. ראשים
headache	כאב ראש ז.
headline, title	כותרת נ. כותרות
health	בריאות נ.
healthy	בריא - בריאה
hear	שמע, שומע לשמוע
heartache	כאב לב ז.
heat, fever	חום ז.
heating	חימום ז.
heavy	כבד - כבדה
heavy, fat	שָמֵן - שמנה
Hebrew	עברית נ.
height, stature	קומה נ. קומות
Hello!	שלום !
help, aid	עזרה נ.
help/assist	עזר, עוזר לעזור ל
hen, chicken	תרנגולת נ. תרנגולות
here	כאן
here	פה
hero, brave	גיבור - גיבורה
high building	רב-קומות
highly educated	בעל-ת השכלה גבוהה
hike/take trip in	טייל, מטייל לטייל ב
hint	רמז ז. רמזים
hobby	תחביב ז. תחביבים
hold	החזיק, מחזיק להחזיק
hold (meeting)	ערך, עורך לערוך (פגישה)
holiday	חג ז. חגים
holiday	יום חג ז. ימי חג
holiday	רגל ז. רגלים
holidays	חגים ומועדים
homeless	חסר/ת בית
homeless	ללא קוֹרַת גג
honey	דבש ז.
Honey!	מותק !
honorable, dear	נכבד - נכבדת
hope	קיווה, מקווה לקוות ש
horrendous, horrible	נורא - נוראה
horse	סוס - סוסה
hospital	בית חולים ז. בתי חולים
hot spell, heat wave	שרב ז.
hotel	מָלון ז. מלונות
hour	שעה נ. שעות
house, home	בית ז בתים
housewife	עקרת בית נ. עקרות בית
housing project	שיכון ז. שיכונים
how come?	מה פתאום ?
how much/many?	כמה ?
how?	איך ?
however	ואילו
hug	התחבק, מתחבק להתחבק עם
humane	אנושי - אנושית
hunger	רעב ז.
hungry	רעב - רעבה
hurt, ache	כאב, כואב לכאוב
hurt	פגע, פוגע לפגוע ב
husband-wife	בעל - אשה
hyena	צבוע ז. צבועים
I	אני
I care	אכפת לי
ice cream	גלידה נ. גלידות
idea	רעיון ז. רעיונות
ideal	אידיאלי - אידיאלית
identification	זיהוי ז

identity	זהות נ.
idiot, robot like	גולם ז. גלמים
idle	בטל ־ בטלה
if	אם
if only	אִילו רק
if only	לו/אִילו
ignite	הצית, מצית להצית
illiterate	אנאלפביתי ־ אנאלפביתית
illness, sickness	מחלה נ. מחלות
image	דימוי ז. דימויים
image	תדמית נ. תדמיות
imagination	דימיון ז.
immediately	מייד
important	חשו+ב ־ חשו+בה
impossible	אי אפשר
impossible (adj.)	בלתי אפשרי ־ בלתי אפשרית
impress	עשה רושם
impression	רושם ז. רשמים
imprison	אסר, אוסר לאסור את
improve	שיפר, משפר לשפר את
in a loud voice	בקול רם
in addition	בנוסף לכך
in comparison to	בשווה ל
in fact	הרי
in front of, across	מול
in front of	מלפני
in midst/height of	עיצומו של
in need of	זקוק ־ זקוקה ל
in order	כְּדֵי
in relation to	יחסית ל
in return	בחזרה
in spite of	לַמרות
in the beginning	בראשית
in the name of	בשם
in total	בסך הכל
incident	תקרית נ. תקריות
include	כלל, כולל לכלול את
included	כלול ־ כלולה
increase/raise	הגביר, מגביר להגביר
income	הכנסה נ. הכנסות
indeed	אמנם
independence	עצמאות נ.
independent	עצמאי ־ עצמאית
industrial plant	מפעל ז. מפעלים
industry	תעשייה נ.
inexpensive/cheap	זול ־ זולה
inexperienced	חסר/חסרת ניסיון
infantile, babyish	ילדותי ־ ילדותית
influence	השפעה נ. השפעות
influence	השפיע, משפיע להשפיע על
information	מודיעין ז.ר.
information	מידע ז.
inn	אכסניה נ. אכסניות
inn	פונדק ז. פונדקים
institute	מכון ז. מכונים
institution	מוסד ז. מוסדות
instruct	הוֹרָה, מורה להורות
instruction	הוראה נ. הוראות
instrument	מכשיר ז. מכשירים
insurance	ביטוח ז.
intelligent	אינטליגנטי ־ אינטליגנטית
intention	כוונה נ. כוונות
interest	התעניינות נ.
interest	עניין, מעניין לעניין את
interest group/circle	חוג ז. חוגים
interested in	מעו+ניין ־ מעוניינת ב
interesting	מעניין ־ מעניינת
intermission	הפסקה נ. הפסקות
international	בינלאומי ־ בינלאומית
interview	ראיון ז. ראיונות
interview	ראיין, מראיין לראיין את
interviewee	מרואיין ־ מרואיינת
interviewer	מראיין ־ מראיינת
inventor	ממציא ־ ממציאה
investigation	חקירה נ. חקירות
investigation	תחקיר ז.
investigation office	משׂרד חקירות ז
is not	אינו ־ אינה
island	אי ז. איים
Israeli	ישׂראלי ־ ישׂראלית
it comes out of	זה נובע מ
It depends!	תלוי!
it does not matter	אין דבר
It is a pity!	חבל!
It is crowded	צפוף
it is customary	נהוג
it is necessary	צריך
it is not allowed	אסור
it is possible	אפשר
it is worth it	כדאי
it matters	אכפת
it seems to me	נראה לי
jerboa (rodent)	ירבוע ז. ירבועים
Jew	יהודי ־ יהודייה
Jewish	יהודי ־ יהודית
job, position	משׂרה נ. משׂרות
join	הצטרף, מצטרף להצטרף
joke	בדיחה נ. בדיחות
journal, diary	יומן ז. יומנים
journalist	עיתונאי ־ עיתונאית
joy	שִׂמחה נ.
Judaism	יהדות נ.

judge	שופט - שופטת
juice	מיץ ז. מיצים
just, for no reason	סתם
justice	צדק ז.
keep/fulfill	קיים, מקיים לקיים את
key	מפתח ז. מפתחות
kill	הרג, הורג להרוג את
kind, type, genus	סוג ז. סוגים
kindergarten	גן ילדים ז. גני ילדים
kindergarten teacher	גנן - גננת
kiss	התנשק, מתנשק להתנשק
kitchen	מטבח ז. מטבחים
Knesset member	חבר/ת כנסת
knock/wrap on	דפק, דופק, לדפוק על
know	הכיר, מכיר להכיר את
know that	ידע, יודע לדעת את/ש
knowledge	ידע ז.
knowledgeable	בעל ידע - בעלת ידע
known as	ידוע בשם - ידועה בשם
lack of	חוסר ז.
lack of self confidence	חוסר ביטחון עצמי ז.
lacking, missing	חסר - חסרה
lacks sense	חסר/חסרת היגיון
Ladies and gentlemen!	גבירותיי ורבותיי!
lake	אגם ז. אגמים
lamb	כבש - כבשה
landlord	בעל בית - בעלת בית
language, lip	שפה נ. שפות
last name	שֵם משפחה ז.
last night	אמש
last year	בשנה שעברה
lately	לַאחרונה
laugh (at)	צחק, צוחק לצחוק (על)
laughter	צחוק ז.
laundry	כביסה נ.
law, religious law	דין ז. דינים
law, jurisprudence	משפטים ז.ר.
law/rule	חוק ז. חוקים
lawn	דשא ז. דשאים
lawyer	עורך דין - עורכת דין
layer	שכבה נ. שכבות
laziness	עצלנות נ.
lazy	עצלן - עצלנית
leader	מנהיג - מנהיגה
leadership	מנהיגות נ.
leap year	שנה מעוברת נ.
leave behind	השאיר, משאיר להשאיר את
leave/abandon	עזב, עוזב לעזוב את
lecturer	מרצֶה - מרצָה
leg, foot	רגל ז. רגליים
legal	חוקי - חוקית
leisure time	פנאי ז.
less	פחות
lesson, class	שיעור ז. שיעורים
let know	הודיע, מודיע להודיע ל
letter	מכתב ז. מכתבים
liberal arts	מדעי רוח ז.ר.
librarian	ספרן - ספרנית
library	ספרייה נ. ספריות
lie down	שכב, שוכב לשכב
life	חיים ז.ר.
lift of an eyebrow	הרמת גבה נ.
light	אור ז.
light/ignite	הדליק, מדליק להדליק את
lighting	תאורה נ.
like	כמו
like + sentence	כמו ש
likewise	כמו כן
limb	אבר ז. אברים
line	קו ז. קוים
line, queue	תור ז. תורים
lion	אריה ז. אריות
list	רשימה נ. רשימות
listen to	האזין, מאזין להאזין ל
literature	ספרות ז.
livelihood	פרנסה נ.
living room	חדר מגורים ז. חדרי מגורים
living spirit	רוח חיים ז.
loaf of bread	כיכר לחם נ. כיכרות לחם
local	מקומי - מקומית
local paper	מקומון ז. מקומונים
lock	נעל, נועל לנעול את
long	ארוך - ארוכה
look at/watch	התבונן, מתבונן להתבונן ב
look/glance at	הביט, מביט להביט ב
look/search for	חיפש, מחפש לחפש את
lookout	תצפית נ. תצפיות
loudness	קולניות נ.
love	אהבה נ.
love	אהב, אוהב לאהוב את
luck, fortune	מזל ז. מזלות
machine	מכונה נ. מכונות
magician	קוסם - קוסמת
mail	דואר ז.
main	ראשי - ראשית
main road	דרך המלך ז.
maintenance	אחזקה נ.
majority	רוב ז.
majority of	מרבית נ.
make a mistake	טעה, טועה לטעות
mammal	יונק ז. יונקים
Man, mankind	אדם ז.

man	גבר ז. גברים
manage	הספיק, מספיק להספיק
map	מפה נ. מפות
marginal	שולי ־ שולית
marital laws	דיני אישות ז.ר.
market	שוק ז. שְוָקים
marriage	נישואין ז.ר.
married	נשוי ־ נשואה
marvelous	נהדר ־ נהדרת
marvelous	נפלא ־ נפלאה
masculine/male	זכר ז.
materialism	חומרנות נ.
materialist	חומרני ־ חומרנית
matter, interest	עניין ז. עניינים
maybe	אולי
mayor	ראש עיר ז. ראשי עיר
meal	ארוחה נ. ארוחות
meaning	משמעות נ. משמעויות
meaningful	משמעותי ־ משמעותית
meaningless	חסר/חסרת משמעות
means of	אמצעי ז. אמצעים
meantime	בינתיים
measure	מידה נ. מידות
measure	מדד, מודד למדוד את
measure (Mishnaic)	קב ז. קבין
meat	בשׂר ז.
media	כלֵי תקשורת ז.ר.
media	תקשורת נ.
medicine	רפואה נ.
meet	פגש, פוגש לפגוש את
meet with	נפגש, נפגש להיפגש עם
meeting, session	ישיבה נ. ישיבות
meeting	פגישה נ. פגישות
melon	מֶלון ז. מלונים
membership	חברות נ.
membership fees	דמי חבר ז.ר.
memory	זיכרון ז. זיכרונות
menu	תפריט ז. תפריטים
merchandise	סחורה נ. סחורות
merchant	סוחר ־ סוחרת
message	מסר ז. מסרים
metal container	פח ז. פחים
method	שיטה נ. שיטות
middle	אמצע ז.
middle (adj.)	אמצעי ־ אמצעית
midnight	חצות
military	צבאי ־ צבאית
milk	חלב ז.
minute	דקה נ. דקות
mirror	מראָה נ. מראות
miserable	אומלל ־ אומללה

mistake, error	טעות נ. טעויות
moderator, host	מנחה ־ מנחה
moment, minute	רגע ז. רגעים
money	כסף ז.
monkey	קוף ־ קופה
month	חודש ז. חודשים
monthly	חודשי ־ חודשית
moon	ירח ז.
more	עוד
more (than)	יותר (מ)
more firmly	ביתר חוזקה
More power to you!	כל הכבוד!
morning	בוקר ז. בקרים
mother	אם/אמא נ. אמהות
motorcycle	אופנוע ז. אופנועים
mountain	הר ז. הרים
mouth	פֶּה ז.
move from/to	עבר, עובר לעבור מ/ל
move something	הזיז, מזיז להזיז את
move/stir	זז, זז לזוז
movement	תנועה נ. תנועות
movie	סרט ז. סרטים
movie house	בית קולנוע ז. בתי קולנוע
movie house	קולנוע ז.
Ms./Miss/Mrs.	גברת נ. גברות
mule	פרד ז. פרדים
municipality	עירייה נ. עיריות
murder	רצח ז.
museum	מוזיאון ז. מוזיאונים
mushroom	פטריה נ. פטריות
musical performer	נגן ־ נגנית
Muslim	מוסלמי ־ מוסלמית
must/is obliged	חייב ־ חייבת
nag, tiresome	נודניק ־ נודניקית
name	שֵם ז. שמות
narrow, fine	דק ־ דקה
nation, people	עם ז. עמים
natural disaster	אסון טבע ז.
nature	טבע ז.
nature preserve	שמורת טבע נ.
nature protection	הגנת הטבע נ.
near/close to	סמוך ־ סמוכה ל
neat, organized	מסודר ־ מסודרת
neck	צוואר ז.
need	צורך ז. צרכים
need, have need	צריך ־ צריכה
need	הצטרך, צריך להצטרך
negation	שלילה נ.
negative	שלילי ־ שלילית
negotiations	משא ומתן (מו״מ) ז.
neighbor	שכן ־ שכנה

neighborhood, environment	סביבה נ. סביבות
neighborhood	שכונה נ. שכונות
nerves	עצבים ז.ר.
nervous	עצבני ־ עצבנית
nervousness	עצבנות נ.
never	אף פעם (לא)
news item	ידיעה נ. ידיעות
newspaper	עיתון ז. עיתונים
newspapers	עיתונות נ.
next to	לְיַד
next to	על יד/לייד
next year	בשנה הבאה
nice	נחמד ־ נחמדה
nickname	שֵׁם חיבה ז.
night club	מועדון לילה ז.
no doubt	אין ספק
no . . . however	לא...אֶלָּא
nobody	אף אחד (לא/אינו)
noise	רעש ז. רעשים
noisy	רועש ־ רועשת
noisy	רעשן ־ רעשנית
noon	צהריים ז.ר.
normal	נורמלי ־ נורמלית
north	צפון ז.
northern	צפוני ־ צפונית
nose	אף ז. אפים
not at all	בכלל לא
not at all	לְגַמְרֵי לא
not highly educated	בעל־ת השכלה נמוכה
not yet	עדיין לא/עוד לא
note	פתק ז. פתקים
notebook	מחברת נ. מחברות
nothing	כלום (לא כלום)
notice, advertisement	מודעה נ. מודעות
noun-noun phrase	סמיכות נ.
now	עכשָׁו/עכשיו
number	מספר ז. מספרים
O.K., in order	בסדר
object	חפץ ז. חפצים
observation tower	מגדל תצפית ז.
obtain	השיג, משיג להשיג את
occupation	עיסוק ז. עיסוקים
occupied, busy	תפוס ־ תפוסה
ocean	אוקיינוס ז. אוקיינוסים
of, belonging to	של
of bad quality	גרוע ־ גרועה
of course	כמובן
of the opinion that	סבור ־ סבורה ש
office	מזכירות נ.
office	משׂרד ז. משׂרדים
office worker	פקיד ־ פקידה
official	רשמי ־ רשמית
officially	רשמית
oil	שֶׁמֶן ז.
old	ישן ־ ישנה
on foot	ברגל
on his own	בכוחות עצמו
on the account of	על חשבון
on the average	בממוצע
on the one hand & on the other	מחד ומאידך
on the one hand & on the other	מצד אחד ומצד שני
on the side	בצד
on/about	על
once	פעם
onion	בצל ז. בצלים
only	בלבד
only, just	רק
open	פתוח ־פתוחה
open	פתח , פותח לפתוח את
opinion	דעה נ. דעות
oppose	התנגד, מתנגד להתנגד ל
opposition	התנגדות נ.
or	או
orange	תפוז.ז. תפוזים
order	סדר ז.
ordinary	רגיל ־ רגילה
organized religion	דת מאורגנת נ.
origin	מוצא ז.
ostrich	יען נ . יענים
other, different	אחר ־ אחרת
out loud	בקול
out of, from within	מתוך
outside	חוץ ז.
overcome	גבר, גובר לגבור על
owe	חייב ־ חייבת
owl	כוס ז.
owl	תנשמת נ.
owner of	בעל ז. בעלים
package	חבילה נ. חבילות
paid child support	שילם מזונות
pain, ache	כאב ז. כאבים
pair/couple	זוג ז. זוגות
palace	ארמון ז. ארמונות
pants	מכנסיים ז.ר.
parallel	מקביל ־ מקבילה
parent	הורֶה ז הורים
park	חנה, חונה לחנות ב
parking	חנייה נ.
parking structure	חניון ז. חניונים.

parking meter	מדחן ז. מדחנים
part	חלק ז. חלקים
partial	חלקי ־ חלקית
participate	השתתף, משתתף להשתתף ב
partner	בן זוג ־ בת זוג
partner	שותף ־ שותפה
party	מסיבה נ. מסיבות
party/celebration	חגיגה נ. חגיגות
pass by	עבר, עובר לעבור על־יד
passenger	נוסע ־ נוסעת
path	מסלול ז. מסלולים
path	שביל ז. שבילים
patient/ill person	חולֶה ־ חולָה
pay for	שילם, משלם לשלם את
peace	שלום ז.
peace and quiet	שקט ושלווה
peal	קליפה נ. קליפות
peal	התקלף. מתקלף. להתקלף
pepper	פלפל ז. פלפלים
percent	אחוז ז. אחוזים
percentage	שער־ר אחוזים ז.
perform, do	ביצע, מבצע לבצע את
perhaps, could be	ייתכן
period, era	תקופה נ. תקופות
permit, license	רישיון ז. רישיונות
permitted, allowed	מותר
person, people	איש ז. אנשים
personages	אישים ז.ר.
personal	אישי ־ אישית
personality	אישיות נ.
perspective	נקודת ראות נ.
pertaining to law	משפטי ־ משפטית
photograph	צילום ז.
physical labor	עבודת כפיים נ.
physician, doctor	רופא ־ רופאה
piano	פסנתר ז. פסנתרים
picnic basket	צידנית נ. צידניות
picture	תמונה נ. תמונות
pig/swine	חזיר ־ חזירה
pilgrim	עולה רגל ז. עולי רגל
pilot	טייס ־ טייסת
pinch	צבט, צובט לצבוט
pink	ורוד ־ ורודה
pity, compassion	רחמים ז.ר.
place, site	מקום ז. מקומות
plains, level land	שפלה נ. שפלות
plan	תכנן, מתכנן לתכנן
plant	צמח ז. צמחים
platform	מצע ז. מצעים
play (game)	שיחק, משחק לשחק ב
play (music)	ניגן, מנגן לנגן ב
playground	מגרש משחקים
playroom	חדר משחקים ז. חדרי משחקים
plea, entreaty	תחינה נ. תחינות
pleasant	נעים ־ נעימה
please	בבקשה
plentiful	רב ־ רבה
plural	רבים ־ רבות
poet	משורר ־ משוררת
poetry	שירה נ.
point	נקודה נ. נקודות
point of view	השקפה נ. השקפות
point of view	נקודת מבט נ.
police	משטרה נ. משטרות
police person	שוטר ־ שוטרת
police station	תחנת משטרה נ.
policy	מדיניות נ.
polished	מצוחצח ־ מצוחצחת
polite	מנומס ־ מנומסת
politeness/courtesy	נימוס ז.
political	מדיני ־ מדינית
political	פוליטי ־ פוליטית
political party	מפלגה נ. מפלגות
political science	מדע המדינה ז.
politics	פוליטיקה נ.
pool	בריכה נ. בריכות
poor, miserable	מסכן ־ מסכנה
poor	עני ־ ענייה
popular	פופולרי ־ פופולרית
popular/folksy	עממי ־ עממית
population	אוכלוסייה נ. אוכלוסיות
position, status	מעמד ז. מעמדות
positive	חיובי ־ חיובית
possibility	אפשרות נ.
possible (adj.)	אפשרי ־ אפשרית
possibly	יכול להיות
postcard	גלוייה נ. גלויות
potato	תפוח אדמה (תפוד) ז..תפודים
poultry, chicken	עוף ז. עופות
pour out	שפך, שופך לשפוך
practical	מעשי ־ מעשית
practice, drill	תרגול ז. תרגולים
pray	התפלל, מתפלל להתפלל
prayer	תפילה נ תפילות
prefer	העדיף, מעדיף להעדיף את
prepare/plan	התכונן, מתכונן להתכונן
present (tense)	הוֶוה ז.
present/show	הציג, מציג להציג את
preserve	שמורה נ. שמורות
president	נשיא ־ נשיאה

pressure	לַחַץ ז. לְחָצִים
previous	קודם - קודמת
prime minister	ראש ממשלה ז. ראשי ממשלה
principle	עיקרון ז. עקרונות
prior, first (adv.)	קודם
privacy	פרטיות נ.
private	פרטי - פרטית
process	תהליך ז. תהליכים
proclaim	הכריז, מכריז להכריז ש
product, produce	תוצרת נ. תוצרות
production	הפקה נ. הפקות
profession	מקצוע ז. מקצועות
professional	מקצועי - מקצועית
professionalism	מקצועיו+ת נ.
program, plan	תוכנית נ. תוכניות
progress	התקדמות נ.
prohibition	איסור ז. איסורים
promenade	טיילת נ. טיילות
pronoun	שֵׁם גוף ז./כינוי גוף
property	רכוש ז.
proposal	הצעה נ. הצעות
propose	הציע, מציע להציע ל
proximity, closeness	קרבה נ.
public (adj.)	ציבורי - ציבורית
public (noun)	ציבור ז.
public park	גן ציבורי ז. גנים ציבוריים
pupil, student	תלמיד - תלמידה
push	דחיפה נ. דחיפות
put	שָׂם, שָׂם לשים את
put down	הניח, מניח להניח את
put on clothes	התלבש, מתלבש להתלבש
put on shoes	נעל, נועל לנעול את
put together	הרכיב, מרכיב להרכיב את
puzzle game	משחק הרכבה ז.
quality	איכות נ.
quantity	כמות נ. כמויות
quarrel, fight	ריב ז. ריבים
quarrel with	רב, רב לריב עם
quarter	רבע ז. רבעים
question	שאלה נ. שאלות
question mark	סימן שאלה
quick, fast, rapid	מהיר - מהירה
quickly	מהר
rabbi	רב ז. רבנים
race, competition	תחרות נ תחרויות
racism	גזענות נ.
rag	סמרטוט ז. סמרטוטים
rain	גשם ז. גשמים
raincoat	מעיל גשם ז.
rainy	גשום - גשומה
raise	העלאה נ. העלאות
raise	הרים, מרים להרים את
raise price of	ייקר, מייקר לייקר את
reaction	תגובה נ. תגובות
read	קרא, קורא לקרוא את
reading skill	קריאה נ.
ready	מוכן - מוכנה
real, true	אמיתי - אמיתית
reality	מציאות נ.
reason	סיבה נ. סיבות
reasonable	סביר - סבירה
recall, remember	נזכר, נזכר להיזכר ב
receipt	קבלה נ. קבלות
receive, get	קיבל, מקבל לקבל את
reception desk	שולחן קבלה ז.
recipe	מתכון ז. מתכונים
recommend	המליץ, ממליץ להמליץ על
recommendation	המלצה נ. המלצות
recommended	מומלץ - מומלצת
record	תקליט ז. תקליטים
recreation	נופש ז.
red	אדום - אדומה
reflect	שיקף, משקף לשקף את
refrigerator	מקרר ז. מקררים
regime	משטר ז. משטרים
region	אזור ז. אזורים
regional	אזורי - אזורית
register	משלב ז. משלבים
register for	נרשם, נרשם להירשם ל
registration	הרשמה נ.
rehabilitation	שיקום ז.
rehearsal	חזרה נ. חזרות
rejection	דחייה נ. דחיות
relationship	יחסים ז.ר.
relatives	קרובים ז.ר.
relaxed	רגוע - רגועה
religion	דת נ. דתות
religious (adj.)	דתי - דתית
religious person	דתי - דתייה
rely on	סמך, סומך לסמוך על
remain/stay	נשאר, נשאר להישאר
remember	זכר, זוכר לזכור את
rent	שְׂכַר דירה ז.
rent from	שָׂכַר, שׂוֹכֵר לִשְׂכּוֹר את/מ
repair	תיקון ז. תקונים
repeat	חזר, חוזר לחזור על
repetition	חזרה נ.
report about	דיווח, מדווח לדווח על
representation	ייצוג ז.
representative	ייצוגי - ייצוגית
representative	נציג - נציגה

request	בקשה נ. בקשות
request, ask	ביקש, מבקש לבקש מ
request from	פנייה נ. פניות ל
researcher	חוקר ־ חוקרת
reside/live at	גר, גר לגור ב
respect	כבוד ז.
responsibility	אחריות נ.
responsible	אחראי ־ אחראית
rest	נח, נח לנוח
restaurant	מסעדה נ. מסעדות
restroom	שירותים ז.ר.
return	חזרה נ. חזרות
return from/to	שב, שב לשוב מ/ל
return to/from	חזר, חוזר לחזור ל/מ
ribbon	סרט ז. סרטים
rice	אורז ז.
rich	עשיר ־ עשירה
ride (horse)	רכב, רוכב לרכב על
right	צודק ־ צודקת
right/privilege	זכות נ. זכויות
ring	צלצל, מצלצל לצלצל
river	נהר ז. נהרות
river bank	גדה נ. גדות
road, highway	כביש ז. כבישים
rock fox	שועל צוקים ז.
rodent	מכרסם ז. מכרסמים
room	חדר ז. חדרים
rose	שושנה נ. שושנים
round	עגול ־ עגולה
routine (adj.)	שגרתי ־ שגרתית
routine (noun)	שגרה נ. שגרות
ruin/destroy	הרס, הורס להרוס את
rule	כלל ז. כללים
run	רץ, רץ לרוץ
running race	מירוץ ז. מירוצים
sabbatical	שבתון ז. שבתונים
sad	עצוב ־ עצובה
sadness	עצב ז.
sail	שט, שט לשוט
sailboat	מפרשית נ. מפרשיות
sailing	שיט ז.
salad	סלט ז. סלטים
salary	משכורת נ. משכורות
sale	מכירה נ. מכירות
salesperson	מוכר ־ מוכרת
same	אותו ־ אותה
sample, specimen	מדגם ז. מדגמים
satisfaction	סיפוק ז.
satisfied, happy	מרוצֶה ־ מרוצָה
Saturday	שבת נ. שבתות
Saturday night	מוצאי שבת ז.ר.

save	הציל, מציל להציל את
say	אמר־ אומר־ יאמר לומר ל
saying, words	דבר ז דברים
scandal	שערוריה נ. שערוריות
scarf	צעיף ז. צעיפים
scenery design	עיצוב תפאורה
school	בית ספר ז. בתי ספר
science	מדע ז. מדעים
scientific institute	מכון מחקר ז.
scientist	מדען ־ מדענית
scout	צופֶה ־ צופָה
scream, shout	צעקה נ. צעקות
scream	צרח, צורח לצרוח
sea	ים ז. ימים
seaside, beach	שְׂפת ים נ.
season	עונה נ. עונות
season, time	עת נ. עתים
secondary	משני ־ משנית
secret	סוד ז. סודות
secret (adj.)	סודי ־ סודית
secretary	מזכיר ־ מזכירה
section	מדור ז. מדורים/ות
section, fragment	קטע ז. קטעים
secular	חילוני ־ חילונית
see	ראה, רואה לראות את
self confidence	ביטחון עצמי ז.
self image	דימוי עצמי ז.
selfish	אנוכי ־ אנוכית
selfishness	אנוכיות נ
sell to	מכר, מוכר למכור את ל
send to	שלח, שולח לשלוח את/ל
senior	בכיר ־ בכירה
sense, instinct	חוש ז. חושים
sense of humor	חוש הומור ז.
sensitive	רגיש ־ רגישה
sensitivity	רגישות נ.
sentence	משפט ז. משפטים
sentence	פסוק ז. פסוקים
sentiment, feeling	רגש ז. רגשות
separated	הפריד, מפריד להפריד
series	סדרה נ. סדרות
serious	חמור ־ חמורה
serious	רציני ־ רצינית
serious ailment	מחלה אנושה ז.ר.
server	מגיש ־ מגישה
service	שירות ז.
set, decide	קבע, קובע לקבוע
set a time	קבע מועד
set the table	ערך, עורך לערוך שולחן
settle/sit down	התיישב, מתיישב להתיישב ב
settlement	ישוב ז. ישובים

seventh year	שנת שמיטה נ.
several, some	כמה
shape	צורה נ. צורות
share, divide	התחלק, מתחלק להתחלק עם
sharp	חד - חדה
she	היא
Shekel	שקל ז. שקלים
ship, boat	אוניה נ. אוניות
shoe	נעל נ. נעליים
shoot at	ירה, יורה לירות ב
shopping	קניות נ.ר.
shopping center	מרכז קניות ז. מרכזי קניות
shore	חוף ז. חופים
short, brief	קצר - קצרה
short (stature)	נמוך - נמוכה
shout	צעק, צועק לצעוק
show	הצגה נ. הצגות
show for its own sake	הצגה לשמה
shy person	ביישן - ביישנית
sidewalk	מדרכה נ. מדרכות
sign/subscribe to	חתם. חותם לחתום על
signal	סימן ז. סימנים
signature	חתימה נ. חתימות
signify, mark	ציין,. מציין לציין ש
silence, quiet	שֶׁקֶט ז.
silence	שתיקה נ.
similar (to)	דוֹמֶה - דוֹמָה (ל)
similarity	דימיון ז.
simple	פשוט - פשוטה
sing	שר, שר לשיר
singer	זמר - זמרת
single parent family	משפחה חד-הורית נ
single person	רווק - רווקה
single/singular	יחיד - יחידה
sink	שקע, שוקע לשקוע
sir, mister	אדון ז. אדונים
sister	אחות נ. אחיות
sit, sit down	ישב, יושב לשבת
site/tourist site	אתר ז. אתרים
situation, state	מצב ז. מצבים
size	גודל ז.
skirt	חצאית נ. חצאיות
sky	שמיים ז.ר.
sleep	שינה נ.
sleep	ישן, ישן לישון
sleeping bag	שׂק שינה ז. שׂקי שינה
sleeve	שרוול ז. שרוולים
small, little	קטן - קטנה
small change	כסף קטן ז.
smart, sensible	נבון - נבונה
smell/sniff	הריח, מריח, להריח את
smile	חיוך ז. חיוכים
smile	חייך, מחייך לחייך
smoke	עשן ז.
smoke	עישן, מעשן לעשן
smoking	עישון ז.
snake	נחש ז. נחשים
snow	שלג ז. שלגים
so (much)	כל כך
so that	כדי ש..
soccer, football	כדורגל ז.
sociable	חברותי - חברותית
social	חברתי - חברתית
sofa	ספה נ. ספות
soldier	חייל - חיילת
solid, altogether	מגובש - מגובשת
solution	פיתרון ז. פיתרונות
solve	פתר, פותר לפתור את
some kind of	איזשהו
somebody	מישהו
somehow	איכשהו
something	משהו
somewhere	אי שם
son, boy	בן ז. בנים
song, poem	שיר ז. שירים
soul, person	נפש נ. נפשות
soup	מרק ז. מרקים
source, origin	מקור ז. מקורות
south	דרום ז.
southern	דרומי - דרומית
Spain	ספרד נ.
Spanish (adj.)	ספרדי - ספרדית
Spanish (noun)	ספרדי - ספרדיה
special, unique	מיוחד - מיוחדת
speed	מהירות נ.
spirit, soul	רוח נ. רוחות
spiritual	נפשי - נפשית
spiritual	רוחני - רוחנית
spit	ירק, יורק לירוק
spoil (a child)	פינק, מפנק לפנק את
spoiled	מפונק - מפונקת
Spoken Hebrew	עברית מדוברת נ.
spokesperson	דובר - דוברת
spread	התפשט, מתפשט להתפשט
spread, smear	מרח, מורח למרוח את על
Spring time	אביב ז. אביבים
squirrel	סנאי - סנאית
staff	סגל ז.
stamp	בול ז. בולים
stand	עמד, עומד לעמוד
star	כוכב ז. כוכבים
starting from	החל מ

state, country	מדינה נ. מדינות
station, depot	תחנה נ. תחנות
step	צעד ז. צעדים
step on	דרך, דורך לדרוך על
steward/ess	דייל - דיילת
stifling	מחניק - מחניקה
still, yet	עדיין/עוד
still	עוד
stocking, sock	גרב ז. גרביים
stomach	בטן נ.
stomach ache	כאב בטן ז.
stop	הפסיק, מפסיק להפסיק את
stop!	עצור!
stop/detain	עצר, עוצר לעצור את
store, shop	חנות ז. חנויות
storm	סערה - סערות
stormy	סוער - סוערת
story	סיפור ז. סיפורים
straight	ישר - ישרה
stream	נחל ז. נחלים
street	רחוב ז. רחובות
strength	חוזק ז.
stretch over	השתרע, משתרע להשתרע
strike	שביתה נ. שביתות
strike	שבת, שובת לשבות
strong	חזק - חזקה
student	סטודנט - סטודנטית
stupid/silly	טיפש - טיפשה
stupidity	טיפשות נ.
style, mode	אופנה נ. אופנות
subgroup	תת קבוצה נ.
subject, topic	נושא ז. נושאים
subscribed to	חתום - חתומה על
substitute for	מילא מקום
succeed in	הצליח, מצליח להצליח ב
success	הצלחה נ. הצלחות
successful	מוצלח - מוצלחת
such as these	כאֵלה
such as this	כזה - כזאת
sudden	פתאומי - פתאומית
suddenly	פתאום
suffer	סבל, סובל לסבול
sufficient	מספיק - מספיקה
sugar	סוכר ז.
suit	חליפה נ. חליפות
suitable	מתאים - מתאימה
suitcase	מזוודה נ. מזוודות
sum total	סך הכֹּל
sum up	סיכם, מסכם לסכם את
summary	סיכום ז. סיכומים
summer	קיץ ז. קיצים

summery	קיצי- קיצית
sun	שמש נ.
sunflower seed/pit	גרעין ז. גרעינים
superior	עליון - עליונה
superiority	עליונות נ.
supermarket	מרכול ז.
supplement	מוסף ז. מוספים
supply; please	סיפק, מספק לספק
support	תמך, תומך לתמוך ב
supposed to	אמור - אמורה
Supreme Court	בית המשפט העליון ז.
sure, confident	בטוח - בטוחה
Sure! surely	בטח
surfboard	גלשן ים ז. גלשני ים
surprising	מפתיע - מפתיעה
survey	סקר ז. סקרים
swaggering man	גברבר ז. גברברים
sweat	הזיע, מזיע להזיע
sweater	סוודר/סודר ז. סוודרים
swimsuit	בגד־ים ז. בגדי־ים
swing	התנדנד, מתנדנד להתנדנד
symbol	סמל ז. סמלים
symbolic	סמלי - סמלית
synagogue	בית כנסת ז. בתי כנסת
system	מערכה נ. מערכות
table, desk	שולחן ז. שולחנות
tablecloth	מפה נ. מפות
take a shower	התקלח. מתקלח להתקלח
take care of	השגיח, משגיח להשגיח על
take interest in	התעניין, מתעניין להתעניין ב
take off clothes	התפשט, מתפשט להתפשט
take out	הוציא, מוציא להוציא
take pictures	צילם, מצלם לצלם את
talent	כישרון ז. כישרונות
talented, gifted	מוכשר - מוכשרת
talk to/speak with	דיבר, מדבר לדבר עם
talk/speech	דיבור ז. דיבורים
tall	גבוה - גבוהה
tall building	בניין רב קומות ז.
tan	השתזף,משתזף להשתזף
tanned	שזוף - שזופה
tanning	שיזוף ז.
target, purpose	מטרה נ. מטרות
task, assignment	משימה נ. משימות
taste, flavor	טעם ז. טעמים
taste	טעם, טועם לטעום את
tasty	טעים - טעימה
taxi, cab	מונית נ. מוניות
teacher, instructor	מוֹרֶה - מוֹרָה
team	נבחרת נ. נבחרות
telegram	מברק ז. מברקים

telephone	טלפון ז. טלפונים
telephone directory	מדריך טלפון ז.
tell	סיפר, מספר לספר את ל
temper, modify	מיתן , ממתן למתן את
temporary	זמני ־ זמנית
tennis courts	מגרשי טניס ז.ר.
tense, taut	מתוח ־ מתוחה
tension	מתח ז.
tent	אוהל ז. אוהלים
term	מונח ז. מונחים
testimony	עדות נ.
thank for	הודה, מודה להודות ל/על
Thank God!	תודה לאל !
thanks, gratitude	תודה נ. תודות
Thanks!	תודה !
that	כי (אמר כי)
that	ש.../כי
that one	ההוא ־ ההיא
That's it!	זהו זה !
that/which/who	ש.../אשר
the Golden Path	שביל הזהב ז.
the main thing	העיקר
the most	הכי
then, so	אז
theory	תיאוריה נ. תאוריות
there	שָׁם
there is, there are	יש
there is/are not	אין
therefore	לָכֵן
these	אלה (אלוּ)
they	הם/הן
thing, matter	דבר ז דברים
think	רוֹצֶה ־ רוֹצָה
think about	חשב, חושב לחשוב על/ש...
thirsty	צמא ־ צמאה
this	זה ־ זאת
those ones	ההם ־ ההן
thousand	אלף ז. אלפים
threat	איום ז. איומים
throat	גרון ז. גרונות
throughout life	לאורֶך החיים
throw	זרק, זורק לזרוק את
thus, so	כָּך, ככה
tiger/tigress	נמר ־ נמרה
time	זמן ז. זמנים
time (count)	פעם נ. פעמים
tire	עייף, מעייף לעייף את
tire/lose interest	נמאס, נמאס להימאס על
tired	עייף ־ עייפה
title; degree	תואר ז. תארים
to a small extent	במידה מועטה
to stroke/pet	לִיטֵף־לְלַטֵּף
to the best of my ability	כמיטב יכולתי
together	ביחד
together	יחד
token	אסימון ז. אסימונים
tomato	עגבניה נ. עגבניות
too much	יותר מדי
top floor, penthouse	קומת גג נ.
tourism	תיירות נ.
tourist	תייר ־ תיירת
toward	לִקְרָאת
towel	מגבת נ. מגבות
tower	מגדל ז. מגדלים
town, city	עיר נ. ערים
toy	צעצוע ז. צעצועים
tradition	מסורת נ. מסורות
traditional	מסורתי ־ מסורתית
traffic	תנועה נ
traffic jam	פקק תנועה ז. פקקי תנועה
traffic light	רמזור ז. רמזורים
translate	תרגם, מתרגם לתרגם
translation	תרגום ז. תרגומים
transportation	תחבורה נ.
travel agent	סוכן ־ סוכנת נסיעות
travel to	נסע, נוסע לנסוע ל
tray	מגש ז. מגשים
treat, take care of	טיפל, מטפל לטפל ב
treatment	טיפול ז.
tree	עץ ז. עצים
trial	משפט ז. משפטים
trip	נסיעה נ. נסיעות
tropical	טרופי ־ טרופית
truly, really	באמת
truly, in fact	ממש
trust	בטח, בוטח לבטוח ב
truth	אמת נ.
try, attempt	ניסה, מנסה לנסות
tuition fee	שׂכר לימוד ז.
turn (direction)	פנה, פונה לפנות ל
turn around	הסתובב, מסתובב להסתובב
turn to, request	פנה, פונה לפנות ל
turn to/become	הפך, הופך, להפוך ל
turtle	צב ז. צבים
twice	פעמיים
two days	יומיים ז.ר.
two days ago	שלשום
two hours	שעתיים נ.ר.
two weeks	שבועיים ז.ר.
two years	שנתיים נ.ר.
typical	טיפוסי ־ טיפוסית
U.S.	ארצות הברית (אהר"ב)

umbrella	מטריה נ. מטריות
unambiguous	חד משמעי ־ חד משמעית
uncle - aunt	דוד ־ דודה
underneath	מתחת ל
understand	הבין, מבין להבין את
understanding	הבנה נ.
underwater	תת מימי ־ תת מימית
unemployed	מחוסר ־ מחוסרת עבודה
university	אוניברסיטה נ. אוניברסיטות
until, up to	עד
uphill, rise	עלייה נ. עליות
upside down	הפוך ־ הפוכה
urban	עירוני ־ עירונית
urgent	דחוף ־ דחופה
used to	רגיל ־ רגילה ל
usually, generally	בדרך כלל
vacation	חופשה נ. חופשות
valley	עמק ז. עמקים
value	ערך ז. ערכים
variety	מגוון ז. מגוונים
vegetable	ירק ז. ירקות
vegetarian	צמחוני ־ צמחונית
vehicle	כלי רכב ז. כלֵי רכב.
vehicle	רכב ז.
very beautiful	יְפֵהפֶה ־ יְפֵהפִיָּה
very loudly	בקולי קולות
vessel, instrument	כלי ז. כלים
vice president	סגן ־ סגנית
vice president	סגן הנשיא ז.
video	וידאו ז.
video./audio tape	קלטת נ. קלטות
view	צפה, צופה לִצפות ב
view, sight, looks	מראֶה ז. מראות
view, landscape	נוף ז. נופים
viewing	צפייה נ.
village	כפר ז. כפרים
violence	אלימות נ.
violent	אלימה ־ אלימה
violin	כינור ז. כינורות
visit	ביקר, מבקר לבקר אצל
visit	ביקור ז. ביקורים
voice, sound	קול ז. קולות
volleyball	כדורעף ז.
wait	המתין, ממתין להמתין ל
wait for	חיכה, מחכה לחכות ל
wake up	התעורר, מתעורר להתעורר
wake up call	השכמה נ.
walk/go	הלך, הולך ללכת מ/ל
walking	הליכה נ.
wall	קיר ז. קירות

wander/roam	הסתובב, מסתובב להסתובב ב
want, desire	רצה, רוצה לרצות
wanted, desirable	רצוי ־ רצוייה
warm, hot	חם ־ חמה
warn	הזהיר, מזהיר להזהיר
warning	אזהרה נ. אזהרות
was broadcast	שודר, משודר
was convinced	שוכנע, משוכנע
was paid	שולם, משולם
wash	רחץ, רוחץ לרחוץ את
wash (self)	התרחץ, מתרחץ להתרחץ
wash items	כלֵי רחצה ז.ר.
water	מים ז. ר.
water canteen	מימייה נ. מימיות
watermelon	אבטיח ז. אבטיחים
wavy	גלי ־ גלית
way, road	דרך נ. דרכים
we	אנחנו (אנו)
weak	חלש ־ חלשה
weakness	חולשה נ. חולשות
wealth	עושר ז.
weather	מזג אוויר ז.
weather forecast	תחזית מזג אוויר נ.
wedding	חתונה נ. חתונות
week	שבוע ז שבועות
weekend	סופשבוע ז.
weekly journal	שבועון ז. שבועונים
weight	משקל ז. משקלות
welcomed	קידם את פּנֵי
west	מערב ז.
western	מערבי ־ מערבית
what a..	איזה !
what kind of (pl.)?	אֵילו?
what kind?	איזה מין?
what?	מה?
when (time)	כאשר/כש...
when?	מתי?
where?	איפה?
which?	איזה?
whistle, honking	צפצוף ז. צפצופים
who?	מי?
why?	מדוע?
wild	פראי ־ פראית
wild animal	חית בר נ. חיות בר
wild flower	פרח בר ז. פרחי בר
wildlife	חיי בר ז.ר.
wild man!	פרא אדם !
will, desire	רצון ז. רצונות
willingly	ברצון
win/be awarded	זכה, זוכה לזכות ב

wind	רוּח נ. רוּחות
window	חלון ז. חלונות
wine	יין ז. יינות
winter	חורף ז. חורפים
winter coat	מעיל חורף ז.
winterlike	חורפי ־ חורפית
wisdom	חוכמה נ
wise	חכם ־ חכמה
with no confidence	חסר/ת ביטחון
with no difficulty	בלי קושי/בלי קשיים
with no means	חסר/ת אמצעים
without	בלי
without	בלעדי
without work	חסר/חסרת עבודה
witness	עד ־ עדה
Woe!	אוי ואבוי !
wolf	זאב ז. זאבים
woman	אשה נ. נשים
word	מילה נ. מילים
work	עבד, עובד לעבוד
work, labor	עבודה נ.
workroom	חדר עבודה ז. חדרי עבודה
workshop	סדנה נ. סדנאות
world	עולם ז. עולמות
worry	דאגה נ. דאגות
worry/care for	דאג, דואג לדאוג ל
worry that/fear from	חשש, חושש לחשוש מ/ש...
wrestle with	התמודד, מתמודד להתמודד עם
write a citation	רשם דו״ח/רשם קנס
write down	רשם, רושם לרשום
yard	חצר נ. חצרות
yard, lot	מגרש ז. מגרשים
year	שנה נ. שנים
yellow	צהוב ־ צהובה
yes	כן
yesterday	אתמול
you (plural)	אתם ־ אתן
you (singular)	אתה ־ את
you are welcome	אין בעד מה
young, youth	צעיר ־ צעירה
young person	בחור ־ בחורה
youth hostel	אכסניית נוער נ.
Zionist	ציוני ־ ציונית